高等职业教育铁道交通运营管理专业校企合作系列教材
高等职业教育“十二五”规划教材——轨道交通类

特殊条件货运组织

主 编 王 慧 裴凤萍
张 磊 绿 鹏

主 审 邓 杰

西南交通大学出版社
·成 都·

内容简介

铁路货物运输的基本任务是安全、迅速、经济、便利地运送货物，其中的特殊条件货物运输技术难度高，业务性质复杂，安全责任重大，关系国民经济发展、人民生命财产安全和社会稳定大局，因此尤为重要。

本书是高等职业教育铁道交通运营管理专业校企合作系列教材之一。针对高等职业院校技能型人才培养的特点，本书重点突出了以铁路特殊货物运输的各项任务、项目过程为导向，培养学生面向工作岗位的实际能力。全书内容共三个项目，分别为：阔大货物运输组织、鲜活货物运输组织、危险货物运输组织。

本书既有一定的基本理论知识，又重点突出实践操作技能，内容丰富、实用性强，可作为铁路高职院校铁道交通运营管理专业的专业教材，也可作为其他高等院校、中等职业学校和职工岗位培训教材，还可作为相关工程技术人员的学习参考书。

图书在版编目（CIP）数据

特殊条件货运组织/王慧等主编. 一成都：西南交通大学出版社，2013.3

高等职业教育“十二五”规划教材. 轨道交通类 高等职业教育铁道交通运营管理专业校企合作系列教材

ISBN 978-7-5643-2169-7

Ⅰ. ①特… Ⅱ. ①王… Ⅲ. ①铁路运输－货物运输－组织工作－高等职业教育－教材 Ⅳ. ①U294.1

中国版本图书馆 CIP 数据核字（2013）第 020523 号

高等职业教育铁道交通运营管理专业校企合作系列教材

高等职业教育“十二五”规划教材——轨道交通类

特殊条件货运组织

主编 王 慧 裴凤萍 张 磊 绿 鹏

*

责任编辑 黄淑文

特邀编辑 罗在伟

封面设计 墨创文化

西南交通大学出版社出版发行

成都二环路北一段 111 号 邮政编码：610031 发行部电话：028-87600564

http: //press.swjtu.edu.cn

成都中铁二局永经堂印务有限责任公司印刷

*

成品尺寸：185 mm×260 mm 印张：18.5

字数：460 千字

2013 年 3 月第 1 版 2013 年 3 月第 1 次印刷

ISBN 978-7-5643-2169-7

定价：38.00 元

前　言

铁路是国民经济大动脉，是国家的重要基础设施和大众化交通工具，在我国经济发展中的地位和作用至关重要。铁路货物运输的基本任务是安全、迅速、经济、便利地运送货物，其中的特殊条件货物运输技术难度高，业务性质复杂，安全责任重大，关系国民经济发展、人民生命财产安全和社会稳定大局，因此尤为重要。随着铁路新设备、新技术的大量采用，铁路企业需要具有专业职业素养，掌握职业岗位所需要的理论知识和操作技能的高端技能型专门人才。

我国高等职业教育为了适应企业对职业人才的需求，倡导“项目导向、任务驱动”的职业教育理念：在教、学、做一体的教学模式下，使学生在学习中体会岗位要求、理解岗位所需知识和技能，缩短与实际岗位的差距。根据铁路运输专业教学指导委员会新修订的《铁道交通运营管理专业课程设置和教学改革》要求，现有的一些教材已不能很好地满足教学内容和教学模式改革的需要。因此，本教材在编写内容与模式上，立足于体现教育部关于高职教育要深化工学结合、校企合作、顶岗实习的人才培养模式改革的要求。在教材编写前期准备过程中，积极邀请铁路运输企业技术人员参与，征求企业对学生技能培养的意见和建议；同时，教师深入企业进行调研，了解专业人才需求情况，听取毕业生专业技能及综合素质等方面的意见和建议，确定了满足教学目标的教学内容。在编写模式方面，适合专业建设要求，确定了以“项目导向，任务驱动”作为教材编写的模式。

本教材根据铁道交通运营管理专业人才培养目标并结合教学改革的要求，采用“项目导向、任务驱动”的职业教育理念，通过岗位职业能力分析，提出每一项目的学习目标，使学生在学习之前能够清楚岗位的职业要求。由于铁路建设的发展，设备更新，货运规章配套更新，为使教材更适应新设备、新规章，该教材邀请企业现场专家共同参与研讨教材内容，将教学过程和企业的生产过程紧密结合。全书主要从阔大货物运输组织、鲜活货物运输组织、危险货物运输组织三个项目进行论述。

本教材由王慧、裴凤萍、张磊、绿鹏任主编，邓杰任主审。具体分工如下：天津铁道职业技术学院王慧、张磊编写项目一；天津铁道职业技术学院裴凤萍编写项目二；北京铁路局张贵庄站绿鹏编写项目三。

本教材在编写过程中得到了铁路运输专业教学指导委员会、北京铁路局天津车务段、北京铁路局塘沽站的大力支持，北京铁路局天津车务段副段长高级工程师邓杰为本书做了主审工作，提出了中肯的修改意见和建议，在此表示深深感谢。

由于编者水平有限，书中不妥之处在所难免，敬请批评指正。

编　者

2012 年 11 月

目　　录

项目一　阔大货物运输组织

教学目标

（1）能够运用规章正确地组织阔大货物的装载。

（2）能够运用规章正确地实施阔大货物的加固，正确地制订和执行阔大货物的装载及加固方案。

（3）能够运用规章准确地确定超限货物超限等级，正确地组织超长、超限货物的运输。

任务一　阔大货物装载条件的判定

任务描述

（1）掌握阔大货物定义及特征。

（2）掌握装载加固基本要求。

（3）掌握货物重心水平位置的确定。

（4）掌握重车重心高的确定。

知识准备

货物装载加固状况是影响重车运行安全的重要因素，直接关系着列车运行安全和货物的安全，是铁路运输组织工作的重要组成部分。其主要任务是：保证货物、车辆的完整和行车安全，充分利用货车载重力和容积，安全、迅速、合理、经济地运输货物，以适应国民经济发展对铁路运输的需要。货物装载、加固是技术性较强的工作，各部门应加强领导，认真做好这项工作，努力提高装载加固质量。

一、阔大货物运输装备

随着国民经济的发展，经由铁路运输的大型机械、重型设备越来越多，货物装载问题也越显突出。正确地使用车辆，按照货物装载的基本技术条件合理地确定货物装载方案是保证列车运行安全和货物安全的前提，尤其是货物重心合理位置的确定对于保证货物装载质量有着十分重要的意义。

在铁路运输中，阔大货物按照装载技术分为超长货物、集重货物和超限货物；按照货物的外形大体上又可分为平底货物、圆柱形货物和球形货物。

（一）装运阔大货物的车辆

装运阔大货物的车辆除必须满足普通货物装载的一般要求外，还应满足货物重量重、体积大、长度长的要求。

对此，车辆应具足够的强度，尤其是承受集中载荷的能力；还要便于对货物进行装载加固，对于超限货物还应有利于降低超限等级，以保证运输安全和车辆的正常使用寿命。

目前，我国铁路装运阔大货物主要使用普通平车和长大货物车，部分货物也可使用敞车进行装载。

1. 平车及技术参数

我国铁路平车主要车型包括：N_6、N_{16}、N_{17}、N_{60}、NX_{17}。

平车属于底架承载结构，底架的主要部件有中梁、侧梁、枕梁、横梁及纵向辅助梁。部分平车根据装运货物的需要设有可以全部翻下的活动墙板。为了提高平车承受集中载荷的能力，部分平车车底架采用了鱼腹形梁。为便于货物加固，侧梁外侧装设绳栓和柱插，如图 1.1.1 所示。平车主要技术参数见表 1.1.1。

表 1.1.1　平车主要技术参数（摘）

顺号	车型	自重（t）	载重（t）	钩舌内侧距离（mm）	车底板（mm）			空车重心高（mm）	轴数	材质	转向架中心距（mm）	固定轴距（mm）
					长	宽	高					
1	N_6	21.5	60	13 408	12 500	2 870	1 163	725	4	木	9 350	1 727
2	N_{15}	15.9	65	9 000	8 170	3 000	1 490	682	4	铁	4 900	1 750
3	N_{16}	18.4 19.7	65 60	13 938	13 000	3 000	1 210	730	4	木	9 300	1 750
4	N_{17}	20.2	60	13 908	13 000	2 980	1 209	723	4	木	9 000	1 750
5	N_{60}	18	60	13 908	13 000	3 000	1 170	715	4	木	9 300	1 700
6	NX_{17}	22.1	60	13 938	13 000	2 980	1 211	775	4	木	9 000	1 750
7	NX_{17A}	23.0	60	13 938	13 000	2 980	1 211	768	4	木	9 000	1 750
8	NX_{17B}	22.4	61	16 338	15 400	2 960	1 211	740	4	木	10 920	1 750
9	NX_{17K}	22.4	60	13 938	13 000	2 980	1 212	730	4	木	9 000	1 750
10	NX_{70}	23.8	70	16 366	15 400	2 960	1 216	738	4	木	10 920	1 830
11	NX_{70H}	23.8	70	16 366	15 400	2 960	1 216	738	4	木	10 920	1 800

2. 长大货物车及技术参数

长大货物车是铁路运输中的一类特种货车，主要用于运送平车无法装载的阔大货物。

目前，我国有长大货物车约 400 余辆。按照车体结构不同，我国现有的长大货物车可分为凹底平车、长大平车、落下孔车、双支承平车、钳夹车五种。

长大货物车的型号、主要技术参数和特点见表 1.1.2、表 1.1.3。

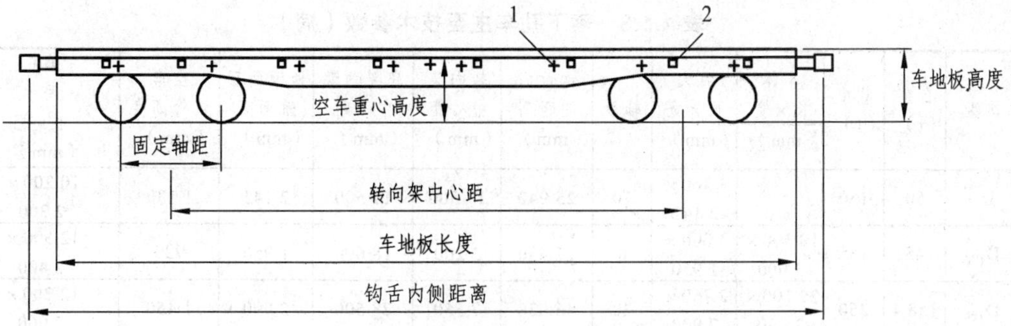

图 1.1.1　平车主要参数及加固部件名称

1—绳栓（丁字铁）；2—柱插（支柱槽）

表 1.1.2　长大平车、凹型车主要技术参数（摘）

顺号	车型	自重（t）	载重（t）	车体长×宽（mm）	钩舌内侧距离（mm）	轴数	地板材质	转向架中心距（mm）	底架心盘中心距（mm）	地板面至轨面高（mm）	空车重心高度（mm）	特　点
1	D_2	166.7	210	23 300 × 2 780	35 429	16	全钢	5 800	22 200	2 187 中部 950	1 032	中部凹底长 8 200 mm
2	D_5	31	60	16 800 × 2 890	17 700	6	全钢	13 000		1 294 中部 736	700	中部凹底长 8 200 mm
3	D_5	22	60	17 000 × 3 000	18 020	4	全钢	13 500	13 500	1 090 中部 630	530	中部凹底长 8 000 mm
4	D_6	60	110	21 850 × 2 400	22 782	8	全钢	4 700	20 700	860	900	中部凹底长 7 000 mm
5	D_7	102	150	30 730 × 2 400	31 730	12	全钢	4 700	20 700	1 125	900	中部凹底长 9 000 mm
6	D_8	149	180	37 800 × 2 400	38 700	16	全钢	6 350、3 250	24 600	1 200	1 100	中部凹底长 9 000 mm
7	D_{10}	45.7、47	90	20 000 × 3 000	20 932	6	全钢	15 500	15 500	1 400 中部 835	800	中部凹底长 9 000 mm
8	D_{15}	48.9	150	17 480 × 2 700	24 830	8	全钢	3 250	16 700	900	748	中部凹底长 9 000 mm
9	D_{15A}	49.6	150	18 050×2 700	26 330	8	全钢	3 350	17 350	850	680	中部凹底长 9 500 mm
10	D_{25A}	142	250	26 670 × 2 630	40 910	16	全钢	7 810	25 570	1 080	1 115	中部凹底长 9 800 mm
11	D_{22}	41.4	120	25 000 × 3 000	25 938	8	木地板	2 960	17 800	1 460	770	平板式
12	D_{27}	43.2	150	25 000 × 3 000	25 938	8	木地板	2 960	17 800	1 460	770	平板式
13	D_{22G}	41.9	120	20 400 × 3 000	24 670	8	木地板	2 960	17 800	1 210	715	平板式
14	D_{70}	26.6	70	19 462 × 2 950	20 400	4	全钢	5 700	15 500	1 169	798	平板式
15	D_{23G}	70.7	265	19 170 × 3 128	30 958	16	全钢	5 700	18 000	1 500	794	平板式、双支撑
16	D_{25}	86	250	18 900 × 2 628		16			18 000	1 650	950	平板式、双支撑企业自备
17	D_{30G}	101	370	42 668 × 3 180	42 668	20	全钢	11 000	22 380	1 735	700	双联式
18	D_{26A}	73.6	260	32 138 × 2 990	32 138	16	全钢	3 000	16 500	1 600	720	双联式
19	D_{30A}	119	300	32 668 × 3 000	32 668	20	全钢	7 460	15 800（短连接）		1 280	钳夹式
20	D_{38}	226	380	52 718 × 3 000	52 718	32	全钢	12 900、5 800	26 150（短连接）		1 750	钳夹式

表 1.1.3　落下孔车主要技术参数（摘）

顺号	车型	自重（t）	载重（t）	车体长×宽（mm）	最大长×宽（mm）	轴数	钩舌内侧距离（mm）	转向架中心距（mm）	底架心盘中心距（mm）	地板面至轨面高（mm）	空车重心高度（mm）	落孔尺寸长×宽（mm）
1	D_{17}	50	150		3 360 × 2 142	10	25 942	17 500	17 500	2 142	1 130	10 200 × 2 300
2	D_{17A}	45	155	19 300 × 3 000	3 000 × 1 950	8	27 430	3 200	18 600	1 950	920	12 500 × 2 400
3	D_{19G}	158.4	250	29 700 × 2 760	2 760 × 2 900	20	46 028	7 550	28 500	2 990	1 450	12 200 × 2 060
4	D_{32}	175	350		3 000 × 4 191	24	59 560	3 250	34 500	3 790	1 650	1 400 ×（2 300~3 640）

3. 敞车及技术参数

敞车是铁路运输中的主型车辆，是指具有端壁、侧壁、地板而无车顶，向上敞开的货车，主要供运送煤炭、矿石、矿建物资、木材、钢材等大宗货物用，也可用来运送重量不大的机械设备。若在所装运的货物上蒙盖防水帆布或其他遮篷物后，可代替棚车承运怕雨淋的货物。因此敞车具有很大的通用性，在货车组成中数量最多，目前全路共有敞车约 30 万辆，约占货车总数的 60% 以上。

敞车按卸货方式不同可分为两类：一类是适用于人工或机械装卸作业的通用敞车；另一类是适用于大型工矿企业、站场、码头之间成列固定编组运输，用翻车机卸货的敞车。

敞车的型号主要有 C_{61}、C_{62}、C_{62A}、C_{62B}、C_{64}、C_{70}、C_{70H}、C_{76}、C_{80}、C_{80H} 等，主要技术参数和特点见表 1.1.4。

表 1.1.4　敞车主要技术参数（摘）

顺号	车型	自重（t）	载重（t）	车内长×宽×高（mm）	钩舌内侧距离（mm）	轴数	车体材质	转向架中心距（mm）	地板面至轨面高（mm）	空车重心高度（mm）	备　注
1	C_{16A}	19.7	64.5	10 990 × 2 890 × 1 400	11 938	4	耐候钢	7 700	1 093		矿石专用车
2	C_{5D}	25.6	65	12 500 × 2 890 × 2 200	13 438	5	耐候钢	8 700	1 083		通用
3	C_{61}	23	61	11 012 × 2 890 × 2 200	11 938	4	全钢耐腐	7 200	1 083	1 084	煤炭专用车
4	C_{62}	20.6	60	12 488 × 2 798 × 2 000	13 438	4	全钢	8 700	1 082	970	通用敞车
5	C_{62A} C_{62B}	21.7	60	12 500 × 2 900 × 2 000	13 438	4	全钢	8 700	1 083	1 000	通用敞车
6	$C_{62A\cdot T}$ C_{62AT}	22	60	12 500 × 2 890 × 2 000	13 438	4	普碳钢	8 700	1 087	1 000	通用敞车

续表 1.1.4

顺号	车型	自重（t）	载重（t）	车内长×宽×高（mm）	钩舌内侧距离（mm）	轴数	车体材质	转向架中心距（mm）	地板面至轨面高（mm）	空车重心高度（mm）	备注
7	C_{62M}	20.2	60	12 277×2 750×1 900 12 074×2 750×1 900	13 438	4	木墙	8 650	1 290	995	通用敞车
8	C_{63}	22.5	61	10 300×2 890×2 375	11 986	4	耐候钢	7 670	1 061		煤炭专用车
9	C_{64}	22.5	61	12 490×2 890×2 050	13 438	4	全钢	8 700	1 082	1 000	通用敞车
10	C_{65}	19.5	60	12 988×2 796×1 900	13 942	4	全钢	9 200	1 073	995	通用敞车
11	C_{70} C_{70H}	23.8	70	13 000×2 892×2 050	13 976	4	高强钢	9 210	1 083	1 085	通用敞车
12	C_{76}	24	76	10 520×2 974	12 000	4	高强钢	8 200	1 055	984	煤炭专用车
13	C_{80} C_{80H}	20	80	10 728×2 946	12 000	4	铝合金	8 200	1 055	880	煤炭专用车
14	CF	20.4	60	12 488×2 618×1 900	13 442	4	普碳钢	8 700	1 086	970	煤炭专用车

（二）铁路货车超偏载检测装置

1. 铁路货车超偏载检测装置

铁路货车超偏载检测装置是铁路货运计量安全检测系统的重要组成部分，是检测货车超载、偏载、偏重的主要装置之一。

积极做好货车超偏载检测装置的运用管理工作，是确保铁路运输安全的有效途径。为此铁道部制定了《铁路货车超偏载检测装置运用管理办法》（试行），该办法适用于纳入铁路货运计量安全检测监控系统的超偏载装置的运用管理工作。其中包括职责分工、超偏载处理、运用管理、责任划分等，可作为行车事故分析依据。

根据超偏载检测装置检测结果，对严重的超偏载货车，应通知货检和列检人员联合检查，车辆技术状态正常不危及行车安全的，要作出记录，进行重点监控运行；危及行车安全的，须立即扣车，换装整理后方能挂运。对一般的超偏载货车，可不换装整理，应记录车种、车号、发到站、货物品名、发收货人等，并将上述信息及时通知发到站，电报通知下一编组站。同时在 24 h 内，将信息上报铁路局货运主管部门，并反馈到铁路局计量主管部门。责任铁路局在接到处理站的电报或超偏载统计资料时，应追究装车站责任，对管理混乱、恶意超载等性质严重的，除停装整顿外，要追究相关人员责任。换装整理和卸下的货物以及换装整理发生的相关费用，按《货规》和《管规》、《事规》等有关规章和事实，进行处理和划分责任。

2. 严重超偏载货车换装整理作业流程

（1）车站货检人员应根据检测结果，核对现车无误后，对危及行车安全的，及时打印超偏载甩车通知卡（一式三份，调度、货检、列检各一份），并向车站行车调度部门报告。

（2）车站行车调度部门接到货检人员报告后，值班人员应在超偏载甩车通知卡上签字，安排甩车，并送入指定地点。

（3）车站对甩下的货车重新过衡或进行偏载复核，确认超载、偏载后，按规定换装整理和拍发电报。

（4）车站对卸载货车重新过衡复磅，确认货物重量不超过货车容许载重量后，方可编入列车继续运行。

（5）车站将严重超偏载货车的超偏载检测单和轨道衡复磅单，一并随运输票据寄送到站，到站应按规定处理，并按月将有关超偏载统计资料寄送主管铁路局和责任铁路局。

二、货物装载的基本技术条件

（一）货物装载加固的基本要求

《加规》中规定，货物装载加固最基本的要求是保证重车运行安全和避免损伤车辆。

1. 货物装载的要求

使货物均衡稳定合理的分布在车地板上，不超载、不偏载、不集重、不偏重。

2. 货物加固的要求

能够经受正常调车作业以及列车运行中所产生各种力的作用，在运输全过程中，不发生移动、滚动、倾覆、倒塌或坠落等情况。

（二）对车辆和货物重量的要求

装载货物应正确选择车辆，遵守货车使用限制表及有关规定，保证定检不过期。货物装载时应充分利用货车的载重力和容积，但不得超过货车容许载重量，即不超载。

（三）货物重心水平位置的要求

一般情况下，货物重心在水平面上的投影应落在车地板纵、横中心线的交点上（简称“车辆中央”），特殊情况下必须发生纵向偏移时，每个车辆转向架所承受的货物重量不得超过货车容许载重量的 1/2，且两个转向架承受的货物重量之差不大于 10 t；横向偏移不得超过 100 mm。

纵向位移超过要求为偏重，横向位移超过要求为偏载。

货车超偏载分严重、一般两级，具体分级标准见表 1.1.5。

表 1.1.5 超偏载分级标准表

项目	分级	
	严重	一般
超载	大于货车容许载重量 10 t	大于货车容许载重量 5 t
偏载	货物总重心投影距车辆纵中心线距离大于 150 mm	货物总重心投影距车辆纵中心线距离大于 100 mm
偏重	货车两转向架承受重量之差大于 15 t	货车两转向架承受重量之差大于 10 t

（四）货物重量分布的规定

在铁路运输中，有些货物重量大，支重面小，如果直接装车，货物重量大于所装车辆负重面长度的最大容许载重量，这类货物称为集重货物。

货物重量应均匀分布在整个车地板上，对于单件重量大，支重面小的货物不能均匀分布，需要局部承载时，应遵守《加规》的相关规定，使货物不集重。

（五）重车重心高的要求

货车和所装货物的总重心称为重车重心。重车重心自轨面起算的高度称为重车重心高。

重车重心高一般不得超过 2 000 mm，超过时，可采取配重措施，以降低重车重心高，否则应限速运行。

（六）货物突出车辆端梁的长度要求

使用平车装载长度超过车地板的货物，或由于其他原因，货物必须突出车辆端梁装载时，如果突出端货物半宽度等于或小于车地板半宽，每端各允许突出端梁 300 mm；突出端货物半宽大于车地板半宽时，每端各允许突出端梁 200 mm，超过此限，应加挂游车或采用跨装运输。

三、货物重心水平位置的确定

由于车辆、线路、货物装载技术条件所限，货物重心水平位置应限制在一定的范围以内，以防货物偏载、偏重以及在运行中发生货物移动、滚动、倾覆以致造成车辆的损坏或列车的颠覆。

（一）货物重心在车辆纵向的合理位置

货物装车时，一般情况下应使货物重心或总重心（一车多件货物）在车地板上的投影落在车地板横中心线上。这样装载车辆两转向架负担的货物重量相等，同一轮对的两个车轮压相同，重车的运行稳定性最好。但是在实际工作中，遇到一些特殊情况，往往要求货物重心或总重心偏离车辆横中心线。

例如，超长均重货物，为了节省一辆游车，采用一端突出车端的装载方案时，要求货物重心偏离横中心线；非均重货物，如果将重心落到车辆中央，一端突出端梁，需要加挂一辆游车，而另一端车地板长度尚有空余，为了节省游车，采用不突出车端的装载方案时；一车装载两件或多件货物时，各件货物的重量和外形尺寸互不相同时，很难使货物的总重心恰好落在车辆中央。

当货物重心或总重心偏离车辆横中心线，偏离横中心线的距离应保证车辆每个转向架承受的货物重量不超过货车容许载重量的 1/2，且两转向架负重之差不大于 10 t。

设货车容许载重量为 $P_{容}$(t)，车辆两个转向架承受货物重量分别为 R_A，R_B(t)，且 $R_A>R_B$，如图 1.1.2 所示。

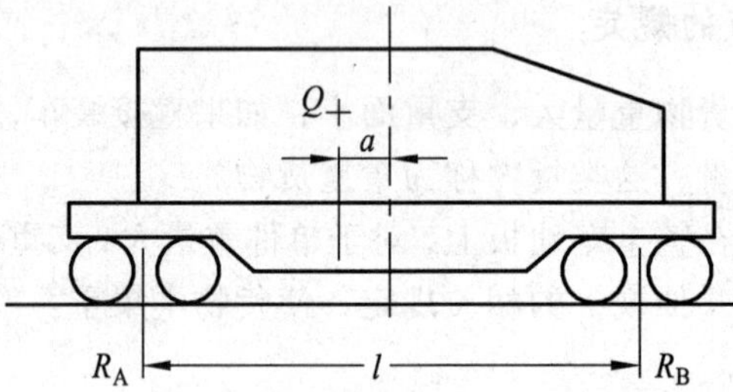

图 1.1.2　货物重心纵向水平位移示意图

上述条件可用数学公式表述为：

$$R_A \leqslant \frac{P_{容}}{2} \tag{1-1-1}$$

$$R_A - R_B \leqslant 10 \tag{1-1-2}$$

下面分装载一件货物和装载多件货物两种情况确定货物重心或总重心在车辆上纵向的合理位置。

1. 装载一件货物的情况

根据货物的计划装载方案，可以测量有关数据。如图 1.1.2 所示，设货物重量为 Q（t），车辆的转向架中心距（销距）为 l (mm)，重心纵向偏移量为 a (mm)。以 B 为支点，由力矩平衡原理 $\Sigma M_B = 0$ 得：

$$R_A \cdot l - Q(a + 0.5l) = 0$$

$$R_A = Q\left(0.5 + \frac{a}{l}\right) \tag{1-1-3}$$

同理得：

$$R_B = Q\left(0.5 - \frac{a}{l}\right) \tag{1-1-4}$$

将式（1-1-3）代入式（1-1-1）得：

$$Q\left(0.5 + \frac{a}{l}\right) \leqslant \left(\frac{P_{容}}{2}\right)$$

则：

$$a \leqslant \left(\frac{P_{容}}{2Q} - 0.5\right) l \tag{1-1-5}$$

将式（1-1-3）、（1-1-4）代入式（1-1-2）得：$Q\left(0.5+\frac{a}{l}\right)-Q\left(0.5-\frac{a}{l}\right) \leqslant 10$，则：

$$a \leqslant \frac{5l}{Q} \tag{1-1-6}$$

为了同时符合货物重心纵向偏移的两个条件，应采取式（1-1-5）、（1-1-6）中的较小的 a 值。经比较两式可知：

当 $P_{容}-Q<10$ 时，由式（1-1-5）中计算出的 a 值较小；当 $P_{容}-Q>10$ 时，由式（1-1-6）中计算出的 a 值较小；当 $P_{容}-Q=10$ 时，两式计算出的 a 值相等。

综上所述归纳如下：设货物重心纵向最大容许偏移量为 $a_{容}$，则：

当 $P_{容}-Q<10$ 时，

$$a_{容} = \left(\frac{P_{标}}{2Q} - 0.5\right) l \quad (\text{mm}) \tag{1-1-7}$$

当 $P_{容}-Q \geqslant 10$ 时，

$$a_{容} = \frac{5l}{Q} \quad (\text{mm}) \tag{1-1-8}$$

在实际工作中，根据计划装载方案，确定需要的纵向偏移量 $a_{实}$和 $a_{容}$比较，如果 $a_{实}<a_{容}$，则货物重心在车辆上的纵向位置符合货物装载的基本技术条件。

【例 1.1.1】 一件货物重 52 t，长 12 000 mm，宽 2 500 mm，货物重心距货物一端为 7 100 mm，选用 60 t 的 N_{17} 型平车（车地板长 13 000 mm，转向架中心距 l 为 9 000 mm）一辆装载，距重心较远的货端与车地板平齐。试问该装载方法是否符合货物装载的基本技术条件？

【解】

由题意可知：

方案Ⅰ——货物重心落到车辆中央。

突出车辆长度为：

$$a_{实} = 7\,100 - \frac{13\,000}{2} = 600 \ (\text{mm})(\text{大于}300\ \text{mm})$$

需游车 1 辆，并应使用高度符合要求的横垫木。

方案Ⅱ——距重心较远一端与 N_{17} 平车车端比齐。

由于： $a_{实} = 600$ mm；

$P_{容} - Q = 60 - 52 = 8$ (t)（小于 10 t）

则： $$a_{容} = \left(\frac{P_{标}}{2Q} - 0.5\right) l = \left(\frac{60}{2\times 52} - 0.5\right) \times 9\,000 \approx 692 \ (\text{mm})$$

因为 $a_{实}<a_{容}$，所以该装载方案符合重心纵向位移的技术条件。

【例 1.1.2】 一件均重（重心在货物的几何中心）货物重 40 t，长 16 m，宽 2 m，高 1.8 m，选用N_{16}型普通平车（转向架中心距 l 为 9 300 mm）装运，横垫木高度为 200 mm，试确定经济合理的装载方案。

【解】

方案Ⅰ——使货物重心落到车辆中央：

货物突出车辆两端各 1 500 mm，两端都需要使用游车，共需要使用 3 辆货车。

方案Ⅱ——货物重心在车地板上的位置按最大容许偏离距离装载：

$$P_{容}-Q=60-40=20\text{（t）（大于 10 t）}$$

则：
$$a_{容}=\frac{5}{Q}l=\frac{5}{40}\times 9\,300\approx 1\,163\text{（mm）}$$

当货物重心偏离车辆横中心线 1 163 mm 时，货物突出车辆两端的长度分别为 337 mm 与 2 663 mm，均大于 300 mm，仍需使用两辆游车，共需使用 3 辆货车，如图 1.1.3 所示。

两方案比较，使用车数相同，且方案Ⅰ货物重心纵向不位移，稳定性较好，所以应采用方案Ⅰ。

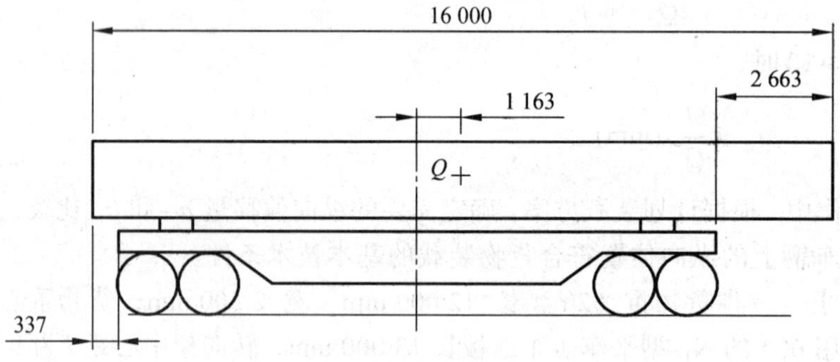

图 1.1.3 货物装载方案Ⅱ（单位：mm）

2. 装载多件货物的情况

装载多件货物（见图 1.1.4）可根据拟定的装载方法先求出多件货物的总重心离横中心线的距离，然后按装载一件货物的方法判断装载是否符合技术条件。不符合时，调整货物装载方案，重复上述过程，直到符合为止。因此，装载多件货物需要解决两个问题：

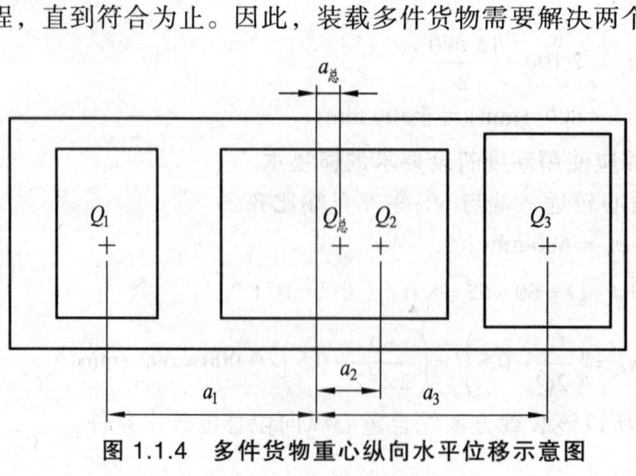

图 1.1.4 多件货物重心纵向水平位移示意图

（1）确定多件货物的总重心距车辆横中心线距离；

（2）货物总重心纵向最大容许偏移量。

以货车横中心线为轴，根据力矩平衡原理可得：

$$a_{总} = \frac{\pm a_1 Q_1 \pm a_2 Q_2 \pm \cdots \pm a_n Q_n}{Q_1 + Q_2 + \cdots + Q_n} \tag{1-1-9}$$

式中　Q_1，Q_2，…，Q_n——每件货物的重量（t）；

a_1，a_2，…，a_n——每件货物重心距车辆横中心线的距离，以货车横中心线为准，一侧取正号，则另一侧取负号（mm）；

$a_{总}$——多件货物总重心距车辆横中心线的距离（mm）。

多件货物总重量纵向最大容许偏移量仍按一车一件的方法使用式（1-1-7）和（1-1-8）计算，此时，$Q = Q_1 + Q_2 + \cdots + Q_n$。

【例 1.1.3】　货 1 重 26 t，长 7 m，宽 2.8 m，高 2 m；货 2 重 6 t，长 5 m，宽 2.2 m，高 0.8 m 两货都为均重货物。试确定可否用一辆 N_{16} 型平车装运。

【解】

将两件货物紧靠在一起，视为一件，将货 2 一端与车辆一端平齐装载，货 1 紧挨着货 2 装载，如图 1.1.5 所示。车长 13 000 mm，易得 $a_1 = 2\ 000$ mm，$a_2 = 4\ 000$ mm。

（1）重心偏离车辆横中心线的实际距离：

$$a_{总} = \frac{a_1 \times Q_1 - a_2 \times Q_2}{Q_1 + Q_2} = \frac{2\ 000 \times 26 - 4\ 000 \times 6}{26 + 6} = 875\ (\text{mm})$$

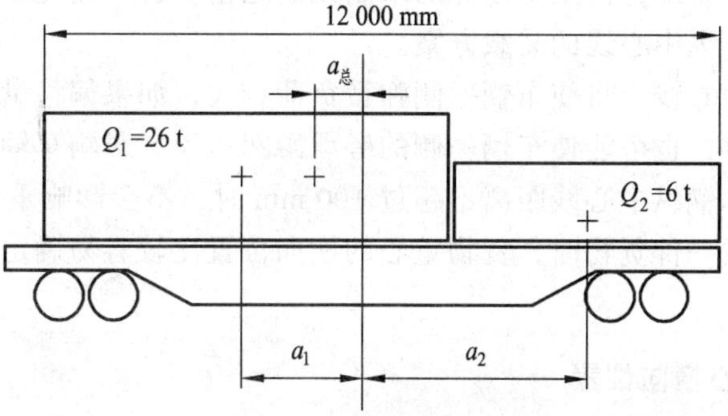

图 1.1.5　货物装载图

（2）计算货物重心容许位移量 $a_{容}$：

$$P_{容} - Q = 60 - (26 + 6) = 28\ (\text{t}) > 10\ \text{t}$$

则：

$$a_{容} = \frac{5}{Q} l = \frac{5}{32} \times 9\ 300 = 1\ 453\ (\text{mm})$$

因为 $a_{实} < a_{容}$，所以可以使用一辆 N_{16} 型平车装运。

【例 1.1.4】　用 60 t 的 N_{16} 型平车一辆装运货物 4 件，计划装载方法为：$Q_1 = 8$ t，$a_1 =$

4 000 mm；$Q_2 = 16$ t，$a_2 = 200$ mm；$Q_3 = 12$ t，$a_3 = -2\ 000$ mm；$Q_4 = 10$ t，$a_4 = -3\ 500$ mm。试确定此装载方法是否符合货物重心位置的技术条件。

【解】

$$Q = Q_1 + Q_2 + Q_3 + Q_4 = 8 + 16 + 12 + 10 = 46\text{（t）}$$
$$P_{容} - Q = 60 - 46 = 14\ \text{(t)} > 10\ \text{t}$$

则：

$$a_{容} = \frac{5}{Q} l = \frac{5}{46} \times 9\ 300 = 1\ 010\ \text{(mm)}$$
$$a_{总} = \frac{\pm a_1 Q_1 \pm a_2 Q_2 \pm \cdots \pm a_n Q_n}{Q_1 + Q_2 + \cdots + Q_n}$$
$$= \frac{8 \times 4\ 000 + 16 \times 200 - 12 \times 2\ 000 - 10 \times 3\ 500}{46}$$
$$= -517\ \text{(mm)}$$

由上可知：$a_{实} = |a_{总}| = 517$ mm，$a_{容} = 1\ 010$ mm，则 $a_{实} < a_{容}$。所以该装载方法符合货物重心纵向位移的技术条件。

（二）货物重心在车辆横向的合理位置

货物的重心或总重心的投影应位于车辆的纵中心线上，这时，同一转向架两侧轮压相同，两侧弹簧负荷均匀，有利于车辆的平稳运行。

但有一些不规则的货物其重心所在的纵向垂直平面两侧的宽度不等，当将其重心落在车辆纵中心线上时，可能超限，甚至受限界的限制无法运输。为了避免超限或降低超限程度，可以采用货物重心偏离纵中心线的装载方案。

货物重心偏离纵中心线，将使车辆一侧弹簧负荷较大，如果偏移量过大，有可能造成车辆或线路的损毁，同时，也可能使车辆一侧的旁承游间压死，影响车辆顺利通过曲线。实践证明，货物重心偏离车辆纵中心线距离不超过 100 mm 时，不会影响重车运行安全。

当一辆货车只装载一件货物时，货物重心的横向位置比较容易确定，下面我们讨论一车装载多件货物的情况。

1. 多件货物总重心横向位置

设 Q_1、Q_2、…、Q_n 是每件货物的重量，以货车纵中心线为轴，b_1、b_2、…、b_n 为每件货物重心偏离车辆纵中心线的距离，$b_{总}$ 为货物总重心偏离车辆纵中心线的距离。根据力矩平衡原理有：

$$b_{总} = \frac{\pm b_1 Q_1 \pm b_2 Q_2 \pm \cdots \pm b_n Q_n}{Q_1 + Q_2 + \cdots Q_n} \qquad (1\text{-}1\text{-}10)$$

式中，正、负号以车辆纵中心线为准，一侧取正号时，则另一侧取负号。

2. 配重物重量（$Q_{配}$）和配重物重心偏移量（$b_{配}$）的确定

实际工作中遇到货物总重心偏离车辆纵中心线的距离超过 100 mm 时，必须采取配重措施，即在车辆纵中心线的另一侧配装其他货物，使配装后货物的总重心落在车辆纵中心线上或使偏移量不超过 100 mm。

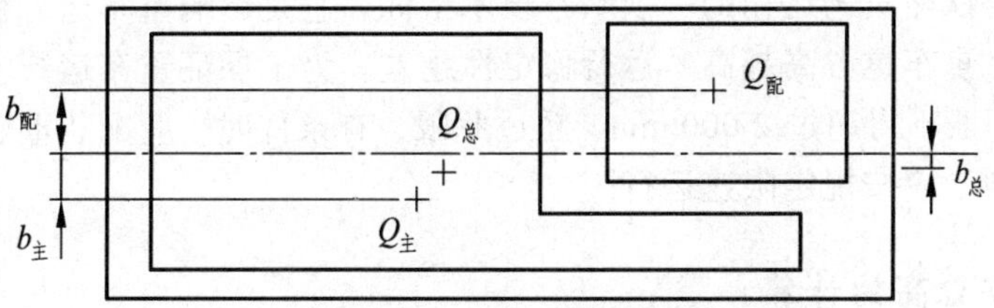

图 1.1.6　货物重心横向水平位移示意图

如图 1.1.6 所示，设原装货物重量为 $Q_{主}$，重心横向偏移量为 $b_{主}$，配重货物重量为 $Q_{配}$，配重货物重心偏移量为 $b_{配}$，配重后货物总重为 $Q_{总}$，货物总重心偏离车辆纵中心线为 $b_{总}$，则式（1-1-10）转换为：

$$b_{总}=\frac{Q_{主}b_{主}-Q_{配}b_{配}}{Q_{主}+Q_{配}}\ (\text{mm})$$

根据技术条件，$|b_{总}|\leqslant 100\text{m}$；同时满足 $Q_{配}\leqslant P_{标}-Q_{主}$，$b_{配}\leqslant\frac{B_{车}}{2}$（$B_{车}$ 为车地板宽度）。

$$b_{配}=\frac{Q_{主}b_{主}-b_{总}(\text{Q}_{主}+Q_{配})}{Q_{配}} \tag{1-1-11}$$

$$Q_{配}=\frac{Q_{主}(b_{主}-b_{总})}{b_{总}+b_{配}} \tag{1-1-12}$$

【例 1.1.5】　用标重 60 t 的平车装载货物一件，$Q_{主}=40\ \text{t}$，$b_{主}=200\ \text{mm}$，在车辆纵中心线的另一侧装载配重货物一件，$Q_{配}=10\ \text{t}$。试问当配重货物重心偏离纵中心线多远时，才能使总重心：（1）位于车辆纵中心线上；（2）距车辆纵中心为 100 mm；（3）大于 0 且小于 100 mm?

【解】

（1）总重心位于车辆纵中心线上，即 $b_{总}=0\ \text{mm}$，代入式（1-1-11），则：

$$b_{配}=\frac{Q_{主}\times b_{主}}{Q_{配}}=\frac{40\times 200}{10}$$
$$=800\ (\text{mm})$$

（2）总重心距车辆纵中心线 100 mm，即 $b_{总}=100\ \text{mm}$，则：

$$b_{配}=\frac{Q_{主}\times b_{主}-100(Q_{主}+Q_{配})}{Q_{配}}$$
$$=\frac{40\times 200-100(40+10)}{10}$$
$$=300\ (\text{mm})$$

（3）总重心距车辆纵中心线大于 0 且小于 100 mm，即 $0<b_{总}<100\ \text{mm}$，则得 $300\ \text{mm}<b_{配}<800\ \text{mm}$。

四、重车重心高的确定

重车重心高是铁路货物运输的一项基本技术指标，它是影响重车运行稳定性和运行安全的主要因素之一。重车重心高越高，运行稳定性越差。为了保证重车运行安全，我国铁路规定，重车重心高一般不得超过 2 000 mm，超过此限，有条件时，应配装重心较低的货物降低重车重心高，否则，应按规定限速运行。

（一）重车重心高的计算

（1）一辆货车只装载一件货物，如图 1.1.7 所示，设重车重心高为 H，重车总重 $Q_{总}$（车辆与货物重量之和），根据势能相等的原理：

$$H=\frac{Q_{车}h_{车}+Q_{货}h_{货}}{Q_{车}+Q_{货}}\ (\mathrm{mm}) \qquad (1\text{-}1\text{-}13)$$

式中 H——重车重心高（mm）；

$Q_{车}$——车辆自重（t）；

$h_{车}$——车辆重心自轨面起算的高度（mm）；

$Q_{货}$——货物重量（t）；

$h_{货}$——装车后货物重心自轨面起算的高度（mm），$h_{货}$ = 车地板高 + 垫木高 + 货物重心高。

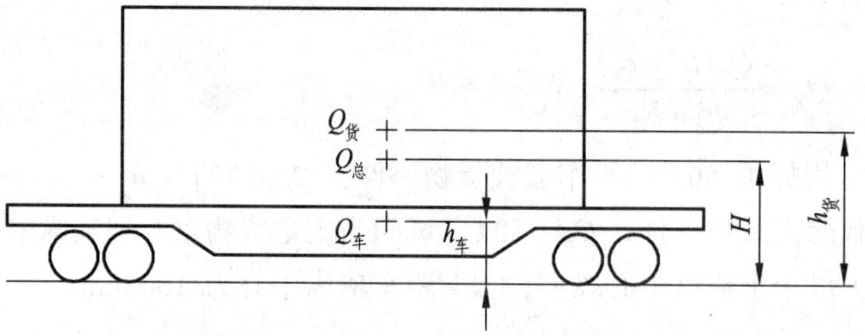

图 1.1.7 单件货物重车重心高计算示意图

（2）一车装载多件货物，如图 1.1.8 所示，重车重心高 H 可按下式计算：

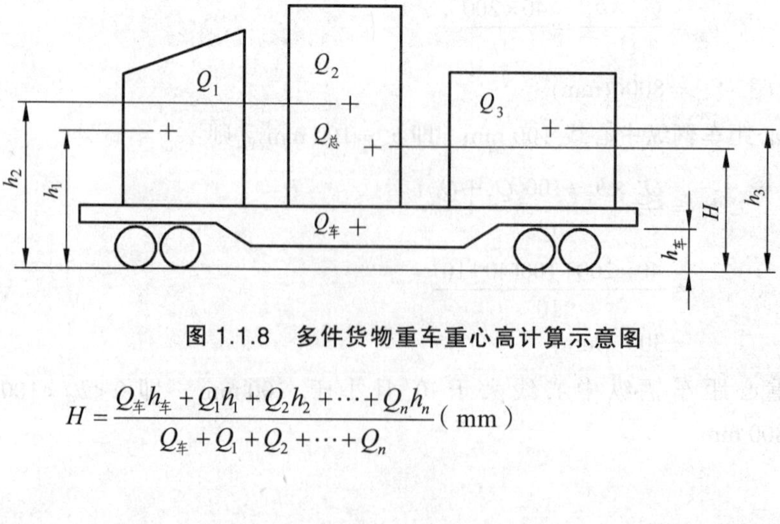

图 1.1.8 多件货物重车重心高计算示意图

$$H=\frac{Q_{车}h_{车}+Q_1h_1+Q_2h_2+\cdots+Q_nh_n}{Q_{车}+Q_1+Q_2+\cdots+Q_n}\ (\mathrm{mm}) \qquad (1\text{-}1\text{-}14)$$

式中　Q_1，Q_2，…，Q_n——每件货物的重量（t）；

h_1，h_2，…，h_n——装车后每件货物重心自轨面起算的高度（mm）。

（3）货物跨装运输时，重车重心高 H 可按下式计算：

$$H=\frac{Q_{车1}h_{车1}+Q_{车2}h_{车2}+Q_{货}h_{货}}{Q_{车1}+Q_{车2}+Q_{货}}\text{（mm）}\tag{1-1-15}$$

式中　$Q_{车1}$，$Q_{车2}$——两负重车车辆自重（t）；

$h_{车1}$，$h_{车2}$——两负重车车辆重心自轨面起算的高度（mm）。

【例 1.1.6】　一件货物重 38 t，重心高为 1 500 mm，计划使用 60 t 的 N_{16} 型平车一辆装运。试计算重车重心高。

【解】

N_{16} 车技术参数：$Q_{车}=19.7\text{ t}$，$h_{车}=730\text{ mm}$，$h_{车底板}=1\,210\text{ mm}$。

$$\begin{aligned}H&=\frac{Q_{车}h_{车}+Q_{货}h_{货}}{Q_{车}+Q_{货}}\\&=\frac{19.7\times730+38(1\,500+1\,210)}{19.7+38}\\&=2\,034\ \text{(mm)}\end{aligned}$$

（二）重车重心高超过 2 000 mm 应采取的措施

1. 降低重车重心高

1）选用能降低重车重心高的货车

由重车重心高的计算公式可以看出，选用车辆重心高度和车地板高度较低而自重较大的车辆装载货物，有利于降低重车重心高。

2）采用配重措施降低重车重心高

重车重心高超过了 2 000 mm 时可以通过配装重心较低的货物降低重车重心高。

配重的条件是：（1）车辆的载重能力尚有富余；（2）车地板上有可供配重的装载位置，且符合装载技术条件的要求。

设配重物重量为 $Q_{配}$，配重物装车后重心自轨面起的高度为 $h_{配}$，未配重前重车重心高为 H，据一车多件货物的重车重心高公式和技术条件，可得配重后的重车重心高 H'，用公式表示为：

$$H'=\frac{Q_{车}h_{车}+Q_{货}h_{货}+Q_{配}h_{配}}{Q_{车}+Q_{货}+Q_{配}}\text{（mm）}\tag{1-1-16}$$

式中，$H'\leqslant 2\,000\text{ mm}$，则：

$$Q_{配}=\frac{Q_{总}(H-2\,000)}{2\,000-h_{配}}\text{（t）}\tag{1-1-17}$$

式中，$Q_{配}\leqslant P_{标}-Q_{货}$，则：

$$h_{配} \leqslant 2\,000 - \frac{Q_{总}(H-2\,000)}{Q_{配}} \text{ (mm)} \qquad (1\text{-}1\text{-}18)$$

当 $Q_{配}$、$h_{配}$ 满足上式时，配重后的重车重心高就会≤2 000 mm。

【例 1.1.7】 一件货物重 30 t，重心高为 2 162 mm，原拟用 60 t 的 N_{60} 型平车（$Q_{车}=18$ t，$h_{车}=715$ mm，$h_{车底板}=1\,170$ mm）装载。装车后，重车重心高为 2 351 mm。装车前还承运了两批同一到站的货物，货 1 重 20 t，重心高 1 000 mm；货 2 重 25 t，重心高 500 mm。车站还有标重 60 t 的 N_{12} 型（$Q_{车}=20.5$ t，$h_{车}=720$ mm，$h_{车底板}=1\,180$ mm）车辆可供选择。

试问：能否采取配重措施将重车重心降至 2 000 mm 以内？假定以上货物均可直接装于车地板上，车地板上有足够的装载位置。

【解】 因为货 2 比货 1 重量大，重心低，所以选择货 2 作为配重货物。

（1）用原 60 t 的 N_{60} 型平车，采用 25 t 的货物作为配重货物，则配重后重车重心高为：

$$\begin{aligned} H &= \frac{Q_{车}h_{车} + Q_{货}h_{货} + Q_{配}h_{配}}{Q_{车} + Q_{货} + Q_{配}} \\ &= \frac{18\times 715 + 30(2\,162+1\,170) + 25(500+1\,170)}{18+30+25} \\ &= 2\,118 > 2\,000 \ \text{(mm)} \end{aligned}$$

（2）换用 60 t 的 N_{12} 型平车，采用 25 t 的货物作为配重货物，则配重后重车重心高为：

$$\begin{aligned} H &= \frac{Q_{车}h_{车} + Q_{货}h_{货} + Q_{配}h_{配}}{Q_{车} + Q_{货} + Q_{配}} \\ &= \frac{20.5\times 720 + 30(2\,162+1\,180) + 25(500+1\,180)}{20.5+30+25} \\ &= 2\,080 > 2\,000 \text{ (mm)} \end{aligned}$$

因此，该件货物在现有的车种和配重物的情况下，不能采用配重措施将重车重心高降至 2 000 mm 以内。

2. 限速运行

当重车重心高超过 2 000 mm，而无法将其降至 2 000 mm 以下时，应按表 1.1.6 规定限速运行。限速运行（不包括仅通过桥梁、隧道、出入站线限速运行）的货物，按运价率加 150% 计费。

表 1.1.6　重车重心高超过 2 000 mm 时运行限速表

重车重心高 H(mm)	区间限速(km/h)	通过侧向道岔限速(km/h)
2 000<H≤2 400	50	15
2 400<H≤2 800	40	15
2 800<H≤3 000	30	15

五、货物重量在车地板上的分布

（一）集重货物的定义

集重货物系指货物重量大于所装车辆负重面长度的最大容许载重量的货物。

集重货物的特点是货物重量大，支重面小，货车负重面长度承载重量大。

是否属于集重货物应考虑货物的长度、重量和使用的车辆这三个因素。不同的车辆根据其车底架所用材质及结构确定了一定负重面长度的最大容许载重量。根据所装货物的重量、支重面长度，不超过负重面长度的最大容许载重量时，就不集重；超过时，则集重。

支重面长度（$l_{支}$）系指支撑货物重量的货物底面长度。

负重面长度（K）系指承担货物重量的货车地板长度。

当货物直接装在货车地板上时，支重面长度等于负重面长度（见图 1.1.9）；当货物使用横垫木时，负重面长度等于两横垫木中心线距离的 2 倍；当货物使用纵垫木时，负重面长度等于纵垫木长度。

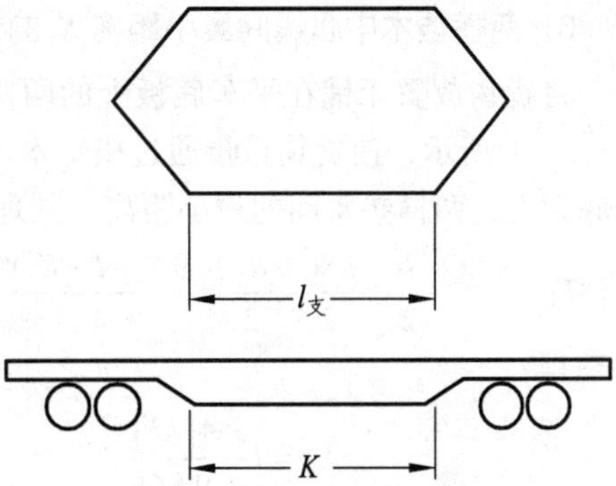

图 1.1.9　支重面长与负重面长

（二）货物装载条件

1. 平车负重面最小长度的确定

1）货车负重面最小长度 K 的计算

在平车上装载集重货物时，货车最大容许载重量是根据平车底架最大弯曲力矩确定的。所谓平车底架的最大弯曲力矩，系指作用于车底架某一截面上的所有外力对于该截面中心的力矩代数和。此项代数和称为该截面的弯曲力矩。弯曲力矩的大小，与货车负重面长度有关，当车型、货物重量一定时，负重面越长，所产生的弯曲力矩越小；反之，负重面越短，所产生的弯曲力矩越大。为防止集重物装车后产生的弯曲力矩大于车辆最大容许弯曲力矩，就必须对一定重量的集重货物负重面长度有一个最小限值；反之，对有一定支重面长度的集重货物其重量应有一个最大容许值。

平车最大弯曲力矩位于车辆横中心线所在截面。设$[M]$为平车最大弯曲力矩，Q 为货物重量，K 为平车负重面长度，l 为两转向架中心销间距，如图 1.1.10 所示。

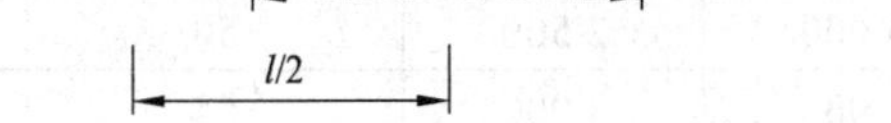

图 1.1.10　力矩平衡原理

根据力矩平衡原理得弯曲力矩平衡方程式：

$$[M]=\frac{9.8Q}{2}\cdot\frac{l}{2}-\frac{9.8Q}{2}\cdot\frac{K}{4}=\frac{9.8Q(2l-K)}{8}$$

整理得：

$$K = 2\left(l - \frac{4[M]}{9.8Q}\right) \quad (1\text{-}1\text{-}19)$$

2）货车最大容许载重量的计算

根据式（1-1-19），在一定负重面上货物的最大装载量为：

$$Q_{\max} = \frac{8[M]}{9.8(2l-K)}$$

3）两横垫木中心线间最小距离 K_1 的计算

将货物放置于铺在平车底板上的两横垫木上，如图 1.1.11 所示，使货物重量通过横垫木均匀地传到平车底架上，两横垫木间的最小距离，同理可得：

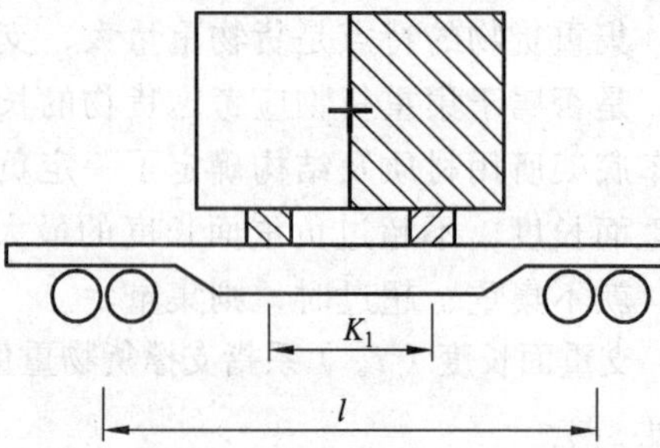

图 1.1.11 加横垫木时的力矩平衡原理

$$[M] = \frac{9.8Q}{2}\cdot\frac{l}{2} - \frac{9.8Q}{2}\cdot\frac{K_1}{2} = \frac{9.8Q(l-K_1)}{4}$$

整理得：

$$K_1 = l - \frac{4[M]}{9.8Q} \quad (1\text{-}1\text{-}20)$$

比较式（1-1-19）与式（1-1-20），可见 $K = 2K_1$ 或 $K_1 = \frac{K}{2}$，即货物直接装在车地板上车辆负重面的最小长度，是货物加横垫木时两横垫木中心线间最小距离的 2 倍。

2. 货物装载条件

根据以上推导，可得出平车、凹底平车、长大平车局部承受货物重量时，车辆横中心线两侧等距离范围内承受均布载荷或对称集中载荷时，容许载重量，见表 1.1.7、表 1.1.8、表 1.1.9。

表 1.1.7 平车局部地板面承受均布载荷或对称集中载荷时容许载重量表

平车地板负重面长度（mm）	两横垫木中心线间最小距离（mm）	最大容许载重量（t）				
		N_6、N_{17*}、NX_{17*}	N_{60}	N_{16}	NX_{17B*}	NX_{70}、NX_{70H}
1 000	500	25	25	25	25	30
2 000	1 000	30	27.5	27.5	30	35
3 000	1 500	40	30	30	40	45
4 000	2 000	45	33	32	45	50
5 000	2 500	50	35	35	50	55
6 000	3 000	53	40	37	53	57
7 000	3 500	55	45	40	55	60
8 000	4 000	57	50	44	57	63
9 000	4 500	60	55	49	61	65
10 000	5 000		60	55		70
11 000	5 500			60		

表 1.1.8　凹底平车局部地板面承受均布载荷或对称集中载荷时容许载重量表

平车地板负重面长度（mm）	两横垫木中心线间最小距离（mm）	最大容许载重量（t）							
		D_2 210 t	D_5 60 t	D_6 110 t	D_7 150 t	D_8 180 t	D_{10} 90 t	D_{15} 150 t	D_{32} 320 t
1 000	500	175.0	33.0	87.0	120.0	150.0	60.0		
1 500	750	176.5	35.0	88.5	121.0	151.5	65.0	12.9	
2 000	1 000	178.0	37.0	90.0	123.0	153.0	67.0		
3 000	1 500	180.0	40.0	93.0	126.0	156.0	70.0	13.1	
3 500	1 750	181.5	42.0	95.0	128.0	158.0	72.0		
4 000	2 000	183.0	43.5	97.0	130.0	160.0	73.5		
4 500	2 250	185.0	45.0	99.0	131.5	161.5	75.0	13.4	
5 000	2 500	187.0	47.0	101.0	133.0	163.0	77.0		
5 500	2 750	188.5	48.5	103.0	135.0	165.0	78.5		
6 000	3 000	190.0	50.0	105.0	137.0	167.0	80.0	13.7	
7 000	3 500	196.0	55.0	110.0	141.0	171.0	83.5		30.0
7 500	3 750	198.0	60.0		143.0	173.0	85.0	14.2	
8 000	4 000	200.0			145.0	176.0	87.0		
9 000	4 500	210.0			150.0	180.0	90.0	15.0	31.5
10 000									32.0

表 1.1.9　长大平车局部地板面承受均布载荷或对称集中载荷时容许载重量表

平车地板负重面长度（mm）	两横垫木中心线间最小距离（mm）	最大容许载重量（t）				
		D_{22} 210 t	D_{26A} 260 t	D_{22} 120 t	D_{27} 150 t	D_{70} 70 t
2 000	1 000	30		42	42	30
4 000	2 000	48		48	48	36
6 000	3 000	55		55	55	40
8 000	4 000	60	260	60	60	44
10 000	5 000	65		65	65	46
12 000	6 000	70		70	70	48
14 000	7 000	75		75	75	50
15 000	7 500					
16 000	8 000			80	80	70
16 500			260			
17 000	8 500					
18 000	9 000	85		85	85	
20 400	10 200	120				

【例 1.1.8】 使用 N_{16} 装载货物一件，货物重量 26 t，支重面长 2 000 mm。判断该货物是否集重货物？

【解】 查表 1.1.7，货物支重面长 2 000 mm，直接装载在车地板上，车辆负重面长度为 2 000 mm 时，可承载货物 27.5 t，货物重量 26 t，未超过所装平车地板负重面长度的最大容许载重量，所以该货物不集重。

【例 1.1.9】 使用 N_{16} 装载货物一件，货物重量 28 t，支重面长 2 000 mm。判断该货物是否集重货物？

【解】 查表 1.1.7，货物支重面长 2 000 mm，直接装在车地板上，车辆负重面长度为 2 000 mm 时，可承载货物 27.5 t，货物重量 28 t，超过所装平车地板负重面长度的最大容许载重量，所以该货物为集重货物。

当货物被确定为集重货物时，发站必须采取具体措施，根据货车最大容许载重量表，选用适合的货车。只有当货物的重量小于或等于货车负重面长度的最大容许载重量时，才能运送，也就是说在铁路运输过程中实际并不存在集重货物。

对于集重货物如装载不当，就有可能酿成事故，造成车毁货损。因此，根据货物的外形、重量和特点，结合使用车辆的类型，正确的选择集重货物的装载方案，是保证行安全、货物完整的重要条件。

（三）平车装载货物免于集重的方法

当车型一定、货物重量一定时，货物支重面长度大于等于平车地板负重面长度时，货物可直接装在车底板上，如图 1.1.10 所示。

1. 加横垫木

当货物支重面长度水于车辆负重面长度的最小长度大于规定的两横垫木之间的最小距离时（$K > l_{支} > K_1$），需要使用横垫木，如图 1.1.11 所示，使横垫木中心线间最小距离符合表表 1.1.7、表 1.1.8、表 1.1.9 的相关要求。

【例 1.1.10】 一件货物重 50 t，货物支重面长度为 3 400 mm，使用 N_{17} 应如何装载？

【解】 查表 1.1.7，货物重 50 t，车辆负重面长度应为 5 000 mm，不符合装载要求，若在货物底部加两根横垫木，其中心线距离为 3 000 mm，是符合两横垫木中心线间最小距离应为 2 500 mm 要求的。

2. 加纵横垫木

当车型一定、货物重量一定，货物支重面长度小于规定的两横垫木中心线之间的最小距离时（$l_{支} \leqslant K_1$），需要使用纵、横垫木，如图 1.1.12 所示，应使横垫木中心线间最小距离符合表 1.1.7、表 1.1.8、表 1.1.9 的相关要求。

【例 1.1.11】 一件货物重 50 t，货物支重面长度为 2 400 mm，使用 N_{17}，应如何装载？

【解】 查表 1.1.7，货物重 50 t，车辆负重面长度应为 5 000 mm，不符合装载要求，在货物底部加横垫木，两横垫木中心线间最小距离应为 2 500 mm，而货物支重面长度仅为 2 400 mm，还需在货物与横垫木间加纵垫木才能符合装载要求。

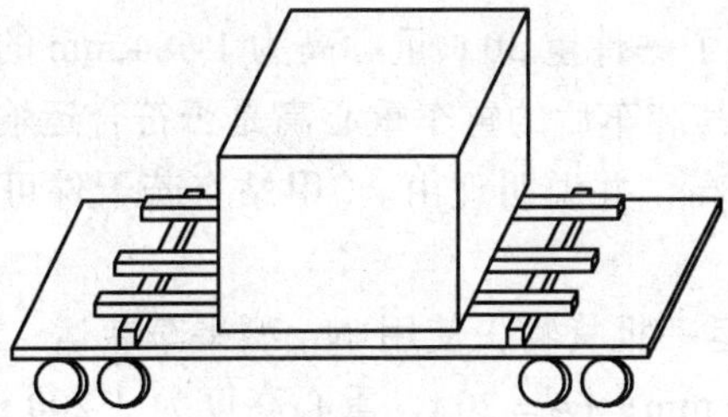

图 1.1.12 使用纵横垫木装载货物

实训练习

1. 非均重货物一件重 50 t，长 12 m，宽 3 m，高 2 m，货物重心距两端分别 5 m 和 7 m，拟使用一辆 60 t 的 N_{16} 型平车，采用不突出合理装载（货物一端紧靠车辆端梁）。试计算车辆每个转向架所承受的货物重量。

2. 一件货物重量为 48 t，长 11 m，重心距一端为 7 m，使用 60 t 的 N_{16} 型平车一辆装载，试确定货物重心的投影偏离货车横中心线 0.5 m 时是否符合装载条件。

3. 托运人托运货物 1 件，重 48 t，体积 12 m × 3 m × 1.4 m，重心位于货物几何中心，请选定合适的车辆，确定货物重心纵向最大容许偏移量。（可供选择的车辆有 N_{16} 型平车、N_{17} 型平车）

4. 运输一件重 45 t 货物，货物体积 12 m × 2.5 m × 1.5 m，货物重心距货物一端 7 m，请确定经济合理的货物装载方案，并说明理由。（可供选择的车辆有自重 19.1 t 的 N_{17} 型平车、N_{60} 型平车）

5. 主件货物的重心横向偏移量分别为 $b_1 = 0$，$b_2 = 0$，$b_3 = -300$ mm，$Q_1 = 23$ t，$Q_2 = 8$ t，$Q_3 = 10$ t，如图 1.1.13 所示，求其总重心的横向偏移量。

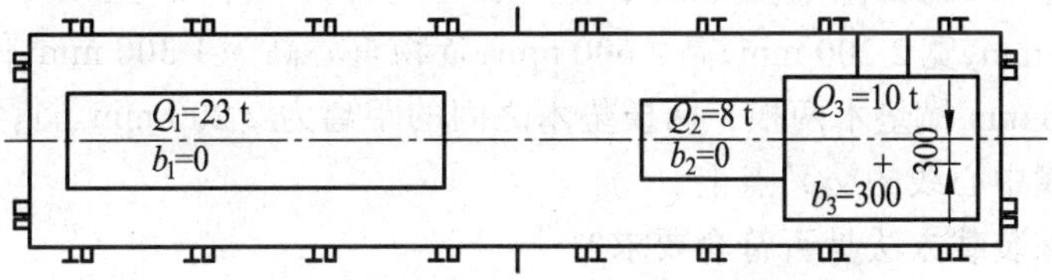

图 1.1.13 实训练习 5 题设示意图

6. 一件货物重 45 t，选用 60 t 的 N_{16} 型平车装载，装车后货物重心偏离纵中心线 200 mm，另有配重货物 12 t，其重心在货车纵中心线另一侧多少毫米处，才能使货物总重心落在货车纵中心线上？

7. 一件货物重 45 t，使用 60 t 的 N_{16} 型平车装载，装车后货物重心横向偏移 200 mm，另有配重货物 12 t，问配重货物重心距货车纵中心线多少毫米处，才能使货物总重心横向偏移量在 100 mm 以内？

8. 某托运人在甲站托运机械设备一件，设备重 50 t、长 14 m、宽 3.2 m、高 2.85 m，货物重心位于货物几何中心，使用 N_{17} 型平车一辆负重，下垫两根 150 mm 的横垫木。请计算重车重心高，并确定运行条件。

9. 某托运人在甲站托运了一件重 30 t、重心高为 1 684 mm 的货物，使用一辆自重为 19.8 t 的 N_{17} 型平车装载，试确定其装车后的重车重心高是否符合运输要求。若不符合要求可采取哪些具体措施降低重车重心高，并说明理由。（甲站有若干件可以配重的小件货物，每件重 2 t、重心高 700 mm）

10. 某托运人在甲站托运一批货物，使用 N_{16} 型平车装运，装载方案如图 1.1.14 所示，$Q_1 = 30$ t，重心高度为 1 400 mm；$Q_2 = 20$ t，重心高度为 1 200 mm。请检验该装载方案是否符合装载基本技术要求，若重车重心高度超过 2 000 mm，请说明该如何配重。（甲站有若干件可以配重的货物，每件重 2 t、重心高 500 mm）

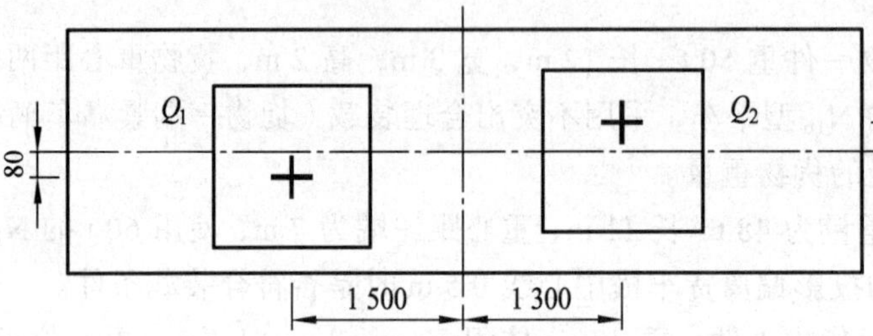

图 1.1.14　实训练习 10 题设示意图

11. 一桥梁件重 96 t，货物本身重心高为 1 400 mm，使用两辆 N_6 型平车跨装运送，货物转向架高 600 mm，试计算重车重心高并确定运行条件。

12. 用 N_{60} 型平车，装运一件 40 t 的货物，（重心高 1 430 mm），货物直接装在车地板上。

要求：（1）确定重车重心高度是否符合要求？

（2）若重车重心高超过规定，用一件预计装车后由轨面起重心高度为 1 913 mm 的货物配重，确定该配重货物重量的取值范围。

13. 用标重 60 t 的 N_{17}（自重选用 20.3 t）装均重货物一件，货重 45 t，货物全长 2 600 mm，支重面长 2 500 mm，宽 2 200 mm，高 2 600 mm，货物重心高为 1 300 mm，使用规格为 2 700 mm × 150 mm × 140 mm 横垫木两根，两横垫木之间的距离为 2 200 mm。货物装车后，重心投影位于车底板纵横中心线的交叉点上。

问：（1）该装载方法是否符合要求？

（2）重车重心高是多少？

（3）若重车重心高超过规定，采取限速运行，应限速多少？

（4）若重车重心高超过规定，配重货物的最大重量是多少？

（5）若重车重心高超过规定，用规格 2 000 mm × 1 200 mm × 1 000 mm，重心高为 600 mm，货重为 5 t 的货物若干件配重，以降低重车重心高，最少需要多少件？

14. 某托运人托运重 40 t，长 15 m，直径 3 200 mm 的均重圆柱形货物一件，自带鞍座高 200 mm，拟用 N_{17} 型普通平车装运，试确定经济合理的装载方案，并说明理由。

15. 使用 N_{17} 型平车装载，判断该货物是否集重，并确定装载方案。

（1）一件货物重 40 t，货物支重面长 4 000 mm；

（2）一件货物重 45 t，货物支重面长 3 000 mm；

（3）一件货物重 60 t，货物支重面长 4 000 mm。

任务二　超长货物运输组织

任务描述

（1）掌握超长货物的定义。

（2）掌握货物一车负重装载的运输组织方法。

（3）掌握货物两车负重装载的运输组织方法。

知识准备

超长货物属于特殊条件运输的货物。超长货物长度大，需要使用一辆以上货车装运。

一、超长货物的定义

1. 超长货物

超长货物系指一车负重，突出车端，需要使用游车或跨装运输的货物。

2. 超长货物判定

当货物半宽小于或等于车地板半宽时货物突出车辆端部超过 300 mm，或当货物半宽大于车地板半宽时货物突出车辆端部超过 200 mm，该货物即为超长货物。

3. 几种常见的超长货物情况

（1）一车负重需要使用游车的货物。

（2）需跨装运输的货物。

（3）货物全长小于或等于车地板长，但因重心纵向位移需要使用游车的货物。

二、超长货物的装载方法

1. 一车负重超长货物的装载方法

（1）一端突出使用游车，如图 1.2.1（a）所示。

（2）二端突出使用游车，如图 1.2.1（b）所示。

（3）一端突出共用游车，如图 1.2.1（c）所示。

2. 跨装超长货物的装载方法

（1）二车跨装，如图 1.2.1（d）所示。

（2）二车负重，中间使用游车，如图 1.2.1（e）所示。

（3）二车负重，中间、两端均使用游车。

(a)

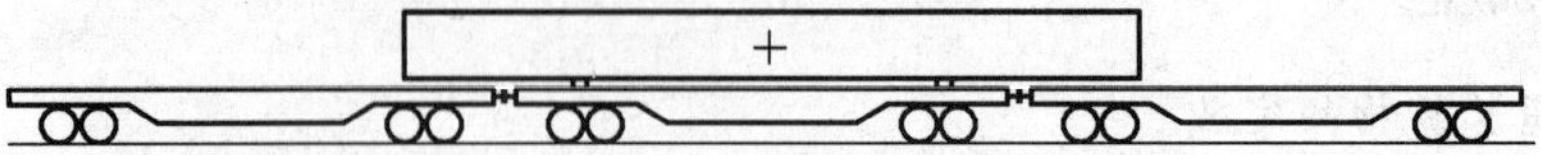

(b)

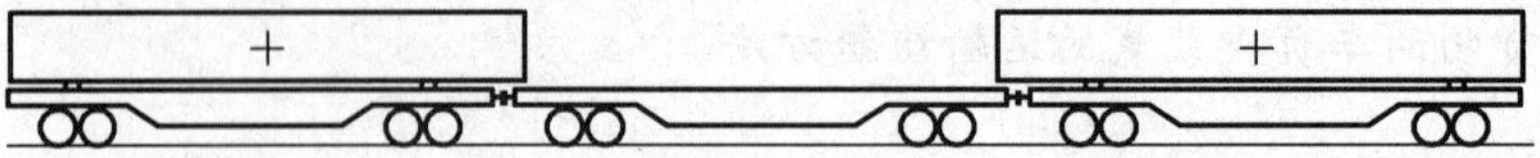

(c)

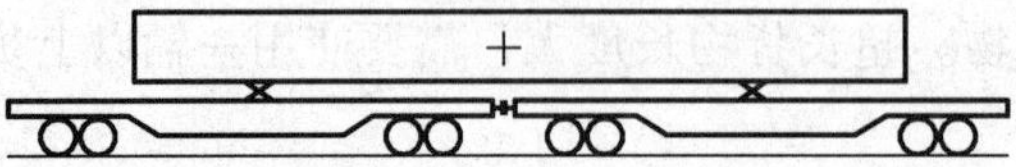

(d)

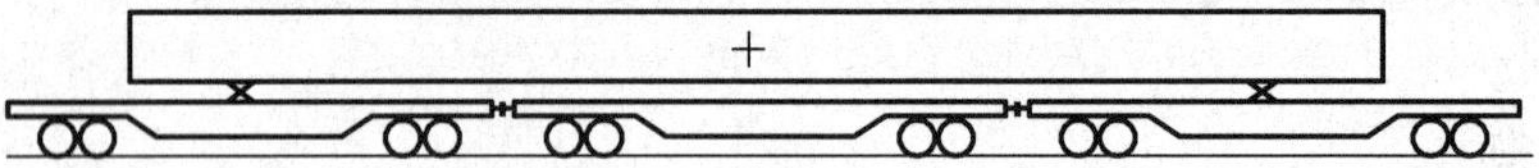

(e)

图 1.2.1　超长货物的装载方法

因车辆长度不同，货物有长有短，如 N_{17} 型平车长 13.0 m，N_{12} 型平车长 12.5 m，若货长 13.2 m，用 N_{17} 型平车均衡突出装载就不是超长货物，用 N_{12} 型平车装载就是超长货物。由此可见，超长货物不是绝对的，而是相对于车辆而言的。

超长货物由于其长度超出车辆端梁，所以应根据装载的技术条件来确定一车负重或跨装的装载方案。

三、一车负重装载的技术条件

（1）均重货物使用 60 t 平车两端均衡突出时，其装载量不得超过表 1.2.1 所列数值。

（2）均重或非均重货物一端突出端梁装载时，重心最大容许纵向偏移量应根据计算确定，即：

当 $P_{容}-Q<10$ 时，

$$a_{容}=\left(\frac{P_{标}}{2Q}-0.5\right)l\ \ (\text{mm})$$

当 $P_{容}-Q\geqslant 10$ 时，

$$a_{容}=\frac{5l}{Q}\ \ (\text{mm})$$

表 1.2.1　60 t 平车两端均衡突出装载量

突出车端长度 L(mm)	L<1500	1 500 ≤L< 2 000	2 000 ≤L< 2 500	2 500 ≤L< 3 000	3 000 ≤L< 3 500	3 500 ≤L< 4 000	4 000 ≤L< 4 500	4 500 ≤L< 5 000
容许载重量 $Q_{容许}$（t）	58	57	56	56	55	54	53	52

（3）所用横垫木或支架高度应计算确定。

为使装有超长货物的连挂车组通过线路纵向变坡点时，货物突出部分的底部与游车底板不相接触，以保证行车和货物安全，垫木高度 $H_{垫}$ 应通过计算得出最低高度，如图 1.2.2 所示。

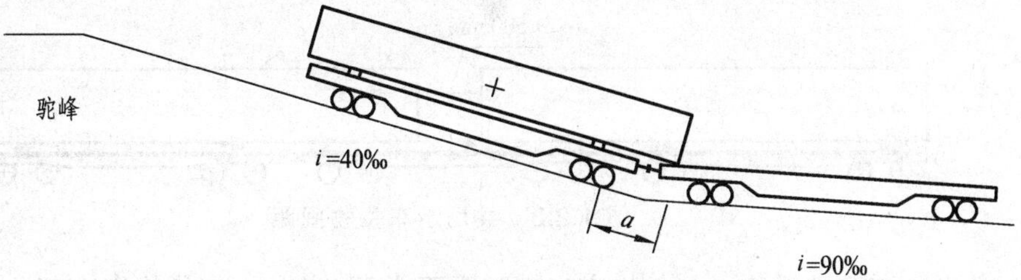

图 1.2.2　横垫木或支架高度计算

$$H_{垫}=0.031a\pm h_{车差}+f+80(\text{mm}) \tag{1-2-1}$$

式中　a——货物突出端至负重车最近轮轴轴心所在垂直面的距离（mm）；对于某种车型来说，其车端至最近轮轴轴心的距离是固定的，用 $L_{车端—轴}$ 表示，可参见表 1.2.2，车端至货端的距离用 $L_{车端—货端}$ 表示。则 $a=L_{车端—轴}+L_{车端—货端}$。

$h_{车差}$——游车地板高度与负重车地板高度差，游车地板比负重车地板高时，取正值，反之取负值（mm）；

f——货物突出端的挠度（mm）；

0.031——按通过驼峰的要求，货物底部与游车地板的接触点所形成夹角的正切值，取值 0.031；

80——负重车地板空重高差（30 mm）与安全距离（50 mm）之和（mm）。

表 1.2.2　车端至最近轮轴轴心的距离

车种	N_6	N_{16}	N_{60}	N_{60}	N_{17}
$L_{车端—轴}$	711.5	975	1 000（轴距 1 700）	990（轴距 1 720）	1 125

若货物突出车端部分底部低于其支重面时，垫木高度还应加该突出部分低于货物支重面的尺寸；如果货物突出车端部分底部高于货物支重面时，垫木高度应减去突出车端部分高于货物支重面的尺寸。

【例 1.2.1】　用 N_{17} 型 60 t 平车装均重大货一件，货重 40 t，长 15 000 mm，使用 N_{16} 型 60 t 平车作游车。试计算垫木最低高度。

【解】　N_{17} 型：$l_{货}=15\,000$ mm，$l_{车}=13\,000$ mm，$l=9\,000$ mm，$l_{轴}=1\,750$ mm，N_{17} 车地板高 1 209 mm，N_{16} 车地板高 1 210 mm。

① 计算 a。

方法 1：

查表 1.2.2，$L_{车端-轴}=1\,125$ mm。

$a=L_{车端-轴}+L_{车端-货端}=1\,125+(15\,000-13\,000)=3\,125$ (mm)

方法 2：

$a=(l_{车}-l-l_{轴})/2+(l_{货}-l_{车})=(13\,000-9\,000-1\,750)/2+(15\,000-13\,000)=3\,125$ (mm)

② 计算$H_{垫}$。

$H_{垫} = 0.031a + h_{车差} + f + 80 = 0.031 \times 3\,125 + (1\,210 - 1\,209) + 0 + 80 = 178\ (\text{mm})$

（4）共用游车时，两货物突出端间距不小于 500 mm，如图 1.2.3 所示。

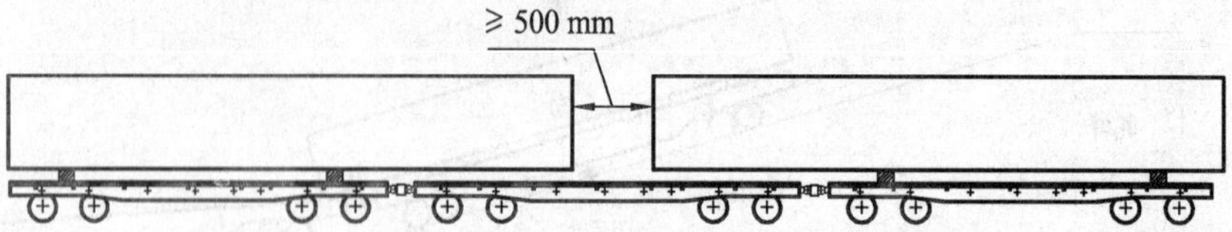

图 1.2.3　共用游车货物间距

（5）游车上装载的货物，与货物突出端间距不小于 350 mm，货物突出部分的两侧不得装载货物，如图 1.2.4 所示。

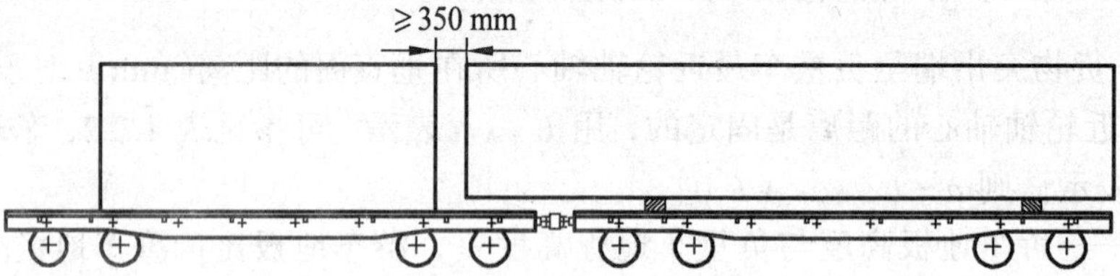

图 1.2.4　游车加装货物间距

四、跨装货物装载的技术条件

（一）跨装货物装载应遵守的规定

跨装系指货物的长度超过一车负重的容许装载长度，其重量由两辆平车承载。

（1）跨装货物只准两车负重。负重车车地板高度应相等，如高度不等时，需要垫平。对未达到容许载重量的货车，可以加装货物，但不得加装在货物的两侧，与跨装货物端部间距不小于 400 mm。

（2）中间只准加挂一辆游车。

（3）货物转向架支重面长度应遵守不集重的规定。货物转向架应放在车地板的横中心线上，必须纵向偏离时，应符合货物重心偏离货车横中心线的最大容许距离$a_{容}$的规定，货物转向架的上架体与跨装货物，下架体与车辆分别加固在一起。

（4）货物转向架的上架体与跨装货物、下架体与车辆分别加固在一起。加固方法不得影响车辆通过曲线，并将提钩杆用镀锌铁线捆紧。

（5）中间加挂游车的跨装车组通过 9 号及其以下道岔时，不得推送调车，以防脱轨。遇设备条件不允许或尽头线时，可以 5 km/h 的速度，匀速推进。

（6）跨装车组禁止溜放。

（7）跨装车组应使用车钩缓冲停止器。

（二）货物转向架高度$H_{转}$的确定

$$H_{转} = a \times \tan\gamma \pm h_{车差} + f + 80\ (\text{mm}) \tag{1-2-2}$$

（1）两车负重，两端或一端加挂游车时：

$$a = y_{端} + l_3$$
$$\tan\gamma = 0.031$$

式中　$y_{端}$——货物突出负重车端梁较长一端的长度（mm）；

l_3——负重车车端至其最近轮轴轴心所成垂直平面间的距离（mm）；

（2）两车负重，中间无游车时：

当 $y_{销} \leqslant 1.29\ l_2$ 时：

$$a = l_2$$
$$\tan\gamma = \frac{0.04(l_1 + l_3)}{l_{支}}$$

当 $y_{销} \geqslant 1.29\ l_2$ 时：

$$a = y_{销}$$
$$\tan\gamma = \frac{0.031(l_1 + l_3)}{l_{支}}$$

式中　$y_{销}$——货物超出货物转向架中心销外方的长度（mm）；

l_1——货物转向架中心销至另一辆负重车相邻车端的距离（mm）；

l_2——货物转向架中心销至其所在车辆内方车端的距离（mm）；

$l_{支}$——跨装支距（mm）。

（3）两车负重，中间有游车时：

$$a \times \tan\gamma = l_1\left[0.04 - \frac{0.04(l_1 + l_3) - 0.015(l_{支} - l_{台} - l_1 - l_3)}{l_{支}}\right] + 0.04 l_3$$

$$a \times \tan\gamma = y_{销}\frac{0.031(l_{支} - l_2 + l_3)}{l_{支}}$$

式中　$l_{台}$——驼峰平台长度（两竖曲线切点之间的距离，可按 10 000 mm 计算）（mm）。

取两者较大者计算。

五、超长货物运费计算

超长货物运送时，在一些情况下，除使用负重的主车负担货物重量外，还需使用游车满足货物对长度的需要，因而需要多使用车辆，所以要核收多使用的游车运费，游车运费按下列规定计算：

游车不装货物时，游车运费按主车货物运价率和游车标重计费；利用游车装运货物，按所装货物运价率与主车货物运价率高的核收游车运费；两批货物共同使用游车时，游车运费各按主车货物的运价率及游车标重的 1/2 计费；运输超限货物或需要限速运行的货物使用游车时，游车运费不加成；自轮运转的轨道机械，以企业自备货车或租用铁路货车作游车时，按整车 7 号运价率核收游车运费；自轮运转的轨道机械，以铁路货车作游车时，按整车 6 号运价率和游车标重核收游车运费；D 型长大货物车运输货物需用隔离车时，隔离车不另核收运费。隔离车加装货物时，按所加装货物适用的运价率核收运费。

六、预应力梁装载加固

1. 预应力梁的装载方法

长度为 32.6 m（重量不大于 115 t）和 24.6 m 的预应力梁，可使用 N_{15} 型桥梁专用车装运。使用木地板平车装运时，只准使用 N_6、N_{17}、N_{17AK}、N_{17AT}、N_{17G}、N_{17GK}、N_{17GT}、N_{17K}、N_{17T}、NX 型共用车，可不受“平车局部地板面承受均布载荷或对称集中载荷时容许载重量表”的限制。

（1）长度为 32.6 m 的预应力梁，跨装支距为 27 ~ 28 m，使用两辆平车负重跨装（中间加挂游车一辆）运送时，负重车及游车限用 13 m 长木地板平车。

（2）长度为 24.6 m 的预应力梁，跨装支距 18 m，使用两辆平车跨装运送时，限用 NX_{17B}、NX_{17BH}、NX_{17BK}、NX_{17BT}、NX_{70}、NX_{70H} 型共用车。

（3）使用 N_{15} 型桥梁专用车组跨装运送 32.6 m 的预应力梁时，允许中间加挂两辆游车。

2. 预应力梁的加固方法

（1）货物转向架下架体每端，用 8 号镀锌铁线或盘条拉牵成“八”字形，捆绑在车侧丁字铁或支柱槽上。

货物转向架上架体与桥梁底部之间，需加防滑垫木。死心盘一端货物转向架上部的防滑垫木上应加铺一层橡胶垫，桥梁底部两侧与货物转向架上架体挡铁之间，用木楔楔紧卡牢。

（2）在货物转向架上架体预应力梁的两侧，分别使用斜支撑进行加固。斜支撑顶部与预应力梁体必须密贴顶牢，并用 8 号镀锌铁线或盘条将斜支撑与转向架上架体捆牢。

（3）横向位移不超过 20 mm，长度为 32.6 m 梁的纵向窜动不超过 250 mm、长度为 24.6 m 梁的纵向窜动不超过 150 mm 时，可以继续运行。

（4）斜支撑产生纵向倾斜时，必须进行整理。

实训练习

1. 某站承运非均重平底货物一件，重 50 t，长 16 m，宽 2.8 m，高 2 m，货物重心距货物一端 7 m，距货物一侧 1.4 m。该站拟选用标重为 60 t 的 N_{16} 型平车一端突出装运，并使用同一型号平车一辆作游车（货物挠度 $f = 30$ mm）。

要求：（1）检查货物是否偏重。

（2）确定使用横垫木的高度。

2. 均重平底货物一件，重 25 t，长 14.6 m，宽 2.8 m，高 2 m，拟选用标重为 60 t 的 N_{16} 型平车一端突出装运，并使用一辆 N_6 型平车作游车。

要求：（1）检查货物是否偏重。

（2）确定使用横垫木的高度（$f = 0$）。

3. 均重平底货物一件，重 45 t，长 19 m，宽 3 m，高 2 m，该站拟选用标重为 60 t 的 N_{16} 型平车均衡装载，并使用同一型号平车作游车（货物挠度 $f=0$）。

要求：（1）确定使用横垫木的高度。

（2）计算重车重心高。

4. 均重货物一件，长 16 m，宽 3 m，高 1.8 m，货物重为 35 t，现有 N_6，N_{16}，N_{17} 型标重为 60 t 的平车各一辆，请确定经济合理的装载方案，并画出示意图。（选择适当车辆、确定使用的横垫木高度等，货物挠度 $f=0$，现有 3 种规格垫木若干可供选用：3 000 mm × 150 mm × 140 mm，3 000 mm × 180 mm × 150 mm，3 000 mm × 200 mm × 180 mm）

5. 阳西一专用线向资中发一挖掘机，货物重量为 35 t，因该货超长，使用 60 t 的平车作游车，游车上未装货，计算发站的运杂费。（保价费、取送车费除外）

6. 从廊坊向双鸭山站发超长货物一批，水泥电杆，货重为 55 t，使用 N_{17} 一辆突出装载，另用 N_{16} 一辆作游车（两批共用），同时在游车加装电动机 2 台，重 5 t，全批保价 9 000 元，保价率均为 2‰。试计算运杂费。（运价里程 621 km，电化里程 28 km）

7. 西安东发下花园桥式起重机梁一件，重 21.5 t，使用 N_{16} 型平车，一端突出，与另一批货物共用游车，计算运费。

任务三　阔大货物装载加固方案的制订

任务描述

（1）能进行运行中作用于货物上力的计算。

（2）能进行货物稳定性的检验。

（3）掌握加固材料和装置的选择。

（4）掌握加固强度的计算及方案比选并决策。

知识准备

货物装载加固均应符合一定的技术要求，它是保证运行安全和货物安全的重要措施。对于不同的货物列车运行是在动态状况下的，如装载加固不良则会导致货物移动、滚动、倾覆或者坠落、倒塌现象，甚至发生列车颠覆事故。

为了保证加固强度，应通过必要的加固计算，根据计算结果确定合理的加固方案和选择适当的加固材料。加固计算的一般程序是：计算运行中作用于货物上的力值；检验货物的稳定性；计算加同材料应承受的力的大小；确定合理的加同方法和加固材料。

一、运行中作用在货物上的力

（一）力的产生

列车运行时，车上所装载的货物将受到各种外力的作用，如纵向惯性力、横向惯性力、垂直惯性力、风力、摩擦力及重力，各种力的作用点及作用方向如图 1.3.1 所示。

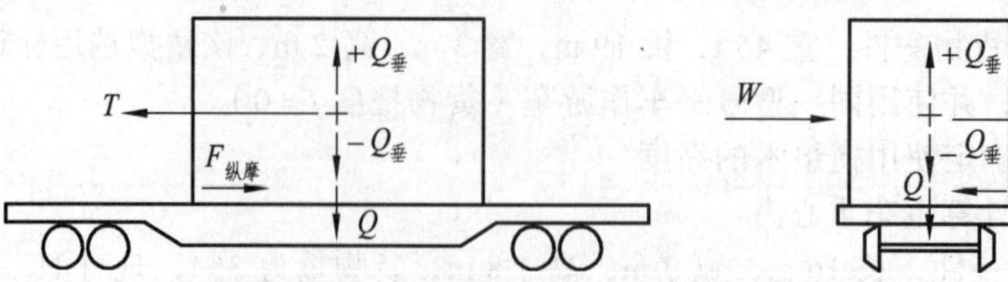

图 1.3.1　各种外力的作用点及作用方向

T—纵向惯性力；W—风力；N—横向惯性力；$Q_{垂}$—垂直惯性力；

Q—重力；$F_{纵摩}$—纵向摩擦力；$F_{横摩}$—横向摩擦力

这些外力，有的对货物起稳定作用，有的则对货物的稳定起破坏作用。因此，我们对货物进行加固前，有必要首先认真分析这几种力及其产生的原因。

运行中的货物之所以受到上述各种外力的作用，均缘于列车运行时的运动状态改变使车辆产生较大的纵向加速度，以及由于线路和车辆动力的相互作用而导致货物随着车体产生复杂的振动。

车辆的主要振动有：摇头振动、点头振动、侧滚振动、沉浮振动、伸缩振动和侧摆振动等，如图 1.3.2 所示。下面我们对车辆的几种振动现象进行一个简单的分析。

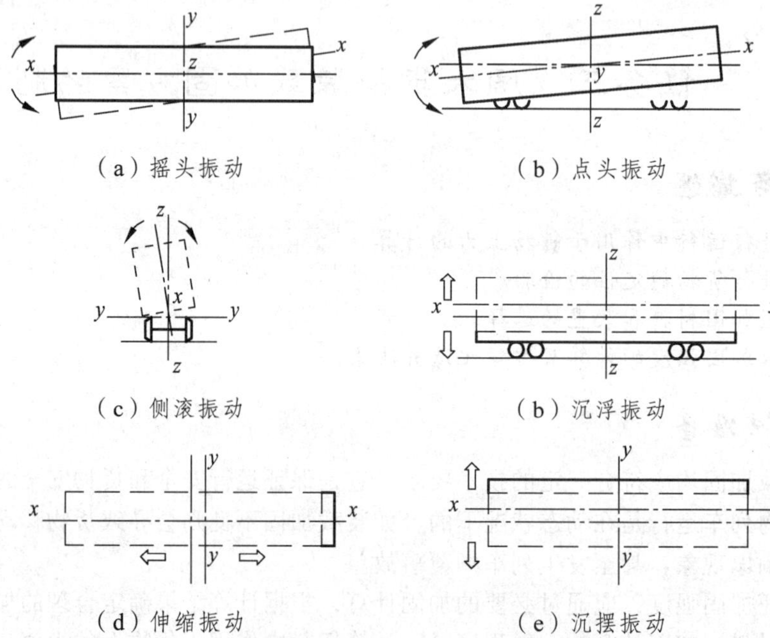

图 1.3.2　运行中车辆振动的主要形态

1. 摇头振动

车轮踏面倾斜，轮对安装不正确以及同一轮对两车轮滚圆直径大小不同等原因使车辆蛇行，使车体围绕其垂直中心线 z 为轴作回转振动，如图 1.3.2（a）所示。在这种情况下，车体及货物各点具有不同的横向水平加速度，并且离开振动（回转）中心的距离越远，加速度值越大。

2. 点头振动

当车辆行经钢轨接缝处，轮对受到冲击或因车轮踏面擦伤、线路冻害以及轮对偏心而引起的冲击，使车体围绕横向水平线 y 为轴作回转振动，如图 1.3.2（b）所示。这种振动使车体连同所装货物的各点具有不同的垂直加速度，在车辆纵向上，离开车辆横中心线的距离越远，垂直加速度值越大。

3. 侧滚振动

车辆行经相互错开的钢轨接缝上的冲击，左右轨面由于线路冻害或养护不良（高度不等），以及某一车轮踏面擦伤，或车辆行经道岔、曲线时离心力的作用，车体围绕其纵向水平线 x 为轴作回转振动，如图 1.3.2（c）所示。在这种情况下，车体及货物各点具有不同的垂直及横向水平加速度。距振动（回转）中心轴越远的点，其加速度值越大。

4. 沉浮振动

车辆运行中，由于车体与走行部之间弹簧的伸缩，使车体产生沿 z 轴方向垂直振动，如图 1.3.2（d）所示。在这种振动下，车体连同所装货物的各点，都具有相同的垂直（向上或向下）加速度。

5. 伸缩振动

列车在起动、制动、变速、上下坡道及调车作业时，在车辆之间产生牵引和压缩冲击力，并通过车钩缓冲装置作用于车辆底架，使车体产生沿 x 轴（纵向水平轴）方向的前后水平振动，如图 1.3.2（e）所示。这种振动使车体连同所装的货物各点具有相同的纵向水平加速度。

6. 侧摆振动

当车辆经过道岔、曲线或与左右错开的钢轨接缝相冲击，在横向力的作用下，使车体产生沿 y 轴（横向水平轴）方向的左右水平振动，如图 1.3.2（f）所示。这种振动也称为横向水平振动。这种振动使车体连同所装的货物各点具有相同的横向水平加速度。

在实际运行过程中，上述几种振动并非单独存在，而往往是同时出现的。这些振动导致货物在纵向上产生的惯性力均较小，可以忽略不计。但由于点头振动、沉浮振动、侧滚振动导致货物产生的垂直惯性力；由于侧摆振动、摇头振动导致货物产生的横向惯性力。这两个力值对货物稳定性的影响是比较大的，必须予以重视。而且，货物重心距车辆横中心线越远，其影响越大。

作用于运行中货物上的各种力值大小均是通过试验而确定的，力值计算公式均为试验公式。下面将分别介绍各种力值的计算方法。

（二）纵向惯性力

纵向惯性力主要是因为车辆运动状态发生变化而引起的。比如，起动、紧急制动、变速运行、调车时运行车辆碰撞到静止的车辆等等，该力的作用点在货物的重心处。在直线区段，该力的作用方向与线路中心线平行；在曲线区段，该力的作用方向为曲线的切线方向。纵向惯性力可用下式计算：

$$T = t_0 Q \qquad (1\text{-}3\text{-}1)$$

式中 T——纵向惯性力（kN）；

t_0——每吨货物的纵向惯性力（kN/t）；

Q——货物的重量（t）。

单位重量货物的纵向惯性力（t_0）是通过多次运行冲击试验确定的。试验表明，它的大小与采用的加固种类（柔性或刚性）有相当大的关系。

1. 柔性加固

所谓柔性加固，是指采用抗拉强度较小的加固材料，如钢丝绳、多股 8 号铁线、挡木、腰箍等进行拉牵加固或下压式捆绑等弹性加固。此时，t_0 的计算为：

$$t_0 = 0.0012Q_{总}^2 - 0.32Q_{总} + 29.85 \tag{1-3-2}$$

式中 $Q_{总}$——重车总重（t），跨装时按跨装车组总重计算。

当 130 t<$Q_{总}$≤150 t 时，t_0 = 6.78 kN/t；当 $Q_{总}$>150 t 时，t_0 = 5.88 kN/t。

2. 刚性加固

所谓刚性加固，是指采用角钢焊接或螺栓加固。此时，每吨货物重量的纵向惯性力可用下式计算：

$$t_0 = 26.69 - 0.13Q_{总} \tag{1-3-3}$$

式中 $Q_{总}$——重车总重（t），当 $Q_{总}$>130 t 时，按 130 t 计算。

（三）横向惯性力

列车在运行时，车辆会产生侧摆振动、侧滚振动、摇头振动，从而使车上的货物产生横向惯性力。其值的大小与线路质量、车辆走行部分的性能、货物的重量、列车在曲线上的速度、曲线半径大小，以及外轨超高程度等因素有关。实际上，由于各种振动是很复杂的，要准确计算横向惯性力的大小难度是较大的，一般可用下列试验公式计算：

$$N = n_0 Q \tag{1-3-4}$$

式中 N——横向惯性力（kN）；

Q——货物重量（t）；

n_0——单位重量货物的横向惯性力（kN/t），其计算公式为：

$$n_0 = 2.82 + 2.2\frac{a}{l} \tag{1-3-5}$$

式中 a——货物重心的纵向位移量（mm），跨装时为货物转向架中心销偏离车辆横中心线的距离；

l——负重车的销距（具有多层转向架群的货车为底架心盘中心距）（mm）。

（四）垂直惯性力

由于列车在运行时，车辆出现点头振动、沉浮振动和侧滚振动，于是车上的货物则产生一个垂直惯性力。该力向上、向下交替产生。它的大小与线路的状况、列车运行速度、货物重心位置以及车辆的情况有关系。垂直惯性力可用下式计算：

$$Q_{垂} = q_{垂} Q \qquad (1\text{-}3\text{-}6)$$

式中　$Q_{垂}$——垂直惯性力（kN）；

Q——货物重量（t）；

$q_{垂}$——每吨货物的垂直惯性力（kN/t），不同的车型计算方法有所不同。

1. 使用平车、敞车装载时

$$q_{垂} = 3.54 + 3.78\frac{a}{l} \qquad (1\text{-}3\text{-}7)$$

式中　$Q_{总装}$——车辆装载货物的总重（t），跨装时为货物重量的 1/2；

a——货物重心的纵向位移量（mm），跨装时为货物转向架中心销偏离车辆横中心线的距离；

l——车辆的销距（mm）。

2. 使用长大货物车装载时

$$q_{垂} = 4.53 + 7.84\frac{a}{l} \qquad (1\text{-}3\text{-}8)$$

（五）风　力

列车在运行中，车上的货物将受到纵向、横向上的风力作用。由于在纵向上货物受到前后车辆及车上所装货物的阻挡，该力值很小，对货物的影响也小，故可忽略不计。但横向上的风力对货物的影响就很大，特别是当横向风力与横向惯性力方向一致时，很容易导致货物在车辆上产生一个横向位移，因此应考虑该力值对货物的影响。

风力的大小与受风面的形状和大小以及风压的大小有关，其值可用下式计算：

$$W = qF \qquad (1\text{-}3\text{-}9)$$

式中　W——风力（kN）；

q——侧向计算风压，当受风面为平面时取 0.49 kN/m²，当受风面为圆球体或圆柱体的侧面时取 0.245 kN/m²；

F——侧向迎风面的投影面积（m²）。

（六）摩擦力

由于货物的重量，使货物与车底板（或垫木）间产生摩擦力，它的作用方向正好与作用在货物上的各种外力的合力方向相反，且是阻止货物在车上产生水平移动的力，因而摩擦力对货物稳定性起着有利的作用。它的大小取决于货物本身的自重及车底板表面、货物支重面和垫木或衬垫表面的性质。

（1）纵向摩擦力：

$$F_{纵摩} = 9.8\mu Q \qquad (1\text{-}3\text{-}10)$$

（2）横向摩擦力：

$$F_{横摩} = \mu(9.8Q - Q_{垂}) \quad (1\text{-}3\text{-}11)$$

式中 Q——货物的重量（t）；

$Q_{垂}$——货物的垂直惯性力（kN）；

μ——摩擦系数。

μ的值按表 1.3.1 取。当货物与车底板间加有垫木或衬垫时，应取货物与垫木或衬垫间及垫木或衬垫与车底板间摩擦系数较小者计算。

表 1.3.1 铁路常用摩擦系数

摩擦接触面	μ的取值	摩擦接触面	μ的取值
木与木	0.45	橡胶垫与木	0.60
木与钢板	0.40	橡胶垫与钢板	0.50
木与铸钢	0.60	稻草绳把与钢板	0.50
钢板与钢板	0.30	稻草绳把与铸钢	0.55
履带走行机械与车辆木地板	0.70	稻草帘与钢板	0.44
橡胶轮胎与车辆木地板	0.63	草支垫与钢板	0.42

由此可见，列车在运行中，货物将受到上述各种力的作用，这几种力并非单独作用于货物上，而往往是几种力同时作用于货物上。几种力中纵向惯性力，横向惯性力，垂直惯性力，风力都是破坏力，对货物的稳定性起破坏作用，而摩擦力对货物起着稳定作用，所以当有益的力不能抵消破坏力时，货物就不稳定，则需加固。

【例 1.3.1】 某站用标重为 60 t 的 N_{16} 型车装运木质箱型均重货物一件，货重 20 t，外部尺寸为 8 000 mm × 2 400 mm × 1 800 mm，货物均匀对称顺装，装后货物重心投影在车底板的中央处，试计算作用于运行中货物上的各种力的大小。

【解】

N_{16} 型车自重为 19.7 t，车辆销距为 9 300 mm，各种力的数值计算如下：

（1）纵向惯性力（车底板为木质，货物为木质，加固方法为柔性加固）：

$$\begin{aligned} T &= t_0 Q \\ &= (0.0012Q_{总}^2 - 0.32Q_{总} + 29.85)Q \\ &= [0.0012\times(19.7+20)^2 - 0.32\times(19.7+20) + 29.85]\times 20 \\ &= 380.746\ (\text{kN}) \end{aligned}$$

（2）横向惯性力：

因为 $a = 0$，所以由公式得：

$$
\begin{aligned}
N &= n_0 \times Q \\
&= (2.82 + 2.2a/l)Q \\
&= 2.82 \times 20 = 56.400\ (\text{kN})
\end{aligned}
$$

（3）垂直惯性力：

因为是平车装运，所以有：

$$
\begin{aligned}
Q_{垂} &= q_{垂}Q \\
&= (3.54 + 3.78a/l)Q \\
&= 3.54 \times 20 = 70.800\ (\text{kN})
\end{aligned}
$$

（4）风力：

因为货物的侧向受风的投影面积为 8.0 m × 1.8 m 的平面，故 q 取 0.49 kN/m^2，所以

$$
\begin{aligned}
W &= qF \\
&= 0.49 \times 8.0 \times 1.8 \\
&= 7.056\ (\text{kN})
\end{aligned}
$$

（5）摩擦力：

因为 N_{16} 型车车底板为木质，货物也为木质，所以 μ 取 0.45，由公式得：

$$
\begin{aligned}
F_{纵摩} &= 9.8\mu Q \\
&= 9.8 \times 0.45 \times 20 \\
&= 88.200\ (\text{kN})
\end{aligned}
$$

$$
\begin{aligned}
F_{横摩} &= \mu(9.8Q - Q_{垂}) \\
&= 0.45 \times (9.8 \times 20 - 70.800) \\
&= 56.340\ (\text{kN})
\end{aligned}
$$

【例 1.3.2】 圆形转轮一件，重 50 t，直径 ϕ4 300 mm，转轮厚 2 800 mm，货物下面有钢制托架一件，使用一辆 D_5 型车装载，货物重心投影落在车底板中央。试计算作用于货物上的各种力的大小。

【解】

采用横向卧装（圆柱体的中轴线沿车辆横向卧装）。D_5 型车自重为 31 t，销距为 13 000 mm。货物下部和 D_5 型车车底板均为钢制，故拟采用刚性加固，且 $\mu = 0.3$。货物侧向迎风面的投影面积为半径 R2.15 m 的圆形。各种力的数值计算如下：

（1）纵向惯性力：

$$
\begin{aligned}
T &= t_0 Q \\
&= (26.69 - 0.13Q_{总})Q \\
&= [26.69 - 0.13 \times (31 + 50)] \times 50 \\
&= 808.000\ (\text{kN})
\end{aligned}
$$

（2）横向惯性力：

因为 $a = 0$，所以由公式得：

$$N = n_0 \times Q = (2.82 + 2.2a/l)Q = 2.82 \times 50 = 141.000\ (\text{kN})$$

（3）垂直惯性力：

使用长大货车，则：

$$\begin{aligned} Q_{垂} &= q_{垂}Q \\ &= (4.53 + 7.84a/l)Q \\ &= 4.53 \times 50 = 226.500\ (\text{kN}) \end{aligned}$$

（4）风力：

$$\begin{aligned} W &= qF \\ &= q\pi R^2 \\ &= 0.49 \times 3.14 \times 2.15^2 \\ &= 7.112\ (\text{kN}) \end{aligned}$$

（5）摩擦力：

$$\begin{aligned} F_{纵摩} &= 9.8\mu Q \\ &= 9.8 \times 0.3 \times 50 \\ &= 147.000\ (\text{kN}) \end{aligned}$$

$$\begin{aligned} F_{横摩} &= \mu(9.8Q - Q_{垂}) \\ &= 0.3 \times (9.8 \times 50 - 226.500) \\ &= 79.050\ (\text{kN}) \end{aligned}$$

二、货物稳定性的检验

列车在运行时，车上所装货物将受到多种外力的作用，这多种外力除摩擦力和重力是稳定力外，其余均为不稳定力。在对货物进行加固之前，必须要先检验货物在受到这些外力作用时的稳定情况。若不稳定，则需加固。

货物不稳定，主要发生在倾覆、水平移动和滚动三个方面。下面将分别叙述货物在这三个方面的稳定性检验方法。

检验货物的稳定性是通过稳定系数来确定的。由于货物所受五种外力的作用点和作用方向不同，所以，我们通过力矩（力）来计算稳定系数。

稳定系数是指稳定力产生的稳定力矩（力）与不稳定力产生的不稳定力矩（力）的比值，该比值通常为 1.25（或 1）。

（一）倾覆方面稳定性的检验

1. 货物不进行任何加固

货物在纵向上将受到纵向惯性力的作用，若货物重力形成的稳定力矩与纵向惯性力形成的纵向倾覆力矩（不稳定力矩）之比不能达到稳定条件，则货物就会发生纵向倾覆。

由图 1.3.3 可见，货物免于纵向倾覆的稳定条件应为：

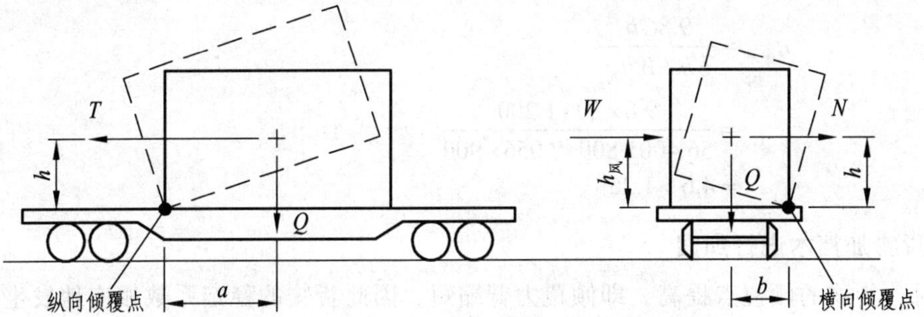

图 1.3.3　货物在车地板上倾覆趋势示意图

$$\eta_{纵倾}=\frac{稳定力矩}{纵向倾覆力矩}=\frac{9.8Qa}{Th}\geqslant 1.25 \tag{1-3-12}$$

式中　Q——货物重量（t）；

a——货物的纵向稳定力臂，即货物的纵向倾覆点至货物重心所在横向垂直平面的距离（mm）；

T——货物的纵向惯性力（kN）；

h——货物重心自倾覆点所在水平面起算的高度（mm）。

货物在横向上受到横向惯性力和横向风力的作用，若重力形成的稳定力矩与横向惯性力和风力形成的横向倾覆力矩之比不能达到稳定条件，则货物就会发生横向倾覆。

同理，货物免于横向倾覆的稳定条件应为：

$$\eta_{横倾}=\frac{稳定力矩}{横向倾覆力矩}=\frac{9.8Qb}{Nh+Wh_{风}}\geqslant 1.25 \tag{1-3-13}$$

式中　b——货物的横向稳定力臂，即货物的横向倾覆点至货物重心所在纵向垂直平面的距离（mm）；

N——货物的横向惯性力（kN）；

W——货物的风力（kN）；

$h_{风}$——风力合力作用点自横向倾覆点所在的水平面起算的高度（mm）。

【例 1.3.3】　某站用标重为 60 t 的 N_{16} 型车装运木质箱型均重货物一件，货重 20 t，货物重心高 800 mm，外部尺寸为 8 000 mm × 2 400 mm × 1 800 mm，货物均匀对称顺装，装后货物重心投影落在车底板的中央处，试确定货物是否会发生倾覆。

【解】

经计算得知：纵向惯性力 $T=380.746$（kN），横向惯性力 $N=56.400$（kN），风力 $W=7.056$（kN）。

$$\begin{aligned}\eta_{纵倾}&=\frac{9.8Qa}{Th}\\&=\frac{9.8\times 20\times 4\,000}{380.746\times 800}\\&=2.6>1.25\end{aligned}$$

$$\eta_{横倾}=\frac{9.8Qb}{Nh+Wh_{风}}$$
$$=\frac{9.8\times 20\times 1\,200}{56.400\times 800+7.056\times 900}$$
$$=4.6>1.25$$

2. 货物加挡木进行加固

此时，货物的倾覆点提高，即倾覆力臂缩短，因此货物的稳定系数相应地发生变化。

$$\eta_{纵倾}=\frac{稳定力矩}{纵向倾覆力矩}=\frac{9.8Qa}{T(h-h_{挡})}\geqslant 1.25 \tag{1-3-14}$$

$$\eta_{横倾}=\frac{稳定力矩}{横向倾覆力矩}=\frac{9.8Qb}{N(h-h_{挡})+W(h_{风}-h_{挡})}\geqslant 1.25 \tag{1-3-15}$$

式中　$h_{挡}$——挡木的高度（mm）。

（二）滚动方面稳定性的检验

对圆柱（筒）形、球形、带轮子的货物，装在车上若不进行任何加固，货物将产生滚动现象。故此类货物必须采用三角挡、凹木、掩木等加固材料进行加固，如图 1.3.4 所示。

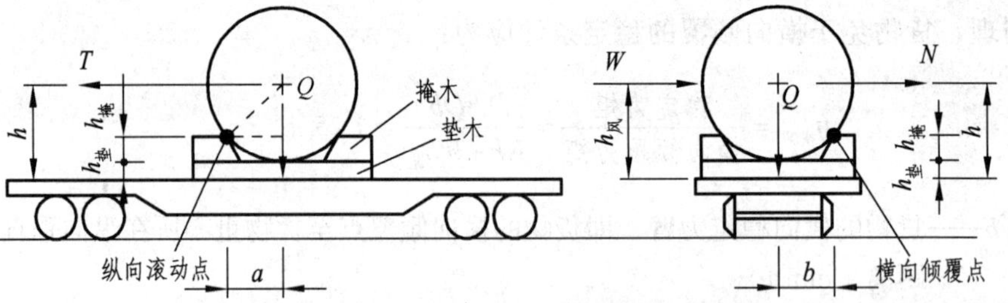

图 1.3.4　货物在车地板上滚动趋势示意图

货物免于滚动的条件为：

$$\eta_{纵滚}=\frac{稳定力矩}{纵向滚动力矩}=\frac{9.8Qa}{T(R-h_{掩})}\geqslant 1.25 \tag{1-3-16}$$

$$\eta_{横滚}=\frac{稳定力矩}{横向滚动力矩}=\frac{9.8Qb}{(N+W)(R-h_{掩})}\geqslant 1.25 \tag{1-3-17}$$

式中　a——货物纵向滚动点至货物重心所在的横向垂直平面的距离（mm）；

b——货物横向滚动点至货物重心所在的纵向垂直平面的距离（mm）；

R——货物或轮子的半径（mm）；

$h_{掩}$——掩木的高度（mm）。

根据图 1.3.4，式中 a，b 可用下式计算：

$$a=\sqrt{R^2-(R-h_{掩})^2}\ 或\ b=\sqrt{R^2-(R-h_{掩})^2}\ （mm） \tag{1-3-18}$$

若既用掩木又用凹木，则 a，b 应按下式计算：

$$a=\sqrt{R^2-(R-h_{掩}-h_{凹})^2} \text{ 或 } b=\sqrt{R^2-(R-h_{掩}-h_{凹})^2} \text{ (mm)} \tag{1-3-19}$$

式中 $h_{凹}$——凹木的深度（mm）。

【例 1.3.4】 铸钢结构圆柱形货物一件，货重 12 t，长 17 000 mm，直径 ϕ3 200 mm，采用 N_{16} 型车一车负重，均匀顺向卧装，两端用同样车型作游车，货物下面垫凹口深为 8 mm，凹部高为 150 mm 的凹木，两凹木中心线间距与车辆转向架中心销间距相等，凹木上钉高为 150 mm 的掩木。试检验该货物在滚动方面的稳定性。

【解】

因为该货物是顺向卧装，只有可能发生横向方面的滚动，故只检验此方面的稳定性。计算力值：

$$\begin{aligned}N&=n_0\times Q\\&=(2.82+2.2a/l)Q\\&=33.840\ (\text{kN})\end{aligned}$$

$$\begin{aligned}W&=qF\\&=0.245\times17\times3.2\\&=13.328\ (\text{kN})\end{aligned}$$

检验货物稳定性：

$$\begin{aligned}b&=\sqrt{R^2-(R-h_{掩}-h_{凹})^2}\\&=\sqrt{1\,600^2-(1\,600-150-8)^2}\\&=693\ (\text{mm})\end{aligned}$$

$$\begin{aligned}\eta_{横滚}&=\frac{9.8Q_b}{(N+W)(R-h_{掩}-h_{凹})}\\&=\frac{9.8\times12\times693}{(33.840+13.328)\times(1\,600-150-8)}\\&=1.2<1.25\end{aligned}$$

计算表明，该货物可能发生横向滚动，需在横向进行加固。

（三）水平移动方面稳定性的检验

货物所受到的摩擦力对其起稳定作用，但当纵向摩擦力不能抵消纵向惯性力或横向摩擦力不能抵消横向惯性力和风力时，货物将产生纵向、横向上的水平移动。另外，由于货物横向位移的危险性较大，并且横向力的最大值是当重车以比较高的速度在曲线上运行时产生的。为确保安全，在进行横向加固计算时，将横向惯性力和风力之和加大了 25%。货物免于水平移动的条件应为：

$$\eta_{纵移}=\frac{F_{纵摩}}{T}>1 \tag{1-3-20}$$

$$\eta_{横移} = \frac{F_{横摩}}{N+W} \geqslant 1.25 \tag{1-3-21}$$

式（1-3-20）、式（1-3-21）还可分别表示为：

$$\Delta T = T - F_{纵摩} < 0$$

$$\Delta N = 1.25(N+W) - F_{横摩} < 0$$

当ΔT或ΔN为正数时，则货物需加固。

【例 1.3.5】 某站用标重为 60 t 的 N_{16} 型车装运木质箱型均重货物一件，货重 20 t，货物外部尺寸为 8 000 mm × 2 400 mm × 1 800 mm，货物均匀对称顺装，装后货物重心投影落在车底板的中央处，试确定货物是否会发生移动。

【解】

经计算得知：纵向惯性力 T = 380.746 kN，横向惯性力 N = 56.400 kN，风力 W = 7.056 kN，纵向摩擦力 $F_{纵摩}$ = 88.200 kN，横向摩擦力 $F_{横摩}$ = 56.340 kN，则：

$$\eta_{纵移} = \frac{F_{纵摩}}{T} = \frac{88.200}{380.746} < 1$$

$$\eta_{横移} = \frac{F_{横摩}}{N+W} = \frac{56.340}{56.400+7.056} < 1.25$$

计算表明，该货物纵横方向均可能发生移动，需要加固。

由于货物的形状各异，所以对于一件具体的货物应综合考虑其不稳定因素，并分别进行校验，以确定是否需要进行加固。

三、常用加固材料及加固装置

货物装载以后，若检验出货物会发生倾覆、水平移动或滚动现象，则必须对其进行加固，以保证货物在运输过程中的稳定性和安全性。

对货物进行加固，只有根据货物情况选择合适的加固材料，正确确定出合理的加固方法，才能达到经济、合理的加固货物的目的。

（一）常用加固材料

1. 按加固方式分类

（1）拉牵捆绑材料，包括镀锌铁线、盘条、钢丝绳和钢丝绳夹、固定捆绑铁索、绳索、螺旋式紧线器、84 型紧固器、腰箍。

（2）衬垫材料，包括垫木和隔木、条形草支垫、稻草绳把、稻草垫、橡胶垫。

（3）掩挡类材料，包括支柱、挡木、钢挡、锅炉挡铁、掩挡、铁泥塑料挡、围挡及挡板（壁）。

（4）其他材料，包括绳网、焦炭网、绞棍、圆钢钉、扒锯钉、U 形钉、U 形夹、钢板夹。

2. 按材质分类

（1）木质类，主要用来垫或挡货物，如支柱、垫木、挡木等。

（2）钢铁制品类，主要用来拉牵、捆绑、焊接加固货物，如铁线、钢丝绳、型钢等。

（3）其他材质类，主要用来防滑，如橡胶垫、草支垫等。

3. 常用加固材料的适用范围

对于有平支承面的货物、圆柱形货物、带轮货物和轻浮货物应使用不同的加固方式。各类货物及其加固材料适用范围见表 1.3.2。

表 1.3.2 加固材料的适用范围

货物种类	防止货物不稳定状态	可使用的加固材料
有平支撑面的货物	纵向或横向倾覆	拉牵铁线、绞棍、钢丝绳、紧固器、拉杆
	纵向或横向位移	挡木、拉牵铁线、绞棍、钢丝绳、紧固器、钉子或扒锯钉
圆柱形货物	纵向或横向滚动	凹形垫木、掩木、三角挡、钉子或扒锯钉
	顺装时纵向位移	拉牵铁线、钢丝绳、横腰箍、绞棍、紧固器
	横装时横向位移	拉牵铁线、钢丝绳、绞棍、紧固器、挡木、钉子或扒锯钉
带轮货物	纵向或横向滚动	三角挡、掩木、拉牵铁线、钢丝绳、绞棍、紧固器、钉子或扒锯钉、轮挡
	纵向或横向位移	挡木、拉牵铁线、钢丝绳、绞棍、紧固器、钉子或扒锯钉
轻浮货物	倒塌	支柱（侧、端）、铁线、绳子、绳网、U 形钉

（二）常用加固材料的用途及规格

1. 拉牵捆绑材料

1）镀锌铁线

镀锌铁线是一种适应性比较强，应用广泛的加固材料。它主要用于拉牵加固捆绑货物，可防止货物产生倾覆、水平移动和滚动。

镀锌铁线使用时，一般应数股拧成一根，禁止使用已受损、捆绑过货物的铁线。拉牵用镀锌铁线直径不得小于 4 mm（8 号），捆绑用镀锌铁线直径不得小于 2.6 mm（12 号），镀锌铁线不得用作腰箍下压式加固，一般不用作整体捆绑。加固货物常用的镀锌铁线破断拉力和许用应力值见表 1.3.3。

表 1.3.3 常用镀锌铁线的破断拉力和许用应力

线 号	6	7	8	9	10	11	12
直径（mm）	5.0	4.5	4.0	3.5	3.2	2.9	2.6
破断拉力（kN）	6.70	5.40	4.30	3.29	2.75	2.26	1.82
许用应力（kN）	3.35	2.70	2.15	1.64	1.37	1.13	0.91

当数股铁线拧成一根使用时，由于每股受力不均匀，所以，每股铁线的拉力值应取其许用应力的 90%，即：

$$n = \frac{S}{0.9P_{许}}（股） \quad (1\text{-}3\text{-}22)$$

2）盘　条

盘条主要用于拉牵加固货物，可防止货物产生倾覆、水平移动和滚动，不得用作腰箍下压式加固，可用作整体捆绑。常用盘条的破断拉力和许用应力见表 1.3.4。

表 1.3.4　常用盘条的破断拉力和许用应力

直径（mm）	5.5	6	6.5
破断拉力（kN）	7.96	9.47	11.12
许用应力（kN）	3.98	4.73	5.56

3）钢丝绳和钢丝绳夹

钢丝绳可用于拉牵加固，还可作腰箍下压式加固和整体捆绑。加固货物用的钢丝绳应选用柔性较好的起重、提升和牵引用钢丝绳。

推荐公称抗拉强度 1 670 MPa（N/mm²）规格的 $6\times19_{(b)}$（1 + 6 + 12）型钢丝绳，其规格及破断拉力见表 1.3.5。

表 1.3.5　公称抗拉强度 1 670 MPa 规格的 $6\times19_{(b)}$ 钢丝绳的破断拉力和许用应力

钢丝绳直径（mm）	6	7	7.7	8	9	9.3	10	11	12	12.5	13
最小破断拉力（kN）	18.5	25.1	31.7	32.8	41.6	45.6	51.3	62	73.8	81.04	86.6
许用应力（kN）	9.25	12.55	15.85	16.4	20.8	22.8	25.65	31	36.9	40.52	43.3
钢丝绳直径（mm）	14	15.5	16	17	18	18.5	20	22	24	26	28
最小破断拉力（kN）	100	126.6	131	153.27	166	182.37	205	248	295	346	402
许用应力（kN）	50	63.3	65.5	76.63	83	91.18	102.5	124	147.5	173	201

紧固捆绑钢丝绳的装置为钢丝绳夹头，应按钢丝绳的直径选用相应公称尺寸的钢丝绳夹头。钢丝绳夹的使用如图 1.3.5 所示。

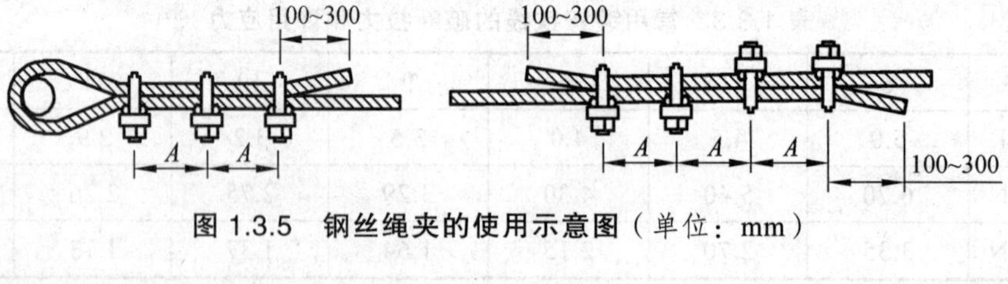

图 1.3.5　钢丝绳夹的使用示意图（单位：mm）

4）螺旋式紧线器

螺旋式紧线器与钢丝绳配合使用时，抗拉强度应匹配。

螺旋式紧线器又称花兰螺栓，分 OO 型、OC 型、CC 型、OU 型，如图 1.3.6 所示。应优先使用 OC 型和 OU 型。

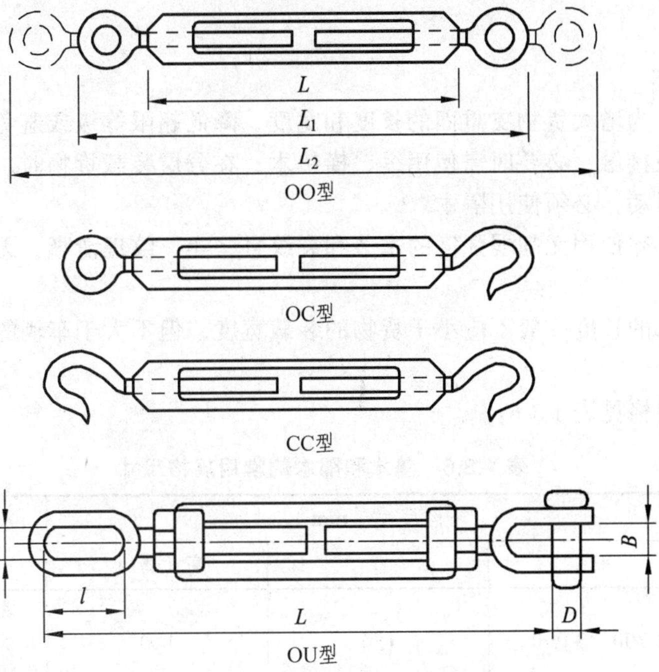

图 1.3.6　螺旋式紧线器结构示意

5）84 型紧固器

84 型紧固器主要用于加固轮式货物，其结构如图 1.3.7 所示。

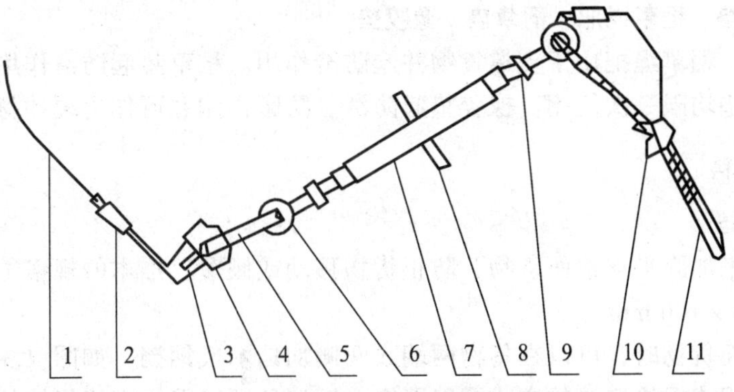

图 1.3.7　84 型紧固器结构示意图

1—钢丝绳；2—卡箍；3—紧定楔；4—紧定套；5—U 型拉柄；6—调节螺杆；
7—螺筒；8—力杆；9—锁定螺母；10—耐磨衬垫

6）腰　箍

所谓腰箍是指将货物捆绑（箍）在车辆上的加固材料。

腰箍可用钢丝绳制成，也可用扁钢带制成，腰箍加固主要是通过下压捆绑增大货物与车底板或垫木间的摩擦力，以达到防止货物滚动或移动的目的。腰箍主要用于加固顺装的圆柱体货物，也可用于加固箱型货物。

扁钢带截面尺寸、钢丝绳规格尺寸应根据腰箍强度计算结果确定。腰箍可通过螺栓用双螺母紧固，可与螺旋式紧线器配合使用。

2. 衬垫材料

1）垫木和隔木

装运货物时，为增大货物支重面的长度和宽度、降低超限等级或避免超长货物突出部分底部与游车车底板接触，必要时需使用纵、横垫木；在分层装载货物时，特别是金属制品，为防止层间货物滑动，必须使用隔木。

垫木和隔木必须使用无削弱强度的木节和裂纹且坚实、纹理清晰、无腐烂的整块木材制作。

横垫木和隔木的长度一般不应小于货物的装载宽度，但不大于车辆的宽度；其垫木的宽度不得小于高度。

垫木与隔木规格见表 1.3.6。

表 1.3.6　垫木和隔木的常用规格尺寸

名　称	规格尺寸（mm）			要　求
	长	宽	高（厚）	
横垫木	2 700 ~ 3 000	150	140	装载超长货物时横垫木的高度应根据突出车端长度来计算确定
纵垫木	—	150	140	
隔　木	—	100	35	长度不得小于货物的装载宽度

2）条形草支垫、稻草绳把、稻草垫、橡胶垫

条形草支垫、稻草绳把用于支撑货物并起防滑作用。稻草垫起防滑作用。条形草支垫、稻草绳把、稻草垫均限一次使用。橡胶垫起防滑、防磨作用并可作为缓冲材料。

3. 掩挡类材料

1）挡木、钢挡

挡木主要用来加固平支重面货物，防止货物移动或倾覆。挡木的规格（长×宽×高）为：400 mm × 100 mm × 100 mm。

装载平支撑面货物时，可以在货物两端或两侧加挡木或钢挡，如图 1.3.8 所示。挡木、钢挡一般采用钉固或螺栓连接的方式予以固定，钢挡还可以采用直接焊接的方式予以固定。

固定挡木或钢挡的圆钢钉应垂直钉进，圆钢钉的长度应接近于将车地板钉穿。

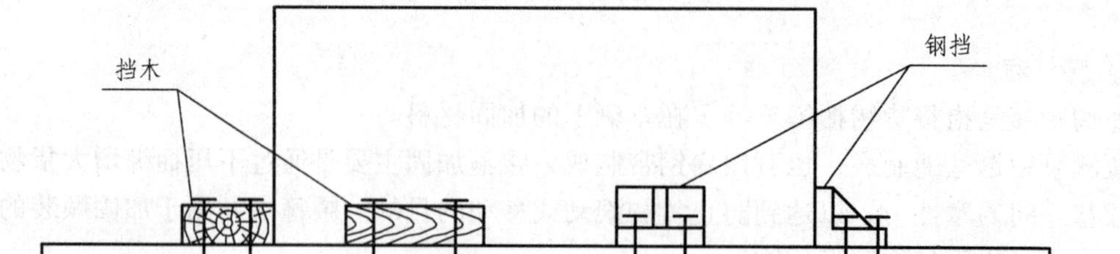

图 1.3.8　挡木、钢挡与车地板钉固

2）锅炉挡铁

装载锅炉时使用锅炉挡铁，如图 1.3.9 所示。锅炉挡铁采用厚度为 8 mm 及以上的钢板焊接而成，使用圆钉固定。

3）掩　挡

三角挡、掩木、方木、凹木用来加固圆柱形货物及轮式货物。其规格应根据货物的重量、直径（轮径）等确定。

单独使用掩挡防止滚动时，其需要高度可按下式计算：

纵向　$h_{掩} \geqslant (0.3744-0.001\,8Q_{总}D$（mm）

横向　$h_{掩} \geqslant 0.8\,D$（mm）

它们通常和铁钉、扒锯钉配合使用，以增强货物在车底板上的稳定性。

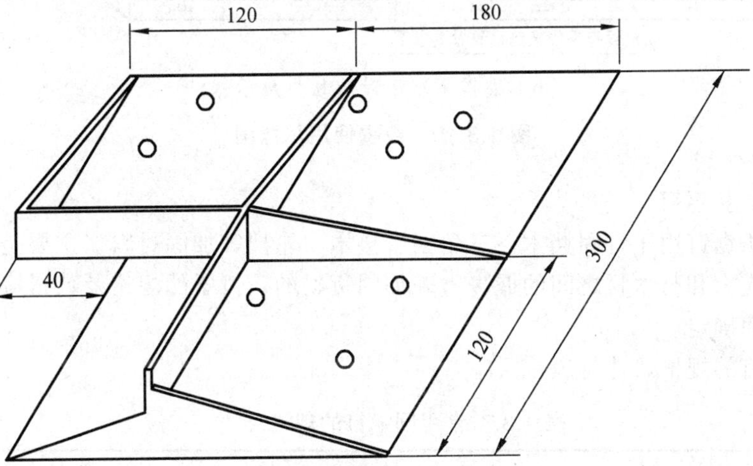

图 1.3.9　锅炉挡铁的结构

三角挡的底宽不得小于高度的 1.5 倍，其高度不足 100 mm 时，按 100 mm 取用。

常用方木的规格（长×宽×高）为 500 mm × 200 mm × 160 mm。

凹木的宽度按凹木底面至凹部最低点高度的 1.2 倍计取。凹木也可用坚实的横垫木与掩木配合制作。

4）铁泥塑料挡

铁泥塑料挡分为铁塑轮挡、铁塑三角挡和铁塑侧挡三种。

铁塑轮挡可掩挡轮式货物；铁塑三角挡可掩挡轮式货物及圆柱形货物；跨装汽车应在其前轮外侧或内侧 50 mm 处钉固侧挡。

5）绞　棍

绞棍用于将缠绕后的镀锌铁线、盘条绞紧。绞棍的直径一般为 50 mm，长度为 600 mm，操作困难时，可根据具体情况确定。绞棍留用时必须予以固定［见图 1.3.10（a）］且不得超限；绞棍不留用时可以采取防松措施，如图 1.3.10（b）所示。

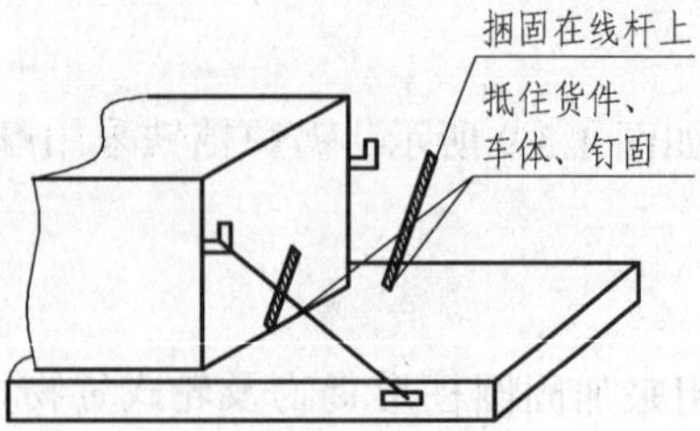

（a）绞棍的固定示意

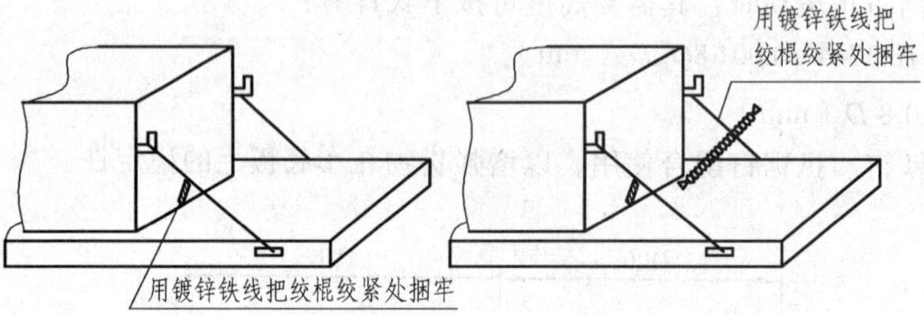

（b）绞棍不留用时防松措施示意

图 1.3.10　绞棍使用示意图

6）圆钢钉、扒锯钉

圆钢钉、扒锯钉用于钉固挡木、三角挡、垫木、轮挡等加固材料，主要是利用它与车底板之间的剪切应力和与木材之间的握裹力来加固货物的，钉子的规格及数量应根据货物所受到外力的大小而确定。

常用圆钢钉的规格尺寸见表 1.3.7。

表 1.3.7 常用圆钢钉的规格尺寸　　单位：mm

直　径	5	5.5	6	6.5
长　度	100 ~ 130	120~175	150 ~ 200	160 ~ 220

扒锯钉常用圆钢或螺纹钢制作，如图 1.3.11 所示。常用扒锯钉的规格（长×直径×钉脚长度）为 200 mm × 10 mm ×（50 ~ 60）mm。

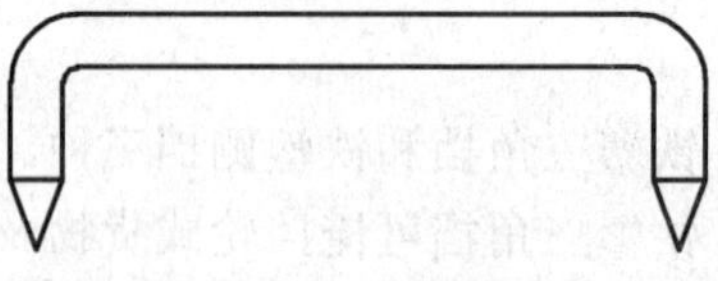

图 1.3.11　扒锯钉

（三）加固装置

常用加固装置有：货物转向架，车钩缓冲停止器，货物支架、座架等。

1. 货物转向架

货物跨装运输时，必须使用货物转向架。货物转向架每副两个，每个由上架体、下架体组成。其中一个下架体为死心盘，另一个下架体为活心盘。

货物转向架分为普通型和专用型。普通型指通用的货物转向架，如图 1.3.12 所示；专用型只为某种超长货物专门制备的货物转向架。

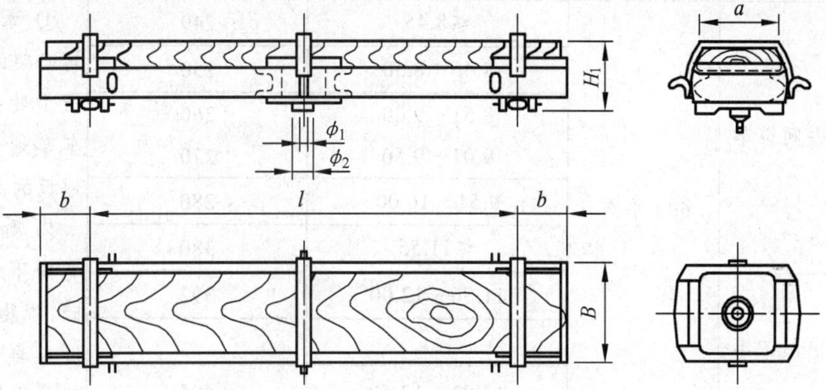

（a）上架体

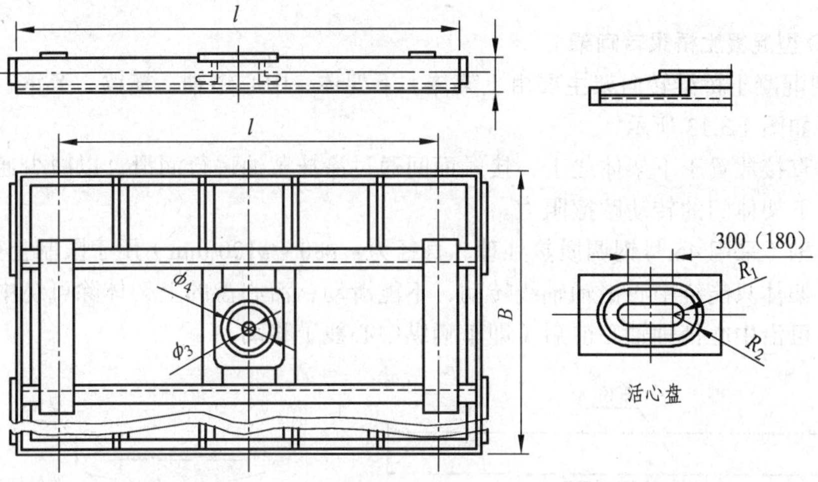

（b）下架体

图 1.3.12 通用货物转向架（单位：mm）

普通货物转向架又依其活心盘孔长度和能否加挂中间游车分为：跨装货物无中间游车和两车负重有中间游车两种，其规格见表 1.3.8 和表 1.3.9。

表 1.3.8 普通货物转向架的结构和尺寸规格 单位：mm

构件	长度	宽度	高度	上架体中心销	死心盘中心孔	活心盘中心孔
上架体	2 850～3 000	不大于 550	货物转向架组成后的高度不低于表 1.3.9 的规定	ϕ_1 / ϕ_2		
死心盘下架体	2 850～3 000	符合负重车地板负重面长度容许载重量的规定			ϕ_3 / ϕ_4	
活心盘下架体	2 850～3 000					R_1 / R_2
垫木	2 750～2 900					

表 1.3.9　普通型货物转向架的最小高度

装载方法	负重车型	货物超过转向架中心销外方的长度（m）	货物转向架的最小高度（mm）	附　注
两车负重无中间游车	60 t 平车	≤8.45	249	① 本表所列货物转向架的高度，未包括货物的挠度和游车车地板与负重车地板的高度差；② 如果货物底部有向下的突出部分时，货物转向架的高度应再加上该突出部分的尺寸
		8.46 ~ 8.50	250	
		8.51 ~ 9.00	260	
		9.01 ~ 9.50	270	
		9.51 ~ 10.00	280	
		≤11.55	380	
两车负重有中间游车		11.56 ~ 12.00	392	
		12.01 ~ 12.50	405	

1）8149 型混凝土桥梁转向架

8149 型混凝土桥梁转向架主要由上架体、下架体、中心销轴、横梁、旁承、防倾斜撑等零件组成，如图 1.3.13 所示。

上架体直接放置于下架体之上，接触面间通过涂抹黄油进行润滑，以减少通过曲线、道岔等时上、下架体间的转动摩擦阻力。

中心销轴（采用 45 号钢调质热处理，直径为：$\phi80 \sim \phi100$ mm）用于限制上架体的位移；死心盘的上架体只能绕中心销轴轴线转动，不能滑动；活心盘的上架体除可绕中心销轴轴线转动外，还可沿中心销轴轴心前后（即车辆纵中心线）移动。

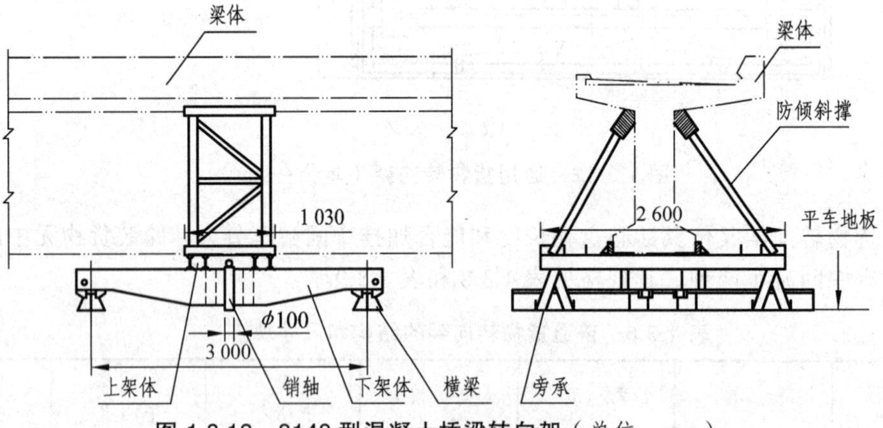

图 1.3.13　8149 型混凝土桥梁转向架（单位：mm）

2）钢轨转向架

钢轨转向架主要由上架体、下架体、活动式滑枕或滑台组成。下面介绍 25 m 钢轨六支点转向架和 25 m 钢轨两支承式转向架。

25 m 钢轨六支点转向架由普通碳素结构钢制作，每组 25 m 钢轨专用转向架，含转向架 1 副，活动式滑枕或滑台 4 个。在满足转向架基本技术要求和钢轨安全运输的前提下，其结构和尺寸规格可以有所差异。以第四代 25 m 钢轨转向架为例，其结构和尺寸规格分别如表 1.3.10、表 1.3.11 及图 1.3.14、图 1.3.15 所示。

表 1.3.10　25 m 钢轨专用转向架的结构和尺寸规格　　单位：mm

构　件	长　度	宽　度	高　度	上架体中心销	死心盘中心孔	活心盘中心孔
上架体	2 860	240	60	ϕ108 / ϕ148		
死心盘下架体	3 120	1 090	120		ϕ113 / ϕ170	
活心盘下架体	3 120	1 090	120			*R*56.5/*R*85/350
垫　木	2 600	220	65			

表 1.3.11　活动式滑枕的结构和尺寸规格　　单位：mm

构　件	长　度	宽　度	高　度	导滑板长	导滑板宽	导滑板槽长	挡铁高
上滑体	2 680	100	48	160	75		130
下滑体	3 120	400	140			515	
垫　木	2 640	65	65				

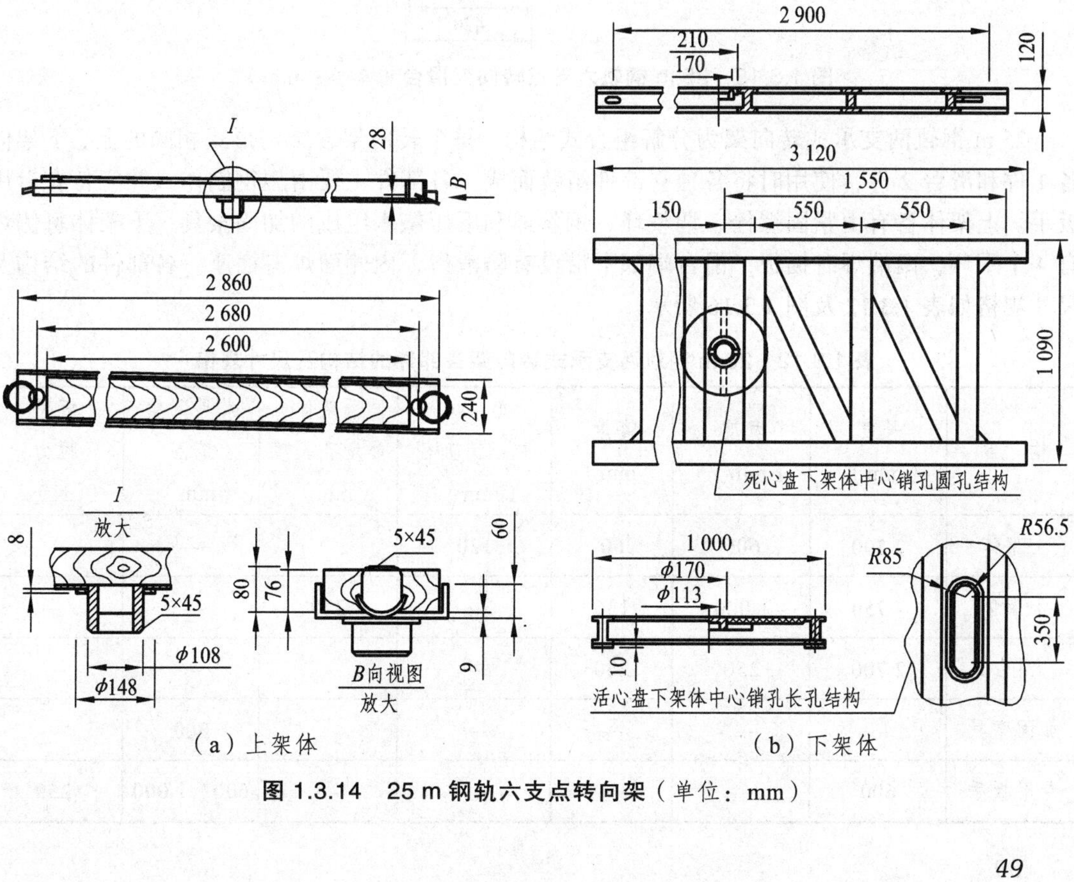

（a）上架体　　（b）下架体

图 1.3.14　25 m 钢轨六支点转向架（单位：mm）

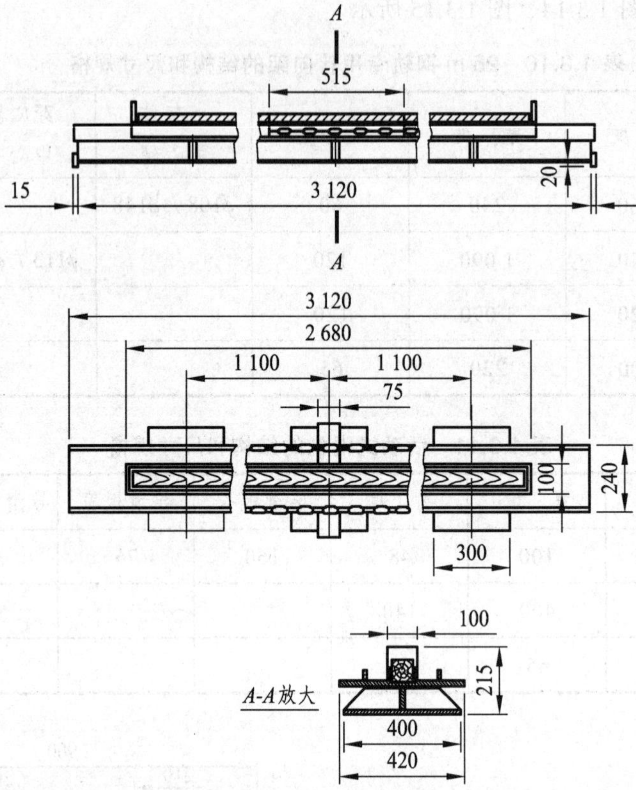

图 1.3.15　25 m 钢轨六支点转向架滑台（单位：mm）

25 m 钢轨两支承式转向架为分解组合式结构，每个转向架含结构形式相同的上、下架体各 1 件和滑台 2 件，使用时将各独立部件组装而成。各部件主要由型钢制作，并配备有专用扳手。上架体备有由紧固螺栓、调整环、钢丝绳和下压垫木组成的加固索具；下架体每侧焊有 4 个手环，两端焊有插板；滑台端部下沿设有防滑齿，内侧面焊有插座。各部件的结构及尺寸规格如表 1.3.12 及图 1.3.16 所示。

表 1.3.12　25 m 钢轨两支承式转向架各部件的结构及尺寸规格

构　件	长度（mm）	宽度（mm）	高度（mm）	上架体中心销直径（mm）	下架体心盘孔长度（mm）	索具调整范围（mm）	扳手拉力（N）
上架体	2 500	600	60	120		—	—
下架体	4 750	1 000	136	—	270	—	—
滑台	2 700	250	260	—	—	—	—
加固索具	—	—	—	—	—	800	—
专用扳手	600	—	—	—	—	600 ~ 1 000	250

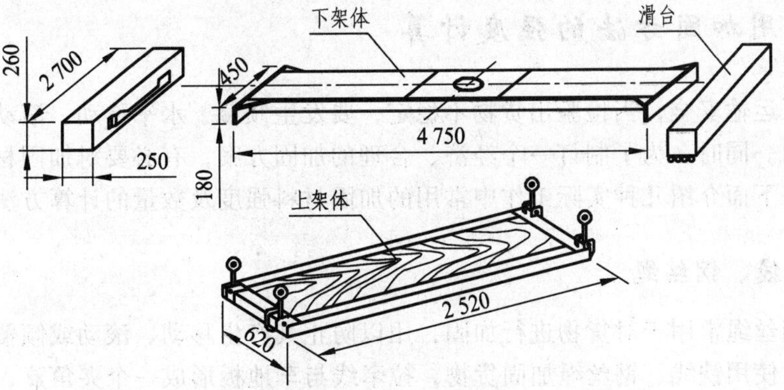

图 1.3.16　25 m 钢轨两支承式转向架（单位：mm）

2. 车钩缓冲停止器

跨装货物应使用车钩缓冲停止器，如图 1.3.17 所示。车钩缓冲停止器由钢板、木板和螺杆等部件组成，在车钩自然状态下，安装在车辆端梁的冲击座和车辆的钩头背之间，用以限制列车运行、车组连挂过程中车辆间相互距离的急剧变化。

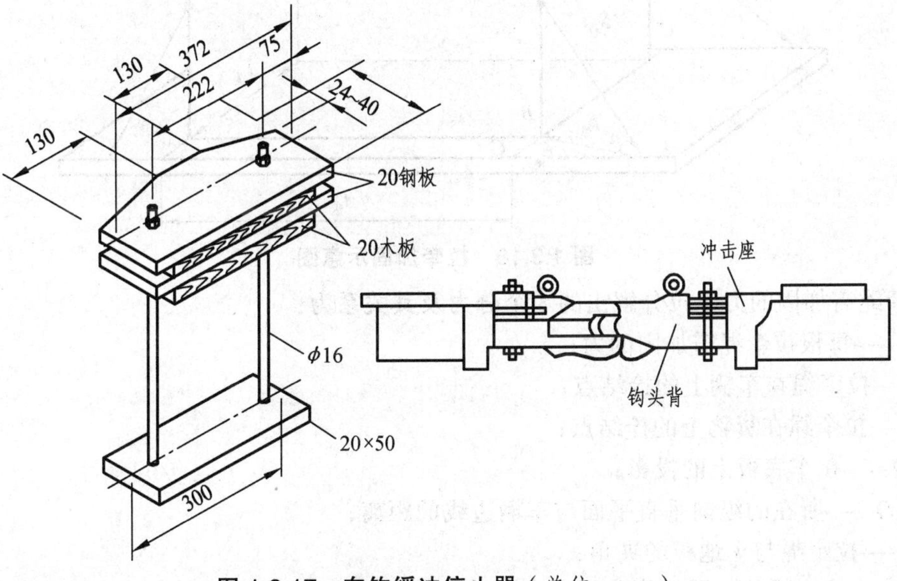

图 1.3.17　车钩缓冲停止器（单位：mm）

3. 货物支架、座架

货物支架、座架用钢、木制作，用于支撑球形、卧装圆柱形及支重面需使用支架、座架的货物。应根据货物形状、重量、使用车辆等条件制作，其强度、规格、防滑及经过措施应能满足安全运输的要求。

4. 专用货车配备的装载加固装置

常见的专用货车配备的装载加固装置如：小汽车双层平车 SQ_1 配备的止轮器、紧固器，SQ_3 配备的掩挡、尼龙带。

四、常用加固方法的强度计算

为了保证运输安全，当检验出货物不稳定，要发生倾覆、水平移动、滚动现象时，需对货物进行加固。同时，为了制订一个经济、合理的加固方案，有必要对加固材料的强度及数量进行计算，下面介绍几种实际工作中常用的加固材料强度及数量的计算方法。

（一）铁线、钢丝绳

铁线、钢丝绳常用于对货物进行加固，用以防止其产生移动、滚动或倾覆。

拉牵加固使用铁线、钢丝绳加固货物，拉牵线与车地板形成一个夹角 α，拉牵线形成垂直分力、纵向水平分力和横向水平分力，这 3 个分力分别承受纵向惯性力和横向惯性力，起着使货物不发生倾覆、滚动和水平移动的稳定作用。

平底货物使用铁线、钢丝绳拉牵加固如图 1.3.18 所示。

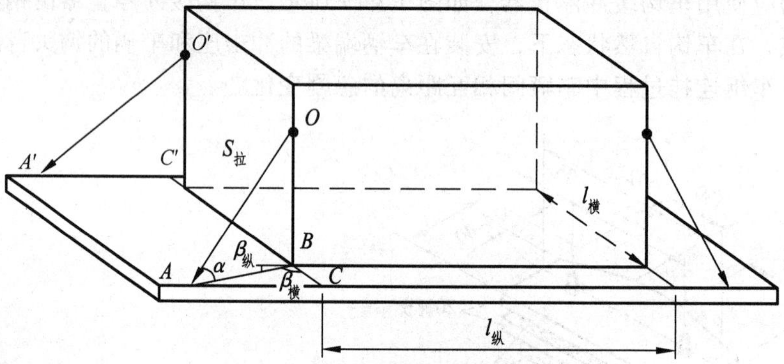

图 1.3.18 拉牵加固示意图

拉牵绳需加固的力 S 拉分解出的 3 个分力及其关系为：

$S_拉$——每根拉牵绳需加固的力；

A——拉牵绳在车辆上的拴结点；

O——拉牵绳在货物上的拴结点；

B-O——在车底板上的投影；

BC-O——所在的纵向垂直平面与车辆边线的距离；

α——拉牵绳与车地板的夹角；

$\beta_纵$——拉牵绳的水平投影与纵向水平分力在车地板投影的夹角；

$\beta_横$——拉牵绳的水平投影与横向水平分力在车地板投影的夹角。

分力的比值可表示如下：

$$S_纵 = S_拉 \cdot \frac{AC}{AO}$$

$$S_横 = S_拉 \cdot \frac{BC}{AO}$$

$$S_垂 = S_拉 \cdot \frac{BO}{AO}$$

1. 拉牵绳的受力计算

当同一方向采用 n 根拉牵绳时，每根拉牵绳应承受的力 $S_{拉}$ 按下述方法计算。

（1）若是防止货物纵向倾覆，加固的力为纵向水平分力和垂直分力，则 $S_{拉}$ 表示为：

$$S_{纵倾}=\frac{1.25Th-9.8Qa}{n(l_{纵}+AC)\dfrac{BO}{AO}}\ (\text{kN}) \tag{1-3-23}$$

（2）若是防止货物横向倾覆，加固的力为横向水平分力和垂直分力，则 $S_{拉}$ 表示为：

$$S_{横倾}=\frac{1.25(Nh+Wh_{风})-9.8Qb}{n(l_{横}+BC)\dfrac{BO}{AO}}\ (\text{kN}) \tag{1-3-24}$$

（3）若是防止货物纵向水平移动，加固的力为纵向分力和纵向摩擦力，$S_{拉}$ 表示为：

$$S_{纵移}=\frac{T-F_{纵摩}}{n\dfrac{AC}{AO}}\ (\text{kN}) \tag{1-3-25}$$

（4）若是防止横向水平移动，加固的力为横向分力和横向摩擦力，则 $S_{拉}$ 表示为：

$$S_{横移}=\frac{1.25(N+W)-F_{横摩}}{n\dfrac{BC}{AO}}\ (\text{kN}) \tag{1-3-26}$$

式中 n——同一方向采用的拉牵绳根数；

$l_{纵}$——B 点至货物纵向倾覆点的距离（mm）；

$l_{横}$——B 点至货物横向倾覆点的距离（mm）。

因为拉牵绳既要防止货物倾覆，又要防止货物移动，因此，每根拉牵绳应承受的力为：

$$S_{拉}=\max\{S_{纵倾}, S_{横倾}, S_{纵移}, S_{横移}\}$$

若用钢丝绳作拉牵绳，则钢丝绳的破断拉力应为：

$$P_{破}\geqslant 2S_{拉}$$

式中 $P_{破}$——每根钢丝绳的破断拉力（kN）。

拉牵绳的加固方式如图 1.3.19 所示。

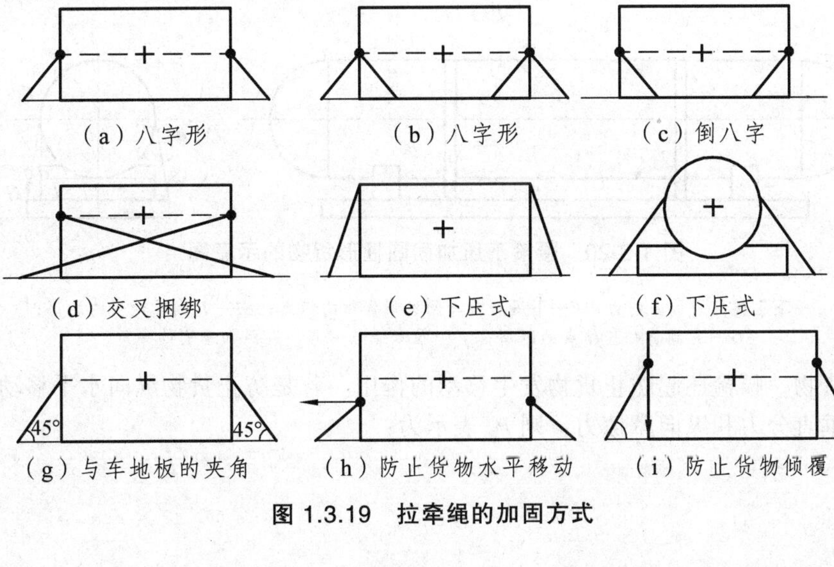

图 1.3.19 拉牵绳的加固方式

2. 使用镀锌铁线、钢丝绳加固货物的注意事项

（1）使用镀锌铁线、钢丝绳捆绑加固货物，应依据所加固货物的拴结点情况，尽量考虑对称拉牵。

（2）弹性变形较大，抗拉能力较小的镀锌铁线，不宜作为重量较大货物捆绑加固用，一般当计算所需的单道拉牵镀锌铁线在 14 股以上时，应改用钢丝绳加固。

（3）拉牵绳与车底板的夹角一般应接近 45°。若捆绑加固主要用于防止货物水平移动时，拉牵绳与车底板的夹角可小于 45°；若主要用于防止货物倾覆，拉牵绳与车底板的夹角应适当大于 45°。

（4）多股镀锌铁线拉牵加固时，需用绞棍绞紧，绞棍应置于拉牵铁线的中部，绞紧适度，不得过紧过松。绞棍留用时须固定；不留用时须采取措施防止铁线回松。

（5）使用钢丝绳捆绑加固货物时，所用紧固装置的强度和规格需与之匹配。

（6）多股小直径钢丝绳捆绑加固货物时，两端绳头用钢丝绳夹头正反扣紧固定后，应用铁质绞棍绞紧，在此种情况下，绞棍必须留用并予以固定。

（二）腰　箍

腰箍主要是用于加固圆柱形货物或带轮子的货物。特别是用于防止顺向卧装的圆柱形货物发生滚动，也可用来加固箱形货物。

利用腰箍加固，主要是利用腰箍的拉力，增大货物对垫木（或垫木对车底板）之间的正压力，以增加摩擦力，防止货物移动。

1. 用腰箍加固货物时每道腰箍承受的力的计算

1）顺向卧装圆柱形货物的加固

腰箍加固圆柱形货物如图 1.3.20 所示。顺向卧装的圆柱形货物可能发生的是横向滚动，若是防止货物横向滚动，加固的力为腰箍的垂直分力，则每道腰箍应承受的力 $P_{腰}$ 表示为：

$$P_{横滚}=\frac{1.25(N+W)(R-h_{掩}-h_{凹})-9.8Qb}{2nb\dfrac{EF}{EG}}\ (\mathrm{kN}) \qquad (1\text{-}3\text{-}27)$$

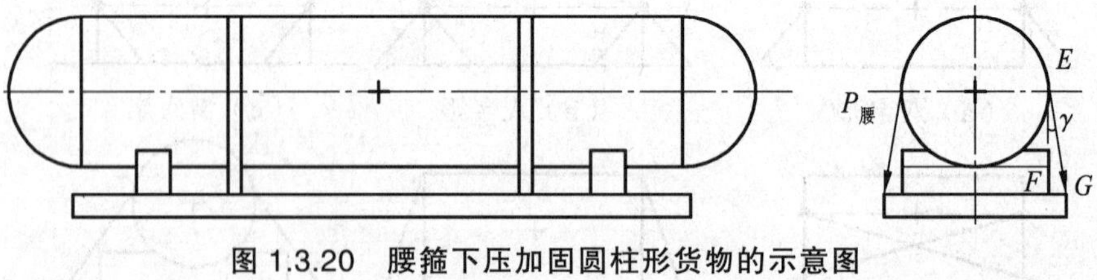

图 1.3.20　腰箍下压加固圆柱形货物的示意图

$P_{腰}$—下压腰箍需加固的力；E—下压腰箍与圆柱形货物的切点；EF—E 到车地板的距离；EG—E 到货物拴结点的距离；γ—拉牵绳与 E 点所在纵向垂面的夹角

对该件货物，腰箍还起防止货物发生移动的作用。若是防止货物纵向水平移动，加固的力为腰箍的垂直分力和纵向摩擦力，则 $P_{腰}$ 表示为：

$$P_{纵移}=\frac{T-F_{纵摩}}{2n\mu\dfrac{EF}{EG}}\ (\text{kN}) \tag{1-3-28}$$

若是防止货物横向水平移动，加固的力为腰箍的垂直分力和横向摩擦力，则 $P_{腰}$ 表示为：

$$P_{横移}=\frac{1.25(N+W)-F_{横摩}}{2n\mu\dfrac{EF}{EG}}\ (\text{kN}) \tag{1-3-29}$$

式中　n——采用的下压腰箍根数。

采用腰箍加固后，应既可防止货物发生滚动，又可防止货物发生移动，故每道腰箍应承受的力 $P_{腰}$ 为：

$$P_{腰}=\max\{P_{横滚},P_{纵移},P_{横移}\}\ (\text{kN})$$

2）箱形货物的加固

当箱形货物无拴结点时，可采用腰箍加固，如图 1.3.21 所示，腰箍可防止箱形货物发生倾覆和移动。

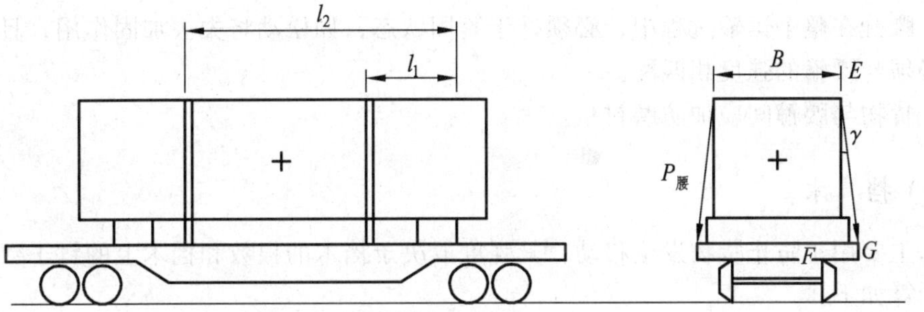

图 1.3.21　腰箍加固箱形货物示意图

$P_{腰}$—下压腰箍需加固的力；E—下压腰箍与货物的接触点；EF—E 到车地板的距离；EG—E 到货物拴结点的距离；γ—下压腰箍与 E 点所在纵向垂面的夹角

若是防止货物纵向倾覆，加固的力为腰箍在垂直方向的分力，则每道腰箍应承受的力 $P_{腰}$ 表示为：

$$P_{纵倾}=\frac{1.25Th-9.8Qa}{2n\dfrac{EF}{EG}(l_1+l_2+\cdots+l_n)}\ (\text{kN}) \tag{1-3-30}$$

若是防止货物横向倾覆，加固的力为腰箍在垂直方向的分力，则每道腰箍应承受的力 $P_{腰}$ 表示为：

$$P_{横倾}=\frac{1.25(Nh+Wh_{风})-9.8Qb}{n\dfrac{EF}{EG}B}\ (\text{kN}) \tag{1-3-31}$$

式中　n——采用的下压腰箍根数；

$l_{纵}$——B 点至货物纵向倾覆点的距离（mm）；

l_1，l_2，…，l_n——腰箍各垂直分力到货物纵向倾覆点的距离（mm）；

B——腰箍垂直分力到货物横向倾覆点的距离（mm）。

防止货物纵向、横向水平移动同式（1-3-28）、式（1-3-29）。

采用腰箍加固后，应既可防止货物倾覆，又可防止货物发生移动，故每道腰箍应承受的力 $P_{腰}$ 为：

$$P_{腰}=\max\{P_{纵倾},P_{横倾},P_{纵移},P_{横移}\}\ (\mathrm{kN})$$

腰箍既可用钢丝绳制作，又可用扁钢带制作。一般加固方形货物多用钢丝绳。

若用钢丝绳作腰箍，钢丝绳的破断拉力应不低于 $2P_{腰}$；若用扁钢带作腰箍，扁钢带的断面积应为：

$$F\geqslant\frac{10P_{腰}}{[\delta]}\ (\mathrm{cm}^2) \tag{1-3-32}$$

式中　$[\delta]$——扁钢带的许用应力（MPa），普通碳素钢许用应力 $[\delta]=140$ MPa。

2. 使用腰箍加固货物的注意事项

（1）货物必须能够承受腰箍的压力。

（2）腰箍在整个运输过程中，必须处于紧固状态，如松动将失去加固作用，且紧固部件的强度必须与腰箍的强度相匹配。

（3）货物与腰箍间应加防磨衬垫。

（三）挡　木

挡木主要用于防止货物发生移动，其强度取决于挡木的根数和挡木上的钉子数量。钉子的数量计算如下：

（1）若防止货物纵向移动，则：

$$I_{纵}=\frac{T_{纵}-F_{纵摩}}{nS_{钉}}\ (\mathrm{kN}) \tag{1-3-33}$$

（2）若防止货物横向移动，则：

$$I_{横}=\frac{1.25(N+W)-F_{横摩}}{nS_{钉}}\ (\mathrm{kN}) \tag{1-3-34}$$

式中　I——钉子的数量；

n——挡木根数；

$S_{钉}$——钉子的容许载荷（kN）。

（四）焊接加固

当用铁地板长大货物车装运的货物，可以采用在货物周围加焊钢挡的方法防止货物移动。在货物同一端或同一侧加焊钢挡的数量取决于需要钢挡承受的力 ΔT 或 ΔN，在同一端（或同一侧）可以焊 1 个、2 个或 3 个、4 个钢挡。钢挡的加固强度取决于钢挡与车底板间的焊缝长度。

同一端（或同一侧）焊 n 个钢挡时，每个钢挡需要的焊缝长度 l 可按下式计算：

（1）若防止纵向移动，则：

$$l_{纵} \geqslant \frac{10\Delta T}{0.7nK[\tau]}\ (\text{cm}) \tag{1-3-35}$$

（2）若防止横向移动，则：

$$l_{横} \geqslant \frac{10\Delta N}{0.7nK[\tau]}\ (\text{cm}) \tag{1-3-36}$$

式中 $l_{纵}$——防止纵向位移的焊缝长度（cm）；

$l_{横}$——防止横向位移的焊缝长度（cm）；

K——焊缝高度（cm）；

ΔT——纵向需加固的力（kN）；

ΔN——横向需加固的力（kN）；

$[\tau]$——焊缝的许用剪切应力（MPa），一般取 60 ~ 70 MPa。

（五）加固实例

【例 1.3.6】 水闸一件，重 18 t，支重面长 11 610 mm，货物全长 12 850 mm，宽 2 590 mm，中心高 3 380 mm，一侧高 3 280 mm 处，左右各宽 1 295 mm，重心高 1 718 mm，水闸为梯形，两侧各有 2 个捆绑环，共有 4 个捆绑环。使用标重为 60 t 的 N_{17} 型车对称装载，如图 1.3.22 所示。试确定该货的加固方法及加固材料强度。

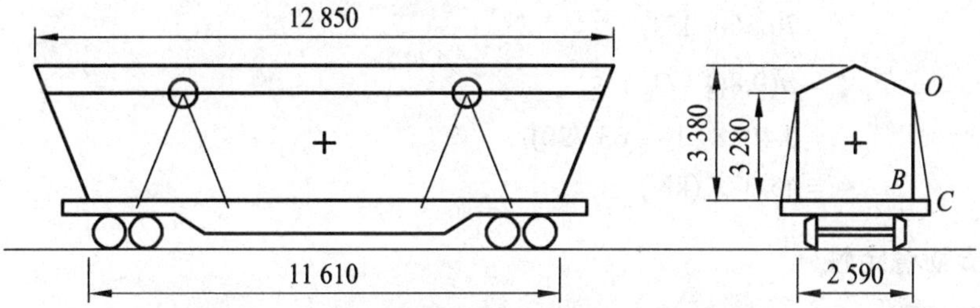

图 1.3.22 水闸装载加固示意图（单位：mm）

【解】 N_{17} 型车：自重 20.3 t，长 13 000 mm，宽 2 980 mm，木地板。货物重心投影落在车辆中央，所以 $a=0$。货物与车地板为钢板与木，摩擦系数 μ 取 0.4。采用柔性加固。

1. 计算各种力的数值

（1）纵向惯性力：

$$\begin{aligned} T &= t_0 Q \\ &= (0.001\,2Q_{总}^2 - 0.32Q_{总} + 29.85)Q \\ &= [0.001\,2\times(20.3+18)^2 - 0.32\times(20.3+18) + 29.85]\times 18 \\ &= 348.377\ (\text{kN}) \end{aligned}$$

（2）横向惯性力：

因为 $a=0$，所以由公式得：

$$
\begin{aligned}
N &= n_0 \times Q \\
&= (2.82 + 2.2a / l)Q \\
&= 2.82 \times 18 \\
&= 50.760\ (\text{kN})
\end{aligned}
$$

（3）垂直惯性力：

因为是平车装运，所以有：

$$
\begin{aligned}
Q_{垂} &= q_{垂} Q \\
&= (3.54 + 3.78a / l)Q \\
&= 3.54 \times 18 \\
&= 63.720\ (\text{kN})
\end{aligned}
$$

（4）风力：

$$
\begin{aligned}
W &= qF \\
&= 0.49 \times \frac{(12.85 + 11.64) \times 3.38}{2} \\
&= 20.255\ (\text{kN})
\end{aligned}
$$

（5）摩擦力：

μ 取 0.4，由公式得：

$$
\begin{aligned}
F_{纵摩} &= 9.8\mu Q \\
&= 9.8 \times 0.4 \times 18 \\
&= 70.560\ (\text{kN})
\end{aligned}
$$

$$
\begin{aligned}
F_{横摩} &= \mu(9.8Q - Q_{垂}) \\
&= 0.4(9.8 \times 18 - 63.720) \\
&= 45.072\ (\text{kN})
\end{aligned}
$$

2. 检验货物稳定性

（1）倾覆方面。

纵向：
$$
\begin{aligned}
\eta_{纵倾} &= \frac{9.8Qa}{Th} \\
&= \frac{9.8 \times 18 \times \frac{11\ 610}{2}}{348.377 \times 1\ 718} \\
&= 1.71 > 1.25
\end{aligned}
$$

横向：
$$
\begin{aligned}
\eta_{横倾} &= \frac{9.8Qb}{Nh + Wh_{风}} \\
&= \frac{9.8 \times 18 \times \frac{2\ 590}{2}}{50.760 \times 1\ 718 + 20.255 \times 1\ 718} \\
&= 1.87 > 1.25
\end{aligned}
$$

（2）水平移动方面。

纵向：
$$
\Delta T = T - F_{纵摩}
$$

$$= 348.377 - 70.560$$
$$= 277.817\ (\text{kN})$$

横向：

$$\Delta N = 1.25(N + W) - F_{横摩}$$
$$= 1.25(50.760 + 20.255) - 45.072$$
$$= 43.697\ (\text{kN})$$

计算结果表明，该货物不会倾覆，但要发生纵横方向的水平移动，需在此方面加固。

3. 加固方法及加固强度的确定

考虑货物上有捆绑环，采用拉牵加固比较容易操作。

如图 1.3.22 所示，有：

$$OB = 3\ 280\ \text{mm};$$

$$BC = \frac{2\ 980-2\ 590}{2} = 195\ (\text{mm})$$

根据 N_{17} 型车丁字铁、支柱槽的位置确定：$AC = 1\ 000$ mm，则：

$$AO = \sqrt{AC^2 + BC^2 + BO^2}$$
$$= \sqrt{1\ 000^2 + 195^2 + 3\ 280^2}$$
$$\approx 3\ 435\ (\text{mm})$$

$$S_{纵移} = \frac{\Delta T}{n\dfrac{AC}{AO}}$$
$$= \frac{277.817}{4 \times \dfrac{1\ 000}{3\ 435}}$$
$$= 238.569\ (\text{kN})$$

$$S_{横移} = \frac{\Delta N}{n\dfrac{BC}{AO}}$$
$$= \frac{43.697}{4 \times \dfrac{195}{3\ 435}}$$
$$= 192.435\ (\text{kN})$$

考虑横向上需加固材料承受的力太大，在纵向上货物的两端分别采用 4 根 400 mm × 100 mm × 100 mm 的挡木加固，每根挡木用直径为 ϕ 8 mm，长 250 mm 的铁钉 3 颗钉固。

每颗铁钉的容许负载 $S_{钉} = 2.5$ kN，则：

$$S_{挡} = nIS_{钉}$$
$$= 4 \times 3 \times 2.5$$
$$= 30\ (\text{kN})$$

需拉牵绳承受的纵向力为：

$$S_{纵移}=\frac{\Delta T}{n\dfrac{AC}{AO}}$$
$$=\frac{277.817-30}{4\times\dfrac{1\ 000}{3\ 435}}$$
$$=212.807\ \text{(kN)}$$

若用镀锌铁线作拉牵绳，需要的股数太多，不易操作。

选用钢丝绳作拉牵绳，钢丝绳的破断拉力应大于$2S_{拉}=2\times212.807$ (kN)，查表 1.3.5，其规格应为直径ϕ22 mm，破断拉力为 248 kN，公称抗拉强度 1 670 MPa 规格 6 × 19 钢丝绳 2 根。

【例 1.3.7】 圆形过滤器一件，如图 1.3.23 所示，重 15 t，全长 8 210 mm，支重面长 5 300 mm，直径ϕ4 060 mm，重心位于圆心高度处，中心高 4 130 mm（包括 70 的钢垫架）。试确定加固方法及加固材料的强度。

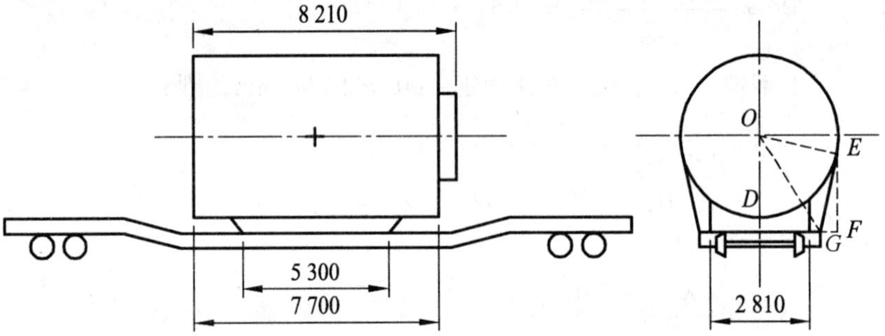

图 1.3.23 圆柱形过滤器装载加固示意图（单位：mm）

装载方案：该货用一辆 D_5 型车装载，装后货物重心投影落在车底板中央。因为该货下部焊了钢支架，故货物其实是平底货物。

【解】 D_5 型车：自重 22 t，长 17 000 mm，宽 3 000 mm，销距为 13 500 mm，凹部高 630 mm，凹底长 8 000 mm，重心高 530 mm。拟采用柔性加固。摩擦系数为钢板与钢板，μ 取 0.3。

1. 计算各种力的数值

（1）纵向惯性力：

$$T=t_0Q$$
$$=(0.001\,2Q_{总}^2-0.32Q_{总}+29.85)Q$$
$$=[0.001\,2\times(22+15)^2-0.32\times(22+15)+29.85]\times15$$
$$=294.792\ \text{(kN)}$$

（2）横向惯性力：

因为 $a=0$，所以由公式得：

$$N=n_0\times Q$$
$$=2.82\times15$$
$$=42.300\ \text{(kN)}$$

（3）垂直惯性力：

$$\begin{aligned}Q_{垂} &= q_{垂}Q \\ &= (4.54+7.84a/l)Q \\ &= 4.54\times15 \\ &= 68.100\ (\text{kN})\end{aligned}$$

（4）风力：

$$\begin{aligned}W &= qF \\ &= 0.245\times7.7\times4.06 \\ &= 7.695\ (\text{kN})\end{aligned}$$

（5）摩擦力：

$$\begin{aligned}F_{纵摩} &= 9.8\mu Q \\ &= 9.8\times0.3\times15 \\ &= 44.100\ (\text{kN})\end{aligned}$$

$$\begin{aligned}F_{横摩} &= \mu(9.8Q-Q_{垂}) \\ &= 0.3\times(9.8\times15-68.100) \\ &= 22.170\ (\text{kN})\end{aligned}$$

2. 检验货物稳定性

（1）倾覆方面。

纵向：

$$\begin{aligned}\eta_{纵倾} &= \frac{9.8Qa}{Th} \\ &= \frac{9.8\times15\times\frac{5\ 300}{2}}{294.792\times2\ 100} \\ &= 0.63<1.25\end{aligned}$$

（注：2 100 = 2 030 半径 + 70）

横向：

$$\begin{aligned}\eta_{横倾} &= \frac{9.8Qb}{Nh+Wh_{风}} \\ &= \frac{9.8\times15\times\frac{2\ 810}{2}}{42.300\times2\ 100+7.659\times2\ 100} \\ &= 1.97>1.25\end{aligned}$$

（2）水平移动方面。

纵向：

$$\begin{aligned}\Delta T &= T-F_{纵摩} \\ &= 294.792-44.100 \\ &= 250.692\ (\text{kN})\end{aligned}$$

横向：

$$\begin{aligned}\Delta N &= 1.25(N+W)-F_{横摩} \\ &= 1.25(42.300+7.659)-22.170 \\ &= 37.697\ (\text{kN})\end{aligned}$$

计算结果表明，该货物会发生纵向倾覆和纵横方向的水平移动，需加固。

3. 加固方法及加固强度的确定

采用 4 道腰箍加固，每道腰箍应承受的力为：

$$
\begin{aligned}
P_{纵倾} &= \frac{1.25Th-9.8Qa}{2n\dfrac{EF}{EG}(l_1+l_2+\cdots+l_n)}\ (\text{kN}) \\
&= \frac{1.25\times 294.792\times 2\,100-9.8\times 15\times 2\,650}{2\times 4\times \dfrac{1\,502}{1\,593}\times(6+4+2)} \\
&= 4.245\ (\text{kN})
\end{aligned}
$$

$$
\begin{aligned}
P_{腰} &= \frac{\max\{\Delta T,\Delta N\}}{2n\mu\dfrac{EF}{EG}} \\
&= \frac{250.692}{2\times 4\times 0.3\times \dfrac{1\,502}{1\,593}} \\
&= 110.783\ (\text{kN})
\end{aligned}
$$

其中：

$$
\begin{aligned}
EG &= \sqrt{OG^2-OE^2} \\
&= \sqrt{(OD^2+DG^2)-R^2} \\
&= \sqrt{(R+h_{凹})^2+\left(\frac{B_{车}}{2}\right)^2-R^2} \\
&= \sqrt{(2\,030+70)^2+\left(\frac{3\,000}{2}\right)^2-2\,030^2} \\
&= 1\,593\ (\text{mm})
\end{aligned}
$$

$$
\begin{aligned}
GF &\approx R-\frac{B_{车}}{2} \\
&= 2\,030-1\,500 \\
&= 530\ (\text{mm})
\end{aligned}
$$

$$
\begin{aligned}
EF &= \sqrt{EG^2-GF^2} \\
&= \sqrt{1\,593^2-530^2} \\
&= 1\,502\ (\text{mm})
\end{aligned}
$$

若选用钢丝绳作腰箍，钢丝绳的破断拉力容许大于 $2P$，即大于 106.674 kN，查表，可选用 ϕ 15.5 mm，破断拉力为 126.6 kN，公称抗拉强度 1 670 MPa 的钢丝绳 2 根。

若用扁钢带作腰箍，扁钢带截面积应为：

$$F \geqslant \frac{10P_{腰}}{[\sigma]}$$
$$=\frac{10\times 110.783}{140}$$
$$=8\ (\text{cm}^2)$$

若用厚为 0.5 cm 的扁钢，则其宽应为 16 cm。也可考虑采用焊接加固来防止货物发生移动。其焊缝高度为 1 cm。

（1）纵向上焊缝总长度：

$$l_{纵} \geqslant \frac{10\Delta T}{0.7nK[\tau]}$$
$$=\frac{10\times 250.692}{0.7\times 1\times 60}$$
$$=59.69\ (\text{cm})$$

$l_{纵}$ 取 60 cm。

（2）横向上焊缝总长度：

$$l_{横} \geqslant \frac{10\Delta N}{0.7nK[\tau]}$$
$$=\frac{10\times 37.697}{0.7\times 1\times 60}$$
$$=9.04\ (\text{cm})$$

$l_{横}$ 取 10 cm。

实训练习

1. 箱装货物一件，重 20 t，长 6 m，宽 2.9 m，高 3 m，用 N_{17} 型 60 t 的平车装运，货物重心落在货车纵横中心线交叉点上，计算作用于货物上的力。$\mu = 0.45$。

2. 化工设备一件，重 43 t，长 16.6 m，直径 3.5 m，用 N_{17} 型 60 t 的平车一端突出装载，$a = 1\,800$ mm，计算作用于货物上的力？ $\mu = 0.4$。

3. 箱装货物一件，重 12 t，长 2 m，宽 2.7 m，高 3.5 m，货物重心高 1.5 m。用 N_{17} 型 60 t 的平车装运，货物重心落在货车纵横中心线交叉点上（$a = 0$）。

要求：（1）试计算货物在倾覆方面的稳定性？

（2）在纵向用 150 mm 高挡木加固，试计算货物在倾覆方面的稳定性？

4. 圆柱形货物一件，重 14 t，长 12 m，直径 3.4 m，用 N_{17} 型 60 t 的平车装运，货物重心落在货车纵横中心线交叉点上，$a = 0$，$h_{凹} = 300$ mm，试计算货物在横向滚动方面的稳定性。

5. 箱装货物一件，重 20 t，长 6 m，宽 2.9 m，高 3 m，用 N_{12} 型 60 t 的平车装运，货物重心落在货车纵横中心线交叉点上，$a = 0$，计算货物在水平移动方面的稳定性。$\mu = 0.45$。

6. 木箱装机器 1 件重 10 t，长、宽、高规格为 6 000 mm × 2 400 mm × 3 000 mm，均重，重心高 1 250 mm，用 N_6 型平车一辆装运，重心投影位于车辆中央。每个方向用挡木 2 根，每根挡木克服的外力为 10.88 kN（$h_{挡} = 70$ mm）。

要求：（1）验算货物倾覆方面的稳定性。

（2）验算货物水平移动方面的稳定性。

7. 一件铸钢质均重货物重 15 t，货物长 6 m，宽 1.6 m，高 3.5 m，货物重心高 2.5 m，使用标重 60 t 的 N_{16} 型平车直接顺装，货物重心位于货车中央，请计算货物的稳定性。

8. 均重钢板制圆柱体化工设备一件，重 28 t，长 17 m，直径 $\phi 3.5$ m，使用 N_6 型平车装运，铺高度为 150 mm、切口深为 8 mm 凹垫木。

要求：（1）确定装载方案。

（2）计算各种力值。

（3）检查稳定性。

9. 箱装均重货物一件重 20 t，长 4.5 m、宽 2.9 m、高 3.0 m，均衡装载在 N_{16} 型平车上，货物重心投影位于车辆纵横中心线交点上。计算作用于货物上的力及货物稳定性。如发生移动，计划在同方向使用 2 道 8 号拉牵铁线进行加固（有关尺寸为：$OB = 3.0$ m，$AC = 4.0$ m，$BC = 3.0$ m），确定每道铁线需要的股数。N_{16} 型平车自重为 19.7 t。计算结果取 3 位小数，铁线 $P_{许} = 2.15$ kN。

10. 木箱包装机器一件，重 12 t，货物规格为 8 m × 2.4 m × 3 m，货物重心高 1.25 m，选用 N_{17} 型 60 t 的平车装载，货物重心投影落在车地板纵横中心线的交叉点上。

要求：（1）计算作用在货物上的力。

（2）计算货物的稳定性。

（3）选择加固方案及加固材料。

（4）计算需加固的力。

（5）确定加固材料的数量。

11. 圆柱形锅炉一件，重 10 t，长 12 m，直径 $\phi 2.98$ m，选用 N_{17} 型 60 t 的平车装载，货物重心投影落在车地板纵横中心线的交叉点上。

要求：（1）计算作用在货物上的力。

（2）计算货物的稳定性。

（3）选择加固方案及加固材料。

（4）计算需加固的力。

（5）确定加固材料的数量。

任务四　超限超重货物运输组织

任务描述

（1）了解超限货物的分类、等级。

（2）掌握超限货物的测量方法。

（3）掌握超限等级的确定方法。

知识准备

一、超限、超重货物概述

（一）铁路限界

为了确保机车车辆运行的安全，防止机车车辆的在运行中与建筑物或设备相接触，铁路规定了各种限界，主要有：机车车辆限界、货物装载限界、超限限界和建筑限界等。

1. 机车车辆限界

机车车辆限界系指机车、车辆在设计制造时，各部位距钢轨平面最高和距线路中心线的垂直面最大尺寸的轮廓图，如图 1.4.1 所示。

其最大半宽为 1 700 mm，最大高度为 4 800 mm。

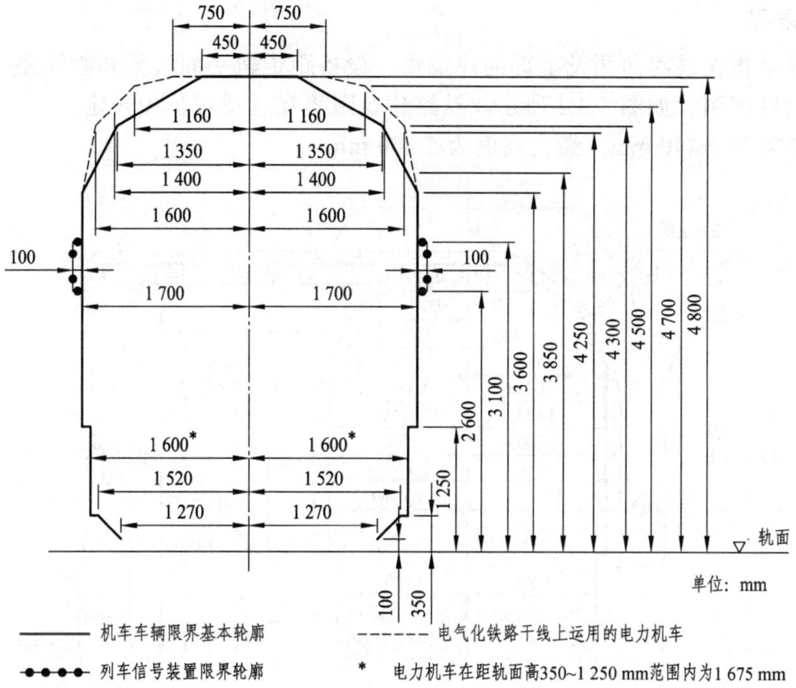

图 1.4.1　机车车辆限界

2. 货物装载限界

《加规》规定的货物装载限界为除超限货物外货物装载的最大轮廓，如图 1.4.2 所示。

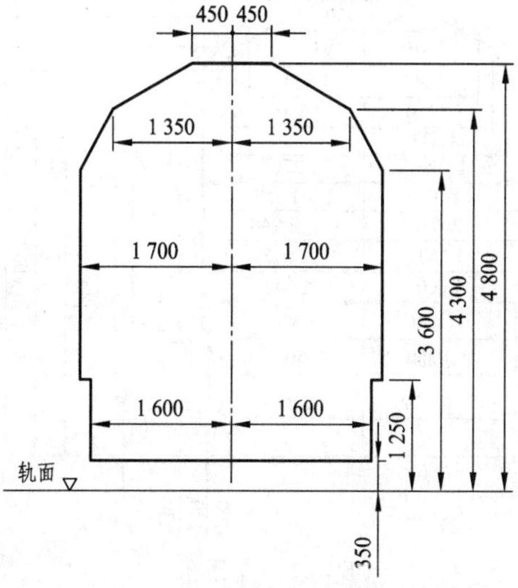

图 1.4.2　货物装载限界

3.《超规》规定的各级限界

（1）一级超限限界，一级超限货物装载的最大轮廓图，超过此限界即为二级超限。其最大半宽为 1 900 mm，最大高度为 4 950 mm，如图 1.4.3（a）所示。

（2）二级超限限界，二级超限货物装载的最大轮廓图，超过此限界即为超级超限。其最大半宽为 1 940 mm，最大高度为 5 000 mm，如图 1.4.3（b）所示。

4. 建筑限界

建筑限界系指在线路两侧及上部的建筑物、设备距钢轨平面最低和距线路中心线的垂直面最窄尺寸的轮廓图，如图 1.4.3 所示。铁路建筑限界在《技规》中规定。

其最大半宽为 2 440 mm，最大高度为 5 500 mm。

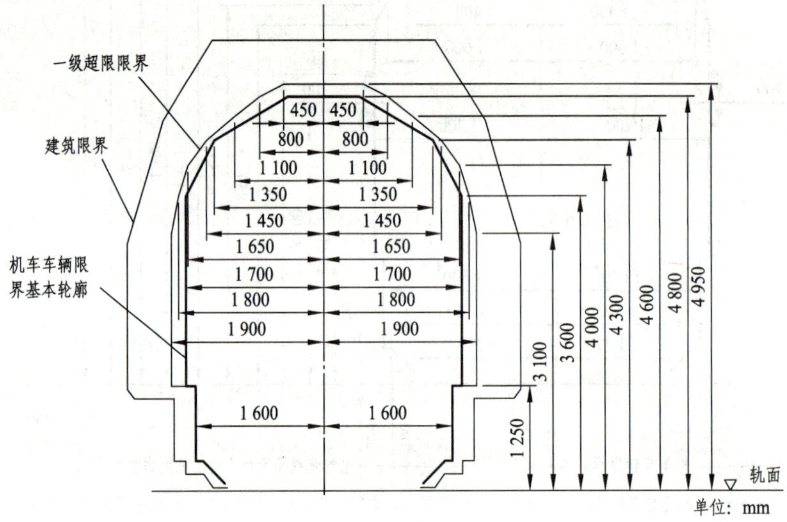

（a）一级超限限界

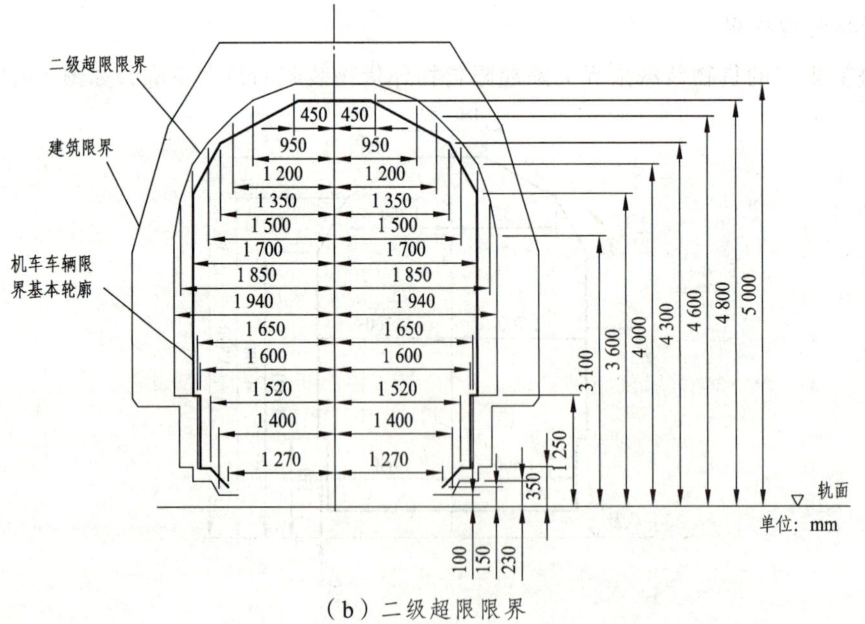

（b）二级超限限界

图 1.4.3 《超规》规定的各级限界

（二）超限货物定义

货物装车后，车辆停留在水平直线上，货物的任何部位超出机车车辆限界基本轮廓者或车辆行经半径为 R300 m 的曲线时，货物的计算宽度超出机车车辆限界基本轮廓者，均为超限货物。具体可分为下列两种情况：

（1）货物装车后，在平直线路上停留时，货物的任何部位超出机车车辆限界基本轮廓，称为超限货物。

（2）货物装车后，在平直线路上虽然不超限，但当行经在半径为 R300 m 的曲线线路上时，货物的计算宽度超出机车车辆限界基本轮廓时，也属超限货物。

（三）超限货物等级的划分

（1）超限货物以装车站列车运行方向为准，由线路中心线起分为左侧、右侧和两侧超限。

（2）按超限程度划分为一级超限、二级超限和超级超限。

① 一级超限：自轨面起高度在 1 250 mm 及其以上超限但未超出一级超限限界者。

② 二级超限：超出一级超限限界而未超出二级超限限界者，以及自轨面起高度在 150 mm 至未满 1 250 mm 间超限但未超出二级超限限界者。

③ 超级超限：超出二级超限限界者。

（3）按超限部位划分为上部超限、中部超限和下部超限。

① 上部超限：自轨面起高度超过 3 600 mm，任何部位超限者，按其超限程度划分为一、二级和超级超限。

② 中部超限：自轨面起高度在 1 250 mm 至 3 600 mm 之间，任何部位超限者，按其超限程度划分为一、二级和超级超限。

③ 下部超限：自轨面起高度在 150 mm 至未满 1 250 mm 之间，任何部位超限者，按其超限程度划分为二级和超级超限。

（四）超重货物

超重货物是指货物装载后，重车总重活载效应超过桥涵设计活载标准效应者。

根据货物的超重程度，超重货物分为三个等级：一级超重、二级超重和超级超重。

设 Q 代表活载系数，则一级超重：$1.00 < Q \leqslant 1.05$；二级超重：$1.05 < Q \leqslant 1.09$；超级超重：$Q > 1.09$。超重货物分级见表 1.4.1。

表 1.4.1 超重货物分级表

项目 等级	长大货车型号	重车总重 P（t）	长大货车型号	重车总重 P（t）
一级	D2	$314<P\leqslant 330$	D26	$371<P\leqslant 390$
	D2A	$P<329$	D26AK	$P<332$
	D2G	$326<P\leqslant 342$	D26B	$371<P\leqslant 390$
	D9G	$372<P\leqslant 391$	D28	$369<P\leqslant 388$
	D17	$P<197$	D30A	$369<P\leqslant 388$

续表 1.4.1

等级＼项目	长大货车型号	重车总重 P（t）	长大货车型号	重车总重 P（t）
一级	D18A	$P<310$	D30G	$437<P\leqslant 459$
	D18G	$P<331$	D32	$491<P\leqslant 515$
	D19G	$372<P\leqslant 391$	350 t 落下孔车	$490<P\leqslant 514$
	D23G	$310<P\leqslant 326$	D35	$502<P\leqslant 527$
	D25A	$P<374$	D38	$543<P\leqslant 571$
	D32A	$P<545$	450 t 落下孔车	$580<P\leqslant 609$
二级	D2	$330<P\leqslant 343$	D30A	$388<P\leqslant 403$
	D2G	$342<P\leqslant 355$	D30G	$P<459$
	D9G	$P<391$	D32	$515<P\leqslant 535$
	D19G	$391<P\leqslant 406$	350 t 落下孔车	$P<514$
	D23G	$P>326$	D35	$527<P\leqslant 548$
	D26	$P>390$	D38	$571<P\leqslant 592$
	D26B	$P>390$	450 t 落下孔车	$609<P\leqslant 632$
	D28	$P>388$		
超级	D2	$P>343$	D32	$P>535$
	D2G	$P>355$	D35	$P>548$
	D19G	$P>406$	D38	$P>592$
	D30A	$P>403$	450 t 落下孔车	$P>632$

注：以上均为货物装载无偏心情况，如有偏心，则应按实际装载偏心另行计算等级。

二、超限货物的测量

超限货物的测量系指货物在装车前测量各部位的尺寸和装车后复测各部位的尺寸，称为超限货物测量。测量的尺寸准确与否是计算超限等级、确定运行条件的重要依据。因此要求测量的尺寸要准确，能如实地反映出外形的实际情况。若测量的尺寸大于实际，就会把一般货物误认为超限货物或将超限等级低的提级，从严了运输条件造成不必要的限速、禁止会车、误收运费等；若测得的尺寸小于实际，就可能将超限货物误认一般货物或降低超限等级，从而降低了运输条件，易于酿成事故，造成损失。

（一）测量的基本要求

（1）测量时要以毫米（mm）为单位，认真细致测量，尺寸准确，记录完整。

（2）测量时要合理地选择计划装车方案。根据货物的外形、重量和结构特点，结合装运车辆的技术条件，综合考虑装车方案。

（3）装车前按计划装运方案进行测量，以发站列车运行方向为前方，以货物重心为准，分别测量中心高、中心宽和侧高、侧宽。

（4）测量时，高度应严格按垂直距离，宽度应按水平距离进行。装载的高度和宽度应包括篷布、绳索、支柱等加固材料在内。测量应有完整的数据记录，并应与超限、超重货物托运说明书相符。

（5）装车后要进行复测，复测应与上级批准的计划装车尺寸相符，若尺寸不符时，应以实际尺寸再向上级进行请示。

（二）装车前测量

装车前测量是对货物的测量，根据货物计划装载方案进行测量。

1. 长　度

测量货物最大长度和支重面的长度、重心至端部的距离、检定断面至重心距离，如图 1.4.4 所示。

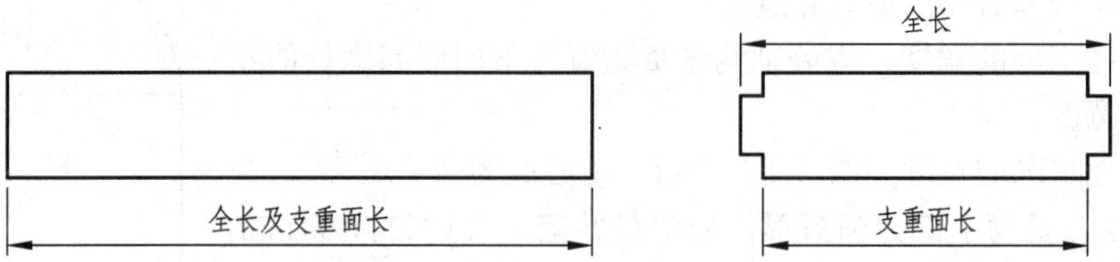

图 1.4.4　货物全长及支重面长

2. 高　度

由底部支重面起，测量货物中心高度和侧高度。

（1）中心高度，指从货物支重面起至货物的最大高度。

（2）侧高度，按上项标准测量，如有数个不同侧高度时，应由上至下测出每一不同侧高度。

测量侧高度以货物重心为准，按发站列车运行方向分为左、右两侧测量，自上而下顺序按第一侧高度、第二侧高度、…、分别测出其不同高度，如图 1.4.5 所示。

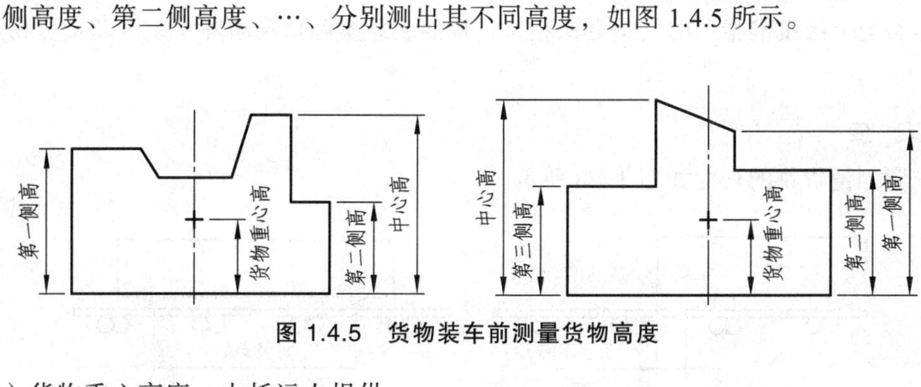

图 1.4.5　货物装车前测量货物高度

（3）货物重心高度：由托运人提供。

3. 宽　度

由货物的重心所在的纵向垂直平面起，测量中心高度处的宽度和不同侧高度处的宽度，如图 1.4.6 所示。

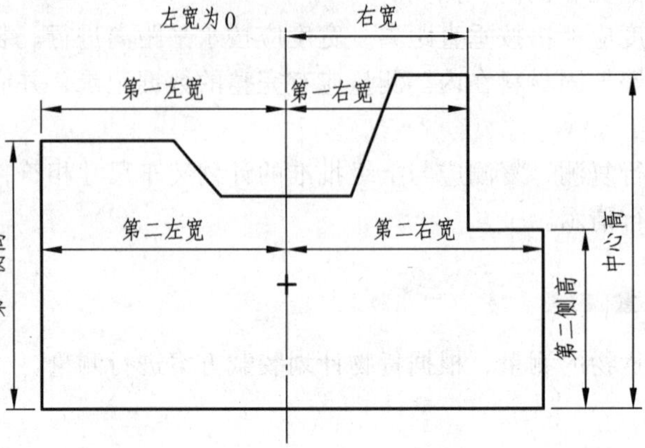

图 1.4.6　装车前宽度的测量

（1）中心高度处的宽度，指测量中心高度处在货物重心所在纵向垂直平面左侧和右侧的最大宽度。

（2）侧高度处的宽度，应分别测量货物每一不同侧高度处的左侧和右侧的宽度。

（3）其他情况的宽度如图 1.4.7 所示，中心高为 $R+h$，侧高为 h，侧宽为 R。货物上部为圆弧形，应测量并记录表述为自 h(mm)以上为半径 R(mm)的圆弧。货物上部为椭圆形，可选定几个高度分别测量其不同高度和宽度。

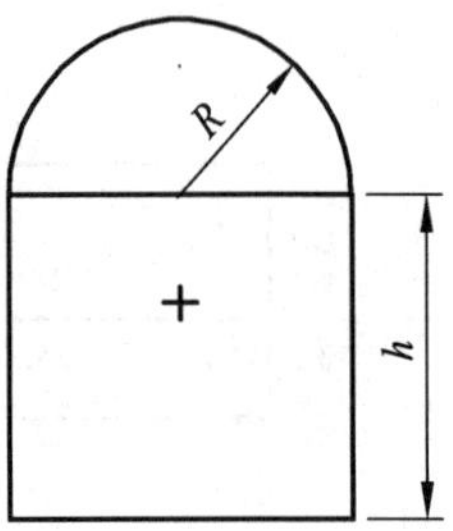

图 1.4.7　圆弧形货物

不同高度为斜坡形表述为：*X* 侧高（中心高）—*X* 侧高之间为斜坡形。

（三）装车后测量

装车后测量是对货物及车辆总体的测量。超限货物装车后应进行复测，其目的是检查装载状态是否与上级批准指示的装运办法相符，按照装载实际情况填写“超限超重货物运输记录”表。

1. 长　度

装车后测量货物的长度如图 1.4.8 所示。

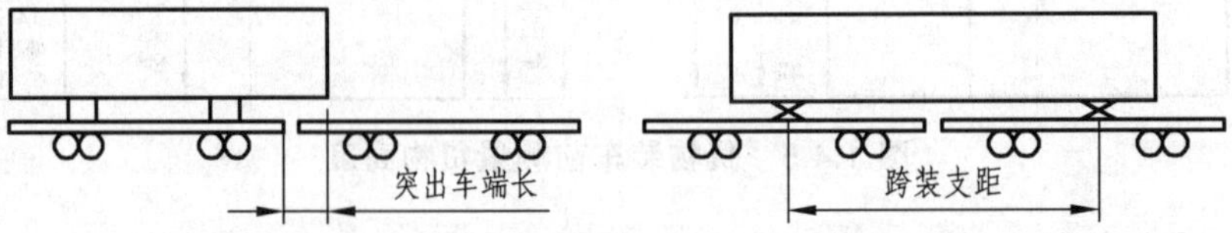

图 1.4.8　装车后测量货物长度

（1）突出装载时，测量突出车辆端梁外方的长度。如两端突出不相等时，应分别进行测量。

（2）跨装时，测量跨装支距的长度和分别测量两支点外方的长度。

2. 高 度

由轨面起测量货物中心高度和侧高度。

货物装车后，计算点低于 1 250 mm 或使用凹型车、落下孔车装运时，应测量货物计算点至轨面的高度。

3. 宽 度

由车辆纵中心线所在的纵向垂直平面起分别测量中心高度和不同侧高度处的左侧和右侧宽度。

三、超限、超重货物运输电报

超限、超重货物运输电报包括超限、超重货物运输请示电报、批示电报和车辆挂运请示电报。

（一）超限、超重货物运输请示电报

车站请示电报主送铁路局货运处。铁路局请示电报主送铁道部运输局营运部。

请示电报主要内容包括：

（1）发站、到局、到站。

（2）货物概况，注明货物品名、件数、重量、全长、支重面长度、货物重心高度、货物的重心位置。自轮运转货物还应注明自重、轴数、轴距、固定轴距、长度、转向架中心销间距离、制动机形式、运行限制条件以及其他特殊运输条件要求等。

货物重量含装载加固装置和材料等重量。货物重心高度含垫木或支架等高度，并须注明其中垫木或支架等高度为 × mm。支重面长度为垫木或支架等之间距离时，须注明两横垫木或支架之间距离为 × × mm。

（3）货物外形尺寸，应包括固定包装、装载加固装置和材料，高度自货物支重面或货物底部开始计算，宽度自货物重心所在的纵向垂直平面开始计算，不同高度处的宽度按自上而下顺序列，尺寸均以 mm 为单位。货物外形尺寸表述必须完整、准确、正确。

（4）拟使用车种、车型及辆数。

（5）装载方法，包括不突出车端板装载、突出车端板装载、两车跨装。

① 不突出车端板装载：注明每车装载件数及合装、分装等具体装载方法。

② 突出车端板装载：除注明每车装载件数及合装、分装等具体装载方法，还应注明货物突出车端的长度、突出端的宽度及高度，突出端的底部距游车车地板的高度，两端同时突出的应分别注明。需要使用游车的，注明使用游车的车种车型及辆数。

③ 两车跨装装载：两负重车中间或两端需要使用游车的，注明中间或两端使用游车的车种车型及辆数。注明货物跨装支距、突出支点长度和突出端的宽度及高度，同时突出两支点的应分别注明。货物突出支点后，又突出负重车车端板的，注明突出端底部距游车车地板的

高度，两端同时突出的应分别注明。注明货物转向架的高度及重量。

（6）预计装后尺寸。

装后尺寸高度自轨面开始计算，宽度自车辆纵中心线所在垂直平面开始计算。

（7）特殊运输要求。

为保证货物及铁路运输安全，根据货物自身性质，必须有明确的特殊运输限制条件。必要时，请示电报应附货物三视图、装载加固方案和货物重量的计量证明材料等资料。

【例 1.4.1】 铁路超限超重货物运输请示电报。

铁路传真电报

签发：×× 核稿：××× 拟稿人：×× 电话：××××××

发报所名	电报号码	等 级	受理日	时 分	收到日	时 分	值机员

主送：北京铁路局货运处

报文：

丰台站发郑州局信阳站：

卧式锅炉一件，重 28 t，长 7 400 mm，支重面长 7 400 mm，货物本身重心高 1 630 mm，重心位置均衡；

货物中心高 3 520 mm 处，左右宽各 0 mm，第一侧高 3 080 mm 处，左右宽各 1 520 mm。第二侧高 1 200 处，左右宽各 1 560 mm。中心高与第一侧之间为 440 mm 半径的圆弧；

拟使用 N_{17} 型平车一辆装运；

预计装后中心高 4 729 mm 处，左右宽各 0 mm，第一侧高 4 289 mm 处，左右宽各 1 520 mm。第二侧高 2 409 mm 处，左右宽各 1 560 mm；

请示装运办法。

丰台站（京）超限超重 0005 号

××年××月××日

（二）超限、超重货物运输批示电报

铁道部批示电报主送发站所在铁路局货运处，抄送经由和到达铁路局货运处。

铁路局批示电报主送发站、本局调度所、车辆段及货检站等，视情况可以主送本局其他相关站段，抄送铁通公司及本局运输、工务、电务、车辆、机务处等。铁路局直接批示的本局发送的超限超重货物运输电报须抄送经由和到达铁路局货运处。

批示电报主要内容包括：

（1）发站、经由、到站。

（2）货物概况。

（3）使用车种、车型及辆数。

（4）装载方法。

（5）货物装后尺寸。

装后尺寸高度自轨面开始计算，宽度自车辆纵中心线所在垂直平面开始计算。

（6）装运办法。装运办法的内容一般用电报代号表述，运输超限超重货物电报代号见表 1.4.2。

表 1.4.2　运输超限、超重货物电报代号

顺　序	代　字	被代用的文字	附　注
1	A	超限等级	代号后写几级
2	B	左右宽度按发站挂运列车的进行方向。遇运行途中方向相反且无法通过限界时，由自局解决。不可能时，须事先请邻局协助	
3	C	凡距线路中心线几毫米，高度超过几毫米，如道岔表述器等设备，在列车通过前拆除，通过后立即恢复正常位置	代号后分子为距线路中心线宽度的毫米数，分母为自轨面起高度的毫米数
4	D	通过接近限界的限制速度，按本规则第 33 条办理	
5	E	禁止接入距离线路中心线几毫米，高度超过几毫米的站台的线路	代号后分子为距线路中心线宽度的毫米数，分母为自轨面起高度的毫米数
6	F	禁止接入距离线路中心线几毫米宽的线路	代号后写距线路中心线宽度的毫米数
7	G	区间限制速度	代号后写限速值
8	H	由该局管内工务段指派专人添乘监视运行	
9	I	由该局管内车辆段指派专人添乘监视运行	
10	J	由该局管内电务段指派专人添乘监视运行	
11	K	会车条件按本规则第 32 条办理	
12	L	通过 *R*300 m 及以下半径曲线线路时的限制速度	代号后写限速值
13	M	途中货检站按规定检查无碍后继续运送	
14	N	各邻接调度所密切联系并注意运行状态，接运和挂运按本规则第 28 和 31 条办理	
15	O	沿途由值乘车长负责监督运行	
16	P	需要货物转向架和使用车钩缓冲停止器	
17	Q	由发货人指派技术人员护送至到站	
18	R	货物重心高度	代号后写毫米数
19	S	重车重心高度	代号后写毫米数
20	W	经过侧向道岔的限制速度	代号后写限速值
21	Z	超重等级	代号后写几级

铁路超限超重货物运输电报专用印章式样如图 1.4.9 所示，车站请示电报、挂运电报加盖的印章由铁路局自行规定。

图 1.4.9　电报专用印章

【例 1.4.2】 铁路超限超重货物运输批示电报。

铁路传真电报

签发：×× 核稿：××× 拟稿人：×× 电话：××××××

发报所名	电报号码	等级	受理日	时分	收到日	时分	值机员

主送：丰台站、北京铁路局调度所、北京车辆段、石家庄、邯郸站

抄送：铁通公司、北京铁路局运输处、工务、电务、车辆、机务处、郑州局货运处

报文：

丰台站发信阳站（郑）：

卧式锅炉一件，重 28 t，长 7 400 mm，货物本身重心高 1 630 mm；

使用 N_{17} 型 60 t 平车一辆装载；

装后中心高 4 729 mm 处，左右宽各 0 mm，第一侧高 4 289 mm 处，左右宽各 1 520 mm。第二侧高 2 409 mm 处，左右宽各 1 560 mm。中心高与第一侧高之间为 440 mm 半径的圆弧。

装运办法：（1）A 超级超限（2）KNOM。

京超限超重 00025 号

××年××月××日

（三）超限、超重货物请示挂运电报

车站挂运电报主送铁路局调度所，抄送铁路局货运处。

挂运电报主要内容包括：批示电报号，发站、到站，货物品名、件数，使用车种、车型及辆数，装载完毕时间，装后尺寸复测，装后货物装载加固状态及车辆状态检查确认情况等。

【例 1.4.3】 铁路超限超重车辆请示挂运电报。

铁路传真电报

签发：×× 核稿：××× 拟稿人：×× 电话：××××××

发报所名	电报号码	等级	受理日	时分	收到日	时分	值机员

主送：北京铁路局调度所

抄送：北京铁路局货运处

报文：

奉京局京超限超重 00025 号电报，丰台站发信阳站的锅炉一件，使用 N_{17}5030067 一辆装运，超级超限，已于×月×日×时装载（检查）完毕，经复测（检查），货物装后尺寸符合批示电报要求，装载加固状态良好，请求挂运。

丰台站 08 号

×××年××月××日

四、超限等级的确定

确定超限等级是请示装运办法、确定运输条件及核算运输费用的依据。

超限等级是以计算点所在检定断面的计算宽度（或实宽）和相对应的计算高度查超限等

级表（《超规》附件四）而确定。

计算点系指超限货物任意一个部位，需要计算超限等级的点。此点是由计算点至线路中心线垂直面的宽度和至钢轨平面的高度而确定的。

检定断面系指计算点所在的与线路中心线垂直的横断面。是以钢轨平面为横坐标，以线路中心线的垂直线为纵坐标的坐标轴，它是确定超限等级的横断面。

当超限货物车行经在平直线路上时，确定超限等级的宽度是实测宽度；当超限货物车行经在曲线线路上时，确定超限等级的宽度是计算宽度。

（一）确定计算宽度的主要因素

确定计算宽度的主要因素有：货物检定断面的实测宽度；货物偏差量；附加偏差量；曲线线路建筑限界内外侧水平距离的加宽值。

1. 货物检定断面的实测宽度

货物检定断面的实测宽度系指计算点至负重车纵中心线垂直面的水平距离。通常用米尺测量而定，用符号“B”表示。

2. 货物偏差量

当超限车行经在平直线路上时，两转向架中心销的垂直投影落在线路中心线上，货车纵中心线与线路中心线相重合。当超限车行经在曲线线路上时，两转向架中心销的垂直投影落在线路中心线上，而货车纵中心线在两销间偏向内方，称为内偏差；在两销之外偏向外方，称为外偏差，用符号“C”表示。此值可经计算确定。

3. 附加偏差量

附加偏差量是当车辆走行部分游间和曲线处轨距加宽所产生的附加偏差量。此值仅在计算外偏差量时才计算，用符号“K”表示。

4. 曲线线路建筑限界内外侧水平距离的加宽值

《超规》所采用的曲线内、外侧水平距离加宽值为 36 mm，它是以车长为 13.2 m，销距为 9.35 m 的平车，行经半径 R300 m 的曲线线路所产生的内、外偏差量（均为 36 mm）作为曲线线路建筑限界内外侧水平距离的加宽值。在确定曲线线路建筑接近限界的实际宽度时，已考虑了该值，所以确定计算宽度时，须减去 36 mm。

计算宽度（用“X”表示）为上述因素的代数和。

（二）货物偏差量 C

1. 偏差量的命名

在图 1.4.10 中，圆弧为半径 R300 m 曲线（《超规》规定：以行经半径 R300 m 的曲线线路时的计算宽度作为确定超限等级的依据）的线路中心线；AB 直线为货车纵中心线，M、N 为货车两转向架中心销在线路中心线上的投影。

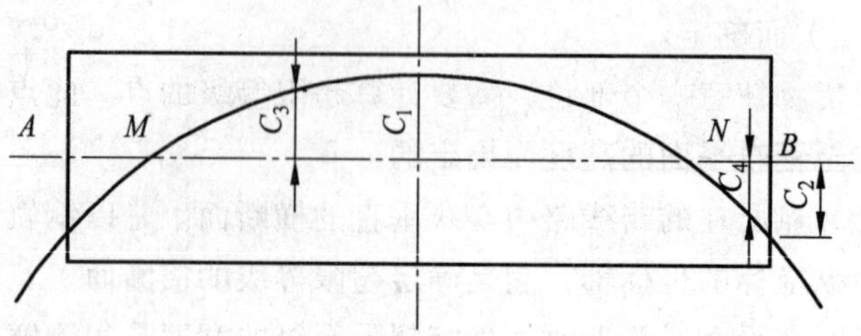

图 1.4.10　货物偏差量的命名

当货物的检定断面位于装载车两转向架中心销之间任何部位时，称为内偏差，以“$C_{内}$”表示。当货物的检定断面位于装载车两转向架中心销之间的中央部位时为最大。当货物的检定断面位于装载车两转向架中心销外方货物的任何部位时，称为外偏差，以“$C_{外}$”表示。当货物的检定断面位于装载车两转向架中心销外方的端部时为最大。

2. 一车负重时偏差量的计算

用一辆六轴及以下货车装载时，如图 1.4.11、1.4.12 所示，在图 1.4.11 中，AB 表示车辆纵中心线，KD 表示曲线直径，M、N 表示车辆转向架中心销，l 表示两转向架中心销间距。

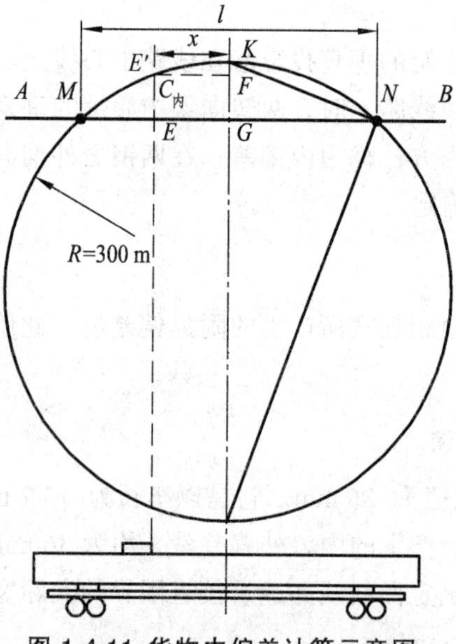

图 1.4.11 货物内偏差计算示意图

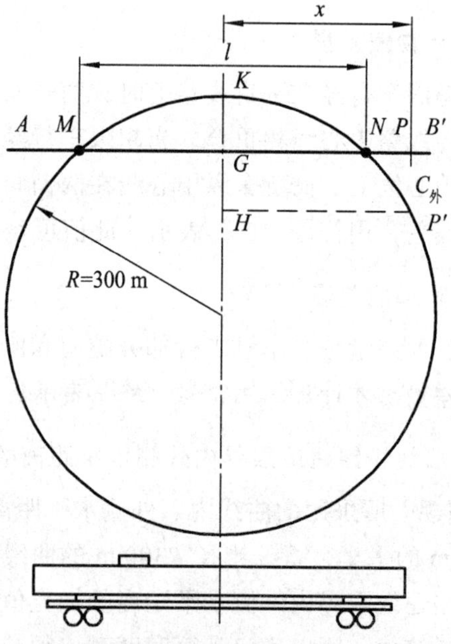

图 1.4.12 货物外偏差计算示意图

在直角△KGN 和直角△NGD 中，GN 为 KG 和 DG 的比例中项，所以有：

$$KG=\frac{GN^2}{GD}=\frac{GN^2}{KD-KG}=\frac{\left(\frac{1}{2}\right)^2}{2R-KG}$$

由于 $2R \geqslant KG$，将 $2R-KG$ 中的 KG 忽略不计，上式得：

$$KG=\frac{l^2}{8R}$$

设 x 为计算点所在检定断面至车辆横中心线所在断面的距离，同理可得：

$$KF=\frac{(2x)^2}{8R},\quad KH=\frac{(2x)^2}{8R}$$

由图 1.4.12 可知，当 EG 上移至 EF 时，内偏差量 $C_{内}=EE'=FG=KG-KF$，即：

$$C_{内}=\frac{l^2-(2x)^2}{8R}\times 1\,000\ (\text{mm}) \tag{1-4-1}$$

当 $x=0$ 时，内偏差量的最大值为：

$$C_{内1}=\frac{l^2}{8R}\times 1\,000\ (\text{mm}) \tag{1-4-2}$$

又由图 1.4.12 可知，外偏差量 $C_{外}=PP'=GH=KH-KG$，即：

$$C_{外}=\frac{(2x)^2-l^2}{8R}\times 1\,000\ (\text{mm}) \tag{1-4-3}$$

式中 l——车辆转向架中心距（简称“销距”）（m）；

x——货物计算点所在检定断面至车辆横中心线的距离（m）；

R——取 300 m 的曲线半径，《超规》以行径在半径为 300 m 的曲线线路上时的计算宽度作为确定超限等级的依据。

注：偏差量 $C_{内}$、$C_{外}$ 计算结果精确到 mm。

3. 普通平车跨装时偏差量的计算

如图 1.4.13 所示，使用两辆以上平车跨装运送超限货物，当超限车行经在曲线线路上时，由于跨装负重车上货物转向架的中心销向曲线内方位移，货物在曲线内侧的偏差量将有所增大。其数值取决于负重车销距的长度及货物转向架的跨装支距长度。

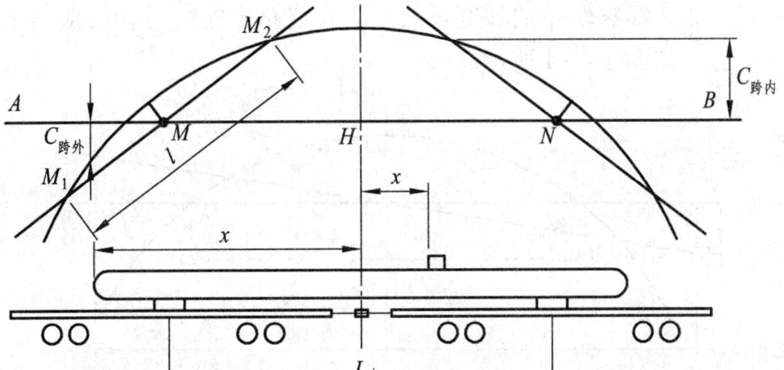

图 1.4.13 跨装货物偏差量计算

（1）当货物检定断面位于两货物转向架中心销之间时，其内偏差用“$C_{跨内}$”表示，即

$$C_{跨内}=\frac{L^2+l^2-(2x)^2}{8R}\times 1\,000\ (\text{mm}) \tag{1-4-4}$$

（2）当货物检定断面位于两货物转向架中心销外方时，其外偏差用“$C_{跨外}$”表示，即

$$C_{跨外}=\frac{(2x)^2-L^2-l^2}{8R}\times 1\,000\ (\text{mm}) \tag{1-4-5}$$

式中 L——跨装支距（m）；

l——负重车的转向架中心距（m）；

x——货物检定断面至跨装支距中心线的距离（m）。

4. 六轴以上长大货物车装载时偏差量的计算

使用多层转向架的特种平车装载超限货物，当超限车行经在曲线线路上时，由于特种平车转向架群的中心销向曲线内方位移，货物在曲线内侧的偏差量将有所增大。其数值取决于负重车销距的长度及特种平车转向架群的支距长度。

（1）当货物的检定断面位于大底架两心盘中心之间时，其计算公式为：

$$C_{内}=\frac{{L_1}^2+\cdots+{L_n}^2-(2x)^2}{8R}\times 1\,000\ (\text{mm}) \tag{1-4-6}$$

（2）当货物的检定断面位于大底架两心盘中心外方时，其计算公式为：

$$C_{外}=\frac{(2x)^2-{L_1}^2-\cdots-{L_n}^2}{8R}\times 1\,000\ (\text{mm}) \tag{1-4-7}$$

式中 L_1，…，L_n——长大货物车由上向下各层底架心盘的中心距（m），其中 n 为长大货物车底架层数；

x——货物检定断面至车辆横中心线的距离（m）。

（三）附加偏差 K

超限车行经在曲线线路上时，当货物的外偏差 $C_{外}$ 大于内偏差 $C_{内}$ 时，还必须考虑由于车辆走行部分的游间、曲线线路轨距的加宽量及车辆在线路上蛇行运动的摆动量而产生的偏差量又称为附加偏差量，如图 1.4.14 所示。

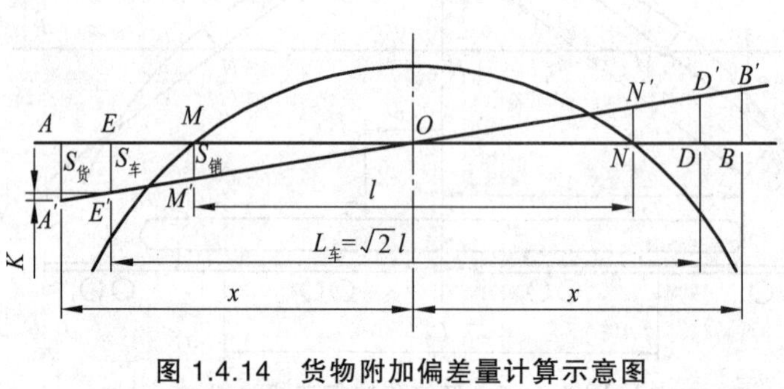

图 1.4.14 货物附加偏差量计算示意图

$S_{销}$—车辆中心销的摆动量；$S_{车}$—车辆两端的摆动量；$L_{车}$—车地板长；$S_{货}$—货物两端的摆动量；x—货物检定断面至车辆横中心线的距离

1. 影响货物附加偏差量 *K* 的主要因素

（1）车辆走行部分的游间，用 S_1 表示。

现行车辆走行部分均采用转向架装置。转向架由摇枕、侧梁、弹簧减振装置、轴箱油润装置、轮对以及下心盘和旁承等各部件组成。各部件之间，都存在着一定的间隙，这些间隙称为游间。当车辆行经曲线线路时，由于游间的影响，将产生外偏差的增大值。

车辆走行部位的游间值见表 1.4.3。

表 1.4.3　车辆走行部位的游间值

影响因素（50 t 以上车辆）	游间（mm）	影响因素（50 t 以上车辆）	游间（mm）
轴瓦及轴领间	14	架柱与摇枕之间	—
轴瓦纵向磨耗	14	侧架与摇枕挡面	5
轴箱导框与轴箱	5	合计	44.5
上、下心盘之间	6.5	走行部分 S_1 取值	44

（2）曲线线路轨距的加宽量，用 S_2 表示。

为了使机车车辆能顺利通过曲线，防止外轨侧面磨耗和抵压外轨，曲线线路轨距应适当加宽。

① 在最不利条件下，曲线最大轨距 = 车辆最小内侧距 + 最小轮缘厚度 + 车辆内侧至踏面变坡点最小距离 − 轨头圆角半径

$$= 1\,350 + 22 + 97 - 13$$

$$= 1\,456\ (\text{mm})$$

② 轮对轮缘外侧的最小距离 $= 1\,350 + 22 \times 2$

$$= 1\,394\ (\text{mm})$$

③ 车辆由中央向一侧移动最大距离：

$$S_2 = (1\,456 - 1\,394)/2$$

$$= 31\ (\text{mm})$$

$$S_{销} = S_1 + S_2$$

$$= 44 + 31$$

$$= 75\ (\text{mm})$$

（3）车辆在曲线线路上蛇行运动的摆动量。

因为 $\triangle OMM' \sim \triangle OEE'$，故有 $\dfrac{S_{车}}{S_{销}} = \dfrac{\frac{L_{车}}{2}}{\frac{l}{2}}$ 及 $\dfrac{S_{货}}{S_{销}} = \dfrac{x}{\frac{l}{2}}$

又因为 $\dfrac{L_{车}}{l} = 1.4$，则：

① 车辆两端的摆动量 $S_{车} = 1.4S_{销}$；

② 货物两端的摆动量 $S_{货} = \dfrac{2xS_{销}}{l}$。

2. 货物附加偏差量 K 的计算

（1）用一辆六轴及以下货车装载时。

在确定曲线线路的加宽值时，已经考虑了 $S_{车}$，因而在确定 K 值时，应将 $S_{车}$ 扣除。

货物附加偏差量 $K = S_{货} - S_{车} = \frac{2xs_{销}}{l} - 1.4S_{销}$，带入 $S_{销}$ 值，得：

$$K = 75\left(\frac{2x}{l} - 1.4\right)（mm） \quad (1\text{-}4\text{-}8)$$

（2）用普通平车跨装时。

$$K = 75\left(\frac{2x}{L} - 1.4\right)（mm） \quad (1\text{-}4\text{-}9)$$

（3）用六轴以上长大货物车装载时。

$$K = 75\left(\frac{2x}{L_1} - 1.4\right)（mm） \quad (1\text{-}4\text{-}10)$$

式中 l——车辆转向架中心距（m）；

L——跨装之距（m）；

L_1——为长大货物车上层底架心盘中心距（m）。

注：① 当 $\frac{2x}{l} \leqslant 1.4$、$\frac{2x}{L} \leqslant 1.4$、$\frac{2x}{L_1} \leqslant 1.4$ 时，货物附加偏差量 K 不计算。

② 同一件货物，计算点不同时，K 值也不同。

（四）确定计算宽度

（1）当货物的检定断面位于车辆两心盘中心之间时，其计算公式为：

$$X_{内} = B + C_{外} - 36（mm） \quad (1\text{-}4\text{-}11)$$

（2）当货物的检定断面位于车辆两心盘中心外方时，其计算公式为：

$$X_{外} = B + C_{外} + K - 36（mm） \quad (1\text{-}4\text{-}12)$$

式中 B——实测宽度，即货物检定断面的计算点至车辆纵中心线所在垂直平面的距离（mm）。

（五）超限等级的确定

超限等级是由计算点所在检定断面的计算点宽度及相对应的计算点高度的数值，查《超限货物运输规则》（简称《超规》）附件四“机车车辆限界、各级超限限界与直线建筑接近限界距离线路中心线尺寸表”而确定。

1. 超限等级的确定方法

（1）标点，标出需要计算的点：在端视图上标出不同高度、不同宽度的点。在等宽条件下，计算点在 1 250 mm 以上时，标高不标低；不足 1 250 mm 时，标低不标高。

（2）选面（选择检定断面），在侧视图上选出与所标出的点相对应的检定断面，当高度和宽度相同时，应选偏差量大的检定断面。在两转向架中心销之间，应选近（靠近货车横中心线）不选远；在两转向架中心销外方，应选远（距转向架中心销）不选近。

（3）计算，确定计算点高度、宽度。

① 计算点高度 $h_{计}$，一般包括货车地板高度、垫木高度和计算点至货物支重面的高度，即：

$$h_{计} = h_{车地板} + h_{转} + h_{预计}$$

② 计算点宽度，由线路中心线的垂直面至计算点的宽度。在直线线路上为货物的实宽；在曲线线路上为货物的计算宽度。

（4）查表，根据计算点高度和计算点宽度查《超规》附件四，确定超限等级。

2. 计算点的选择

（1）当车辆转向架中心销距小于等于 9 350 mm 时，$C_{内} \leqslant 36$ mm，按实测宽度确定超限等级。

（2）当货物为等断面体时，只需计算 $C_{内}$ 或 $C_{外}$。若 $2x/l \leqslant 1.4$ 时，计算 $C_{内}$；若 $2x/l > 1.4$ 时，计算 $C_{外}$。货物长度较小时，计算 $C_{内}$，选用销距较小的车辆可以降低超限程度；货物长度较长时，计算 $C_{外}$，选用销距较大的车辆可以降低超限程度。

（3）当使用一辆普通平车装运超限货物时，检定断面位于两转向架中心销之间（中央部位除外）任何部位时，一般不需计算 $C_{内}$ 和 $X_{内}$，可直接按货物的实测宽度确定超限等级和运送条件。

（4）当使用平车装运超限货物时，只有在下列条件下，方需计算除中央部位外的 $C_{内}$：

① 货物转向架中心销（或车辆主梁中心销）间（车辆中央部位除外）有突出部分；

② 货物突出部分的实测宽度大于其在车辆横中心线处的实测宽度；

③ 有数个突出部分，其突出部分相近，应计算确定计算宽度；

④ 有数个突出部分，其高度、宽度相等时，应以距车辆横中心线最近的突出点作为计算点。

（5）当使用平车装运超限货物时，只有在下列条件下，方需计算除货物端部外 $C_{外}$：

① 货物在两转向架中心销（或车辆主梁中心销）外方任何部位（货物端部除外）有突出部分时；

② 货物突出部分的实测宽度大于货物端部的实测宽度；

③ 若货物有数个突出部分，其高度不同、实测宽度相等时，应以高度最高，距车辆横中心线最远的突出点作为计算点。

（6）当货物外形较为复杂时，应自上而下分别计算 $X_{内}$，$X_{外}$ 后进行比较，确定超限等级。

3. 超限等级计算实例

【例 1.4.4】 长方形塔式起重机座一件，重 45 t，长 9 000 mm，宽 3 800 mm，高 1 400 mm，使用 N_{17} 型 60 t 的平车装运，货物底部选用高度为 140 mm 的横垫木 2 根。装载方法如图 1.4.15 所示。N_{17} 型车相关参数为：$l = 9\ 000$ mm，$h_{车底板} = 1\ 209$ mm。试计算超限等级。

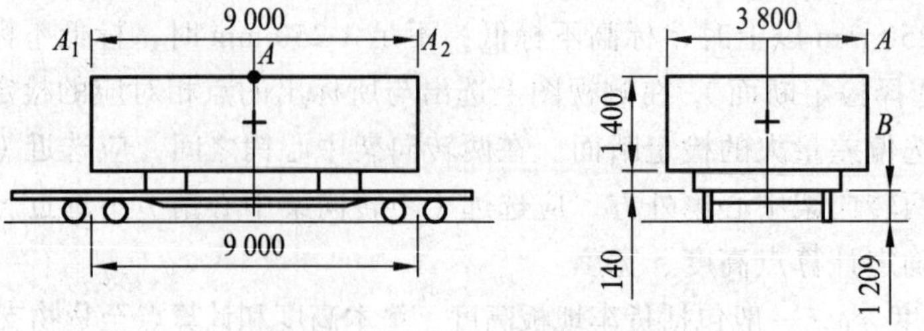

图 1.4.15　例 1.4.4 题设示意图

【解】

（1）标计算点。

在端视图上 A、B 两点均在 1 250 mm 以上，应标上不标下，计算点应标在 A 点。

（2）选择检定断面。

A 点在侧视图上相对应的点为 A_1，A_2 直线，高度相同、宽度相同，均在两销间，应选近不选远，检定断面应在两销间中央部位 A 处。

（3）确定计算点的高度和宽度。

A 点应计算 $X_{内}$：

$$
\begin{aligned}
X_{内} &= B + C_{内} - 36 \\
&= B_1 + \frac{l^2 \times 1\,000}{8R} - 36 \\
&= 1\,900 + \frac{9^2 \times 1\,000}{8 \times 300} - 36 \\
&= 1\,898\ (\text{mm})
\end{aligned}
$$

计算宽度小于实测宽度时，按实测宽度 B 取 1 900 mm。

$$
\begin{aligned}
H &= h_{车} + h_{垫} + h_{货} \\
&= 1\,209 + 140 + 1\,400 \\
&= 2\,749\ (\text{mm})
\end{aligned}
$$

（4）确定超限等级。

根据计算点的宽度和高度 $X_{内} = 1\,900$ mm，$H = 2\,749$ mm，查《超规》，该货属于中部一级超限。

【例 1.4.5】　钢梁一件重 45 t，长 15 000 mm，宽 3 400 mm，高 2 000 mm，使用 N_{60} 型 60 t 的平车一辆一端突出装运，用 60 t 平车一辆作游车，使用垫木高度为 180 mm。装载方法如图 1.4.16 所示。N_{60} 型平车相关参数为：$l = 9\,300$ mm，$L_{车} = 13\,000$ mm，$h_{车底板} = 1\,170$ mm。试计算超限等级。

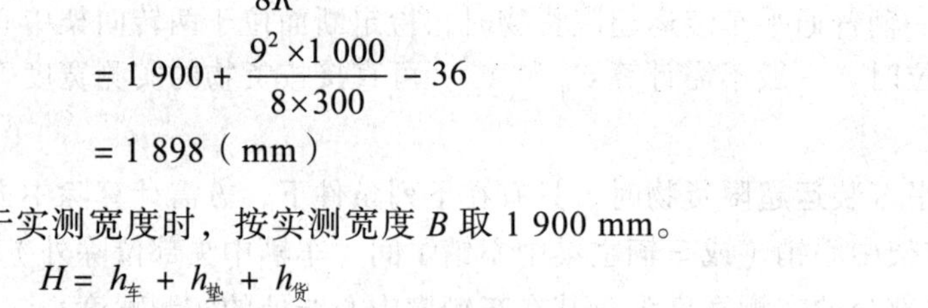

图 1.4.16　例 1.4.5 题设示意图

【解】

（1）标出计算点。

在高度不同 A，B 两点，两点均在 1 250 mm 以上，应标上不标下，计算点应标在 A 处。

（2）选择检定断面。

计算点 A 在侧视图上相对应的点为 $A_1A_2A_3$ 直线，在两销间选内不选外，计算点应选 A_2 点；在两销外应选远不选近，计算点应选 A_1 点。

计算点 A_1 处货物的计算长度：

$$\begin{aligned}2x&=2\left(L_{货}-\frac{L_{车}}{2}\right)-2\left(15\ 000-\frac{13\ 000}{2}\right)\\&=2\times 8\ 500\\&=17\ 000\ (\text{mm})\end{aligned}$$

由于 $\dfrac{2x}{l}=\dfrac{17\ 000}{9\ 300}=1.8>1.4$，$C_{外}>C_{内}$，故检定断面应选在货物突出长端 A_1 点。

（3）计算偏差量和附加偏差量。

A_1 点应计算 $C_{外}$ 和 K：

$$\begin{aligned}C_{外}&=\frac{(2x)^2}{8R}-\frac{l^2}{8R}\\&=\left(\frac{17^2}{8\times 300}-\frac{9.3^2}{8\times 300}\right)\times 1\ 000\\&=120-36=84\ (\text{mm})\end{aligned}$$

$$\begin{aligned}K&=75\left(\frac{2x}{l}-1.4\right)\\&=75\times\left(\frac{17}{9.3}-1.4\right)\\&=32\ (\text{mm})\end{aligned}$$

（4）计算计算宽度和高度。

$$\begin{aligned}X_{外}&=B+C_{外}+K-36\\&=1\ 700+84+32-36\\&=1\ 780\ (\text{mm})\end{aligned}$$

$$\begin{aligned}h_{计}&=h_{车底板}+h_{垫}+h_{货}\\&=1\ 170+180+2\ 000\\&=3\ 350\ (\text{mm})\end{aligned}$$

（5）确定超限等级。

根据 $X_{外}=1\ 780$ mm，$h_{计}=3\ 350$ mm，查《超规》，该货属于中部一级超限。

【例 1.4.6】 圆筒形炼油塔一件，重 45 t，长 29 000 mm，直径 3 300 mm，使用 N_{16} 型 60 t 的平车两辆负重，用 N_{16} 型 60 t 的平车一辆作中间游车，装载方法如图 1.4.17 所示，货物转向架高度 $h_{转}=550$ mm，货物两转向架间支距 $L_{支}=25\ 370$ mm。N_{16} 型 60 t 的平车相关参数为：$l=9\ 300$ mm，$L_{车}=13\ 000$ mm，$h_{车底板}=1\ 210$ mm。试计算超限等级。

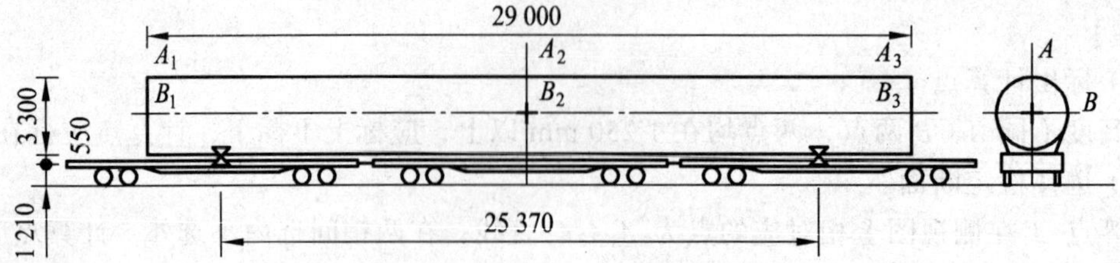

图 1.4.17　例 1.4.6 题设示意图

【解】

（1）标出计算点。

在端视图上标出不同高度、不同宽度的 A、B 两点。

（2）选择检定断面。

选择检定断面计算点 A 在侧视图上相对应的点为 $A_1A_2A_3$ 直线；计算点 B 在侧视图上相对应的点为 $B_1B_2B_3$ 直线。

游车中央部位 A_2、B_2 点，应计算 $C_{跨内}$：

$$
\begin{aligned}
C_{跨内} &= \frac{l_{支}^2+l^2}{8R}\times 1\,000 \\
&= \frac{25.37^2+9.3^2}{8\times 300}\times 1\,000 \\
&= 305\ (\text{mm})
\end{aligned}
$$

$$
\begin{aligned}
K &= 75\left(\frac{2x}{L_{支}}-1.4\right) \\
&= 75\times\left(\frac{29}{25.37}-1.4\right) \\
&= 0\ (\text{mm})
\end{aligned}
$$

因为内偏差大于外偏差，所以检定断面选在两支点间中央部位 A_2、B_2 处。

（3）确定计算点宽度和计算点高度。

A_2 点：

$$
\begin{aligned}
X_{内} &= B + C_{内} - 36 \\
&= 0 + 305 - 36 \\
&= 269\ (\text{mm})
\end{aligned}
$$

$$
\begin{aligned}
h_{A计} &= h_{车底板} + h_{转} + h_{货计} \\
&= 1\,210 + 550 + 3\,300 \\
&= 5\,060\ (\text{mm})
\end{aligned}
$$

B_2 点：

$$
\begin{aligned}
X_{内} &= B + C_{内} - 36 \\
&= 1\,650 + 305 - 36 \\
&= 1\,919\ (\text{mm})
\end{aligned}
$$

$$h_{B计} = h_{车底板} + h_{转} + h_{货计}$$
$$= 1\,210 + 550 + 1\,650$$
$$= 3\,410\ (\text{mm})$$

（4）查表确定超限等级。

A_2点：

$X_{内} = 269$ mm，$h_{A计} = 5\,060$ mm，查《超规》，该货属于上部超级超限。

B_2点：

$X_{内} = 1\,919$ mm，$h_{B计} = 3\,410$ mm，查《超规》，该货属于中部超级超限。

该货属于上、中部超级超限。

五、超限、超重货物运输组织

超限、超重货物运输作业是铁路货物运输作业的重要组成部分。

为了确保安全、经济、迅速地运送超限、超重货物，铁路局和站段必须高度重视超限、超重货物运输安全管理工作，铁路局要成立以主管运输副局长为主任的超限、超重货物运输管理委员会，各有关站段要成立以主管站段长为组长的超限、超重货物运输管理领导小组。委员会和领导小组要建立工作制度、明确工作职责和工作程序，落实安全责任。

铁路局货运处是铁路局超限、超重货物运输管理的责任牵头部门，主要负责超限、超重货物运输电报的请示、批示，以及相关行政许可的资质审查等。铁路局调度所负责超限、超重车的运行组织和运行掌握，以及装运超限、超重货物所需空车的调配。

超限超重货物运输实行关键作业质量签认制度和关键作业工序间交接签认制度。货物受理和装车作业填记××车站超限超重货物发送作业质量监控表，超限超重车装车质量由装车站段主管站段长签认，特殊情况时可由站段长授权货运主任签认。

（一）托　运

1. 超限、超重货物的托运

托运超限、超重货物时，托运人除应根据批准的要车计划向车站提出货物运单外还要提供相应资料。托运人应提供的资料包括：

（1）超限、超重货物托运说明书，见表 1.4.4。

表 1.4.4　超限超重货物托运说明书

<table>
<tr><td colspan="2">发　局</td><td colspan="2"></td><td>装车站</td><td colspan="2"></td><td colspan="4">预计装后尺寸</td></tr>
<tr><td colspan="2">到　局</td><td colspan="2"></td><td>到　站</td><td colspan="2"></td><td colspan="2" rowspan="2">由轨面起高度</td><td colspan="2">由车辆纵中心线起</td></tr>
<tr><td colspan="2">品　名</td><td colspan="2"></td><td>件　数</td><td colspan="2"></td><td>左　宽</td><td>右　宽</td></tr>
<tr><td colspan="2">每件重量</td><td></td><td>总重量</td><td></td><td>重心位置</td><td></td><td>中心高</td><td></td><td></td><td></td></tr>
<tr><td colspan="2">货物长度</td><td colspan="2"></td><td>支重面长度</td><td colspan="2"></td><td>侧　高</td><td></td><td></td><td></td></tr>
<tr><td>高度</td><td>中心高</td><td></td><td>宽　度</td><td colspan="2">左</td><td>右</td><td>侧　高</td><td></td><td></td><td></td></tr>
</table>

续表 1.4.4

	侧　高		左	右	侧　高		
	侧　高		左	右	侧　高		
	侧　高		左	右	侧　高		
要求使用车种			标记载重		侧　高		
卸车时的要求							
其他要求					车地板高度		
					垫木或转向架高度		
					预计装在车上货物重心位置距轨面的高度		
					重车重心高度		

注：粗线栏内由铁路填记

发货单位　　　　　　　　　　　戳记　　　　　　　　　　　　　　　　20　年　月　日提出

（2）货物外形尺寸的三视图（图中应标明货物的有关尺寸，如支重面长等），并以“+”号标明货物重心位置。

（3）申请使用装运超限、超重货物的车种、车型及车数，计划装载加固方案。

（4）自轮运转超限货物，应有自重、轴数、轴距、固定轴距、长度、转向架中心销间距离、制动机形式及限制条件。

（5）其他规定的资料。

2. 受　理

托运人提供的货物技术资料及相关证明文件齐全有效、符合规定，且货物发到站（含专用线、专用铁路）具备超限、超重承运人资质的，发站应给予资料受理。

货物受理实行签认制度，包括审查受理资料、对照资料核对货物、确定货物运输条件。

3. 选择装载方案

资料受理后，发站须认真审查资料，必要时应组织有关部门共同研究；对照资料核查货物实际状况，复核货物重量，测量核对货物外形尺寸和重心位置；拟定使用货车的车种、车型及车数，拟定货物装载加固方案。

根据货物的外形、重量和结构特点，结合装运车辆的技术条件，综合考虑装车方案。

根据货物外形情况研究顺装、横装或立装等方案，以确定最有利的装载方法。

必要时应采取改变货物包装、解体货体或某个部件的措施，以降低超限等级。

货物如不能解体，为通过个别区段的建筑限界，经铁路局确定，准许将木制车底板拆下，以容纳货物的突出部分。拆下的车底板必须原装在车上，并在运单内予以说明。

计算超限（装后尺寸）等级和超重等级。

4. 超限、超重货物的运输请示电报

方案拟定后，车站应向铁路局超限、超重货物运输主管部门提报铁路特种车使用计划、拍发超限、超重货物的运输请示电报。

5. 超限、超重货物的运输批示电报

铁路局接到发站请示电报后，应及时审查批示或向铁道部拍发超限、超重货物的运输请示电报。

接到铁道部或兄弟铁路局批示的电报后，应及时结合管内实际情况向管内有关站段批示通行条件，管内通行确有困难时，应立即以电报或电话通知电报批示单位和发局。

超限、超重货物运输电报管理审批权限为：

（1）各铁路局间运输的一、二级超限货物和到站跨及三个及其以下铁路局的超级超限货物由发站所在铁路局审批。

（2）到站跨及四个及其以上铁路局的超级超限货物由发站所在铁路局审查后报铁道部审批。

（3）到站跨及三个及其以下铁路局的超重货物由发站所在铁路局审批。

（4）到站跨及四个及其以上铁路局的超重货物由发站所在铁路局审查后报铁道部审批。

（5）超重同时又超限的货物，同超重货物审批权限规定。

超限、超重货物应经由最短径路运输，但受限界等条件限制的，可指定经路绕道运输。跨铁路局运输的，经由以铁路局间分界站表述。

6. 审核运单等资料

发站接到铁路局批示电报后，应按规定及时审核、受理托运人提出的铁路货物运输服务订单、货物运单和有关证明文件等资料。

7. 进货验收

根据货物运单上填写的货物搬入日期，发站须及时安排托运人进货，并对照请示电报核查、确认待装货物的外形尺寸、重心位置和重量等。

（二）装车组织

装车作业实行签认制度，内容包括：装车前准备、检查货物装载加固状态、对照电报复核、标划货物检查线及拴挂书写表示牌、填写超限货物运输记录、检查票据记载事项。

1. 装车前工作

装车前，发站应做好以下准备工作：

（1）应严格按批复的电文内容和要求选择车辆。装车前应通知车辆部门进行技术检查并经货运人员确认符合批示电报和装车要求，方能使用。

（2）选择在平直的线路上进行超限车的测量。测量内容包括车地板的高度、长度和宽度。

（3）确认加固材料和加固装置的规格、数量及质量符合装载加固方案的规定。

（4）在负重车上标划车辆纵横中心线。车辆纵、横中心线是货物装载位置的依据，又是装后测量各部位尺寸的标准线。

（5）在货物上标明重心位置（投影）、索点。货物装车前应按货物重心的位置，在货物的两端或两侧，标画货物纵、横重心的垂直线。货物重心的垂直线是确定货物重心装载位置的主要依据。

（6）开好车前会，向装车人员布置装车事项。

2. 装车时

装车时站段超限、超重运输和装载加固主管人员须到装车现场进行指导。

3. 装车后检查

装车后，须检查、确认货物装载加固符合规定要求。重点检查、确认：

（1）货物实际装载位置是否符合装载加固方案。

（2）车辆转向架旁承游间是否符合《加规》规定。

（3）使用的加固材料（装置）规格、数量、质量和加固方法、措施、质量是否符合装载加固方案。

（4）垫木、支（座）架等加固装置，状态是否良好完好无损坏。

（5）加固线（钢丝绳、镀锌铁线）已采取防磨措施，捆绑拴结牢固，拴结点有无损坏。

（6）焊接处焊缝长度、高度是否符合规定，焊接质量是否良好，有无虚焊现象。

（7）跨装车组连接处的提钩杆捆绑牢固，车钩缓冲停止器是否按《加规》要求安装。

（8）带有制动装置、变速器和旋转装置的货物，制动装置是否全部制动，变速器是否置于初速位置，旋转部位是否锁定牢固。

（9）自轮运转货物的动力传动装置是否已断开（机车车辆除外），制动手柄是否在重联位置并固定良好。

确认货物装载加固符合规定要求后，须对照批示电报重点复核、确认：货物突出车端的尺寸是否符合规定或批示电报要求；货物突出端底部与游车车地板的距离、货物突出端与游车上所装货物的距离是否符合规定；超限货物装后各部位的尺寸（高度和宽度）是否符合批示电报；重车重心高、货物支重面长度（跨装货物支距）等是否符合批示电报；其他各有关数据和要求是否符合批示电报。

4. 标　记

装车完毕，确认符合批示电报条件后标画相关标记。

（1）按规定需要“禁止溜放”的货车，应在货车两侧插挂表示牌。

（2）用颜色醒目的油漆标画易于判定货物是否移动的检查线。

（3）在货物两侧明显处用油漆书写、刷印或粘贴“×级超限、×级超重”，书写困难时也可挂牌标识。

（4）对某些特殊要求的货物，在运单、票据封套、列车编组顺序表及车牌上注明“超限货物”、“超重货物”、或“超限超重货物”、“连挂车组不得分摘”、“限速××公里”、“禁止溜放”（二级以上超限或跨装运输时）等字样。需要限速运行的货物和自有动力行驶的机车，记明铁路局承认命令。

5. 超限、超重货物运输记录

车站装车后要以批示文电为依据进行复测，复测应与上级批准的计划装车尺寸相符，对复测后各超限部位的尺寸以及运输有关事项等，车站应会同工务、车辆等有关部门确认与实际情况相符无误后，填入“超限、超重货物运输记录”表1.4.5。否则，应另行请示。途中货物检查时，应将检查结果填记在超限、超重货物运输记录乙页背面（见表1.4.6）。

表 1.4.5　超限、超重货物运输记录

No.________

甲页　　　　　　×级超限　　　　×级超重　　　　　　　　　单位：mm

<table>
<tr><td>装车局</td><td colspan="2"></td><td>发站</td><td></td><td>经由线名</td><td colspan="2"></td></tr>
<tr><td>到达局</td><td colspan="2"></td><td>到站</td><td></td><td>经由线名</td><td colspan="2"></td></tr>
<tr><td>品　名</td><td colspan="2"></td><td>件数</td><td></td><td>每件重　吨</td><td>配重　吨</td><td>总重　吨</td></tr>
<tr><td>货物长度</td><td></td><td>支重面长度</td><td></td><td>转向架中心销间距离</td><td></td><td>重车重心高</td><td></td></tr>
<tr><td rowspan="5">装车后尺寸</td><td>中心高</td><td></td><td>中心高的宽</td><td>左
右</td><td rowspan="5">记事</td><td rowspan="5" colspan="2"></td></tr>
<tr><td>第一侧高</td><td></td><td>侧高的宽</td><td>左
右</td></tr>
<tr><td>第二侧高</td><td></td><td>侧高的宽</td><td>左
右</td></tr>
<tr><td>第三侧高</td><td></td><td>侧高的宽</td><td>左
右</td></tr>
<tr><td>第四侧高</td><td></td><td>侧高的宽</td><td>左
右</td></tr>
<tr><td>车种</td><td></td><td>车号</td><td></td><td>标记载重</td><td>吨</td><td>轴数</td><td></td></tr>
<tr><td rowspan="5">文电内有关指示</td><td colspan="7">铁道部　　　年　　月　　日　部超限、超重　　　号批准使用　　车</td></tr>
<tr><td colspan="7">铁路局　　　　年　　月　　日　　超限、超重　　　号批准使用　　车</td></tr>
<tr><td colspan="7"></td></tr>
<tr><td colspan="7"></td></tr>
<tr><td colspan="4"></td><td colspan="3">本记录在　　站作成，经检查完全符合批示的条件
发　站签字
段签字
段签字
段签字
年　　月　　日</td></tr>
</table>

注：① 不用的各栏应划去；

② 按电报指示尺寸填记，小于指示时，将实际尺寸填于记事栏内，大于指示尺寸时，必须另电请求指示；

③ “重车重心高”栏在不超出 2 000 mm 时须以「/」号表示之；

④ 一式两份，第一份仅为甲页留站存查；第二份为甲、乙页，随货运票据送到达站。

表 1.4.6　超限、超重货物运输记录乙页背面

检查结果记录

乙页

检查站名		检查站名	
检查站名		检查站名	
检查站名		检查站名	
检查站名		检查站名	

（三）承　运

运输超限货物，发站应将超限货物的等级在货物运单内注明，按规定运费加成办法计费。如一级超限货物：按运价率加 50% 计费；二级超限货物：按运价率加 100% 计费；超级超限货物：按运价率加 150% 计费。对安装超限货物检查架的车辆、不另收运费。

需要限速运行的超限货物，只核收限速运行的加成运费，不另核收超限货物加成运费。

运输超限货物或需要限速运行的货物使用游车时，游车运费不加成。

使用铁路 D 型长大货物车装运货物时，除核收运费外，并核收下列费用（见表 1.4.7）：

（1）按确定的计费重量、运价里程，核收 D 型长大货物车使用费。

（2）按货车轴数，核收长大货物车回送费，托运人取消托运时，仍核收此项费用。

表 1.4.7　铁路货运营运杂费费率表

顺号	项目			单位	费率
1	D 型长大货物车使用费	标重不足 180 吨	不超重	元/吨公里	0.25
			一级超重	元/吨公里	0.30
			二级超重	元/吨公里	0.35
		标重 180 吨以上	不超重	元/吨公里	0.30
			一级超重	元/吨公里	0.35
			二级超重	元/吨公里	0.40
			超级超重	元/吨公里	0.60
2	D 型长大货物车空车回送费			元/轴	300.00
3	D 型长大货物车延期使用费			元/吨日	4.00
4	车辆租用费	长大货物车	标重 180 吨以上	元/吨日	8.60
			标重不足 180 吨	元/吨日	4.00

（四）超限车的运行

1. 选择挂运方案

对超限程度大的超限货物，在最短径路通行有困难时，为了通过限制区段，且在装载方法和货物本身无法解决时，可采取下列措施组织运输。

（1）绕路运输。

（2）反方向行车。由于上、下行方向建筑限界不同，经特别批准允许专开反方向超限的货物列车。

（3）改变建筑物和固定设备。遇有特殊情况，需临时改变建筑物和固定设备。如对线路落坡、拨道、拆除道岔表示器、信号机柱时，由铁路有关部门承担。

安装检查架试运。由于超限货物与某个区段的建筑限界尺寸十分接近，在通过时把握不大，为确保超限货物列车的运行安全，必要时应由托运人员装检查架试运。

2. 超限车的挂运

1）车站挂运工作

运行上有限制条件的超限货物列车，除有特殊指示外，禁止编入直达、直通列车。对限期到达、反方向行车和特别批准的超限车，允许专开超限列车。

发站装车完毕并复核确认符合批示电报条件后，应及时向铁路局调度所拍发超限、超重车辆挂运请示电报（条件不具备时也可电话请示）。

当接到调度所下达的调度通知时，应交给列车乘务员。

车站固定到发线。挂有超限超重车辆的列车，按《车站行车工作细则》规定的线路办理到发或通过。若变线路，须得到列车调度员的同意。

2）调度指挥工作

铁路局调度所接到发站挂运请示后，特运调度员须根据对应的超限、超重货物运输批示电报核对发站的挂运请示内容；核对无误后，根据超限、超重货物运输批示电报和管内实际情况制定会车、限速等具体运行条件，填写超限、超重车辆挂运通知单，交计划调度员纳入日（班）计划，由列车调度员以调度命令下达有关站段。

跨及两个调度所时，挂运车次、办法应征得相邻调度所的同意，双方须核对确认相关内容无误。

相邻调度所间的预确报内容应包括挂运车次、批示文电号码、车种、车号、到站、品名、超限等级和有关注意事项。

3. 超限、超重车的运行

1）超限列车的会车条件

挂有超限车的列车运行在复线、多线及并行的单线区间的直线地段与邻线列车会车时：邻线列车运行速度小于 120 km/h 的，两运行列车之间的最小距离大于 350 mm 者不限速，于 300 ~ 350 mm 者运行速度不得超过 30 km/h，小于 300 mm 者禁止会车。

邻线列车运行速度大于等于 120 km/h 小于 160 km/h 的，两运行列车之间的最小距离大于 450 mm 者不限速，于 400 ~ 450 mm 者运行速度不得超过 30 km/h，小于 400 mm 者禁止会车。

邻线列车运行速度大于等于 160 km/h 小于 200 km/h 的，两运行列车之间的最小距离大于 550 mm 者不限速，500 ~ 550 mm 者运行速度不得超过 30 km/h，小于 500 mm 者禁止会车。

曲线地段与邻线列车会车必须根据规定相应加宽。

挂有超限车的列车在 CTCS-2 级区段的区间禁会动车组。

2）超限列车与建筑限界间距离对运行速度的影响

超限列车中的超限货物应考虑其与实际建筑限界的距离，尤其是超级超限货物。

超限货物的任何部位与限界距离在 100 ~ 150 mm 时，时速不得超过 15 km；超限货物的任何部位与限界距离超过 150 ~ 200 mm 时，时速不得超过 25 km；超限货物的任何部位与限界距离不足 100 mm 时，由铁路局根据实际情况规定运行办法。

（五）超限车的检查

由于超限列车在运行中受到各种力的影响，不可避免地有时会发生移动。为了确保行车安全，除在发站开车前认真检查外，途中货检站也应加强对超限、超重车辆的安全检查。

1. 货运检查主要内容

（1）货物列车中货物装载、加固状态：货物是否倾斜、移位、窜动、坠落、倒塌和渗漏；在设有超偏载仪的车站，还应检查货车是否超、偏载；加固材料、装置是否完好无损；货物超限装载和特定区段装载限制是否符合有关规定；加固绳索、铁线捆绑拴结是否符合规定。

（2）《铁路超限货物运输规则》规定的事项。

（3）《铁路货车超偏载检测装置运用管理办法》规定的内容。

（4）铁道部规定的其他事项。

2. 重点检查、确认的内容

（1）有无超限超重货物运输记录及其填写是否完整。

（2）货物两侧明显位置，是否有超限、超重等级标识。

（3）是否标画有检查线，货物有无移动，加固材料是否有松动和损坏。

（4）车辆转向架左右旁承游间不得为零（结构规定为常接触式旁承及球形心盘除外）。

检查确认后，须在超限、超重货物运输记录（见表 1.4.6）上记录检查结果，并签章。

（六）超限、超重货物到达作业

超限、超重货物到站应根据批示电报正确选择、确定卸车地点和货位，科学制订卸车方案，严格加强卸车组织，确保安全。

收货人组织自卸的，车站应与收货人签订自卸车协议，明确安全责任，并在卸车前与收货人办理完货物交付手续。

实训练习

1. 如图 1.4.18 所示，货重 42 t，长 5 m，横垫木间距 3 600 mm 用 N_{17} 型车进行装载：

（1）确定请示电报报文内容。

（2）计算重车重心高。

（3）检验支重面长度。

2. 某托运人从上海铁路局昆山站托运钢架梁 1 件，到站为广州铁路公司长沙北站，货物外形尺寸如图 1.4.19 所示，装车前测量尺寸与托运人申报尺寸相符，要求：

（1）填写超限、超重货物托运说明书（包括托运人填写部分）。

（2）拟发请示装运电报。

有关资料：使用 N_{16} 型平车装运。货物长度 12 m，货物重量 50 t，货物重心高 1 800 mm，支重面长度 9.3 m。

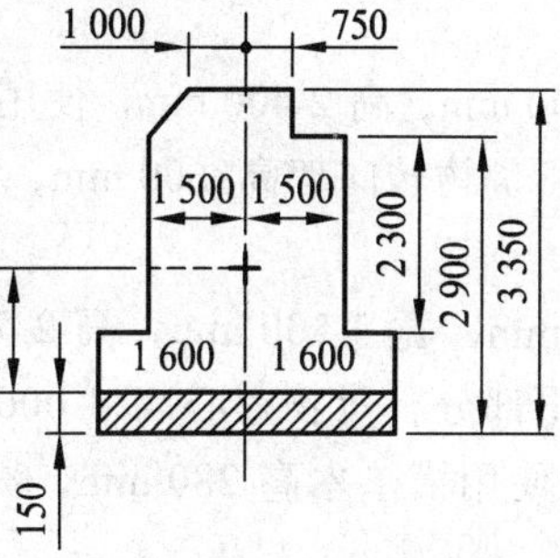

图 1.4.18 实训练习 1 题设示意图

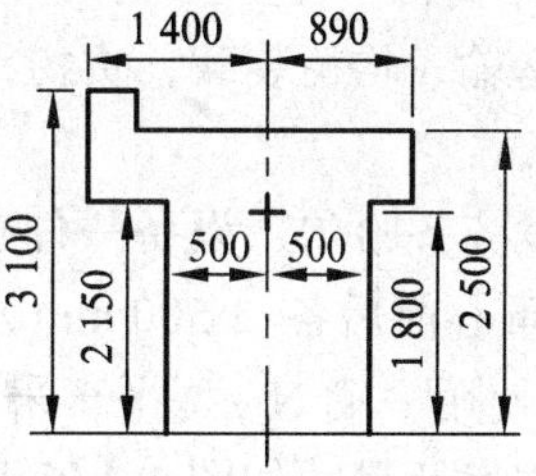

图 1.4.19 实训练习 2 题设示意图（单位：mm）

3. 呼兰站发佳木斯站钢梁一件，托运人提供的货物外形左视图与车站实测尺寸如图 1.4.20 所示。货物长度 11 m，支重面长度 8 m，货重 26 t，拟用 N_{16} 型车装运，N_{16} 型车长 13 m，宽 3 m，销距 9.3 m，车地板高 1.21 m，重心高 0.73 m。

根据图示尺寸：填写托运超限货物说明书（包括托运人填写部分）。

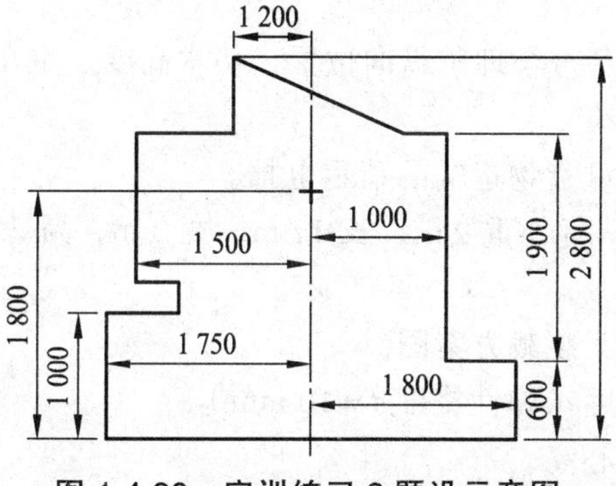

图 1.4.20 实训练习 3 题设示意图

4. 均重货物一件，如图 1.4.21 所示进行装载，确定超限等级。

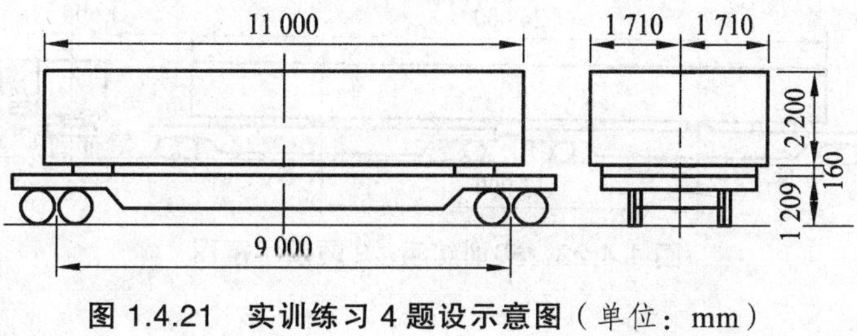

图 1.4.21 实训练习 4 题设示意图（单位：mm）

5. 有均重桁架一件，货物外形尺寸 19 500 mm × 3 800 mm × 2 000 mm，重 40 t，用 N_{16} 型平车均衡突出装载，使用垫木高 140 mm，请确定检定断面、计算点，并计算其计算宽度。

6. 均重货物一件长 15 000 mm，宽 3 400 mm，高 2 240 mm，使用一辆 N_{17} 型平车采用一端突出装载，枕梁上方使用两根高 200 mm 的横垫木，试确定超限等级。

7. 某站使用 D_8 型车均衡一辆装运，平底面大型均重机器一件，货重 100 t，长 9 000 mm，宽 3 200 mm，试确定其计算宽度。

8. 圆筒体均重货物一件重 35 t，长 35 500 mm，直径 ϕ3 300 mm，使用 60 t 的 N_{16} 型平车三辆均衡跨装，中间一辆作游车，支距长 24 500 mm，货物底部距车地板 180 mm，试确定超限等级。

9. 均重长方体货物一件重 75 t，长 22 000 mm，宽 3 200 mm，高 2 400 mm。使用 N_{17} 型平车两车负重跨装运输，均衡装载，货物支距长 14 000 mm、货物转向架高 600 mm，试确定其超限等级。

10. 石家庄发齐齐哈尔，设备一件重 20 t，长 18 000 mm，宽 3 500 mm，高 2 500 mm，货物中部右侧（重心前后各 2 500 mm）范围内，有一突出部分，货物重心高 1 000 mm，距一端 8 000 mm，使用一辆 N_{17} 型平车采用一端突出装载，使用横垫木高 280 mm，货物挠度 f 为 0，拟用装载方案及尺寸如图 1.4.22 所示。

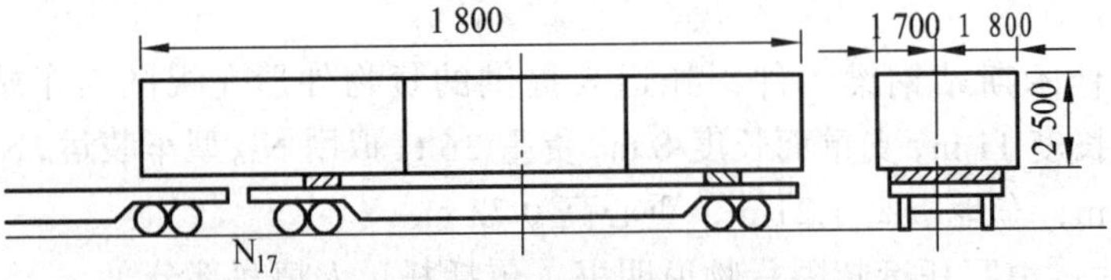

图 1.4.22　实训练习 10 题设示意图（单位：mm）

要求：（1）检查该方案是否合理（纵向位置、垫木高度、重车重心高）。

（2）计算超限等级。

（3）拍发超限超重货物运输的请示电报。

11. 现有均重设备一台，货物重 24 t，长 17 m，宽 3 m，高 2.6 m，支重面长度 9 m。用 N_{17} 型平车装运。

要求：（1）绘制（制订）装载方案图。

（2）计算垫木高度（弹性挠度 f = 10 mm）。

（3）计算重车重心高。

（4）确定超限等级。

12. 两车负重跨装运输货物一件，尺寸如图 1.4.23 所示，试确定超限等级。

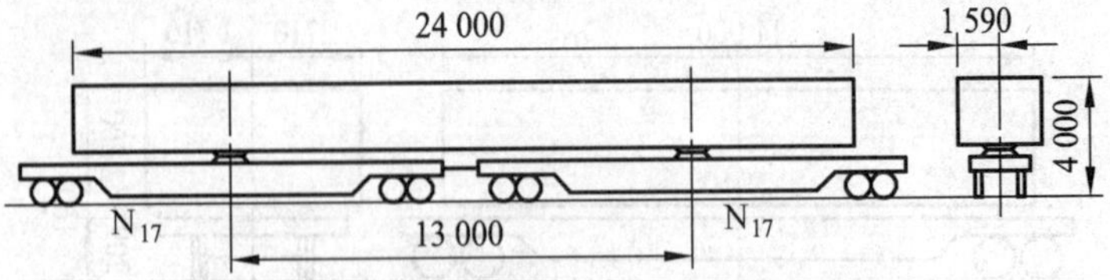

图 1.4.23　实训练习 12 题设示意图

13. 运输大货一件，尺寸如图 1.4.24 所示。

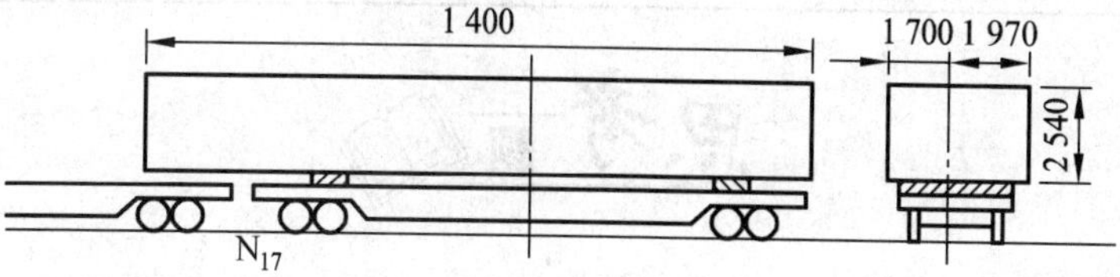

图 1.4.24 实训练习 13 题设示意图

（1）试计算超限等级。

（2）试填写货物运单。

（3）试填写超限、超重货物托运的说明书。

（4）试填写超限、超重货物运输记录表。

（5）试填写超限、超重货物运输的请示电报。

（6）试填写超限、超重货物运输的批示电报。

（7）试填写超限、超重货物运输挂运的请示电报。

14. 北京铁路局××站承运到达兰州铁路局××站金属构件一件，重 36 t，长 15 500 mm，宽 2 800 mm，高 2 400 mm，其中平车丁字铁、支柱槽位置如图 1.4.25 所示。制订货物的装载加固方案。

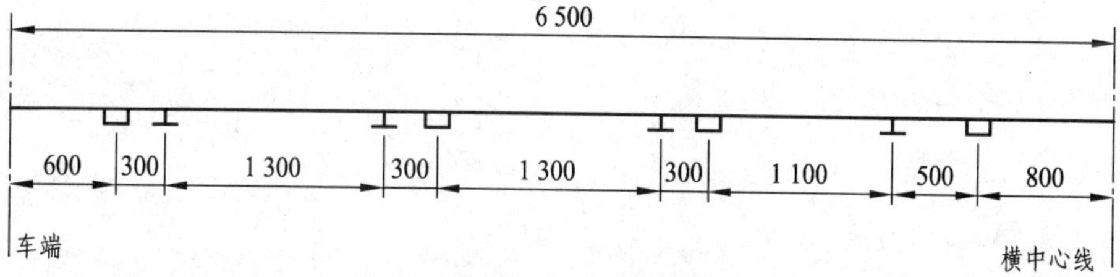

图 1.4.25 平车丁字铁、支柱槽位置图（单位：mm）

15. 某托运人在包头东站托运一台机床至石家庄站，机床重 55 t，为二级超限货物，使用标重为 60 t 的 N_6 型平车，在专用线装车（专用线里程 5.2 km），托运人要求保价运输，保价金额 10 万元（保价费率 2‰），试计算该批货物的运输费用。

16. 哈尔滨发沈阳煤气发生炉一件，重 75 t，使用 D_6 型长大货物车一车负重，使用一辆 60 t 的平车作游车，一级超限，区间限速 50 km/h，游车装重 12 t 钢铁屋架一件，专用线装车，专用线长 10.2 km，计算发站应收费用。

17. 甲站发乙站挖掘机一台，货物重量 30 t，该货物为一级超限，使用 N_{16} 平车一辆装运，货车标重 60 t，并派 2 名押运人押运，请计算运杂费（运价里程 1 969 km/电气化里程 1 631 km/京九分流 171 km）。

18. 富裕站发到滑县南站专用线卸挖掘机一台，重 30 t，用 N_{17} 装运，属一级超限货物，保价 20 万元，计算运杂费（运价里程 2 072 km/京九里程 565 km/电化里程 143 km）。

思考题

1. 请简述集重货物的定义，以及平车装货物免于集重的方法。
2. 请简要回答列车运行中作用于货物上各种力的大小、方向的影响因素及其作用点的位置。
3. 举例说明常用的加固方法和加固材料。
4. 超限、超重货物请示、批示文电的内容都有哪些？
5. 超限车在运行过程中，如超限货物的任何部位接近建筑物或设备时，应遵守哪些规则？

项目二　鲜活货物运输组织

教学目标

（1）熟悉冷藏运输原理、冷藏运输制冷原理和冷藏车结构。

（2）掌握易腐货物运输条件、易腐货物托运与承运、车辆的选择和使用、装车作业、车辆编挂、途中作业、到达作业的内容。

（3）掌握活动物发送作业、途中作业和到达作业的内容。

任务一　易腐货物运输组织

任务描述

（1）组织易腐货物托运与承运。

（2）掌握车辆的选择和使用。

（3）掌握装车作业、车辆编挂、途中作业和到达作业要求。

知识准备

鲜活货物是社会生产和人们生活的必需品，也是重要的外贸物资。随着我国经济建设和改革开放的发展，鲜活货物的品种和运量逐步增长。搞好铁路鲜活货物运输，对促进我国经济和外贸的发展，提高人们生活水平起着重要的作用。鲜活货物主要是农、林、牧、渔和养殖业产品及其加工业产品，具有特殊的属性，大多是具有生命或生命特征的货物，部分是经过冷工艺处理的货物。运输过程中，需要使用相应的技术设备和采取特殊的防护措施来保持货物的初始质量或保证货物的基本生存条件；运输组织上，要求发送、途中、到达作业的各环节都应做到密切衔接配合，及时快捷，确保鲜活货物的运输安全、迅速。

一、鲜活货物定义

鲜活货物系指在铁路运输过程中需要采取制冷、加温、保温、通风、上水等特殊措施，以防止腐烂变质或病残死亡的货物，以及托运人认为须按鲜活货物运输条件办理的货物。

二、鲜活货物分类

鲜活货物分为易腐货物和活动物两大类。

1. 易腐货物

易腐货物包括肉、鱼、蛋、奶、鲜水果、鲜蔬菜、冰、鲜活植物等。《鲜规》中未列载的按常规并不属于易腐货物的药品、血浆、疫苗、罐头、啤酒、汽水、矿泉水、奶制品、香肠、腌制品、熏制品等，如运输上有冷藏、保温、加温、通风等特殊要求，托运人也可要求按易腐货物办理。

易腐货物按其热状态又分为冻结货物、冷却货物和未冷却货物。

（1）冻结货物是指经过冷冻处理成为冻结状态，温度达到承运温度要求的易腐货物。如冻肉、冻鱼、冰淇淋等。承运时货物的温度一般在 –10 °C 以下。

（2）冷却货物是指经过冷却处理后，温度达到承运温度范围内的易腐货物。如经过冷却的水果、蔬菜和夹冰鱼虾等。承运时货物的温度一般在 0 ~ 7 °C。

（3）未冷却货物是指未经过任何冷工艺处理，完全处于自然状态的易腐货物。如采收后以初始状态提交运输的水果、蔬菜，还有花苗、树苗等鲜活植物。

2. 活动物

活动物包括禽、畜、兽、蜜蜂、活鱼以及鱼苗等。

三、鲜活货物运输的特点和要求

（一）鲜活货物运输的特点

1. 季节性强，运量波动大

大部分鲜活货物的生产具有季节性。如水果集中在三、四季度，南菜北运集中在冬春两季，水产品集中在春秋汛期。从而也形成了鲜活货物运输的旺季和淡季，旺季运量集中，运输时间紧迫；淡季运量减少，专用设备利用率低。

2. 品种多，运输工作复杂

我国物产丰富，鲜活货物品种多，性质不一。不同的鲜活货物，运输条件各异，运输时需要采取冷藏、保温、加温、通风等不同的运输方式，提供预冷、加冰制冷、供暖、上水、供料等运输服务，运输工作复杂。

3. 运距长，运输时间要求短

我国地域辽阔，鲜活货物分布不同，需要通过运输来调节，满足各地消费市场的需求，而且产地集中、销地分散，运输距离一般较长。如运输时间过长，易腐货物的养分减少，干耗增大，质量下降甚至腐烂变质；活动物则有可能掉膘、病残、死亡。运输易腐货物有严格的容许运输期限，运输活动物也须注意其容许在途时间。

4. 批量小，去向分散

近年来，鲜活货物市场总体需求量增大，但各地市场则呈现需求品种多、批量小的发展趋势，除少数大宗鲜活货物的流向流量较为明显和稳定外，多数货物的流向流量都较为分散。

5. 货物质量易受外界气温、湿度和卫生条件的影响

鲜活货物较一般货物最大的不同是具有鲜活的特性，其质量易受外界气温、湿度和卫生条件的影响。尤其是易腐货物，热了易腐烂，冷了易冻损，干了易干缩，湿了易发霉，对温度、湿度有特殊的要求。活动物则要注意热天防暑降温，冷天防寒防冻。另外，储运环境卫生条件不好，鲜活货物受到污染，不仅直接影响到货物的质量和外观，也使货物易被微生物侵害而腐烂变质或病残死亡。

6. 货物品质要求高

随着社会和经济的发展，人们生活水平的不断提高，对鲜活货物质量的要求也越来越高，而且更加注重食品的营养价值、风味口感、色泽外观和卫生安全。

（二）鲜活货物运输的要求

1. 承运货物要符合运输条件的规定

易腐货物的热状态、承运质量、承运温度、包装和容许运输期限等要符合运输条件的规定；活动物应无病残，有规定的检疫证明，需要的容器、饲料和装车备品也应符合运输安全和卫生要求。

2. 需配备相应的运输车辆、运载器具和运输设施

为保证鲜活货物的运输质量，需要有冷藏车、保温车、家畜车、活鱼车等专用货车和保温汽车、冷藏集装箱等运输车辆、运载器具以及为鲜活货物运输服务的预冷、制冷、加温、保温、通风、上水、供电等设施。

3. 运输中需保持适宜的温度和湿度

易腐货物在储运过程中，需要始终保持适宜的温度和湿度。例如，香蕉储运最适宜的温度为 11.7 °C，相对湿度为 80% ~ 85%，用机械冷藏车装运时，运输过程中车内保持的温度要求控制在 11 ~ 15 °C 的范围内。

4. 要有良好的卫生和通风条件

鲜活货物的储运环境应符合卫生防疫的要求，必须按规定严格对货车、货位进行清扫、洗刷除污和消毒，使用的装卸搬运机具、用品应清洁，运输需要的饮用水要卫生，防止货物受到污染和微生物侵害，还要有良好的通风条件，便于散热降温，排除有害气体、异味和多余水汽，保持空气清新适宜。

5. 做到灵活、快速运输

为适应易腐货物运输去向分散、批量小的发展趋势，需要增加单节式机械冷藏车、保温车、冷藏集装箱等专用车辆和运载工具，采用灵活多样的运输组织方式。针对鲜活货物运输季节性强、运量波动大、时间要求快的特点，必须加强运输组织工作，做到快速运输。积极组织开行

快运货物列车、鲜活货物直达列车，发展鲜活货物行包快运和绿色通道等多种快运形式。

6. 提供冷藏物流服务

为高度保持货物的鲜活特性，铁路应以冷藏运输为主体，逐步构建和拓展易腐货物产储运销一体化的冷藏链，实现冷藏运输网络与冷藏仓储配送网络的无缝对接，形成具有铁路特色的冷藏物流网络体系，为易腐货物的物流过程提供更优质的物流服务。

四、冷藏运输原理与冷藏运输设备

低温是防止易腐货物发生腐烂的重要条件，大部分易腐货物适宜的运输温度，多数情况下都低于外界气温，需要在技术设备上提供适合货物性质的低温环境，进行冷藏运输。

（一）冷藏原理

分析易腐货物的化学成分、特性及其变化规律与易腐货物腐烂的机理，有助于正确采取相应的防护措施，保持易腐货物的质量。

1. 易腐货物的化学成分和特性

易腐货物中含有有机物和无机物两大类物质。有机物主要包括蛋白质、脂肪、糖类、维生素和酶等；无机物主要包括各种矿物质、无机盐和水。肉、鱼、奶等动物性易腐货物，蛋白质、脂肪、酶、水等含量较多；水果、蔬菜等植物性易腐货物，糖类、水等含量较多。

1）蛋白质

蛋白质是高分子含氮有机化合物。在微生物的作用下，蛋白质会发生分解，产生硫化氢、氨等恶臭气体和有害物质。

2）脂　肪

脂肪是甘油和脂肪酸的化合物。在微生物作用下，脂肪会发生水解，被分解成甘油和脂肪酸，脂肪酸再被氧化分解为醛类、酮类和酸类等有害物质。

3）糖　类

糖是碳氢化合物，包括葡萄糖、蔗糖、乳糖、淀粉、纤维素等，是生物热量的重要来源。在呼吸作用下，植物性易腐货物中的糖会被氧化成二氧化碳、水，并产生热量，而在缺氧环境下，则氧化分解成乙醇、二氧化碳，产生较少的热。

4）酶

酶是特殊的蛋白质，起着生物催化剂的作用，能加速各种生物化学反应。

5）维生素

维生素是低分子有机化合物，含量极少，有调节新陈代谢、维持免疫功能的作用，遇高温和氧化作用会受到破坏。

6）水

水是生命存在的条件，为生物包括微生物繁殖提供了条件，同时，水也是一种溶剂，直接参与并渗透、扩散生物化学反应。易腐货物含水量大，则显得鲜嫩，但也易于腐烂；而水分蒸发则会使货物干缩变质，失去新鲜的外观和品质。

2. 易腐货物腐烂的原因

易腐货物发生腐烂，其实质就是货物的物质成分在一定的外界条件作用下发生分解变化而引起货物性质的改变。

1）微生物作用

微生物作用是一种生物作用，主要发生在动物性易腐货物。细菌、酵母菌、霉菌、病毒等微生物在易腐货物内滋生繁殖，引起蛋白质、脂肪等有机物分解而使货物发霉、发酵、腐烂，产生恶臭和有害物质。例如黑霉、青霉、白霉等霉菌的生长繁殖，会使易腐货物发酵、变酸、发臭。

2）呼吸作用

呼吸作用是一种生物化学作用，主要发生在植物性易腐货物。水果、蔬菜、马铃薯等植物性易腐货物，采收后仍有呼吸作用的生命现象，为取得维持生命活动所必需的能量，不断吸收氧气，在氧化酶的催化下，消耗糖类、维生素等养分，排出二氧化碳、水蒸气和热，但因养分不断消耗，特别是维生素受到破坏，货物抵御微生物的抗病能力减弱，易造成货物腐烂。而缺氧呼吸，则会产生乙醇，加快易腐货物腐烂。

3）氧化作用

氧化作用是一种化学作用。因碰撞、振动、挤压等物理作用，水果、蔬菜等植物性易腐货物的表皮组织受到机械损伤后，失去保护作用，微生物易于侵入，而且在酶的催化下，破损处也易发生氧化，使货物从点到面、由表及里地逐渐变色、变味和腐烂。动物性易腐货物的脂肪在酶的作用下也会被氧化。

以上导致易腐货物腐烂的原因并非孤立而是互相影响的。例如，苹果表皮擦伤后，伤口处就会被氧化变黄，细菌、霉菌等微生物也从伤口乘虚而入，苹果因自发愈伤和抵御微生物侵袭又引起呼吸作用加强，从而加速了苹果的腐烂。

3. 易腐货物的保藏方法

易腐货物的性质是易于腐烂，因此储运中必须采取能够抑制变质延长保存期的保藏方法。

1）气调法

气调法是通过调节密闭储运环境中气体的氧和二氧化碳含量，抑制水果、蔬菜等植物性易腐货物的呼吸作用和肉类等动物性易腐货物的氧化、脱水，提高货物的鲜度，减少损耗。

2）减压法

减压法是通过降低易腐货物包装容器的气压使之成为低压密闭状态，抑制水果、蔬菜的呼吸作用和微生物的生长繁殖，保持湿度，减少货物干耗，从而较好地保持货物的质地、鲜度、风味、颜色和重量。

3）电离子法

电离子法是利用高压电离空气产生正、负离子，使水果、蔬菜中的电荷得到中和而处于休眠状态，极少消耗或不消耗营养物质，从而延长保藏时间。

4）表面涂层法

表面涂层法是在水果、蔬菜表面涂抹或喷洒由蛋白质、淀粉和油脂等物质特制的高分子水溶液，使水果、蔬菜表面形成一层薄膜，起到抑制呼吸作用，防止水分蒸发和阻止微生物侵入的作用。

5）辐射处理法

辐射处理法是用射线照射杀死货物表面及深层的微生物，抑制微生物的繁殖，但会使易腐货物的色泽、香味、营养成分发生变化，维生素易受到破坏。

6）冰膜储藏法

冰膜储藏法是在蔬菜表面喷水后置于 - 0.8 °C 的环境中，使蔬菜表面结成 1 ~ 2 mm 的冰膜，以隔绝空气，起到限制呼吸和防止干耗的作用。

7）冻结真空干制法

冻结真空干制法是将含有大量水分的易腐货物速冻后密封，在真空包装内低温升华脱水，可抑制微生物繁殖，又能使货物有良好的复水性。

8）冷藏法

冷藏法是通过降低货物的温度来抑制微生物的生长繁殖，降低酶的活性，减缓呼吸、氧化作用。

以上各种保藏方法都有各自的优点和使用条件，如能配合运用会取得更好的效果。

4. 冷藏原理与方法

各种保藏方法中，冷藏法以其简便易行、经济实用、安全有效的特点，在我国铁路易腐货物运输中得到了普遍采用。

1）冷藏原理

导致易腐货物腐烂的主要原因是微生物作用、呼吸作用和氧化作用。微生物的繁殖速度与温度密切相关。多数细菌在温度低于 25 °C 时，繁殖速度都会减慢；温度为 - 18 ~ - 12°C 时，繁殖基本停止； - 18 °C 以下，繁殖完全停止。呼吸作用和氧化作用需要氧化酶的催化，而酶在温度较高时活性较强，温度较低时活性减弱。降低温度可使酶的活性降低，呼吸作用和氧化作用也随之减弱。由于微生物作用、呼吸作用和氧化作用的强弱均与温度高低有关，温度是造成易腐货物腐烂的重要条件。因此，采用冷藏方法，保持适度的低温，既可有效地抑制微生物的繁殖，又能减弱呼吸、氧化作用，对防止易腐货物腐烂是相当有效的，而且较其他保藏方法，冷藏法通常以空气为热交换的介质，不会给易腐货物带来有害的化学物质，有利于保护消费者的健康。

2）冷藏方法

冷藏是将易腐货物的温度降低，按其降低的程度分为冻结和冷却两种方法。

（1）冻结方法。

常温下，易腐货物中的水，是以自由水和结合水的形式存在的。自由水中含微量盐类，结合水则与蛋白质或碳水化合物结合，都具有在低于 0 °C 的温度下才能结冰的特点。

冻结方法是将易腐货物的温度降低到使货物中大部分水都变成冰的低温，在冻结状态下储运。在冷冻加工过程中，有快速冻结和慢速冻结的区别，快速冻结的效果比慢速冻结好。

快速冻结，易腐货物液汁中的水能很快结冰析出，迅速形成分布均匀的微小冰晶体，不致损伤细胞组织结构，能增大变化的可逆性，解冻时液汁融化后能充分地渗回到细胞组织中，货物的营养成分和滋味都能得到较好的保持。

慢速冻结，易腐货物液汁中的水结晶过程长，形成的冰晶体大，破坏了细胞组织结构，解冻时液汁融化后不能充分地渗回到细胞组织中，甚至有部分液汁流出，形成不可逆过程，使货物的品质下降。

冻结方法能做到在低于 0 °C 的低温下储藏易腐货物，可取得较理想的保质效果。在冻结货物中，一般还将经过深度冷冻温度在 – 18 °C 以下的冻结货物称为深度冷冻货物（简称深冷货物），经普通冷冻温度高于 – 18 °C 的冻结货物称为普通冷冻货物（简称普冷货物）。动物性易腐货物含水量小，耐冻性强，适宜用冻结的方法冷藏，特别是冻鱼、冰淇淋等易腐货物，采用深冷运输，能更好地保持货物的品质和风味。水果、蔬菜等植物性易腐货物含水量大，如用冻结的方法冷藏，应采用快速冻结，以免破坏细胞组织结构，造成冻损。

（2）冷却方法。

冷却方法是将易腐货物的温度降低到适宜储藏又不至于使货物冻结的低温。虽然降低温度，可有效地抑制微生物的繁殖，减弱氧化、呼吸作用，有利于保持货物的质量，但对水果、蔬菜等植物性易腐货物，温度又不宜过低，温度低于 0 °C 易造成货物发生冷害冻损而变质，通常只是将货物冷却到适宜的温度进行储运。多数水果、蔬菜的适宜储运温度为 0 ~ 4 °C。冷却加工时，水果、蔬菜等多用冷空气冷却，鱼虾可用夹冰冷却。

5. 冷藏运输

冷藏运输是冷藏方法在易腐货物运输中的运用，需要在运输技术上提供适合货物性质的低温运输条件，在运输组织上尽量缩短运输时间。

1）冷藏运输技术要求

冷藏运输最重要的技术要求是保持适当的低温。铁路冷藏运输主要是使用机械冷藏车和冷藏集装箱等运输车辆、运载器具，采用冷板制冷和机械制冷等技术，将易腐货物置于适宜的低温防护下进行运输，以保持货物的质量，防止腐烂变质。此外，采用预冷技术，运输前在预冷站或冷库将易腐货物降温处理成冻结货物或冷却货物，装车前对车辆、集装箱进行预冷，运输时能将货物温度尽快降低到适宜的运输温度，更有利于保持易腐货物的质量。

运输过程中调湿也是一项关键的技术条件。湿度是指空气中含水蒸气的程度，通常用相对湿度即以绝对湿度与饱和湿度的百分比表示。湿度过大，微生物繁殖快，呼吸作用强，货物容易腐烂；湿度过小，水分蒸发快，货物干耗增大，使货物失去新鲜状态，质量和数量都受到损失。

冷藏运输还应注意及时通风换气，排除热量、有害气体和多余水汽，补充新鲜空气，并保持良好的卫生环境，防止易腐货物受到污损和被微生物侵染。冷藏运输如能有选择地结合使用其他保藏技术，可更有效地保持易腐货物的品质。例如，可将水果、蔬菜、肉类等用气调法或减压法密闭包装后冷藏运输，能更好地保持货物的鲜度、风味和色泽。

2）冷藏运输组织方法

冷藏运输尽管采取了低温和其他特殊的防护措施来保持易腐货物的质量，但也只能延缓而不能停止货物的物理、化学、生物变化过程，货物质量仍在缓慢的降低，如营养成分减少、水分干耗增大、色泽风味改变等，运输时间越长，质量降低的程度越大。因此，应积极组织快速运输，尽量缩短运输时间，以利于保持易腐货物的初始质量。

3）冷藏链与保鲜链

铁路冷藏运输只是易腐货物整个物流过程中的一个环节，如采用冷藏链技术，将易腐货物从生产、加工、分拣、储存、运输、配送、销售乃至消费的全过程，均置于低温防护下，可最大限度地保护易腐货物的原有质量。而进一步采用保鲜链技术，综合运用各种适宜的无污染的保鲜方法和手段，则可以使易腐货物在生产、加工、分拣、储存、运输、配送、销售乃至消费的各环节中，最大限度地保持鲜活的特性和品质。

（二）机械冷藏运输的制冷原理

铁路机械冷藏车和机械冷藏集装箱是采用压缩式制冷机进行制冷的。

压缩式制冷机通常由压缩机、冷凝器、膨胀阀（减压阀）和蒸发器4个基本部件组成，并用管道连接成一个闭合的系统，如图2.1.1所示。一般用氨或氟利昂作制冷剂，用水或空气作冷却剂。整个系统以压缩机、膨胀阀为界，蒸发器一侧为低压区；冷凝器一侧为高压区。

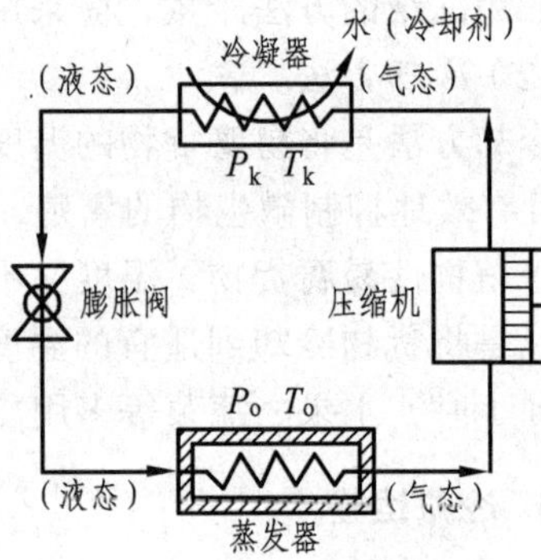

图2.1.1　机械制冷基本原理示意图

蒸发器是制冷部件，温度低，但低压的液态制冷剂因压强低其汽化点的温度比蒸发器的温度还低，仍能在蒸发器内汽化吸热，使蒸发器温度降低，起到制冷的作用。制冷剂汽化后的低压蒸气，被压缩机吸出并加以压缩，成为高压气体后压入冷凝器。冷凝器是放热部件，温度高，但高压蒸气因压强高其液化点的温度比冷凝器的温度还高，仍能在冷凝器内液化成高压液体，放出热量，由冷却剂吸收。膨胀阀起节流作用，使通过的液体质量与压缩机抽出的蒸气质量相等，保持膨胀阀两端的压强差。高压液体通过膨胀阀后变成低压液体，进入蒸发器重新汽化吸热，循环制冷。

常用的制冷剂中，氨有毒，氟利昂会破坏臭氧层，它们正逐步被无毒环保的制冷剂取代，以减少对环境的污染和破坏。

（三）冷藏车

冷藏车是运输易腐货物的专用车，车体采用夹层结构和隔热材料。铁路主要有机械冷藏车和冷板冷藏车，基本性能见表2.1.1。

表2.1.1　机械冷藏车基本性能表

车型	自重（t）	载重（t）	容积（m^3）	装货面积（m^2）	车内装载尺寸（mm）	最大外部尺寸（mm）	门孔尺寸（mm）宽×高	车组自重（t）	车组载重（t）	车组全长（m）	车内可保持的温度（°C）
B_{21}	38.5	45	92	45.9	18×2.55×2.0	21 938×3 035×4 325	2 700×1 900	208	180	107.7	−22～+14
B_{22}	38	46	105	46	18×2.558×2.3	21 938×3 020×4 670	2 700×2 300	206	184	107.7	−24～+14
B_{23}	38.2	45.5	105	46	18×2.560×2.3	21 938×3 134×4 640	2 702×2 306	206	182	110.1	−24～+14
B_{10BT}	41.1	38	100	43.6	17.3×2.56×2.3	21 938×3 094×4 700	2 700×2 300	—	—	—	−24～+14

1. 机械冷藏车

目前，铁路使用的机械冷藏车车组主要有B_{21}、B_{22}、B_{23}型，单节式机械冷藏车主要有B_{10BT}型。

B_{21}、B_{22}、B_{23}型为 5 节机械冷藏车组，均由 1 辆发电乘务车和 4 辆装货车组成。发电乘务车在车组中部，两端各连挂 2 辆装货车。

如图 2.1.2 所示，机械冷藏车车组采用成组集中供电，单车制冷、加温、控温的形式。发电乘务车上设有机械间、变配电间和乘务员工作生活间。发电乘务车的两套柴油发电机，分别为两端的装货车供电。

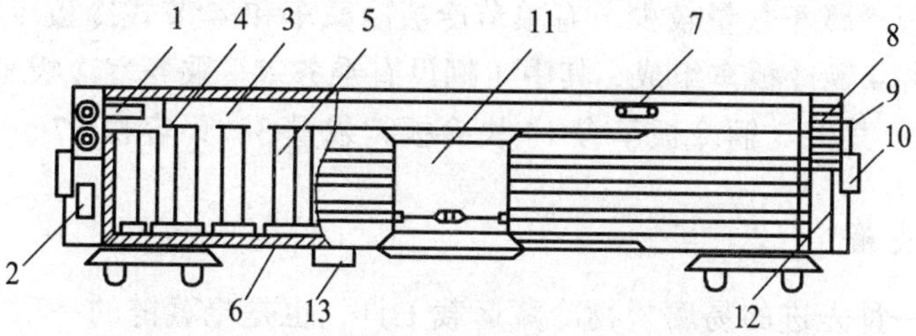

图 2.1.2　机械冷藏车装货车示意图

1—制冷机组；2—冷藏车总控柜；3—风道；4—循环挡板；5—通风条；
6—底格板（离水格子）；7—通风换气排风口；8—机组通风百叶窗；
9—护栏；10—工作台；11—车门；12—工作间侧门；13—备件箱

装货车的两端各设一套制冷机组、电加热器，对空气进行冷却、加温，用循环风机将冷、热空气从出风口吹入车顶棚与循环挡板间的通风道，沿两侧通风条吹到车地板上，从底格板（离水格子）吹出，在车内进行热交换，使车内获得均匀稳定的温度，然后从两端通风隔墙回到循环风机的进风口，再次循环，如图 2.1.3 所示。车内温度可通过测温、控温装置进行测温、控温。控温范围为 – 24 ~ 14 °C。

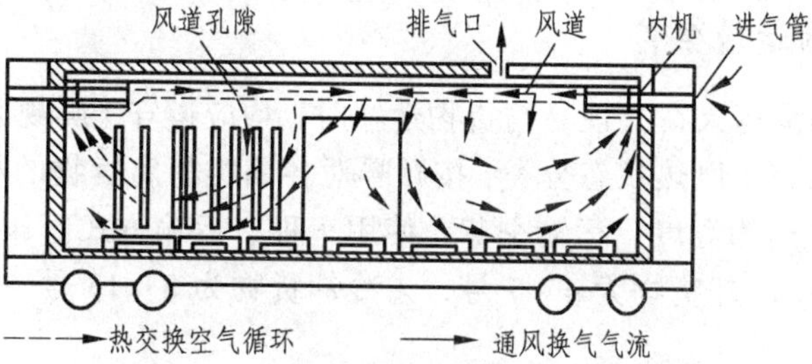

图 2.1.3　机械冷藏车装货车空气循环图

B_{10BT} 型为单节式机械冷藏车，设有发电工作间为装货间供电，控温范围 – 24 ~ 14 °C。单节式机械冷藏车较之机械冷藏车车组，具有单车运用、灵活方便的优点，能更好地适应易腐货物运输去向分散、批量小的发展趋势。

机械冷藏车采用机械制冷，制冷量大，制冷速度快，调温范围宽，控温稳定可靠。车组技术含量高，维修复杂，需配备专业乘务人员负责操作和维护，设置专门的车辆段负责维修、运用和管理。

2. 冷板冷藏车

冷板冷藏车顶部安装有多块冷板，利用冷板制冷。冷板为密封的钢制板状容器，内设成排蒸发管，管内可通过制冷剂，管外与容器内壁之间的空隙充满低共晶液。将液体制冷剂压入蒸发管内汽化吸热，低共晶液便被冷却冻结成固体状态，形成一块储存冷量的冷板。在运输中利用冷板中的低共晶液吸热，为车内制冷。低共晶液可在冷板内反复冻结、融化，循环使用。

冷板冷藏车可由发站或中途充冷站充冷，配备制冷机组和充冷系统的冷板冷藏车可自行充冷。一次充冷，一般能连续运行 100 h。冷量用完后，可再次充冷。车内温度可通过调整冷板下调温板调节窗的开度来调节，控温范围为 – 8 ~ 5 °C。

冷板冷藏车具有制冷剂可循环使用、耗能少的优点，运输成本低，使用期长。

目前，铁路冷板冷藏车数量较少，有单节冷板冷藏车和 4 节式冷板冷藏车组两种。4 节式冷板冷藏车组，由 4 辆冷板车组成，其中 1 辆设有乘务室。乘务室冷板车有 10 块冷板，载重 30 t，容积 63 m³；其他 3 辆冷板车有 14 块冷板，载重 38 t，容积 87 m³。

（四）冷藏集装箱

冷藏集装箱是一种先进的易腐货物冷藏运载工具，也是冷藏链的一项重要技术基础，除具有一般集装箱载货量相对小、运用灵活、市场适应性强、"门到门"运输的优点外，还能减少易腐货物在不同运输工具间换装和在待装、待搬、装卸、搬运、中转、配送等作业过程中的暴露时间，使货物免受外温影响而导致温升软化变质或发生低温冷害冻损，也减少了货物被污染的可能性，有利于保持货物的质量。

目前，铁路冷藏集装箱有 20 ft 机械冷藏集装箱和 20 ft 冷板冷藏集装箱（1CC 系列国际标准箱），控温范围为 – 18 ~ 16 °C。

五、易腐货物运输组织

（一）易腐货物的运输条件

托运人、收货人和承运人在办理易腐货物运输时，均应遵守《鲜规》"易腐货物运输条件表"的规定（附件十）。该表以热状态分类，按顺号对各品类易腐货物的承运质量、承运温度、适用包装、装载方法、运输温度、运输季节、使用车种、运输方式等作了具体规定。冻结货物品类顺号为 1 ~ 3 号，冷却货物为 4 ~ 7 号，未冷却货物为 8 ~ 13 号。

（二）易腐货物的托运与承运

1. 易腐货物的运输种类

易腐货物通常按整车运输，但也可用冷藏集装箱或保温集装箱运输，经铁路局确定，在一定季节和一定区域内不易腐烂的货物也可用通用集装箱运输。

2. 按一批托运的规定

（1）不同热状态的易腐货物不得按一批托运。

不同热状态的易腐货物，运输条件区别较大。例如禽蛋中，冰蛋是冻结货物，外温高于 – 6 °C 就需用冷藏车冷藏运输；冷却蛋是冷却货物，只有外温在 7 °C 以上时，才需用冷藏车冷藏运输；鲜蛋是未冷却货物，仅在外温高于 20 °C 时，才须使用冷藏车保持 5 ~ 12 °C 的温度冷藏运输；至于皮蛋、盐蛋等却不一定须按易腐货物办理。另外，易腐货物的热状态不同，对运输成本和货物质量的影响也较大。经冻结和冷却的货物运输时，不但可以减少制冷量，提高货物装载量，降低运输成本，也易于将货温尽快降低到规定的运输温度，有利于保持易腐货物的质量。因此，不同热状态的易腐货物运输条件不同，不得按一批托运。

（2）按一批托运的整车易腐货物，一般限运同一品名。

但不同品名的易腐货物，如在冷藏车内保持或要求的温度上限（或下限）差别不超过 3 °C 时，允许拼装在同一冷藏车内按一批托运，托运人应在货物运单“托运人记载事项”栏内记明：“车内保持温度按××品名规定的条件办理”。

【例 2.1.1】 热状态均为未冷却的番茄（已开始上色）和甜椒，用机械冷藏车装运，车内保持的温度分别为 2～6 °C 和 6～9 °C，两者车内保持温度的下限相差 4 °C，上限相差 3 °C，上限差别不超过 3 °C，温差在货物容许的波动范围内，允许拼装在同一车内按一批托运。

3. 运单填写

1）货物品名

托运易腐货物，托运人应在运单“货物名称”栏内填写具体的货物品名，并注明其品类顺号及热状态。

例如，未冷却的甜椒，货物运单“货物名称”栏内应填写：甜椒（顺号 10、未冷却）。

2）容许运输期限

易腐货物的容许运输期限，必须依据科学实验、实践经验和专门知识，根据货物的品种、性质、采收季节、初始质量、成熟度、加工处理方法、气候、运输工具、运输方式等一系列因素确定。托运易腐货物时，托运人应如实提出并在运单“托运人记载事项”栏内注明易腐货物容许运输期限（日）。由于运输过程中存在各种不可控因素有可能导致挂车和运送延误或到站后不能及时送车和卸车，为使货物质量能有更可靠的保证，易腐货物的容许运输期限至少须大于铁路规定的运到期限 3 天时，发站方可承运。

3）冷藏车的运输方式

使用冷藏车运输易腐货物，托运人应按易腐货物运输条件表或按运输协议商定的条件确定运输方式和途中服务要求，在运单“托运人记载事项”栏内具体注明“途中控温”、“途中不控温”、“途中通风”、“途中不通风”等字样，以便铁路按要求组织运输。

使用机械冷藏车（包括空车回送和回空代用），应由发站逐级上报铁道部调度部门，经铁道部调度命令承认后方可使用。车站应将调度命令号码填记在“机械冷藏车装车通知单”上。

4）押运事宜

需浇水运输的鲜活植物，托运人须派押运人押运。需通风运输的易腐货物，托运人要求派人押运时，经车站同意，也可派人押运。押运人数除特定者外，每批不应超过 2 人，托运人要求增派时，须经车站承认。托运人应在运单“托运人记载事项”栏内注明押运人的姓名、证件名称及号码。

5）运输标记

发站承运易腐货物后，应在运单、货票、票据封套上分别填记红色△K标记（表示须快速挂运的货车），以引起各环节运输工作人员的重视，防止易腐货物车辆在途中发生积压或滞留。

4. 易腐货物的检疫证明

为防止病虫害的传播，控制疫情的蔓延，经由铁路运输的动植物产品和鲜活植物，应是无病和符合检疫要求的。例如需检疫运输的肉、油脂、内脏、生皮毛、血液、骨、蹄等畜禽产品，稻麦、瓜果、蔬菜的种子和中药材等植物产品，以及苗木、盆景等鲜活植物，应凭检疫合格证明办理运输手续。

托运需检疫运输的易腐货物，托运人应按国家有关规定提出检疫证明，并在运单“托运人记载事项”内注明检疫证明的名称和号码，将随货同行联牢固地粘贴在运单背面。车站凭此办理运输。

5. 易腐货物的质量、温度和包装

托运人托运易腐货物时，货物的质量、温度和包装必须符合《鲜规》“易腐货物运输条件表”和“易腐货物包装表”的规定。

1）易腐货物的质量、温度和包装要求

托运的易腐货物应有良好的初始质量，必须品质新鲜。冻肉、冻禽、鱼虾、贝类等动物性易腐货物必须色泽新鲜，气味正常，无腐烂变质现象。植物性易腐货物中，水果必须色泽新鲜，无虫害、破裂、过熟、腐烂等现象；蔬菜必须色泽新鲜，无雨湿、水渍、腐烂等现象，瓜类无破裂。

承运温度是指装车时货物的温度。易腐货物承运时，温度是否达到承运标准，直接影响到冷量消耗和货物质量。承运温度是指装车时货物的温度。提交运输时，易腐货物的温度必须符合规定。冻结货物的承运温度，除冰为 0 °C 外，其他在 -10 °C 以下。冷却货物的承运温度，除冷却的香蕉为 11 ~ 15 °C、菠萝为 7 ~ 11 °C 外，其他为 0 ~ 7 °C。

易腐货物的包装分为箱类、筐类和袋类包装，编为 9 个包装号，分别为木箱（1 号）、花格木箱（2 号）、纸箱（3 号）、钙塑箱（4 号）、塑料箱（5 号）、竹筐（6 号）、条筐（7 号）、麻袋（8 号）、塑料编织袋（9 号）。包装材料应质量良好无污染，结构和规格能适应货物体积、形状的要求，便于装卸、搬运、堆码和装载。包装强度和性能须适应货物的性质，怕挤压的货物，包装必须坚固，能承受货物堆码的压力；需要通风的货物，包装应有适当的缝隙或通风孔。体大坚实的货物，如冻肉（胴体、腔体）、冻鱼和西瓜、哈密瓜等可不要包装。

2）易腐货物的质量、温度和包装检查

发站对承运货物的质量、包装及安全防护用品是否符合规定应认真抽样检查，对冻结货物和冷却货物还应抽查货物的温度。使用机械冷藏车装运时，发站应会同机械冷藏车乘务员进行抽查。

检查货物的质量，目前基本上仍采用看、闻、触摸等感官观察的方法，有待研发科学实用的检测仪表，以保证检测的客观性和准确性。检测货物的温度，体大冻结的货物、货件可在货物、货件上钻一深孔，深度以达到货物、货件中心部位为宜，将温度计插入并保持 5 ~ 6 min 以确定温度；松散有缝隙的货物、货件可将温度计直接插入货物、货件中心部位测温。

6. 商定条件运输及试运

运输易腐货物必须按“易腐货物运输条件表”的规定办理，以保证货物的质量。但在实际工作中，因自然条件和作业条件的影响，提交运输的易腐货物有可能不完全符合“易腐货物运输条件表”的要求。如水果、蔬菜在短途搬运中遭受雨淋，冻肉因缺乏冷藏、保温汽车搬运而使承运时货物的温度高于规定的承运温度等，都会造成货物不能完全符合“易腐货物运输条件表”的要求。另外，由于鲜活货物的品类繁多，新产品不断出现，“易腐货物运输条

件表”不可能列载出所有的易腐货物品名和运输条件。托运人如要求不按规定条件运输或运输未列名的易腐货物时，应按下列规定办理：

（1）托运人要求不按规定的条件运输易腐货物时，在确认货物不致腐烂变质的条件下，应事先与车站另行商定运输条件，并将商定的条件在运单“托运人记载事项”栏内注明。

（2）托运“易腐货物运输条件表”内未列名的易腐货物，托运人应事先与车站商定运输条件，报铁路局审批后方可试运，并将商定的运输条件在运单“托运人记载事项”栏内注明。

（3）不按规定条件运输和组织试运的易腐货物，车站与托运人应签订运输协议。货物质量由托运人负责。使用机械冷藏车时，要通知乘务组，并在“乘务报单”和“机械冷藏车作业单”内注明。

（三）车辆的选择和使用

1. 车辆选择

托运人应根据货物的种类、热状态、气候条件、运输距离和运输去向等因素选择使用的车辆。选用的车辆必须符合“易腐货物运输条件表”的规定，规定要用冷藏车运输的，应按规定使用冷藏车，确因冷藏车不足，使用棚敞车时应按“使用棚敞车运输易腐货物的措施”的规定办理。

2. 冷藏车使用规定

冷藏车是运输易腐货物的专用车，应用于装运易腐货物。装运需用冷藏车冷藏、保温或加温运输的非易腐货物，或利用冷藏车回空代用，车站应逐级上报铁道部，经调度命令承认后，方可使用。冷藏车使用时应做到经济、合理、安全。

（1）无包装的瓜果、蔬菜、卤鱼和能损坏车内设备的易腐货物，不得使用冷藏车装运（西瓜、哈密瓜、南瓜、冬瓜除外）。

（2）冷藏车严禁用于装运能污染和损坏车辆的非易腐货物。

（3）机械冷藏车每个车的装货重量，不准超过车辆的标记载重量。

3. 冷藏车装车前准备

1）车辆检查

冷藏车装车前装车单位应检查冰箱、排水装置、通风口、车门及车内设备是否齐全良好，车内是否清洁卫生。使用机械冷藏车组装运的，乘务组接到装车通知后，还应检查机组的运转情况。发现车辆状态不适于装运（如冰箱损坏、车体车门破损、离水格子不全或损坏、机械故障等）或是车辆卫生条件不好（如车内有恶臭、污染等现象），应予更换或洗刷除污。不能保证货物质量的车辆严禁投入装运。

2）车辆预冷

车辆预冷有利于货物降温，减少途中冷量消耗，也便于保持车内适宜的运输温度。用冷藏车冷藏运输易腐货物，装车前必须预冷车辆，待车内温度降低后才能装车。

机械冷藏车车内的预冷温度：冻结货物为 −3 ~ 0 °C；香蕉为 12 ~ 15 °C，菠萝、柑橘为 9 ~ 12 °C；其他易腐货物为 0 ~ 3 °C。

3）填记机械冷藏车装车通知单

机械冷藏车装车通知单是车站与机械冷藏车乘务组进行工作联系的书面凭证。使用机械冷藏车运输易腐货物时，发站在机械冷藏车到达后，应将装车时间、地点、货物品名、吨数、到站等事项填记在机械冷藏车装车通知单内（见表 2.1.2），于装车前 12 h 交乘务组，作为准备装车的通知。机械冷藏车乘务组接到通知后，应及时按要求做好装车前的各项准备工作，如添加燃料油、润滑油和制冷剂，补充生活物资，预冷车辆等。遇机械冷藏车发生故障，难以在装车前及时修复，导致货物不能在规定时间进行装车时，乘务组应书面通知车站，车站应及时转告托运人妥善处理待装货物，并上报铁路局处理。

表 2.1.2 机械冷藏车装车通知单（示例）

车　号	装车地点	货物品名及热状态	重量（t）	到站	计划装车时间	附注
7101611	长沙北	冻猪肉	40	广州西	8：20	专用线自装
7101612	长沙北	冻猪肉	40	广州西	8：20	专用线自装
7101613	长沙北	冻猪肉	40	广州西	8：20	专用线自装
7101614	长沙北	冻猪肉	40	广州西	8：20	专用线自装

注：机械冷藏车装车通知单一式两份，一份交乘务组作为准备装货的通知，一份发站存查。

装车站货运员（签字）站戳
年　月　日
机械长（签字）列车戳
年　月　日

（四）易腐货物的装车

发站应与托运人商定易腐货物进货、装车和车辆取送时间等事项，尽量避免出现货等车或车等货的现象，滞延易腐货物的运输。

1. 装车注意事项

装车作业应使用不致损坏车体、车内设备的工具。开关车门时，严禁乱砸硬撬。采取保温、防寒、防湿等措施时，不得损坏车体。例如，不得在冷藏车内钉草帘、棉被等防寒物，以免损坏车体的隔热结构，使冷藏车的隔热性能及气密性恶化。装车过程中应防止造成易腐货物破裂、折断、压碰、磨损等机械损伤。

经过预冷的冷藏车，应采取措施保持车内温度，避免降低预冷效果，作业过程中必须休息时，应妥善关好车门，以免浪费冷量，使货温升高。冷藏车装车时，货物应堆码在离水格子上，不得直接堆放在车地板上；上层货物距离循环挡板最少应留出 50 mm 的空隙，以免挤压循环挡板，堵塞空气循环通道；货物与车门、车墙可保持一定的距离，以利于传入人车内的热量或冷量能被空气吸收而不被货物直接吸收，从而保证货物质量。

用冷藏车装运需要通风运输的易腐货物时，可以将进向左侧车门开启并固定，开启的车门最外突出部位从车辆纵中心线所在断面起不得超过 1 750 mm。用棚、敞车装运通风运输的易腐货物，可将棚车门窗开启固定，或将敞车侧板吊起，翻转到最大限度用铁线捆绑牢固，并用栅栏将货物挡住，开启的门窗和吊起的侧板最外突出部位不得超限。

2. 装卸时间规定

托运人、收货人和承运人应加强装卸车的组织工作，缩短装卸时间。因托运人、收货人的责任超过规定的装卸时间，应核收货车使用费。机械冷藏车装货车为 8 辆以上的，每组装卸车作业时间不得超过 12 h；装货车为 4 辆型的，每组不得超过 6 h。其中每一车的装卸作业时间不得超过 3 h。

3. 易腐货物的装载方法

易腐货物装车时，应根据货物的性质、热状态、包装、运输方式以及使用的车种，采用相应的装载方法。易腐货物的装载方法基本上可以分为两类：

1）紧密堆码装载法

紧密堆码装载可减少货物间的空隙，减缓货物本身冷量的散失，有利于保证货物质量和有效利用货车装载量，主要适用于冻肉、冻鱼、冰淇淋、雪糕等冻结货物和夹冰鱼虾、贝类等冷却货物。

2）留通风空隙装载法

留通风空隙的装载方法是在货物或货件间留有通风间隙或通风道，以保证空气流通，利于货物散热和车内空气循环，适用于具有包装且有热量散发的冷却货物和未冷却货物。例如，水果、蔬菜采用留空隙的装载方法，可增大货物的散热面积，以利车内冷空气在货件或货物间通畅循环，散发货物的田间热和呼吸热。通风装载方法编成 4 个装载号，分别为“品”字形装载法（1 号）、“一二三、三二一”装载法（2 号）、“井”字形装载法（3 号）、筐口对装法（4 号），见表 2.1.3。

以上装载法中，“品字形”、“一二三、三二一”、“井”字形装载法适用于木箱、纸箱、钙塑箱、塑料箱等箱类包装货物，筐口对装法则适用于竹筐、条筐等筐类包装货物。未留通风道或仅有纵向通风道的装载方法，较适用于有强制循环装置的机械冷藏车。

表 2.1.3　易腐货物装载方法表

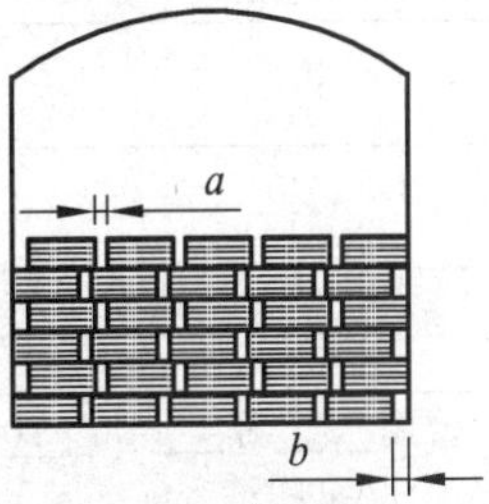 1 号 “品”字形装车法 注：空隙值 $a=4\sim5$ cm，$b=4\sim5$ cm。 奇数层与偶数层货件交错、骑缝装载	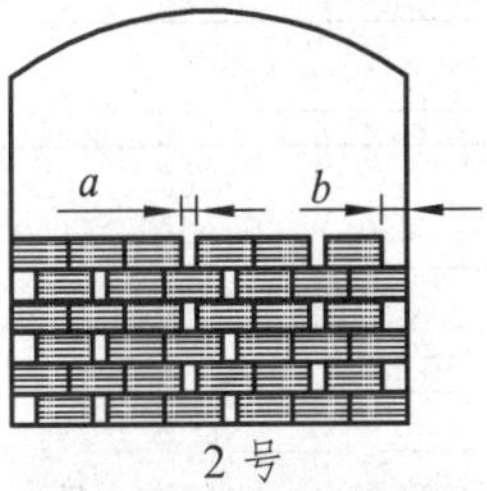 2 号 “一二三、三二一”装车法 注：空隙值 $a=3\sim4$ cm，$b=5\sim6$ cm。 第一层按间隔一件、二件、三件留空隙； 第二层按间隔三件、二件、一件留空隙； 奇数层同第一层，偶数层同第二层	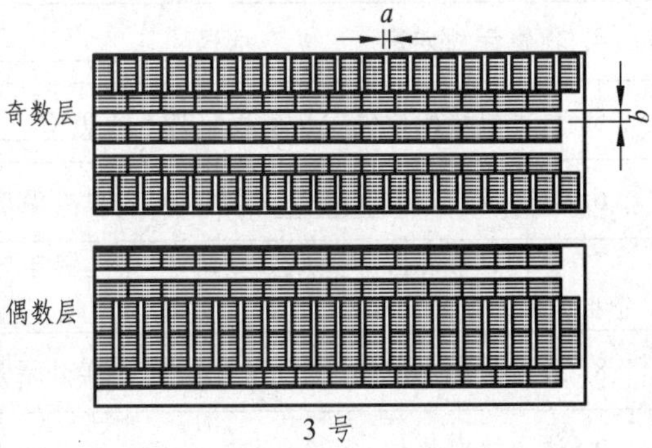 3 号 “井”字形装车法 注：空隙值 $a=3\sim4$ cm，$b=3\sim4$ cm。 货箱侧板之间留空隙，端板之间紧靠，奇数层装法相同，偶数层装法相同。奇数层与偶数层交叉堆放形成“井”字

续表 2.1.3

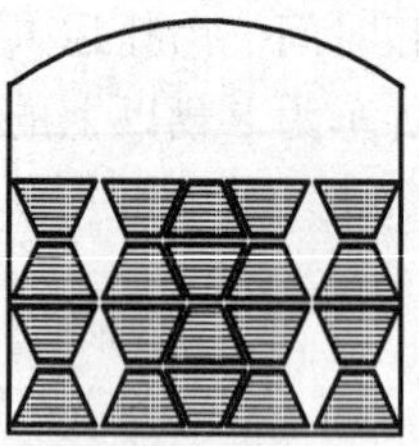 4号 筐式装载法之一（筐口对装法一）底层两侧的箩、篓、筐等大筐口朝下，中间的大筐口朝上，第二层则方向相反，奇数层装法相同，偶数层相同	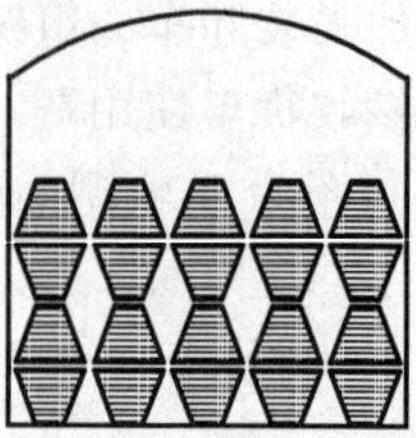 5号 筐式装载法之二（筐口对装法二）底层及奇数层全部大筐（箱）口朝上，第二层及偶数层全部大筐（箱）口朝下	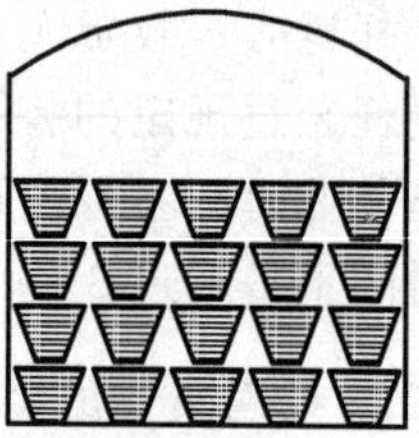 6号 筐式装载法之三（筐式顺装法）每层的筐（箱）口大头朝上，按顺序堆装

4. 填写冷藏车作业单

冷藏车作业单是冷藏车运输易腐货物始发、途中、到达作业情况的原始记录，也是分析事故原因，划清托运人、收货人与承运人以及铁路内部相关部门之间责任的依据。

使用机械冷藏车时，填写机械冷藏车作业单（见表 2.1.4），对同一到站、同一收货人和同一热状态、要求同一温度的货物可不限车数合填机械冷藏车作业单。装卸车单位、发站、中途站、到站及机械冷藏车乘务组都要认真按实际填写冷藏车作业单，并做好作业单的传递交接工作。

表 2.1.4　机械冷藏车作业单——始发站作业记录（示例）

No.000000

1. 发站＿长沙北＿到站＿广州西＿、车种、车型、车号＿＿＿＿货票号＿＿＿＿。
2. 货物品名、热状态＿冻猪肉＿＿＿；包装种类、状态＿无包装＿＿＿。
3. 货物质量抽查情况：＿＿＿＿＿＿＿＿。
4. 货物装载方法＿紧密堆码＿＿＿＿。
5. 商定的运输条件＿按规定 −12 ~ −9 °C＿＿＿。
6. 车辆预冷时间＿3＿小时，车内预冷温度＿−2＿°C。
7. 货物进站时间＿月＿日＿时。装车时间＿月＿日 8＿时＿20 开始到＿月＿日＿10 分止，其中制冷时间＿月＿日＿时＿分开始到＿月＿日＿时＿分止。
8. 装车时车内温度＿−3＿°C，车外温度＿＿°C，货物的承运温度＿−11＿°C。
9. 试运批准号：＿＿＿＿＿＿。
10. 其他需说明情况：
托运人或经办人签字（盖章）＿＿＿＿＿。机械冷藏车机械长签字（盖章）
铁路专用线（专用铁路）签字（盖章）＿＿＿＿；发站货运员签字（盖章）＿＿＿＿。

（五）冷藏车货物运费

1. 计费重量

冷藏车运送易腐货物按规定计费重量计费（见表 2.1.5），超过时按货物重量以吨（t）为单位，四舍五入计费。

表 2.1.5　冷藏车规定计费重量表

车　种	车　型	计费重量（t）	附　注
机械冷藏车	B_{18}	32	8 辆装货
	B_{19}	38	4 辆装货
	B_{20}	42	8 辆装货
	B_{21}	42	4 辆装货
	B_{10}、B_{10A}、B_{10B}	44	单　节
	B_{22}、B_{23}	48	4 辆装货
冷板冷藏车	BSY	40	
冷藏车改造车	B_{15E}	56	
自备机械冷藏车		60	
自备冷板冷藏车		50	
代替其他货车装运非易腐货物铁路冷藏车		冷藏车标重	

2. 运价率的确定

以冷藏车运送货物，按货物运价率表中不同车型的冷藏车的运价率计算运费（见表 2.1.6），特殊情况按下述方法办理：途中不需要加温（或托运人自行加温）或制冷的机械冷藏车按机械冷藏车的运价率减 20% 计费；使用铁路机械冷藏车运输，要求途中保持温度 – 12 °C（不含）以下的货物，按机械冷藏车运价率加 20% 计费；自备冷藏车、隔热车（即无冷源车）和代替其他货车装运非易腐货物的铁路冷藏车，均按所装货物适用的运价率计费。

表 2.1.6　冷藏车运价率

项　目	基价 1		基价 2	
机械冷藏车	元/吨	12.50	元/吨公里	0.085 0

3. 其他运费的计算

在温季和热季（按装车时外温确定）使用机械冷藏车装运需要途中制冷运输的未冷却的瓜果、蔬菜，按货物重量核收冷却费。

冷藏车送到装车站后，托运人取消托运，应核收空车回送费。已经预冷的机械冷藏车，还应核收 1 日的制冷费。

由于托运人（收货人）的责任，机械冷藏车超过规定的装（卸）车时间，在此期间需要制冷时，除核收货车使用费外，还应按日（不足 12 h 按半日）核收制冷费（见表 2.1.7）。

表 2.1.7 冷藏车其他项目费率表

项目		单位	费率
冷藏车（取消托运时）空车回送费		元/车	150.00
机械冷藏车制冷费	单节型	元/车日	200.00
	5 辆型	元/车组日	680.00
	9 辆型	元/车组日	1080.00
机械冷藏制冷费	单节型	元/车日	160.00
	5 辆型	元/车组日	660.00
	9 辆型	元/车组日	1 320.00

（六）易腐货物车辆挂运

为确保易腐货物的质量，必须加强运输组织，做到快速运输，关键是压缩易腐货物车辆的在站停留时间，尽可能将易腐货物车辆编入高等级列车运行并及时处理运输途中发生的问题。

发站、编组站、区段站要将△K符号转记在列车编组顺序表内，对装有易腐货物的车辆应快速编解、取送，及时中转挂运，除中间站装卸车可编入摘挂列车外，均应根据作业计划编入快运列车或直达、直通、区段列车。机械冷藏车组尽量编在列车中部。易腐货物车辆中转停留时间，原则上不得超过车站有关去向的有调中转停留时间。

装有易腐货物的车辆，在运行途中不得保留积压。遇有特殊情况需要保留时，保留站应立即向主管铁路局调度所（中心）报告，及时采取措施转送或采取其他妥善办法予以处理。

装有易腐货物的车辆，因车辆技术状态不良发生滞留不能继运时，发现站应及时向主管铁路局报告，尽量组织按原运输条件换装。由于气温、技术条件等限制，不能换装又不宜在当地处理的易腐货物，发现站应及时联系托运人、收货人提出处理办法，超过要求时间未接到答复或因等候答复将使货物造成损失时，报主管铁路局提出处理意见。

（七）易腐货物途中作业

1. 机械冷藏车控温

机械冷藏车装车完毕，乘务组应及时记录车内温度，车内温度未达到“易腐货物运输条件表”规定的或“运输协议”要求的温度之前，应不间断调温。运输未冷却的易腐货物，特别是热季运输未冷却的水果、蔬菜，因货物的田间热和呼吸强度较大，装车后不易将货物温度降到适温范围，极易发生腐烂变质，应尽量在最短时间内把车内温度降到规定或要求的范围内。

运输途中，机械冷藏车乘务组应按易腐货物运输条件表的规定或运输协议商定的运输条件保持车内温度。为及时了解温度变化，正确调控车内温度，应每隔 2 h 应记录一次各车内的温度，每 6 h 填写一次机械冷藏车作业单，见表 2.1.8。

表 2.1.8 机械冷藏车作业单——机械冷藏车温度记录（示例）

日/时分	10/17：10	10/23：10	11/5：10	11/11：10	11/17：10	11/23：1
外 温	28.6	26.5	25.2	29.7	28.3	27.9
车内温度	－9.1	－9.2	－9.6	－9.8	－9.8	－9.5

机械冷藏车机械长（签字）__________列车戳________

注：① 未冷却货物可不填记货物的承运温度。
② 冷却及未冷却的货物以卸车时车内温度为货物交接温度。
③ 机械冷藏车温度记录填满时，可在本页反面制表填写。
④“机械冷藏车作业单”一式三份，一份由发站留存，一份随车递送到站保存，一份由机械冷藏车乘务组交配属单位存档。
⑤ 本作业单保存期为 1 年。

2. 通风作业

全程或部分区段需通风运输的易腐货物，或运输一段距离后需要对车内通风换气的易腐货物，应根据外界气温情况进行适当的通风。通风分为停站通风和在途通风。

1）机械冷藏车的通风

机械冷藏车的通风是由车辆的通风装置实现的。停站和在途时，可根据车内所装货物的需要开启车辆两端的进风阀门和车顶中部的排气口，利用循环风机的运转，给车内通风换气。运输未冷却的水果、蔬菜时，为排除车内不良气体，也可进行自然通风。

2）棚、敞车的通风

棚、敞车装运的易腐货物需要停站或在途通风时，可以将车门、车窗开启固定或将敞车侧板吊起并加固。

通风作业需要车站、、机械冷藏车乘务员、托运人、押运人的密切配合来完成。通风时，要注意保持货物需要的适宜温度，不能使车内温度升高或降低超出适宜的运输温度范围，进入车内的空气应干净，无水汽、煤烟和尘土，以免污染货物。通风的时机，一般热季宜在夜间或清晨进行，寒季则可在白天进行，雨天、雪天和大雾天气不宜通风，寒季外界温度低于－10 °C 或车内底层温度降到 3 °C 左右时，应停止通风，以免冻坏货物。

（八）易腐货物到达作业

1. 卸车与交付

到达的易腐货物应及时组织卸车交付或送车交接，严禁以车代库。对易腐货物的到卸情况，应重点抽查货物的质量，冷藏车装运的还应抽测货物的温度和检查车内、外温度，以机械冷藏车装运的应会同乘务组进行检测。货场内卸车的易腐货物要注意场地、装卸搬运机具符合卫生要求，严防污染变质，车站应及时联系收货人，采取措施，随卸随搬，减少暂存时间，特别是冻结、冷却货物和寒季保温、加温货物，收货人应准备搬运工具和防护用品，组织直接卸车，防止货物温升过快或发生冷害冻损。卸车时发现事故，应及时妥善处理，防止扩大损失。装运易腐货物的冷藏车，卸后应认真填写冷藏车作业单“到站作业记录”的各项内容，见表 2.1.9。

表 2.1.9　机械冷藏车作业单——到站作业记录（示例）

1. 到达车次 20397 次，时间 5 月 12 日 9 时 15 分。
2. 车辆调入时间 5 月 12 日 11 时 35 分，装车时间 5 月 12 日 14 时 50 至 5 月 12 日 16 时 20 分止，制冷时间____月____日____时____分开始到____月____日____时____分止。
3. 卸车时温度：车内温度 −9.2 °C，车外温度 29.8 °C。
4. 货物质量：感官观察 正常 ，冻结货物温度 −11 °C。
5. 车内洗刷情况 符合要求 。
6. 其他需说明情况： 收货人或经办人签字(盖章)________。机械冷藏车机械长签字(盖章)________。
铁路专用线（专用铁路）签字（盖章）________；到站货运员签字（盖章）________。

2. 货车的清扫、洗刷除污和消毒

卸车单位对卸后空车应负责清扫干净。装过鱼、贝、蟹、虾、肉类以及被其他易腐货物污染的车辆，未经洗刷除污严禁使用或排空，卸车单位必须按规定彻底洗刷除污，使车内没有残留的秽物和污水，必要时按规定或依照卫生防疫部门的要求进行消毒。收货人有洗刷、消毒设备时，由收货人自行洗刷、消毒，无条件可由到站负责洗刷、消毒。收货人及到站均无洗刷条件时，到站应根据调度命令填制“特殊货车及运送用具回送清单”，并在货车两侧车门及车内明显处各粘贴一张“货车洗刷回送标签”，向本局管内指定的洗刷站回送。洗刷除污、消毒后的空车应适当通风、晾干。机械冷藏车洗后须经车站和乘务组检查验收，棚车、敞车洗后由车站货运员检查验收。经洗刷除污的货车达到要求时，应撤除货车洗刷回送标签，并在货车两车门内外明显处粘贴“洗刷工艺合格证”。

实训练习

1. 根据有关规定填写表 2.1.10。

表 2.1.10

顺号	货物品名	运单“货物名称”栏	运单右上角注明	运输温度（°C）
1	梨			
2	冰蛋			
3	冷却蛋			
4	花卉			
5	冻虾			
6	蜜蜂			

2. 未冷却的龙眼和冷却的荔枝，用机械冷藏车装运，按《鲜规》规定车内保持的温度分别为 1 ~ 5 °C 和 1 ~ 7 °C，分析两种货物能否拼装在同一车内按一批托运，并指出所依据的规定。

3. 冷却的菠萝和香蕉，用机械冷藏车装运，按规定车内要求的温度，分析两种货物能否拼装在同一车内按一批托运，并指出所依据的规定。

4. 某托运人欲从甲站托运一批快运易腐货物到乙站（运价里程 1 293 km），托运人在运单“托运人记载事项”栏内注明“容许运到期限 4 天”。请问甲站可否承运？为什么？

5. 按快运办理的香蕉一车，运价里程 1 280 km，计算运到期限。托运人注明货物容许运输期限 10 天，发站可否承运？

6. 锦州某养鸡场于 2011 年 6 月 3 日，在锦州站托运鲜鸡蛋一批，使用 B_{23} 型机械冷藏车运至成都东站，托运人提出该批货物容许运输期限为 20 天。

要求：（1）发站能否承运？为什么？

（2）填记货物运单“货物名称”栏及右上角注明。

（3）确定运输温度。

（4）除货物运单外，还应在哪些运输票据上注明△K标记。

7. 某站计划承运柑橘一车 20 t，1 000 件，纸箱包装，使用棚车通风运输，试确定装载方式。

8. 某站准备装运一车易腐货物，使用单节机械冷藏车。当车（已经预冷）送到该站时，托运人取消托运。试计算发站应核收的运输费用。

9. 某站冷库专用线（距车站中心线 3 km）到达一组 9 辆型机械冷藏车组，不能及时卸车，收货人要求租用 3 天，并制冷。计算到站应核收的费用。

10. 装有易腐货物的车辆，因车辆技术状态不良发生滞留不能继运时，发现站应如何处理？

11. 某站 4 月 25 日到达使用 B_{22} 型机械冷藏车运送的冻鱼一批，在货场内卸车，问该站应如何组织卸车和交付及车辆处理？

任务二　活动物运输组织

任务描述

掌握活动物的发送、途中、到达作业。

知识准备

一、发送作业

（一）活动物的托运与承运

1. 活动物运输种类

活动物一般按整车运输。活动物可用活动物专用集装箱运输，但不能用通用集装箱运输。

2. 活动物运输证明

为防止动物疫病的传播，保护畜牧养殖业发展和人们的健康，运输的活动物（包括家畜、家禽、鱼虾、蟹贝、实验动物、观赏动物、演艺动物、野生动物等）应是健康无病的，必须持有检疫合格证明。

托运活动物，托运人应按国家检疫规定提出检疫证明，在运单“托运人记载事项”栏内注明检疫证明的名称和号码，并将随货同行联粘贴在运单背面，车站凭此办理运输。蜜蜂外运，除应提出检疫证明外，还需要取得到达地农业主管部门签发的放蜂许可证。

3. 猛禽、猛兽商定条件运输

托运猛禽、猛兽，必须有坚固可靠的装置容器，确保安全。托运人应与发送铁路局商定运输条件和运输防护方法。跨局运输时，发送局应将商定的事项通知有关铁路局，以便做好接运接卸的准备和防护工作。

4. 活动物押运事宜

活动物运输的最大特点是运输过程中要同时进行饲养工作，养运难以分离。装运活动物，托运人必须派熟悉活动物特性的押运人随车押运，并在运单“托运人记载事项”栏内注明押运人人数和押运人的姓名、证件名称及号码。

押运人的人数，每车以 1 ~ 2 人为限，托运人要求增派时，须经车站承认，但增派人数一般不得超过 5 人。鱼苗每车押运人不得超过 8 人，蜜蜂每车押运人不得超过 9 人，租用的家畜、家禽车回空时每次准许派 2 人押运。

押运人携带物品必须符合安全要求，只限于途中生活用品和途中需要的饲料和饲养工具，数量在规定限量内。

5. 活动物运输标记

对承运的活动物，发站应在运单、货票、装载清单、票据封套上注明“活动物”字样，以引起各环节运输工作人员的注意，做好沿途服务工作，及时办理运输作业，缩短在途时间。

（二）活动物的装车

装运活动物的车辆能否适合所装活动物生活、生理特点的要求，是运输过程中能否为活动物创设必要的生存环境的重要前提。

1. 活动物运输车辆

1）家畜车

家畜车是运输猪、牛、羊、鸡、鸭、鹅等家畜家禽的专用车。主要车型有 J_1、J_2、J_3、J_4、J_5、J_6 型，载重量分别为 10 t，15 t，10 t，18 t，20 t，16.6 t。其中 J_6 型为活牛专用车。

家畜车的车墙、车门设置有调节窗、端窗、通风窗等通风调温装置。车内一般分为 2 ~ 3 层，设有押运人员休息室和饲料用具存放架。车上安装水箱、水管等储给水设备，有的还设有饲料槽。活牛专用车包括押运人生活间和装货间两部分。

2）活鱼车

活鱼车是运输活鱼、鱼苗的专用车。车内设有水槽、水泵循环水流系统和储水箱等设备。使用时，鱼、鱼苗盛放在水槽内。水槽内的水在水泵的作用下，通过水循环装置流动，经水槽上的喷雾器喷入空气中再落入水槽，将氧气带入水中，不断循环，给水增氧。

3）棚车、敞车

棚车、敞车属通用货车。在活动物专用车不足的情况下，可有条件地选用棚车、敞车装运活货物。使用时，据需要增设装载装置、装车备品并采取相应的防护措施，可用于装运马、牛、羊、猪等活动物。

4）动物集装箱

动物集装箱是为装运活动物而特别设计的，设有外置式食槽，能遮蔽阳光直射，具有良好的通风条件，用于装运鸡、鸭、鹅等家禽和马、牛、羊等家畜。

2. 车辆选用

装运活动物必须选用家畜车、家禽车、活鱼车以及未受污染的棚、敞车，但不得使用无车窗的棚车。拨配的车辆是否适合装运活动物一律由托运人检查确定。托运人认为不适合装运的，承运人应给予调换。

（1）装运牛、马、骡、驴、骆驼等大牲畜，不得使用铁底货车，以免因行车、调车冲击、振动，引起大牲畜跌倒、坠落而致残、死亡，甚至造成行车事故。

（2）发往深圳北的活牛，多属供港物资，应用活牛专用车或棚车装运。

（3）装运活鱼、鱼苗必须使用活鱼车、棚车，为方便固定容器和通风给氧，不得使用全钢和车窗不能开启的棚车（采用增氧机运输的除外）。

3. 活动物装车

装车前，应认真检查车辆的货运状态、卫生条件是否适合装运活动物。装车时，应按规定的方法和要求进行装载。

（1）禽、畜可单层或多层装载，每层的装载数量由托运人根据季节、运输距离、活动物的体积及选用的车种、车型等情况确定。马、牛、羊、猪等活动物，一般不应两种以上混装一车，如需混装应采取妥善的安全防护措施。

（2）棚车装活鱼、鱼苗应使用木箱、鱼篓、帆布桶、帆布槽等容器盛装。使用帆布槽盛装时，应用坚固的金属支架支撑，支架的高度不得超过 1.7 m，帆布应牢固、不渗水，装入鱼苗后，槽内水位不得超过 1.5 m。禁止托运人在车体上钻孔安装支架。

活鱼、鱼苗运输中的生存环境，较自然的生长、养殖生态环境不同，在运输中须不断补充氧气，才能提高存活率。因此，活鱼、鱼苗装载密度不宜过大，鱼与水的比例以 1：10~1：12 为宜，运输用水必须清洁卫生，发现容器中的污物、残饵、死鱼应及时清除和换水。

（3）蜜蜂蜂箱巢门外须安装纱罩，防止蜜蜂逃逸和蓄伤人畜。蜜蜂的装载，应纵向排列，堆码稳固，并留有足够的通风道和押运人休息的位置空间。使用敞车装运时，高度不得超过 4 600 mm，高出端、侧板的蜂箱要适当起脊堆码捆绑牢固，避免超限和运行中蜂箱倒塌、坠落，保证安全。

（4）使用棚车、敞车装运活动物时，为了通风散热，可开启门窗或吊起侧板，但应采取设置栅栏等措施防止活动物头脚伸出或坠落，避免活动物发生伤残死亡或引发行车事故。棚车开启的车门窗和敞车吊起的侧板不得超限并固定捆绑牢固，敞车上搭盖防晒防雨棚应稳固不超限，以保证安全。

（三）活动物车辆的调车限制和编组隔离要求

1. 调车限制

（1）鱼苗和外贸出口的禽、畜，装车后应在货车两侧插挂“禁止溜放”货车表示牌，在货物运单、票据封套、装载清单上用红色注明“禁止溜放”字样。

（2）活鱼、蜜蜂和非外贸出口的禽、畜，装车后应在货车两侧插挂“限速连挂”货车表示牌，在货物运单、票据封套、装载清单上用红色注明“限速连挂”字样。

2. 编组隔离要求

（1）禽、畜、鱼苗装车后，应在货物运单、票据封套装、装载清单上用红色记明编组隔离标记△9，并转记在货车表示牌上。

（2）装运蜜蜂的车辆不得与装有敌敌畏、1605，1059 等的农药车（即标有△毒的车）编挂在同一列车上。如因车流不足，分别挂运有困难，在列车运行全程内不发生折角转向运行的条件下，可编入同一列车内，但应将蜜蜂车挂在农药车的前部，并隔离 4 辆以上。

（3）蜜蜂车与生石灰车编挂同一列车中时至少应隔离 2 辆。

（四）上水预报

对需要途中上水的活动物，发站或上水站应用电报依次向前方上水站进行预报。

二、活动物途中作业

1. 活动物车辆的运行

装有活动物的车辆，车站应及时组织挂运，除在中间站有装卸作业的可编入摘挂列车外，其他站均应编入快运列车或直达、直通列车。在编组站、区段站中转停留的时间，原则上不得超过本站方向别的中转停留时间。将活动物车辆编入快运货物列车、鲜活货物直达列车，更有利于压缩活动物车辆的在途时间。

2. 活动物车辆途中上水

活动物供水是一项不可忽视的工作。活动物途中的饮用水如不能及时得到补充和更换，将导致生存环境和生存条件恶化，易造成活动物中暑、缺氧、掉膘、病残、死亡。

活动物在中途上水，由铁路指定的上水站免费供应。上水用具由托运人或押运人自备。车站对挂有活动物车辆的列车，应接入备有上水设备的股道。上水站上水后应按规定用电报依次向前方上水站进行预报。上水预报电文内容和代号见表 2.2.1。

表 2.2.1　上水预报电文内容和代号

内　容	开车月、日	车　次	车型 车号	货物 品名	到　站	收货人
代　号	（1）	（2）	（3）	（4）	（5）	（6）

注：① 在电文首部冠以“上水预报”字样。

② 整列运输时，代号（3）只报车型、车数，不报车号。代号（6）由最后一个上水站向到站预报。

3. 押　运

活动物车辆由押运人随车押运，负责做好动物的饲养、饮水、换水、洒水、看护、卫生、防疫和处理病残、死亡动物等工作。

运输活动物必须重视卫生防疫和环境保护。途中发现疫情，押运人要及时向车站和当地防疫检疫部门报告，并妥善处理。患有传染病的禽畜或死禽畜，应按防疫部门规定处理，不许出售和随意乱扔。活动物的垫料、粪便、残剩饲料等秽物不得中途清扫、冲洗和随意向车外抛撒，应由押运人在铁路指定站或到站清除。

4. 蜜蜂不办理变更到站

蜜蜂外运，需要取得到达地农业主管部门签发的放蜂许可证，托运人根据签证指定的到站托运，承运人凭此办理承运，因此已承运的蜜蜂不能办理变更到站。

三、到达作业

活动物车辆到达后，到站负责卸车的应及时组织卸车和交付，收货人负责卸车的应及时办理送卸和交接。卸车时要采取必要的措施防止活动物发生病残死亡等事故。

装运活动物的车辆卸车后，必须认真进行清扫、洗刷除污，清除活动物残留的秽物和异味。装过病死动物的车辆还应进一步按规定或依照防疫部门的处理意见进行消毒。清除的秽物和洗刷消毒产生的废水，应进行无害化处理，不得污染环境。活动物车辆的洗刷除污、消毒及回送办法，参照易腐货物的相关规定进行办理。

实训练习

1. 某站承运到站广州东、深圳北活牛各一车，请确定车辆选择的范围。

2. 填写装有活动物的车辆的调车限制和编组隔离标记要求，见表 2.2.2。

表 2.2.2

顺号	活动物种类	禁止溜放或限速连挂	编组隔离标记
1	鲤鱼苗		
2	草鱼		
3	鹅（外贸出口）		
4	鸭		
5	牛（外贸出口）		
6	羊		

3. 通辽站使用棚车运送的一车牛到佳木斯站，托运人要求在中途上水。试确定中途上水站，并拍发发站的上水预报（不足条件自拟）。

4. 贵阳东发昆明东黄牛一车，用 60 t 棚车装运，并派有 2 名押运人。当车行至贵阳南站时，托运人要求变更至柳州东卸车，贵阳南站按规定受理并按变更处理。新到站应向收货人核收多少运输费用？

5. 装运无包装冻肉的机械冷藏车车组和装运活牛的棚车，分析其卸车后是否需要洗刷除污并指出依据的规定。如需洗刷除污，而收货人和到站均无洗刷设备，指出按章办理回送洗刷的具体办法。

思考题

1. 易腐货物容许运输期限依据哪些因素来确定？
2. 易腐货物装载方法有哪些？
3. 使用冷藏车运输易腐货物时，运价率应如何确定？
4. 活动物装车时有哪些要求？
5. 活动物车辆编组隔离要求有哪些？

项目三 危险货物运输组织

教学目标

（1）掌握危险货物的主要性质、分类及品名编号。

（2）掌握危险货物托运与受理、危险货物包装、危险货物装卸作业、危险货物的保管、危险货物车辆的编挂要求、危险货物交付的要求。

（3）熟悉危险货物撒漏及消防处理、危险货物运输应急预案内容。

任务一 危险货物的判定

任务描述

（1）掌握危险货物的分类及品名编号。

（2）了解危险货物的主要性质。

（3）熟悉危险货物的运输设备。

（4）理解货运员素质要求。

知识准备

一、铁路危险货物的判定

在铁路运输中，危险货物具有与一般货物不同的特性，它们除本身具有的主要危险性外，还兼有其他危险性，其中一些货物与其他货物在相互接触后会发生强烈的反应。为了安全地运输这些货物，在铁路运输中，必须严格执行国家和铁道部关于危险货物运输的有关规定。

（一）危险货物定义

在铁路运输中，凡具有爆炸、易燃、毒害、感染、腐蚀、放射性等特性，在运输、装卸和储存保管过程中，容易造成人身伤亡和财产毁损而需要特别防护的货物，均属危险货物。

一种货物是否属于危险货物必须符合危险货物的定义。该定义的具体内容包括以下 3 个方面。

（1）具有危险特性。

（2）可能造成危害后果。

（3）可以采取特别的防护措施。

危险货物的危险性主要取决于货物本身的理化性质，但是与外界的环境条件也密切相关。只要我们严格按章办事，以科学的态度掌握危险货物的性质和变化规律，认真做好危险货物的运输、搬运、装卸、保管、防护等各项工作，控制可能导致危险货物发生事故的外界条件，就能实现危险货物的安全运输。

（二）判定危险货物的方法

危险货物的运输条件，比非危险货物要求更严格、更复杂。如果把危险货物误认为普通货物，就会降低危险货物的运输条件，如不采取特殊措施，就有可能酿成事故；如果把普通货物误认为危险货物，在运输过程中就会增加不必要的防护措施，延误货物的运送，影响铁路运输效率。

危险货物的具体判定方法，可按下述步骤进行：

（1）在《铁路危险货物运输管理规则》附件《铁路危险货物品名表》（简称《品名表》，见表 3.1.1）中列载的品名，均属危险货物（特殊规定可按普通货物运输条件运输的品名除外），均按危险货物运输条件运输。

表 3.1.1　铁路危险货物品名表（摘录）

铁危编号	品名	别名	信息化品名	主要特性	包装标志	包装类	包装方法	灭火方法	洗刷除污编号	急救措施	特殊规定	联合国及国标编号
1	2	3	4	5	6	7	8	9	10	11	12	13
41511A	萘	粗萘，精萘，萘饼，工业萘	萘（固）	无色或白色结晶或粉末，有特殊气味，比重 1.16，熔点 80 °C，闪点 79 °C，易挥发	8	Ⅲ	10，11，13，21，22，24	水、砂土、泡沫、干粉、熔融萘着火不能用水灭	3		6，29	1334

《铁路危险货物品名表》由 13 个栏目组成：

第 1 栏：铁危编号，由五位阿拉伯数字及英文大写字母组成。

第 2 栏：品名，为危险货物的正式运输名称及附加条件。

第 3 栏：别名，为危险货物正式运输名称以外的其他名称。

第 4 栏：信息化品名，为危险货物运输运单、货票填写以及货运管理使用名称。

第 5 栏：主要特性，为危险货物的主要物理、化学性质及危险性。

第 6 栏：包装标志，为危险货物的包装标志。

第 7 栏：包装类，为按危险货物的危险程度划分的包装类。

第 8 栏：包装方法，为危险货物包装表的包装号及特定的包装方法。

第 9 栏：灭火方法，为推荐的灭火剂及灭火禁忌。

第 10 栏：洗刷除污编号，为洗刷除污方法编号及特殊洗刷除污方法。

第 11 栏：急救措施，为建议的临时急救措施。

第 12 栏：特殊规定，为该品名执行有关铁路危险货物运输特殊规定的顺序号。特殊规定的内容必须认真查看，严格执行。

第 13 栏：联合国及国标编号，联合国编号为联合国危险货物运输专家委员会《关于危险货物运输的建议书》中该品名的编号（仅供参考用），国标编号是 GB 12268 中的编号。

（2）未列入《品名表》中，但铁道部已确定并公布为危险货物的品名时，按铁道部规定予以办理。

（3）在《品名表》中未列载的化工原料、化工产品，可按《危规》中新产品的有关条件办理运输。

（三）铁路危险货物的分类

1. 危险货物分类

经由铁路运输的危险货物品类繁多、性质复杂，要求运输条件各异。根据国家公布的《危险货物分类和品名编号》和《危险货物品名表》，结合铁路运输实际情况，铁路运输危险货物按其主要危险性和运输要求划分为 9 类，各类危险货物按其性质又划分为若干项，具体类项名称见表 3.1.2。

表 3.1.2　危险货物类项名称表

类号及名称	项号及名称	铁危编号
1. 爆炸品	1.1 有整体爆炸危险的物质和物品； 1.2 有迸射危险，但无整体爆炸危险的物质和物品； 1.3 有燃烧危险并有局部爆炸危险或局部迸射危险或这两种危险都有，但无整体爆炸危险的物质和物品； 1.4 不呈现重大危险的物质和物品； 1.5 有整体爆炸危险的非常不敏感物质； 1.6 无整体爆炸危险的极端不敏感物品	11001 ~ 11148 12001 ~ 12057 13001 ~ 13061 14001 ~ 14066 15001 ~ 15005 16001
2. 气体	2.1 易燃气体； 2.2 非易燃无毒气体； 2.3 毒性气体	21001 ~ 21072 22001 ~ 22069 23001 ~ 23077
3. 易燃液体	3.1 一级易燃液体； 3.2 二级易燃液体	31001 ~ 31319 32001 ~ 32158
4. 易燃固体、易于自燃的物质、遇水放出易燃气体的物质	4.1 易燃固体（一级易燃固体）， （二级易燃固体）； 4.2 易于自燃的物质（一级自燃物品）， （二级自燃物品）； 4.3 遇水放出易燃气体的物质（一级遇水易燃物品）， （二级遇水易燃物品）	41001 ~ 41074 41501 ~ 41559 42001 ~ 42052 42501 ~ 42537 43001 ~ 43057 43501 ~ 43510
5. 化性物质和有机过氧化物	5.1 氧化性物质（一级氧化性物质）， （二级氧化性物质）； 5.2 有机过氧化物	51001 ~ 51087 51501 ~ 51530 52001 ~ 52123
6. 毒性物质和感染性物质	6.1 毒性物质　一级毒性物质（剧毒品）， 二级毒性物质（有毒品）； 6.2 感染性物质	61001 ~ 61205 61501 ~ 61941 62001 ~ 62004

续表 3.1.2

类号及名称	项号及名称	铁危编号
7. 放射性物质	六种形式：易裂变物质、低弥散放射性物质、低比活度放射性物质、表面污染体、特殊形式的放射性物质、其他形式的放射性物质	71001～71030
8. 腐蚀性物质	8.1 酸性腐蚀性物质（一级）， （二级）； 8.2 碱性腐蚀性物质（一级）， （二级）； 8.3 其他腐蚀性物质（一级）， （二级）	81001～81135 81501～81647 82001～82041 82501～82526 83001～83030 83501～83515
9. 杂项危险物质和物品	9.1 危害环境的物质； 9.2 高温物质； 9.3 经过基因修改的微生物或组织，不属感染性物质，但可以非正常地天然繁殖结果的方式改变动物、植物或微生物物质	91001～91021 92001、92002 93001

2. 易燃普通货物

不属于上述 9 类危险货物，但易引起燃烧、在铁路运输过程中需采取防火措施的货物，如棉花、麻类、牧草等，属易燃普通货物，见表 3.1.3。

表 3.1.3 易燃普通货物品名表

顺 号	品 名
1	《品名表》规定之外的籽棉，皮棉，黄棉花，废棉，飞花，破籽花
2	《品名表》规定之外的各种麻类和麻屑
3	麻袋（包括废、破麻袋），各种破布，碎布，线屑，乱线，化学纤维
4	牧草，谷草，油草，蒲草，羊草，芦苇，荻苇，玉米棒（去掉玉米的），玉米秸，豆秸，秫秸，麦秸，蒲叶，烟秸，甘蔗渣，蒲棒，蒲棒绒，芒杆，亚麻草，烤烟叶，晒烟叶，棕叶以及其他作物
5	葵扇（芭蕉扇），蒲扇，草扇，棕扇，草帽辫，草席，草帘，草包，草袋，蒲包，草绳，芦席，芦苇帘子，笤帚以及其他芦苇、草秸的制品
6	干树皮，干树枝，干树条，树枝（经脱叶加工），带叶的竹枝，薪柴（劈柴除外），松明子，腐朽木材（喷涂化学防火涂料的除外）
7	刨花，木屑，锯末
8	纸屑，废纸，纸浆，柏油纸，油毛纸
9	炭黑，煤粉
10	粮谷壳，花生壳，笋壳
11	羊毛，驼毛，马毛，羽毛，猪鬃以及其他禽兽毛绒
12	麻黄，甘草

注：① 用敞、平、砂石车装运易燃普通货物时，应用篷布苫盖严密，在调车或编入列车时，应进行隔离。但对干树皮，干树枝，干树条和带叶的竹枝，由于干湿程度、带叶多少不同应否苫盖篷布由发站根据气温和运输距离在确保运输安全的原则下负责确定。

② 腐朽木材喷防火涂料或采取其他防火措施后，可不苫盖篷布。

③ 本表未列的品名，是否也属于易燃普通货物，由发站报铁路局确定。

④ 以易燃材料作包装、捆扎、填塞物，以竹席、芦席、棉被等苫盖的非易燃货物，以及用木箱、木桶、铁桶包装的易燃普通货物，均按普通货物运输。以敞车装运时，是否应苫盖篷布，由托运人根据货物的运输安全情况负责确定。并在运单托运人记事栏内注明。

（四）铁路危险货物的编号和分级（简称铁危编号）

铁危编号是判断货物是否为危险货物的重要标志，是办理承运、配放、确定运输条件的主要依据，还是发生事故时判定货物性质、采取施救措施的依据。

铁危编号由 5 位阿拉伯数字及英文大写字母组成。第 1 位数字表示该危险货物的类别；第 2 位数字表示该危险货物的项别；后 3 位数字表示该危险货物品名的顺序号。其中类别和项别的号码顺序并不完全代表货物的危险程度顺序，后 3 位顺序号 001 ~ 500 为一级，501 ~ 999 为二级（第三类二级除外）。

例如：萘铁危编号为 41511A，第一个“4”表示该物品为危险货物的第四类，第二个“1”表示该物品为第四类中的第一项，“511”表示萘为该项的顺号为 511。

同一品名编号具有不同运输条件时，在数字编号后用英文大写字母（如 A、B、C 等）表示。

例如：焦油（编号 31292A）又称煤膏，是煤干馏过程中得到的一种黑色或黑褐色黏稠状液体，具有特殊臭味，可燃并有腐蚀性。密度通常在 0.95 ~ 1.10 g/cm³，闪点 100 °C，是一种高芳香度的碳氢化合物。限使用钢制企业自备的罐车装运或钢桶包装的可用敞车运输。

煤焦油（编号 31292B）是黑色黏稠液体，有特殊臭味，相对密度小于 1，闪点 15.6 ~ 25 °C。能刺激皮肤，有毒，易燃。限使用钢制企业自备罐车装运或钢桶包装的可用敞车运输。

松焦油（编号 31292C）是黑色黏稠液体，有特殊臭味，相对密度小于 1，闪点 15.6 ~ 25℃。能刺激皮肤，有毒，易燃。钢桶包装的可用敞车运输。

二、危险货物的性质

（一）爆炸品

在国防建设、开山筑路、房屋爆破等方面都要大量用到爆炸品，因此，掌握爆炸品的性质，确保爆炸品的运输安全具有重要的意义。

按引起爆炸的原因可分为化学爆炸、物理爆炸和核爆炸三种。原子弹、氢弹的爆炸属于核爆炸；装有压缩气体的钢瓶受热爆炸属于物理爆炸；化学爆炸如炸药及爆炸性药品的爆炸、可燃性气体（石油液化气）与空气混合达到爆炸极限时遇明火发生的爆炸、可燃性粉末（面粉厂粉尘）与空气混合遇明火发生的爆炸等。危险货物中爆炸品的爆炸一般都属于化学爆炸。

1. 爆炸品的定义

爆炸品是指受到高热、摩擦、撞击、振动或其他外界作用，能迅速发生剧烈化学反应，瞬间产生大量气体和热量，形成巨大的压力而发生爆炸，对周围环境造成破坏的物品。

2. 爆炸品的性质

1）爆炸性

爆炸品的爆炸具有反应速度快、释放大量热量、产生大量气体的特点。

如 1 kg 的 TNT 炸药完全爆炸仅需 10^{-5}s，放出热量 3 997 kJ，生成气体 690 L，爆速为 6 990 m/s，气体被加热到 2 000 ~ 3 000 °C，压力达到 10.1 ~ 40.5 GPa。因此，爆炸品一旦发生爆炸，会对周围的环境造成严重的破坏。

爆炸的反应速度通常用爆炸速度（简称爆速）表示，爆速一般以 8 000 m/s 为界限，高于此限的为烈性炸药，低于此限的为一般炸药。

2）敏感性

在外界能量作用下，炸药发生爆炸的难易程度，称为炸药的敏感度。由于各种炸药的成分不同，其敏感度也不一样。敏感度一般以引起炸药爆炸所需要的最小外界能量来度量，这种能量称为起爆能。炸药的起爆能越小，其敏感度越高。在铁路运输中，炸药遭受撞击、摩擦、加热、遇火、遇光都有可能引起炸药爆炸，所以在炸药的保管、列车运行、调车作业及炸药的装卸作业过程中必须按章办事，防火花、防撞击、防摩擦，同时还要防止杂质（如砂石、金属屑等物）混入炸药，以免提高炸药的敏感度。

过分敏感或反应性很强以致可能产生自发反应的爆炸性物质禁止运输。

（二）气　体

气体通常应以耐压的气瓶装运，部分沸点高于常温的气体，可用安瓿瓶或质量良好的玻璃、塑料、金属容器盛装，个别气体也可采用特殊容器装运。它们在受热、撞击等作用时易发生爆炸，加之这些气体具有易燃、助燃、有毒等特性，在运输中应当引起我们的高度重视。

1. 气体的定义

本类气体是指符合下述两种情况之一的物质：

（1）在 50 °C 时，蒸气压大于 300 kPa 的物质。

（2）在 20 °C 及 101.3 kPa 标准压力下完全是气态的物质。

本类气体包括：压缩气体、液化气体、溶解气体、冷冻液化气体、气体与其他类别物质的蒸气的混合物、充有气体的物品和烟雾剂。

对一定量的气体，在温度不变的条件下，对其加压越大它的体积就会变得越小，利用气体的这个特性我们通常用高压的方式把气体压缩到钢瓶内储运。如果钢瓶内装有一定的气体，这个钢瓶内的气体压力会随着温度的升高而增大，当钢瓶内气体的压力增大到超过钢瓶所能承受的程度时，就会发生钢瓶的胀裂或爆炸，这就是为什么装有气体的钢瓶严禁接触火种、热源的原因。

处于压缩状态的气体叫作压缩气体。如果对压缩气体继续施压，压缩气体就会转化为液体，这就是铁路运输中的液化气体。但是有些气体仅仅使用加压的办法并不能使其变为液体，还必须在加压的同时降低其温度。例如氧气，必须把温度降到 – 118.8 °C，施加 5.04 MPa 的压力，才能液化。若温度未达到此值，无论施加多大的压力都不能使其液化。这个能使气体液化的最高温度叫做临界温度。不同气体，其临界温度也不相同。在临界温度时，使气体液化所需要的最小压力叫作临界压力。

2. 气体的危险性质

1）气体受热膨胀

压缩气体和液化气体使用高压和低温压缩与液化，气体分子处于压缩状态，存在很大动能。充装在钢瓶内的气体当其温度升高时，压力将随之增大。这种压力大至超过钢瓶所能承受的程度时，就会导致钢瓶爆炸。例如一个氧气钢瓶的爆炸威力相当于 5 吨 TNT 炸药的爆炸威力。

2）容器为压力容器

因为货物的性质盛装压缩气体和液化气体的容器为压力容器，具有很大的危险性，如爆炸则具有杀伤性。安全帽、阀门、气嘴安装、关闭不到位时易折断，造成货物外泄。

3）货物具有易燃、毒性和窒息性

易燃气体和一些毒性气体很容易燃烧，如氢气、甲烷气、磷化氢等，遇火即能燃烧。

有些气体是剧毒气体，如氰化氢气体、氯气、氨气等，对人、牲畜都有很大的毒害性。当空气中含有 0.01%～0.02% 的氯化氢气体时，吸入人体内即能引起人体中毒。当充装有毒气体的钢瓶泄漏时，有毒气体就会扩散到空气中，造成大面积的空气污染，由于多数有毒气体比空气重，短时间内不易扩散到高空，被污染的空气长时间与人接触，将会引起人体中毒甚至死亡。

当有大量的不燃气体（如二氧化碳）扩散到空气中时，有可能使人体因缺氧而窒息死亡。

（三）易燃液体

易燃液体均为有机化合物，其中不少属于石油化工产品。该类货物除具有一般液体的性质外，还具有易燃、易爆、易挥发等性质。

1. 易燃液体的定义

易燃液体是指闭杯闪点不高于 60.5 °C 或开杯闪点不高于 65.6 °C 的液体或液体混合物，或在液体及悬浮液中含有固体的液体。

易燃液体在常温下易挥发，其蒸气与空气混合能形成爆炸性混合物，部分易燃液体还具有毒性或麻醉性。某些易燃液体，易自行聚合，放出热量和气体，导致容器胀裂。

易燃液体的闪点是用闪点测定仪器测定的。在盛有易燃液体的容器中，液体表面上的蒸气和空气形成的混合物与火焰接触初次发生蓝色火焰时的温度，即为该液体的闪点。根据测定仪器的不同，闪点又分为开杯闪点和闭杯闪点两种。开杯闪点是将易燃液体放在敞开的容器中加热所测定（称开杯法）的闪点；闭杯闪点是将易燃液体放在一个特定的密闭容器中加热所测定（称闭杯法）的闪点。

2. 易燃液体的性质

1）高度的易燃性

易燃液体的沸点较低，如汽油、醇、苯等在常温下能不断地挥发出蒸气，挥发程度随温度的升高而增大，这些蒸气一旦接触明火甚至与火焰相隔一定距离就会燃烧，甚至爆炸。易燃液体的易燃程度通常用闪点来表示，闪点越低，其液体越易燃烧，危险性越大。

2）蒸气的易爆性

由于易燃液体都有很强的挥发性，当其挥发的蒸气和空气混合达到一定比例范围时，遇明火或火花后就会发生爆炸，这种比例范围称为该液体的爆炸极限。爆炸极限通常用蒸气在混合物中的体积百分比来表示，能引起燃烧爆炸的最低浓度，称为爆炸下限，能引起燃烧爆炸的最高浓度，称为爆炸上限。如乙醇的爆炸极限为 3.3%～19%，环氧氯丙烷的爆炸极限为 5.2%～17.5% 等。下限越低，爆炸极限范围越大，其危险性越大。蒸气的浓度低于或高于爆炸极限浓度范围，都不会发生爆炸。部分易燃液体的爆炸极限见表 3.1.4。

表 3.1.4　几种易燃液体的闪点和蒸气的爆炸极限

液体名称	闪点（°C）	蒸气的爆炸极限		
		下限（%）	上限（%）	爆炸范围（%）
乙醚	−45	1.85	36.5	34.65
二硫化碳	−30	1.3	50	48.7
苯	−11	1.3	7.1	5.8
甲醇	11.11	6.7	36	29.3
煤油	>37.78	0.7	5.0	4.3
苯乙烯	31.1	1.1	6.1	5.0

易燃液体除上述主要特性外，还具有高度的流动扩散性、较大的蒸气压、遇强酸及氧化剂等能发生剧烈反应而引起燃烧等特性。有的易燃液体还具有毒性，如甲醇、苯、二硫化碳等，人体吸入较多后能引起急性中毒。大多数易燃液体不溶于水，且比重小于 1，所以在灭火中不应使用水进行扑灭。

（四）易燃固体、易于自燃的物质、遇水放出易燃气体的物质

和其他类危险货物相比，该类货物运量较小，由于易燃固体中的金属粉末燃烧时温度高，与空气混合达到爆炸极限时容易引起粉尘爆炸。易于自燃的物质，特别是黄磷，不少经办站都发生过自燃着火。遇水放出易燃气体的物质在受潮、雨淋或遇水接触过程中会带来燃烧甚至爆炸，和一般货物的性质有根本区别，所以应该引起我们足够的重视。

本类物品易于引起和促成火灾，按其燃烧特性本类物品分为易燃固体、易于自燃的物质、遇水放出易燃气体的物质三项。

1. 易燃固体

1）易燃固体的定义

指燃点低，对热、撞击、摩擦均较敏感，易被外部火源点燃，燃烧迅速，并可散发出有毒烟雾或气体的固体。

易燃固体包括：在运输环境不良的条件下容易燃烧或由于摩擦可能引燃或助燃的固体；可能发生强烈放热反应的自反应物质；不充分稀释就可能发生爆炸的固体退敏爆炸品。

2）易燃固体的性质

易燃固体主要有含磷化合物、硝基化合物、易燃金属粉末等，此外，它们之中有的是含过量水分或小包装的爆炸性物品。其主要特性有：

（1）燃点低，在高热、明火、摩擦作用下易燃烧。

易燃固体的着火点都比较低，一般都在 300 °C 以下，在常温下只要有能量很小的着火源与之作用即能引起燃烧。例如镁粉、铝粉只要有 20 mJ 的点火能即可点燃；硫黄、生松香只需 15 mJ 的点火能即可点燃，有些易燃固体在储存、撞击等外力作用时也能引发燃烧。例如：赤磷、闪光粉等受摩擦、振动、撞击等也能起火燃烧甚至爆炸。所以易燃固体在储存、运输、装卸过程中，应当注意轻拿轻放，避免摩擦撞击等外力作用。

（2）遇酸、氧化剂易燃易爆。

绝大多数易燃固体具有还原性，与酸、氧化剂接触，尤其是强氧化剂，能够立即引起着火或爆炸。如 H 发孔剂与酸性物质接触能立即起火，萘与发烟硫酸接触反应非常剧烈，甚至引起爆炸。红磷与氯酸钾、硫黄与过氧化钠或氯酸钾相遇，都会立即引起着火或爆炸。

（3）可分散性。

固体具有可分散性，一般来讲，物质的颗粒越细，其比表面积越大，分散性就越强。当固体粒度小于 0.01 mm 时，可悬浮于空气中，这样能充分与空气中的氧接触，发生氧化作用。易燃固体中的金属粉末如铝粉、镁粉等，燃烧时不仅温度很高，而且粉尘极易飞扬，与空气混合达到爆炸极限时，遇明火引起粉尘爆炸。

（4）热分解性。

某些易燃固体受热后不熔融，而是发生分解现象。有的受热后边熔融边分解。一般来说，热分解的温度高低直接影响危险性的大小，受热分解温度越低的物质，其火灾爆炸危险性就越大。

（5）毒害性。

许多易燃固体有毒，或燃烧产物有毒，或有腐蚀性。如二硝基苯、二硝基苯酚、硫黄、五硫化二磷等。

2. 易于自燃的物质

1）易于自燃的物质的定义

指自燃点低，在空气中易于发生氧化反应，放出热量，而自行燃烧的物质。

易于自燃的物质包括：发火物质和自热物质。

2）易于自燃的物质的性质

（1）极易氧化。

自燃的发生是由于物质的自行发热和散热速度处于不平衡状态而使热量积蓄的结果。自燃物品多具有空气氧化、分解的性质，且燃点较低。在未发生自燃前，一般都经过缓慢的氧化过程，同时产生一定热量，当产生的热量越来越多，积热使温度达到该物质的自燃点时，便会着火燃烧。

凡能促进氧化的一切因素均能促进自燃。空气、受热、受潮、氧化剂、强酸、金属粉末等能与自燃物品发生化学反应或对氧化反应有促进作用,它们都是促使自燃物品自燃的因素。例如油布、油纸等在常温、潮湿的环境中能缓慢氧化，并且不断放出热量，当积热不散，达到一定温度时，也会引起自燃。

（2）易分解。

某些自燃物质的化学性质很不稳定，在空气中会自行分解，积蓄的分解热也会引起自燃，如硝化纤维素胶片、赛璐珞等。

3. 遇水放出易燃气体的物质

1）遇水放出易燃气体的物质的定义

指遇水或受潮时发生剧烈化学反应，放出大量的易燃气体和热量的物质。

本项物质与水接触或受潮可能放出易燃气体，这种气体与空气混合能够形成爆炸性混合物。这种混合物极易被引燃，所产生的冲击波和火焰可能对人和环境造成危害。

2）遇水放出易燃气体的物质的性质

（1）遇水易燃易爆。

遇水后发生剧烈的化学反应使水分解，夺取水中的氧与之化合，放出可燃气体和热量。当可燃气体在空气中达到燃烧范围时，或接触明火，或由于反应放出的热量达到引燃温度时就会发生着火或爆炸。如金属钠等遇水反应剧烈，放出氢气多，产生热量大，能直接使氢气燃爆。

遇水后反应较为缓慢，放出的可燃气体和热量少，可燃气体接触明火时才可引起燃烧。电石、碳化铝等遇湿易燃物质盛放在密闭容器内，遇湿后放出的乙炔或甲烷及热量逸散不出来而积累，致使容器内的气体越积越多，压力越来越大，当超过了容器的强度时，就会胀裂容器以致发生化学爆炸。

（2）遇氧化剂和酸着火爆炸。

遇湿易燃物质除遇水能反应外，遇到氧化剂、酸也能发生反应，而且比遇到水反应的更加剧烈，危险性更大。有些遇水反应较为缓慢，甚至不发生反应的物质，当遇到酸或氧化剂时，也能发生剧烈反应。如锌粒在常温下放入水中并不会发生反应，但放入酸中，即使是较稀的酸，反应也非常剧烈，放出大量的氢气。这是因为遇水易燃物质都是还原性很强的物质，而氧化剂和酸类等物质都具有较强的氧化性，所以它们相遇后反应更加强烈。

（3）毒害性和腐蚀性。

有一些遇水易燃物质与水反应生成的气体是易燃有毒气体，如电石放出的乙炔气体。碱金属及其氢化物类、碳化物类与水作用生成强碱，都具有很强的腐蚀性，还必须注意防腐。

（五）氧化性物质和有机过氧化物

氧化性物质和有机过氧化物是化学性质比较活泼的一类物质，在工农业生产中常常用到，不少人错误地认为其危险性较爆炸品要小，所以在作业过程中，往往未能引起重视，反而成了危险货物中最容易发生事故的一类货物。因此，我们必须了解它的性质，保证该类货物的安全运输。

氧化性物质和有机过氧化物具有强氧化性，易引起燃烧、爆炸，本类物质按其组成分为氧化性物质和有机过氧化物两项。

1. 氧化性物质

1）氧化性物质的定义

氧化性物质是指易分解并产出氧和热量的物品，其本身不一定可燃，但能导致可燃物的燃烧，与粉末状可燃物能组成爆炸性混合物，对热、振动或摩擦较敏感。

2）氧化性物质的性质

（1）很强的氧化性。

氧化剂中的无机过氧化物均含有过氧基，很不稳定，易分解放出原子氧，其余的氧化剂则分别含有高价态的氯、溴、氮、硫、锰、铬等元素，这些高价态的元素都有较强的获得电子的能力。因此，氧化剂最突出的性质是遇易燃物品、可燃物品、有机物、还原剂等会发生剧烈化学反应引起燃烧爆炸。

（2）遇热分解性。

氧化剂遇高温易分解出氧和热量，极易引起燃烧爆炸。

（3）撞击、摩擦敏感性。

许多氧化剂如氯酸盐类，硝酸盐类等对摩擦、撞击、振动极为敏感。储运中要轻装轻卸，以免增加其爆炸性。

（4）与酸作用分解。

大多数氧化剂，特别是碱性氧化剂，遇酸反应剧烈，甚至发生爆炸。例如，过氧化钠（钾）、氯酸钾、高锰酸钾等，遇硫酸立即发生爆炸。这些氧化剂不得与酸类接触，也不可用酸碱灭火剂灭火。

（5）与水作用分解。

有些氧化剂，特别是活泼金属的过氧化物，如过氧化钠（钾）等，遇水分解出氧气和热量，有助燃作用，使可燃物燃烧，甚至爆炸。这些氧化剂应防止受潮，灭火时严禁用水、酸碱、泡沫、二氧化碳灭火扑救。

（6）毒性和腐蚀。

有些氧化剂具有不同程度的毒性和腐蚀性。例如：铬酸酐、重铬酸盐等既有毒性，又会烧伤皮肤；活性金属的过氧化物有较强的腐蚀性。操作时应做好个人防护。

（7）强氧化剂与弱氧化剂之间的反应。

有些氧化剂与其他氧化剂接触后能发生复分解反应，放出大量热而引起燃烧、爆炸。如亚硝酸盐、次亚氯酸盐等。遇到比它强的氧化剂时显示还原性，发生剧烈反应而导致危险。因此，氧化剂也不能混储、混运。

2. 有机过氧化物

1）有机过氧化物的定义

有机过氧化物是指分子组成中含有过氧基（—O—O—）的有机物质，属热不稳定物质，可能发生放热自加速分解等，主要特性有：可能发生爆炸性分解；迅速燃烧；对碰撞或摩擦敏感；与其他物质起危险反应；损害眼睛。

有些有机过氧化物在常温或常温下会自行加速分解，所以必须控温运输；有的则需要加入一定的稳定剂方能运输。

如过氧化（二）苯甲酰干品极不稳定，受撞击易燃爆炸，运输中要求含水量不少于30%。

2）有机过氧化物的性质

（1）分解爆炸性。

由于有机过氧化物都含有过氧基—O—O—，而—O—O—基是极不稳定的结构，对热、振动、冲击或摩擦都极为敏感，所以当受到轻微的外力作用时即分解。如过氧化二乙酰，纯品制成后存放 24 h 就可能发生强烈的爆炸；过氧化二苯甲酰当含水在 1% 以下时，稍有摩擦即能爆炸；过氧化二碳酸二异丙酯在 10 °C 以上时不稳定，达到 17.22 °C 时即分解爆炸；过氧乙酸（过醋酸）纯品极不稳定，在 – 20 °C 也会爆炸，浓度大于 45% 时就有爆炸性，作为商品制成含量为 40% 的溶液时，在存放过程中仍可分解出氧气，加热至 110 °C 时即爆炸。不难看出，有机过氧化物对温度和外力作用是十分敏感的，其危险性和危害性比其他氧化剂更大。

（2）易燃性。

有机物一般都易燃而有机过氧化物更容易燃烧，如过氧化叔丁醇的闪点为 26.67 °C，过氧化二叔丁酯的闪点只有 12 °C，闪火即可燃烧。有机过氧化物受热或与杂质（如酸、重金属化合物、胺等）接触或摩擦、碰撞而发热分解，产生有害或易燃气体，当封闭受热时迅速由燃烧转为爆炸。所以扑救有机过氧化物火灾时应特别注意爆炸的危险性。

（3）人身伤害性。

过氧化物容易伤害人的眼睛，如过氧化环己酮、过氧化氢叔丁基、过氧化二乙酰等都对眼睛有伤害作用，其中某些过氧化物即使与眼睛短暂地接触，也会对角膜造成十分严重的伤害。因此，应避免眼睛接触过氧化物。

（六）毒性物质和感染性物质

该类物质不仅是化工生产的重要原料与产品，而且是农业生产中不可缺少的重要物资（如农药等）。然而，毒性物质在危险货物品名中所占比例较大，也是铁路运输中造成人、畜中毒的主要物质，车辆污染的主要污染源。因而搞好毒性物质的安全运输，意义重大。

本类货物分为毒性物质和感染性物质两项。

1. 毒性物质

1）毒性物质的定义

毒性物质是指进入人体后累积达到一定的量，能与体液组织发生生物化学作用或生物物理变化，扰乱或破坏肌体的正常生理功能，引起暂时性或持久性的病理状态，甚至危及生命安全的物质和物品。

毒性物质在吞食、吸入或与皮肤接触后可能损害人类健康、造成严重损伤甚至死亡。

毒性物质毒性的大小通常用半数致死量（用 LD_{50} 表示）或半数致死浓度（用 LC_{50} 表示），其含义是指在一群实验动物中，一次染毒后引起半数动物死亡的剂量（mg/kg）或浓度（mg/L）。

毒性物质包括：急性经口毒性 $LD_{50} \leqslant 200$ mg/kg 的固体和 $LD_{50} \leqslant 500$ mg/kg 的液体；急性皮肤接触毒性 $LD_{50} \leqslant 1\,000$ mg/kg 的物质；急性吸入毒性 $LC_{50} \leqslant 10$ mg/L（蒸气、粉尘或烟雾）的物质。

本项划分为一级毒性物质（剧毒品）和二级毒性物质（有毒品），见表 3.1.5。

表 3.1.5 毒性物质分级表

分 级	经口摄取半数致死量 LD_{50}（mg/kg）	经皮肤接触 24 h 半数致死量 LD_{50}（mg/kg）	粉尘、烟雾或蒸气吸入半数致死浓度 LC_{50}（mg/L）
一级毒性物质（剧毒品）	≤50	≤200	≤2
二级毒性物质（有毒品）	固体：50～500 液体：50～2 000	200～1 000	2～10

2）毒性物质的性质

（1）毒害性。

毒害性主要表现对人体及其他动物的伤害，引起人体及其他动物中毒的主要途径是呼吸道、消化道及皮肤三个方面。

呼吸道中毒：在毒害品中，挥发性液体的蒸气和固体粉尘最容易通过呼吸道进入人体，尤其在工作现场，接触毒品时间较长，很容易引起呼吸道中毒。如氢氰酸、苯胺、1605、西力生、赛力散、三氧化二砷等。进入人体后，随着血液循环还可以扩大中毒。

消化道中毒：毒害品侵入人体消化道引起的中毒。主要是在进行毒品作业后，未经漱口、洗手、更换工作服等就喝水、饮食、吸烟，或操作中误将毒品服入消化器官，进入胃肠引起中毒、溶解被人体吸收后引起中毒。

皮肤中毒：一些能溶解于水或脂肪的毒物接触皮肤后侵入人体内引起中毒。如1605、1059、硝基苯等。尤其通过皮肤破裂的地方侵入人体，并随着血液循环而迅速扩散。特别是氰化物的血液中毒，能致人很快死亡。此外，氯苯乙酮等对眼角膜等人体的黏膜有较大的危害。

（2）易燃性。

在毒害品中，约89%都具有火灾的危险性。无机毒害品中的金属氰化物和硒化物大都本身不燃，但都有遇水、遇湿易燃性（如氰化钠、氰化钾等），它们遇水、遇湿后放出极毒的氰化氢气体是易燃气体；锑、汞、铅等金属氧化物、硝酸铊、硝酸汞、五氧化二钒等大都本身不燃，但都有氧化性，能在500 °C以下分解，当与可燃物接触时易引起着火或爆炸。

（3）易爆性。

毒害品中的叠氮化钠，芳香族含2，4位两个硝基的氯化物、苯酚，酚钠等化合物，遇热撞击等都能引起爆炸，并分解出有毒气体。如2，4—硝基氯化苯，毒性大，遇明火和受热至150 °C以上即可以燃烧或爆炸。

2. 感染性物质

感染性物质指含有病原体的物质，包括生物制品、诊断制品、基因突变的微生物、生物体和其他媒介，如病毒蛋白等。

感染性物质少量误服、吸入或皮肤接触后，能与体液和组织发生生物化学作用或生物物理变化，扰乱或破坏肌体正常生理功能，引起暂时性或持久性的病理状态，甚至危及生命。

（七）放射性物质

1. 放射性物质的定义

单个放射性核素大于或等于《危规》附录7放射性核素 A_1、A_2 相应限值或放射性核素混合物大于《危规》附录8未知放射性核素或混合物的放射性核素的基本限值相应限制的属放射性物质。

此类物质能自发地、不断地放出α、β、γ射线或中子流，具有不同的穿透能力，过量的射线照射对人体细胞有杀伤作用。有些放射性物质还具有易燃、易爆、腐蚀和毒害等危险性。

A_1、A_2 是A型包装中容许装入的放射性活度限值。

2. 射线特性

1）α射线

α射线是带正电的粒子流，带两个单位的正电荷，电离能力强；射程很短，在空气中一般不超过 2 ~ 12 cm；穿透能力很弱，用一张纸、衣服或几十厘米的空气就能“挡住”。但因其电离能力强，一旦进入体内，会造成较大的伤害。

2）β射线

β射线是高速运动的电子流，由于它的速度高，所以它的能量也较大，穿透能力较强，但可被几毫米厚的铝片、塑料板“挡住”。β射线的电离能力较弱。

3）γ射线

γ射线是一种波长较短的电磁波（即光子流），不带电，而以光速在空间传播。射线穿透能力很强，而电离能力很弱。

4）中子流

中子流是不带电的中性粒子束。在自然界里，中子并不单独存在，只有在原子核分裂时才能从原子核里释放出来。中子流的穿透能力很强，容易被含有很多氢原子的物质和碳氢化合物所吸收，如水、石蜡、水泥。相反却能通过很重的物质，如铁、铅等。

几种射线的特性比较见表 3.1.6。

表 3.1.6　几种射线的特性比较

射线种类	带电性质	速　度	空气中射程	穿透能力	电离能力	主要照射方式	防护材料
α射线	带正电的粒子流	2 万 km/s	10 多厘米	最弱	强	内照射	塑料、铝
β射线	带负电的粒子流	20 万 km/s	20 多米	较强	较强	外内照射	塑料、铝
γ射线	不带电的光子流	30 万 km/s	几百米	强	只能间接电离	外照射	铁、铝
中子流	不带电的粒子流	与γ射线相似	与γ射线相似	强		外照射、内照射	水、石蜡

3. 半衰期和放射性活度

1）半衰期

放射性元素因放出射线而变成另一种新元素的有规律的核变化，称为放射性元素的衰变。放射性物质的原子数因衰变减少到原来一半所需要的时间，称为半衰期。每一种放射性元素都有一定的半衰期，如镭 ^{226} 的半衰期是 1 620 年，碘 ^{131} 的半衰期是 8.04 天，在铁路运输中，通常把半衰期少于 15 天的放射性元素称为“短寿命”放射性物品。

2）放射性活度

放射性活度是放射性物质放出射线强弱的一种物理量，其单位为 Bq（贝可）。

在铁路货物运输中，常用“放射性比活度”表示单位物质中所含放射性的强弱。其含义是：单位重量（或单位体积）的固体物质中所具有的放射性活度，常用单位有 Bq/kg、kBq/kg。

4. 剂量当量及剂量当量率

剂量当量是人体对一切射线所吸收能量的剂量。单位为 Sv（希沃特）。

单位时间内所受到的剂量当量，称为剂量当量率，国际单位制规定为 Sv/s，常用单位为 mSv/h。

5. 放射性物品的形式

放射性物品有下列 6 种形式：

（1）低比活度放射性物质（LSA），此类物质放射性比活度较低，包括Ⅰ类、Ⅱ类和Ⅲ类低比放射性物质。

（2）表面污染物体（SCO）。包括Ⅰ类和Ⅱ类表面污染物体。

（3）带有放射性物质的仪器或仪表等制品。

（4）放射性同位素。

（5）易裂变物质，包括 ^{235}U、^{233}U、^{238}Pu、^{239}Pu 和 ^{241}Pu。

（6）其他放射性物质，不包括在上述五种形式内的放射性物质。

（八）腐蚀性物质

硫酸、硝酸、盐酸、烧碱等腐蚀性物质，是化工生产的基本产品，也是化学工业的重要原料。在铁路运输中与其他危险货物相比，也是运量较大的一类危险货物。

1. 腐蚀性物质的定义

腐蚀性物质系指与完好皮肤组织接触不超过 4 h，在 14 天的观察期中发现引起皮肤全厚度损毁，或在 55 °C 时，对 S235JR + CR 型或类似型号钢或无覆盖层铝的表面均匀年腐蚀率超过 6.25 mm/年的物质。

腐蚀性物质可通过化学作用使生物组织接触时会造成严重损伤，在渗透时会严重损害甚至毁坏其他货物和运载工具。有些腐蚀性物质挥发出的蒸气能刺激眼睛、黏膜，吸入后会中毒；有些腐蚀性物质受热或遇水会形成有毒烟雾；有些无机酸性腐蚀性物质具有较强氧化性，接触可燃物易引起燃烧；有些有机腐蚀性物质具有易燃性。

2. 腐蚀性物质的性质

腐蚀品的化学性质比较活泼，能与金属、有机物及动植物机体发生化学反应，并具有毒害性及易燃性。

1）腐蚀性

腐蚀品对人体造成灼伤。如硝酸、硫酸等对人的皮肤、眼睛及黏膜具有破坏作用；酸、碱都能与金属材料发生不同程度的反应，对金属容器、货物包装、车辆、仓库地面等造成腐蚀，如硫酸与铁发生反应，使铁质包装造成锈蚀；氢氧化钠与铅发生反应生成铅酸钠和氢气等。此外，酸、碱对棉、麻、纸张、木材等发生作用，使它们脱水碳化，从而失去使用价值。

2）氧化性

有些酸类具有很强的氧化性。有的自身分解，释放出氧气；有的在与其他物质作用时，可以从其他物质中获得电子，将其氧化。如硝酸置于空气中，就会分解放出氧气。

3）毒害性

腐蚀性物质中的一些强酸还具有不同程度的毒性。如发烟硝酸、发烟硫酸、氢氟酸等易挥发出有毒气体，能引起人体的局部或全身中毒。

4）易燃性

有些有机腐蚀性物质本身易燃烧，如甲酸、乙酸等接触火源时，会立即引起燃烧。

（九）杂项危险物质和物品

本类物质和物品是指（一）至（八）类未包括的物质和物品。如干冰（CO_2固体），按其性质归纳在前八类中任何一类都是不恰当的。还有其他一些物质如锂电池组、多卤联苯或多卤三联苯（液体和固体）和石棉类等。这些物质都是对环境有害的。随着我国和世界各国对环境保护认识的提高，各种公害事件不断发生，血的教训唤起了人们对环境的重视。为了自身的生存和发展，维持正常的生态平衡变得非常重要。因此，增设第九类杂项危险物质和物品，列举危害环境的物质、高温物质、经过基因修改的微生物或组织。

1. 危害环境的物质

凡是能对地球生物生存环境（如温度、大气成分、水质、土壤、声音强度等等）造成危害的物质，都可以称作危害环境的物质。如 CO_2 是联合国环境规划署列为全球最有害的化学品之一。在产生温室效应加剧的原因中 CO_2 占 56%，氯氟烃占 24%，CH_4 占 11%，N_2O 占 6%。

全球气候变暖所带来的后果是十分严重的，全球增温，两极冰帽融化，水因升温膨胀，海平面将上升，沿海城市和海岛将淹没，全球 1/3 的人口受到影响。气候变暖会使温度带和降水带移动，使生态环境受到影响。变暖的气候有利于病菌、霉菌和有毒物质的生长，导致食物受污染或变质，气候变暖甚至会引起全球疾病的流行，严重威胁人类的健康。

石棉的微粒是大气和室内空气非常有害的物质，吸入体内，积累后危害极大，具有强致癌作用。此外，锂电池组及多卤联苯等对水质的污染也非常严重，对环境造成很大的破坏。

2. 高温物质

高温物质是温度≥100 °C 的液体（包括熔融金属和熔融盐）和温度≥240 °C 的固体。高温物质出事故后会直接伤害人体和各种生物体，直接影响周围环境。如：改质的煤焦沥青，原来煤焦沥青中的有害成分已改变，软化点在 100 °C 以上，经鉴定不属于前八类危险货物，但超过 100 °C 运输时，按第九类危险货物办理。

3. 经过基因修改的微生物或组织

经过基因修改的微生物或组织，能够非正常地繁殖结果的方式改变动物、植物或微生物的原有特性。这类物质会影响生物体的遗传混乱引起变异，破坏生态平衡。

三、危险货物运输设备

各种危险货物具有不同的危险性质，为了完成危险货物的运输任务，应在危险货物运量较大及具备安全运输条件的地方设立危险货物办理站，并配备必要的专用仓库、车辆、装卸工具等运输设备。

（一）危险货物办理站

1. 办理站种类

危险货物办理站系指站内、专用线、专用铁路办理危险货物发送、到达作业的车站。按类型分为以下 5 种：

（1）专办站，指主要办理危险货物发到、承运、装卸、保管及交付的车站。

（2）兼办站，指主要办理普通货物运输，兼办危险货物发送和到达作业的车站。

（3）集装箱办理站，指在站内办理危险货物集装箱运输的车站。

（4）专用线接轨站，指仅在接轨的铁路专用线、专用铁路办理危险货物作业的车站。

（5）综合办理站，指包含上述两项以上的车站。

其中绝大部分办理站为专用线接轨站。目前，全路约有 1 700 个危险货物运输办理站，其中专办危险货物的 210 个左右，专办危险货物集装箱的 60 个左右，专办剧毒品的 34 个左右，还有约 1 640 个车站衔接约 3 250 条企业专用线。这些办理站的数量是变化的，经铁道部批准可以新开办增加或关闭停用。取得办理资质的车站、专用线（专用铁路）将在《铁路危险货物办理站（专用线、专用铁路）办理规定》（以下简称《办理规定》）上公布。

2. 办理规定

危险货物的到发作业应在危险货物办理站之间进行。危险货物的办理站刊登在《办理规定》上，主要内容为：

（1）危险货物办理站站名表（见表 3.1.7），规定站内办理危险货物的发到品类。

表 3.1.7　全路危险货物办理站名表（摘录）

局别	序号	站名	类别类型	发送品名	到达品名	备注
哈尔滨铁路局	1	冯屯	一类		鞭炮	
	2	哈尔滨	五类	漂白粉		
			六类	敌敌畏		
			八类	消毒剂		
	3	海拉尔	一类		炸弹	
			八类		烧碱	
	4	拉古	一类		鞭炮	

（2）危险货物集装箱办理站站名表（见表 3.1.8），规定站内办理危险货物集装箱发到站名及允许的箱型。

表 3.1.8　全路危险货物集装箱办理站名表（摘录）

局别	序号	站名	箱型类型	发送品名	到达品名	备注
上海铁路局	1	无锡南	非标箱	黄磷	黄磷	

（3）剧毒品办理站站名表（见表 3.1.9），规定站内、专用线剧毒品发到的品名。

表 3.1.9 全路剧毒品办理站名表（摘录）

局别	序号	站名	顺号	专用线	共用单位	发送品名			到达品名			轨道衡		起重条件	
						灌装	非灌装	集装箱	灌装	非灌装	集装箱	动态	静态	起重能力	设备类型
郑州铁路局	1	长治	1	站内			氰化钠								
	2	郑州东	1	沙隆达郑州农药有限公司专用线			氧乐果			氧乐果					

（4）专用线、专用铁路办理规定一览表（见表 3.1.10），规定铁路罐车、集装箱、整车装运危险货物发到的品名，与车站衔接的专用线、专用铁路产权单位名称、共用单位名称，轨道衡计量以及集装箱（罐）作业条件（起重能力、起重设备类型）等。

表 3.1.10 铁路危险货物运输办理站（专用线、专用铁路）办理规定（摘录）（哈）

序号	办理站名称	顺号	专用线（专用铁路）名称	共用单位名称	发送品名			到达品名			轨道衡		起重条件	
					灌装	非灌装	集装箱（罐）	灌装	非灌装	集装箱（罐）	动态	静态	起重能力	设备类型
1	2	3	4	5	6			7			8		9	
33	哈尔滨东	58	哈尔滨市液化石油气公司		甲醇			甲醇、液化石油气						
		67	松江罐头厂专用线					盐酸、氢氧化钠溶液						

（二）危险货物场库设备

1. 危险货物办理站

危险货物办理站和装卸场所应设在安全地点，并且相对集中。危险货物专办站应远离市区和人口稠密的居民点。铁路新建危险货物专办站时，应与发展危险货物集装箱运输配套考虑，同时应与省、自治区、直辖市人民政府商定合乎安全要求的危险货物办理地点，并根据运量大小和实际需要设立危险货物作业场所。

经常办理危险货物的车站应建造具备通风、报警、消防、防爆、避雷、消除静电等安全设施的专门仓库。危险货物专门仓库、站台、雨棚要与所办理的危险货物品类和运量相适应。

2. 危险货物专用线

专用线（专用铁路）运输时应与设计时办理危险货物运输内容一致，装运和接卸危险货物运输品类，要有专门附属设施和安全防护设备等。铁路危险货物运输常见主要装卸设备为装卸作业线、起重装载设备、栈桥、鹤管、输送管道、轨道衡、消防设施、安全检查及报警设备、防雷防静电设备等。

（1）装卸设备。液体类、气体类危险货物的装卸，常见的设备设施有栈桥、鹤管、移动泵及输送管道。此类设施作为专用线主要附属设备设施，生产、安装、施工必须由具备国家相关资质的单位承担，装卸机具必须具有防爆功能，接地良好，日常要加强设备设施的维护检修工作，装卸作业前必须检查设施的完好性，并在装卸作业区及储存区增设可燃气体检测报警仪、火灾报警仪等。

气体类危险货物的装卸，在充装前必须对空车进行检衡，充装后对重车进行复检，办理气体类危险货物的运输单位必须配置轨道衡，轨道衡必须经过国家轨道衡计量站检验合格后方可投入使用。

（2）消防、安全设施。专用线应配置与办理危险货物性质相符合的消防、安全防护设施和器材，并设有安全防护标志。消防设备设施应经当地公安消防部门验收合格并出具验收意见书，消防通道应保持通畅。运输单位应根据危险货物的运量、品类等，配备如具备防静电功能的防护服、防护手套、防毒面具等防护用品，以及必要的应急救援药品和器材。

（3）专用线库房、栈桥等设施，应安装防雷保护装置，并经当地气象部门验收，验收合格并出具合格证书，每年进行复检。

（三）危险货物运输车辆及集装箱

危险货物在运输过程中，根据货物的性质不同，选用不同的运输车辆，除棚车以外，使用数量最大的是铁路罐车。在积极推进铁路危险货物现代科技手段的开发和应用之际，同时应大力发展危险货物集装箱运输。

1. 危险货物运输车辆

装运危险货物的车辆有罐车、棚车、敞车、平车、矿石车及其他特种车等。但由于危险货物的货物特性要求，在铁路运输中，除袋装、箱装、桶装等危险货物使用铁路棚车、敞车外，危险货物绝大多数使用的是罐车，而且多数使用的是企业自备罐车。

1）罐　车

罐车主要是用来装载液态、气态及粉末状货物的，其中一部分属于普通货物，另一部分属于危险货物。危险罐装货物主要包括易燃液体（如汽油、煤油、苯等）、毒害性及腐蚀性液体（如浓硝酸、浓硫酸等）和气体（如液氯、液氨）。

危险货物罐车按用途可分为轻油类罐车（用来运送汽油、煤油等黏度较小的石油产品及其他液体货物）、黏油类罐车（用来运送石油、润滑油等黏度较大的货物）、酸碱类罐车、液化气体罐车。

铁路产权罐车允许装运的品名为：原油、汽油、煤油、柴油、石脑油及非危险货物的重油、润滑油。

企业自备罐车装运液体危险货物时，应符合《品名表》第 12 栏内特殊规定，运输时由铁路局批准，未作规定的报铁道部批准。

企业自备货车一般在车辆中部标有“×××企业自备车”字样及过轨站站名而无铁路路徽。其中危险货物企业自备罐车的罐体标识见表 3.1.11。

表 3.1.11　危险货物企业自备罐车罐体标识表

<table>
<tr><td colspan="2">罐体本底色</td><td colspan="2">罐体两侧纵向中部涂刷一条宽 300 mm
表示货物重要特性的水平环形色带</td></tr>
<tr><td rowspan="5">一般</td><td rowspan="5">银灰色</td><td>易燃性为红色</td><td>氧化性为绿色</td></tr>
<tr><td>毒性为黄色</td><td>腐蚀性为黑色</td></tr>
<tr><td colspan="2">环带 300 mm 为全蓝色时表示非易燃无毒气体</td></tr>
<tr><td colspan="2">环带上层 200 mm 宽涂蓝色，下层 100 mm 宽涂红色表示易燃气体</td></tr>
<tr><td colspan="2">环带上层 200 mm 宽涂蓝色，下层 100 mm 宽涂黄色表示毒性气体</td></tr>
<tr><td rowspan="3">特殊</td><td>装运酸、碱类（全黄色）</td><td colspan="2">黑色</td></tr>
<tr><td>装运煤焦油、焦油（全黑色）</td><td colspan="2">红色</td></tr>
<tr><td>装运黄磷（银灰色）</td><td colspan="2">不涂打环形色带，在罐体中部喷涂 9 号自燃物品标志和 13 号剧毒品标志</td></tr>
</table>

注：① 环形色带中部（有扶梯时在扶梯右侧）以分子、分母形式货物名称及其危险性，如苯：苯/易燃、有毒。对遇水会剧烈反应，还应在分母内喷涂“禁水”二字，如硫酸：硫酸/腐蚀、禁水。

② 在罐体两端头两侧环形色带下方喷涂相应危险货物包装标志，规格：400 mm×400 mm。

（1）气体的充装要求。

气体危险货物装车单位必须具有轨道衡计量设备，装运气体危险货物罐车标记容积在 80 m^3以上的须安装三台面轨道衡。

气体类危险货物在充装前须对空车进行检衡。充装后，需用轨道衡再对重车进行计量，严禁超装。充装量应按计算公式计算，但不得大于标记载重量；计算的充装量大于标记载重量时，充装量以标记载重量为准。

（2）允许充装量的确定。

允许充装量的确定计算式为：

$$W_{计算} = \mathbb{C} \cdot V_{标}$$

当 $W_{计算} \geq P_{标}$ 时，有

$$W_{许装} = P_{标}$$

当 $W_{计算} < P_{标}$ 时，有

$$W_{许装} = W_{计算}$$

式中 $W_{计算}$——根据重量充装系数确定的计算充装量，t；

$W_{许装}$——允许充装量，t；

$\mathbb{C}$——重量充装系数，t/m³，$\mathbb{C}$ 实际上是该气体 50 °C 时的密度乘以充装到标记容积的 92% 所得；

$V_{标}$——罐车标记容积，m³；

$P_{标}$——罐车标记载重，t。

例如：液氯使用 GY_{40} 型罐车运输，该罐车的标记容积为 42.9 m³，则它的计算充装量 $W_{计算} = \mathbb{C} \cdot V_{标} = 1.20 \times 42.9 = 51.48$ t，大于该罐车的标记载重量 51 t，所以最大允许充装量 W 许装 = 51 t，在生产和实际工作中一般规定充装重量为 50 t。

又例如：液化石油气使用 GY_{95} 型罐车运输，该罐车的标记容积为 95 m³，则它的计算充装量 $W_{计算} = \mathbb{C} \cdot V_{标} = 0.42 \times 95 = 39.9$ t，该罐车的标记载重量 40 t，所以最大允许充装量 $W_{许装} = 39.9$ t，液化石油气铁路罐车实际充装时不得大于 39.9 t。

常见介质的重量充装系数见表 3.1.12。这里计算的允许充装量是允许的最大充装量，是一个理想的数值，在实际装车过程中，由于受空车中残液的影响，实际充装量应小于计算值。

表 3.1.12 常见介质的重量充装系数表

充装介质种类	重量充装系数（t/m³）	充装介质种类	重量充装系数（t/m³）
液氨	0.52	混合液化石油气	0.42
液氯	1.20	正丁烷	0.51
液态二氧化硫	1.20	异丁烷	0.49
丙烯	0.43	丁烯、异丁烯	0.50
丙烷	0.42	丁二烯	0.55

注：液化气体重量充装系数，按介质在 50 °C 时罐体内留有 6%～8% 气相空间及该温度下的密度求得。

充装时必须按计算结果进行充装，各充装单位按规定加装轨道衡和自动控制连锁装置，保证充装准确，严禁过量充装。因为如果液化气罐车中充满了液态液化石油气，当温度升高 1 °C 时，产生的蒸气压强仅 0.3 MPa，但产生的液体膨胀压强为 2.18～3.18 MPa，这就超过了罐车 2.2 MPa 的设计压力，是很危险的。

（3）当检衡复核充装量。

$W_{空检} \geq W_{自重}$ 时，有：

$$W_{实装} = W_{总重} - W_{自重}$$

$W_{空检} < W_{自重}$时，有：

$$W_{实装} = W_{总重} - W_{空检}$$

式中 $W_{实装}$——实际充装量，t；

$W_{自重}$——罐车标记自重，t；

$W_{总重}$——重罐车检衡重量，t；

$W_{空检}$——罐车空车检衡重量，t。

要求 $W_{实装}$不得大于 $W_{许装}$，即：$W_{实装} \leqslant W_{许装}$。

2）其他车辆及使用要求

危险货物限使用棚车装运，但《铁路危险货物品名表》第 12 栏内有特殊规定除外。部分装运危险货物的车辆见表 3.1.13。

表 3.1.13 部分装运危险货物的车辆

车辆种类	危险货物品名	备 注
必须使用毒品专用车	整车发送的毒性物质和放射性矿石、矿砂	
P_{64*}型竹底棚车或木底棚车装运	爆炸品、硝酸钠、氯酸钠、氯酸钾、黄磷和铁桶包装的一级易燃液体	如使用铁底棚车时，须经铁路局批准
限用“停止制动作用”的棚车	爆炸品中 14 个品名	见《铁路危险货物品名表》和特殊规定 4
禁用棚车	整车沥青及沥青的制品	
可使用敞车	① 塑料沥青； ② 油布、绸、漆布、动植物纤维[含动植物油]、油纸及其制品、油棉纱、油麻丝、氧化钙； ③ 氨溶液、硫化钠、硫化钾、氢氧化钠、氢氧化钾、焦油、煤焦油、松焦油； ④ 含油金属屑； ⑤ 混胺—02、发烟硝酸	① 可使用敞车； ② 经路局批准，可用敞车苫盖篷布运输； ③ 钢桶包装的可以使用敞车； ④ 散装运输时，须使用全钢敞车，车内必须干燥； ⑤ 路局批准，可以使用规定的铝罐装敞车。铝罐封口应气密不漏并稳固地装入敞车内
P_{64}、P_{64A}、P_{64AK}、P_{64AT}型棚车装运	硝酸铵	使用敞车运输时，需采取安全措施，并经过铁路局主管部门批准，应采取随货押运措施
其 他	《铁路危险货物品名表》第 12 栏内特殊规定	

2. 危险货物集装箱

危险货物集装箱运输是货运工作的一项重大改革，是危险货物运输的发展方向。用集装箱运输危险货物，能减少作业环节，改善工作条件，加快货物的接取送达，提高工作效率，避免了人工直接搬运危险所带来的不安全因素，有利于提高危险货物运输安全的整体管理水平。

危险货物的到发作业应在危险货物集装箱办理站之间进行，并符合《办理规定》的要求。

危货箱办理站应设置专用场地，并按货物性质和类项划分区域；场地须具备消防、报警和避雷等必要的安全设施；配备必要的防爆机具和检测仪器。

危险货物集装箱办理站办理的危险货物品名：

（1）铁路通用箱：

二级易燃固体（41501～41559）。

二级氧化性物质（51501A～51530）。

二级无机酸性腐蚀性物质（81501～81535）。

二级有机酸性腐蚀性物质（81601A～81647）。

二级碱性腐蚀性物质（82501～82526）。

二级其他腐蚀性物质（83501～83515）。

（2）自备危货箱：

铁路通用箱中所列品名。

毒性物质（编号为61501～61940）。

危险货物集装箱仅限装运同一品名的危险货物。

实训练习

1. 托运人××物流有限责任公司在兰州铁路局兰州西站托运硅铁一车（成分是：硅44%～48%，铝7%～12%，钙6%～8%，钡16%～20%），塑料编织袋包装，收货人为××钢铁股份有限公司，到站郑州铁路局安阳西站。

（1）这批硅铁是否属于危险货物？

（2）如果这批硅铁是危险货物，请确定铁危编号及类项名称。

（3）确定该批货物发站、到站、专用线及办理危险货物的品名是否符合《办理规定》的相关规定。

（4）确定这批硅铁应该使用何种车辆。

2. 确定表3.1.14危险货物的编号、类项名称、信息化品名及使用车型。

表3.1.14

顺　号	品　名	编　号	类项名称	信息化品名	使用车型
1	电引爆雷管[爆破用]				
2	环三亚甲基三硝胺[减敏的]				
3	丙烯				
4	无水氨				
5	汽油[闪点≤23 °C]，航空汽油				
6	硫，熔融硫黄				
7	碳化钙				
8	苯酚[固态]				
9	硫酸				
10	氢氧化钠[固态]				

3. 根据已知条件确定下列危险货物编号并指出应按何类、何项办理运输。

（1）高氯酸（浓度 41%）。

（2）高氯酸（浓度 64%）。

（3）硫酸氢钾（5 件，每件 20 kg，箱内每小件 0.5 kg）。

（4）硝化纤维素，含氮量 10%。

（5）三硝基苯酚，含水量 25%。

4. 使用标重 31 t、自重 43.8 t、容积 61.9 m³的自备罐车装运丁烯，计算允许充装量。

5. 某托运人使用标重 40 t、自重 43.8 t、容积 96 m³的自备罐车装运混合液化石油气，经检衡，空车重 44.17 t，重车重 80.21 t。

要求：（1）计算允许充装量。

（2）判断装载量是否符合铁路运输规定。

任务二　易燃易爆品运输组织

任务描述

（1）掌握易燃易爆品的运输要求。

（2）能办理危险货物发送、途中、到达作业。

（3）掌握危险货物特殊规定。

知识准备

一、承运人和托运人资质

（一）承运人资质

铁路危险货物承运人是指办理危险货物运输的铁路运输企业，如铁路车站。

1. 资质申请

申请铁路危险货物承运人资质的，应当具备下列条件：

（1）危险货物办理站的储运仓库、作业站台、专用雨棚等专用设施、设备要与所办理危险货物的品类和运量相适应。耐火等级、防火、防爆、防雷、防静电、污水排放和污物处理等应符合国家有关规定及技术标准。

（2）危险货物专用线（专用铁路）办理的地点、场所应配备有关检测设备和报警装置；作业人员应配备相应的防护用品；装卸设备应具备防爆、防静电功能；装卸能力、计量方式、消防设施、安全作业防护应符合规定要求；专用线、专用铁路接轨方式、线路作业条件等铁路运输安全基本设施、设备，必须符合铁道部的有关规定。

（3）货运人员、技术管理人员、装卸及驾驶人员应经过铁路危险货物运输业务知识培训，熟悉本岗位的相关危险货物知识，掌握铁路危险货物运输的规定。

（4）建立健全危险货物受理、承运、装卸、储存保管、消防、劳动安全防护等安全作业规程及管理制度。

（5）有铁路危险货物运输事故处理应急预案，配备应急救援人员和必要的救援器材和设备。

应当提交下列材料：

（1）行政许可申请书。

（2）国家安全生产监督管理部门认定的安全评价机构对专用线、专用铁路及其附属装置和设施作出的安全评价报告。

（3）申请人所在地设区的市级人民政府安全生产监督管理部门审查的意见。

（4）铁道部认定的培训机构对货运人员、技术管理人员、装卸及驾驶人员进行铁路危险货物运输培训的合格证明。

（5）铁道部认定的专业技术机构对危险货物办理站（专用线、专用铁路）作出的运输安全综合分析报告。

（6）危险货物运输事故处理应急预案。

行政许可申请书应采用格式文本。格式文本由铁路管理机构提供。

2. 资质审查

铁路管理机构收到全部材料后，应及时对申请人提交的材料进行审查，必要时可组织专家评审。

铁路管理机构对材料齐全、符合法定形式的申请，应在20日内（专家评审时间不计，但应将所需时间书面通知申请人）作出批准或者不予批准的决定。批准的，自作出决定之日起10日内颁发“铁路危险货物承运人资质证书”。不予批准的，书面通知申请人并说明理由。

铁路管理机构应将已批准的危险货物承运人资质许可证明文件及时抄报铁道部备案。由铁道部统一公布取得资质许可的危险货物承运人名录及相关内容。

被许可人应按照铁道部的规定，严格细化安全管理措施，严格执行《铁路危险货物运输管理规则》及有关规章文件规定。

3. 资质监督检查

铁路管理机构应加强对被许可人行为的监督检查。实施监督检查时，被许可人应如实反映情况并提供相关材料。

铁路管理机构监督检查时，发现有下列情形之一的，应责令承运人暂停办理危险货物运输业务，并限期整改：

（1）设施设备存在安全隐患的。

（2）相关从业人员配备不齐或未取得培训合格证明的。

（3）危险货物运输管理制度不健全、不完善，存在严重漏洞的。

（4）事故处理应急预案不完备的。

发现有下列情形之一的，铁路管理机构可撤销危险货物承运人资质：

（1）涂改、倒卖、出租、出借“铁路危险货物承运人资质证书”，或以其他形式非法转让“铁路危险货物承运人资质证书”的。

（2）弄虚作假或违反规定承运危险货物、造成严重后果的。

（3）设施、设备不符合危险货物运输安全要求的。

（4）存在重大安全隐患，要求限期整改未整改或整改后仍不合格的。

（5）造成危险货物运输安全重大责任事故的。

（6）法律、法规、规章规定的其他违法行为。

（二）托运人资质

铁路危险货物托运人，是指经国家有关部门认定，取得危险货物生产、储存、使用、经营资格，从事铁路危险货物运输托运业务的单位。

1. 资质申请

申请铁路危险货物托运人资质的运输企业或单位，应向有管辖权的铁路管理机构（铁路安全监督管理办公室）申请取得资质许可。应当具备下列条件：

（1）具有国家规定的危险物品生产、储存、使用、经营的资格。

（2）危险货物自备货（罐）车、集装箱等运输工具的设计、制造、使用、充装、检修等符合铁道部的安全管理规定。

（3）危险货物容器及包装物的生产符合国家规定的定点生产条件并取得产品合格证书。

（4）需加固运输的危险货物，应按《铁路货物装载加固规则》制定加固技术方案。

（5）装运压缩气体和液化气体的，应按国家规定安装轨道衡等安全计量设备。

（6）办理危险货物作业场所的消防、防雷、防静电、安全检测、防护、装卸、充装等安全设施、设备应符合国家有关规定。储存仓库的耐火等级、防火间距应符合《建筑设计防火规范》等有关国家标准。

（7）相关专业技术人员、运输经办人员和押运人员应经过铁路危险货物运输业务知识培训，熟悉本岗位的相关危险货物知识，掌握铁路危险货物运输规定。

（8）有铁路危险货物运输事故处理应急预案，配备应急救援人员和必要的救援器材及设备。

应当提交下列材料：

（1）行政许可申请书。

（2）申请办理危险化学品、爆炸品、放射性物品托运人资质的，提供相应生产许可证或经营许可证。

（3）营业执照（副本）。

（4）铁道部或铁路管理机构认定的培训机构对专业技术人员、运输经办人员、押运人员进行培训的合格证明；申请办理压缩气体和液化气体托运人资质的，还需提交轨道衡年检合格证。

（5）危险货物运输事故处理应急预案。

行政许可申请书应当采用格式文本。格式文本由铁路管理机构提供。

2. 资质审查

铁路管理机构监督检查时，发现有下列情形之一的，应责令托运人暂停办理危险货物托运业务，并限期整改：

（1）设施设备存在安全隐患的。

（2）有关专业技术人员、运输经办人员、押运人员配备不齐或未取得培训合格证的。

（3）危险货物托运业务安全管理制度不健全、不完善，存在严重漏洞的。

（4）事故处理应急预案不完备的。

发现有下列情形之一的，铁路管理机构可撤销危险货物托运人资质：

（1）涂改、倒卖、出租、出借“托运人资质证书”，或以其他形式非法转让“托运人资质证书”的。

（2）弄虚作假或违反规定办理危险货物托运，造成严重后果的。

（3）设施、设备不符合危险货物运输安全要求的。

（4）存在重大安全隐患，要求限期整改而未整改，或整改后仍不合格的。

（5）造成危险货物运输安全重大责任事故的。

（6）法律、法规、规章规定的其他违法行为。

（三）资质证书的编号、内容及形式

“铁路危险货物承运人资质证书”（以下简称“承运人资质证书”，编号由五位阿拉伯数字组成，前两位代表铁路局编号，后三位代表车站分配号码。

铁路局编号：哈尔滨 23；沈阳 21；北京 11；太原 14；呼和浩特 15；郑州 41；武汉 42；西安 61；济南 37；上海 31；南昌 36；广州 44；柳州 45；成都 51；昆明 53；兰州 62；乌鲁木齐 65；青藏 63。

车站分配三位数 001—999，如，北京铁路局×××站为：11001。其他车站按顺序分配号码。

“铁路危险货物托运人资质证书”（以下简称“托运人资质证书”编号由八位数字组成，其中前两位代表铁路局编号，中间三位代表车站分配号码，后三位代表托运人分配号码。

证书内容含四部分，分别为：说明和要求，批准栏，年检栏，违反规定记录。

证书分正本和副本两种，证书正面右上角印有“正本”、“副本”字样以示区别，正、副本具有同等效力。副本数量可根据需要确定。

“承运人资质证书”和“托运人资质证书”有效期 5 年，每年需进行年检，加盖铁路安全监督管理办公室印章有效。

二、托运受理

正确办理危险货物的托运和受理，是保证危险货物运输安全的重要环节。危险货物仅办理整车和 10 t 以上集装箱运输。国内运输危险货物严禁代理。

（一）托运人主要工作

1. 对货物进行符合运输需求的包装。

为了保证货物的运输安全，充分利用货车的载重量和容积，便于货物的装卸作业，托运人托运货物时，应根据货物的性质、重量、运输种类、运输距离、气候状况以及货车装载等条件，使用符合运输要求的包装。

2. 备齐必要的证明文件

托运人托运需凭证明文件运输的货物，必须在托运货物前备齐相应的证明文件。如托运

爆炸品时，托运人须出具到达地县级人民政府公安部门批准的“民用爆炸物品运输许可证”，托运烟花爆竹时须出具“烟花爆竹道路运输许可证”，并注明许可证名称和号码。

3. 向车站提交填写正确的货物运单

托运人托运货物，应向车站按批提出货物运单一份。托运危险货物时，运单填写的主要注意事项如下：

1）货物名称栏

货物名称栏，应填写“危险货物品名索引表”内列载的品名和相应的铁危编号。“危险货物品名索引表”内列载具体名称的，应填写具体名称，如氢氧化铝、43021；具体名称附有别名的，品名可填写其中之一，如硝铵炸药（或铵梯炸药）、11084；属于概括名称的，先填写具体名称，再注明所属概括名称，如氰化钾（氰化物）、61001；填报的危险货物品名必须符合托运人资质证书规定的范围；发到范围须与《办理规定》的范围一致。

2）特殊标记

托运人托运危险货物时，必须在运单右上角用红色戳记标明类项名称。如托运硝铵炸药时，应加盖 1.1 整体爆炸品 字样的红色戳记。危险货物类项名称戳记样式，均应按《危规》格式 27“危险货物类项名称戳记”制作。

托运爆炸品应在运单右上角用红色戳记标明“爆炸品”或（烟花爆竹）字样。

3）托运人记载事项栏

填记需要由托运人声明的事项，与危险货物运输有关的事项有：

（1）托运危险货物：托运人资质证书、经办人身份证、培训合格证号码。

（2）托运需要押运的货物：托运人资质证书、经办人身份证、培训合格证号码；押运员姓名、身份证号码和“押运员证”或“培训合格证”号码。

（3）托运爆炸品：还需要出具到达地县级人民政府公安部门批准的“民用爆炸物品运输许可证”，托运烟花爆竹时须出具“烟花爆竹道路运输许可证”，并注明许可证名称和号码。

（4）危险货物按普通货物运输：注明“货物品名×××，按普通货物运输”字样，如：豆粕，可按普通货物运输。

（5）新品名试运或改变包装：注明“比照铁危编号×××××新品名试运，批准号×××”字样或“试运包装，批准号×××”字样。

（6）整车货物：应注明要求使用的车种、吨位，是否需要苫盖篷布。在专用线卸车的，应记明“在××专用线卸车”。

（7）使用自备货车或租用铁路货车在营业线上运输货物：应记明“过轨运输许可证、企业自备铁路货车过轨技术检查合格证号”。使用托运人或收货人自备篷布时，应记明“自备篷布××块”。

（8）托运“短寿命”放射性物品：填写“容许运输期限×天”。

（9）国外进口危险货物，按原包装托运：应注明“进口原包装”。

（10）其他按规定需要由托运人在记载事项栏内注明的事项。

4）危险货物类项名称戳记

（1）第 1 类——爆炸品。

1.1 整体爆炸品

1.2 进射爆炸品

1.3 燃烧爆炸品

1.4 无重大危险爆炸品

1.4 整体爆炸不敏感物质

1.6 极端不敏感爆炸品

（2）第 2 类——气体。

2.1 易燃气体

2.2 非易燃无毒气体

2.3 毒性气体

（3）第 3 类——易燃液体。

3.1 一级易燃液体

3.2 二级易燃液体

（4）第 4 类——易燃固体、易于自燃的物质、遇水放出易燃气体的物质。

4.1 易燃固体

4.2 易于自燃物质

4.3 遇水易燃物质

（5）第 5 类——氧化性物质和有机过氧化物。

5.1 氧化性物质

5.2 有机过氧化物

（6）第 6 类——毒性物质和感染性物质。

6.1 毒性物质

6.2 感染性物质

（7）第 7 类——放射性物质。

7 放射性物质

（8）第 8 类——腐蚀性物质。

8.1 酸性腐蚀性物质

8.2 碱性腐蚀性物质

8.3 其他腐蚀性物质

（9）第 9 类——杂项危险物质和物品。

9.1 危害环境物质

9.2 高温物质

9.3 基因修改微生物或组织

注：戳记字体采用 2 号黑体字，宽度 1.5 cm，长度根据字体数量确定。

（二）承运人主要工作

发站对托运人提出的货物运单，经审查符合运输规定后，在货物运单“货物指定于 × 月

×日搬入”栏内，填写搬入或装车日期，为受理。受理工作是承运人在发送作业环节应做的主要工作之一，具体包括以下内容。

1. 审查托运人提交的相关资料是否符合要求

危险货物运输审查的主要内容有：

1）审查资质

受理货运员根据铁道部近期公布的“资质一览表”确认托运人资质，审查经办人、押运人的身份证、“培训合格证”和“押运员证”，确保“托运人资质证书”、经办人身份证和“培训合格证”与运单记载一致，证件不齐或不符合规定不得办理运输。

2）审查办理站

根据铁道部《办理规定》审查到站的营业办理限制和起重能力，包括到站、专用线（专用铁路）、收货人名称及办理品名等是否符合规定。

3）审查品名

货物名称关系着货物运输条件、安全和运费的计算。

审查填报的危险货物品名是否符合发到站办理的品名范围；审查运单记载的品名、类项、编号等内容与《品名表》的规定是否一致；核查《品名表》第12栏内有无特殊规定，确定所运货物的运输条件。

特别注意，运单记载的品名与“托运人资质证书”规定的范围，以及《品名表》、《办理规定》中列载的发到站品名必须一致。

4）审查包装及车辆

审查危险货物的运输包装和内包装是否符合《品名表》和《铁路危险货物包装表》的规定，是否具有危险货物运输包装检测合格证明，不符合时是否按“试运包装”办理。

使用企业自备车时，审查车辆的使用是否符合“四个统一”的要求。

（1）气体类危险货物：罐车产权单位为托运人的，“铁路危险货物托运人资质证书”的单位名称必须与“危货车安全合格证”、“押运员证”、“培训合格证”的单位名称相统一；罐车产权单位为收货人的，罐车产权单位名称必须与“危货车安全合格证”、“押运员证”、“培训合格证”的单位名称相统一；货物品名、托运人、收货人、发到站、专用线（专用铁路）等须与《办理规定》中公布的相统一；货物品名须与“危货车安全合格证”中的品名及罐体标记品名相统一。

（2）非气体类液体危险货物：非气体类液体危险货物运输时比照气体类规定办理，但不审核“押运员证”，有押运规定的，须审核“培训合格证”。

5）审查托运人记载事项栏内内容

需要凭证明文件运输的危险货物，证明文件中的品种、数量、运入地、货主及收货人是否相符，证件是否齐全有效。

派有押运员的货物，审查押运员人的身份证、“培训合格证”或“押运员证”是否有效。

托运“短寿命”放射性物质时，其容许运输期限至少要大于货物运到期限3天。

6）审查运单右上角内容

审查托运人在运单右上角是否用红色戳记标明类项名称。

7）审查军用危险货物

托运军用危险货物时，必须有“铁路军事运输计划”中明确发送单位，并应审查经办人的有效证件与发送单位一致，直接与车站办理运输手续，与运输计划不符时，车站应拒绝承运，并及时向铁路上级单位和军交运输部门报告情况，任何货运代理公司不得代办军用危险货物运输。

2. 填写运单相关内容

针对危险货物运输，承运人应重点填写运单右上角的以下内容：

（1）针对货物查《危规》附件 1：危险货物特殊规定第 12 栏中规定停止制动作用的货车，在运单右上角用红色记明“停止制动作用”的字样。

（2）针对货物查《危规》附件 7：铁路车辆禁止溜放和限速连挂表，在运单右上角用红色戳记标明“禁止溜放”或“限速连挂”的字样。

（3）针对货物查《危规》附件 6：铁路车辆编组隔离表，在运单右上角用红色戳记标明规定的三角标记。

（4）派有押运人的成组危险货物车辆，运单右上角注明“成组连挂，不得拆解”。

3. 签字确认

受理完毕，在“铁路危险货物发送作业签认单”上签字确认。

三、危险货物运输包装

根据包装的主要目的可将包装分为运输包装（也称外包装）和销售包装（也称为内包装）。运输包装是指以满足运输储存要求为主要目的包装，它具有保障产品的运输安全，方便装卸、加速交接、点验等作用。销售包装是指以促进销售为主要目的包装，这种包装的特点是外形美观，有必要的装潢，包装单位适于顾客的购买量以及商店的陈设要求。本项目的包装要求，主要以运输包装为主。

（一）危险货物包装

1. 包装的作用

危险货物的运输包装除了具有一般货物包装的作用以外，还具有以下特殊作用。

（1）能防止被包装的危险货物因接触雨雪、阳光，潮湿空气和杂质而变质，或产生剧烈的化学反应而造成事故。

（2）可以减少货物在运输过程中所受到的碰撞、振动、摩擦和挤压，使危险货物在包装的保护下保持相对稳定状态，从而保证运输安全。

（3）可防止因货物洒漏、挥发以及与性质相悖的货物直接接触而发生事故，或污染运输设备、其他货物。

（4）便于储运工程中的堆垛、搬动、保管，提高运载效率和工作效率，提高操作的安全性。

2. 包装的分类

货物包装的分类按照不同的分类方法可以分成不同的类别，例如按用途分类，按目的分类，而危险货物的运输包装本身已指明了包装货物的种类和包装的目的，因此分类方法主要有四种，按危险货物的种类分类、按包装材料分类、按包装类型分类、按包装结构强度分类。

1）按危险货物的种类分类

（1）通用包装：适用于第三、四、五、六类危险货物和第一、第八类中的某些货物。

（2）专用包装：常见的有两种。一种是爆炸品专用包装，因为不同的爆炸品其物理、化学性质各不相同，这类包装甚至在爆炸品之间都不能通用；另一种是一些特殊的危险货物，由于某种特殊性质而需采用专门包装。例如：双氧水专用包装、二硫化碳专用包装、黄磷专用包装、碱金属专用包装、电石专用包装等。

（3）气瓶包装：这是第二类危险货物的专用包装。此类包装物最显著的特点是能承受一定的内压力，所以又称压力容器。

（4）抗辐射包装：由于放射性物品本身的放射性污染和广泛的辐射作用，包装材料和结构应具有封严、抗压、抗腐蚀和抗辐射线穿透（即屏蔽作用）的化学和物理性能。

（5）抗腐蚀包装：腐蚀性物品由于其对材料的腐蚀性，需用不同的耐腐蚀材料来包装各种腐蚀品。

2）按包装材料分类

（1）按制作包装的材料可以分为：木制包装、金属制包装、塑料制包装、编制材料包装、玻璃陶瓷包装和棉麻织品包装等。在进行危险货物的包装时，应根据危险货物的性质，选择合适的包装材料，确保危险货物的安全运输。

（2）塑料的主要成分是树脂，是一种可塑性高分子材料，是近代发展起来的新型材料。由于塑料具有质量轻、耐腐蚀、机械性能好，易于加工、易于着色和美观的特点，所以被广泛运用于各类产品的包装。塑料制成的各种包装容器已逐步取代金属包装容器、陶瓷包装容器。

3）按包装类型分类

危险货物按包装的类型分为桶、箱、袋三大类。桶类包装通常使用的有铁桶、铝桶、铁塑复合桶、木板桶、胶合板桶、纤维板桶、厚纸板桶、塑料桶等，主要用来运输液态的危险货物；箱类包括集装箱、铁皮箱、危险货物保险箱、密木箱、胶合板箱、纤维板箱、刨花板箱、瓦楞纸箱、钙塑箱、条板花格木箱、编制箱等；袋类包括棉布袋、麻袋、乳胶布袋、塑料袋、纸袋、集装袋等，此类包装物一般用来作外包装或衬里用。

其中，瓦楞纸箱具质量轻，透气性、隔热性、化学稳定性、耐冲击性能好以及折叠组装灵活和成本低等优点。

4）按包装结构强度分类

危险货物在国际运输中，按照包装的结构强度和防护性能及内装物的危险程度将其分为三个等级。

（1）Ⅰ类包装：货物具有较大危险性，包装强度要求高。

（2）Ⅱ类包装：货物具有中等危险性，包装强度要求较高。

（3）Ⅲ类包装：货物具有的危险性小，包装强度要求一般。

3. 适用包装的确定

为了托运、承运使用方便，根据运输包装设计及试验要求而编制的“铁路危险货物包装表”列载了各种包装的编号、内外包装的要求以及每种包装的重量限制等内容。包装编号分为 26 个，1 号为钢质气瓶，2 ~ 9 号为各种材质的桶类包装，10 ~ 11 号为袋类包装，12 ~ 23 号为箱类包装，24 ~ 25 号为纸箱包装，26 号为放射性物品包装，经由铁路运输的危险货物包装必须符合包装规定的要求及《铁路危险货物品名表》内特定的要求。各类危险货物适用包装号，在《铁路危险货物品名表》内均有列载，托运人可根据危险货物品名方便的确定其适用的包装。

（二）危险货物包装标志

为了迅速明确危险货物的性质，保证装卸、搬运、储存、保管、送达的安全，保证一旦发生事故能尽快判定危险货物的性质，采取相应的施救方法，托运人应根据危险货物的特性，在每件货物包装上牢固、清晰地标明危险货物包装标志（GB 190—90，见表 3.2.1）和包装储运图示标志。必要时再加以文字说明，并附上与货物运单相同的危险货物品名。

表 3.2.1　危险货物运输包装标志

 包装标志 1 爆炸品标志 （符号：黑色， 底色：橙红色）	 包装标志 2 爆炸品标志 （符号：黑色， 底色：橙红色）	 包装标志 3 爆炸品标志 （符号：黑色， 底色：橙红色）	 包装标志 4 易燃气体标志 （符号：黑色或白色， 底色：正红色）
 包装标志 5 不燃气体标志 （符号：黑色或白色， 底色：绿色）	 包装标志 6 有毒气体标志 （符号：黑色， 底色：白色）	 包装标志 7 易燃液体标志 （符号：黑色或白色， 底色：正红色）	 包装标志 8 易燃固体标志 （符号：黑色， 底色：白色红条）
 包装标志 9 自燃物品标志 （符号：黑色， 底色：上白下红）	 包装标志 10 遇湿易燃物品标志 （符号：黑色或白色， 底色：蓝色）	 包装标志 11 氧化剂标志 （符号：黑色， 底色：柠檬黄色）	 包装标志 12 有机过氧化物标志 （符号：黑色， 底色：柠檬黄色）

续表 3.2.1

 包装标志 13 剧毒品标志 （符号：黑色， 底色：白色）	 包装标志 14 有毒品标志 （符号：黑色， 底色：白色）	 包装标志 15 有害品（远离食品）标志 （符号：黑色， 底色：白色）	 包装标志 16 感染性物品 （符号：黑色， 底色：白色）
 包装标志 17 一级放射性物品标志 （符号：黑色， 底色：白色，附一条红竖条）	 包装标志 18 二级放射性物品标志 （符号：黑色， 底色：上黄下白，附两条红竖条）	 包装标志 19 三级放射性物品标志 （符号：黑色， 底色：上黄下白，附三条红竖条）	 包装标志 20 腐蚀品标志 （符号：上黑下白，底色：上白黑下）
包装标志 21	杂类标志		（符号：黑色， 底色：白色）

1. 包装标志图样

危险货物包装标志有 9 类 21 个。每种危险货物包装件应按其类别粘贴相应的标志。但如果某种物质或物品还有属于其他类别的危险性质，包装上除了粘贴该类标志作为主标志以外，还应粘贴表明其他危险性的标志作为副标志，副标志图形的下角不标危险货物的类项号。

2. 包装标志尺寸

标志尺寸分为四种：50 mm × 50 mm，100 mm × 100 mm，150 mm × 150 mm，250 mm × 250 mm。

3. 危险货物集装箱包装标志的规定

使用集装箱运输危险货物时，托运人应根据危险货物类别在箱体上拴挂相应危险货物包装标志。拴挂位置：箱门把手处各 1 枚，箱角吊装孔各 1 枚，共计 6 枚，需拴挂牢固，不得脱落。标志采用塑料双面彩色印刷，规格为：100 mm × 100mm。

四、站内验收保管

（一）站内验收

货物搬入指定地点（货位）后，货运员按照运单的记载认真检查现货。进货验收是为了保证货物运输安全、完整以及划清承运人与托运人之间责任。

危险货物品名繁多，性质不一，仅《品名表》所列的“铁危编号”就有 2 000 多个，且新的化工品名不断出现，为了防止匿报品名等事项的发生，对托运人第一次来站托运的货物或无法判明货物性质的，车站应要求托运人进行货物性质鉴定，根据鉴定情况按相应的规定运输。对有些危险货物和普通货物外形等差别不大的货物，为防止企业谎报品名运输，车站应建立抽验制度，杜绝违法运输的发生。

核对现货与运单记载的品名、件数是否相符；货物的状态是否良好；核对包装是否符合《危规》的规定要求。

验货后，企业运输员与货区货运员现场交接签认。

（二）保　管

1. 危险货物保管总要求

危险货物应按其性质和要求存放在指定的仓库、雨棚等场地。遇潮或受阳光照射容易燃烧或产生易燃、易爆、有毒气体的危险货物不得在雨棚、露天存放。存放保管危险货物时，应符合《铁路危险货物配放表》（以下简称《配放表》，见附件 8）的要求。编号不同的爆炸品不得同库存放。放射性物质需建专用仓库，并与爆炸品仓库保持 20 m 以上的安全距离。

堆放危险货物的仓库、雨棚等场地必须清洁干燥、通风良好，配备充足有效的消防设施。货场应设置明显的安全警示标志，须建立健全值班巡守制度。仓库作业完毕后应及时锁闭，剧毒品须加双锁，做到双人收发、双人保管。进入货场的机动车辆必须安装防火帽（罩）。

2. 易燃易爆危险货物保管的具体要求

（1）第 1 类——爆炸品。

必须存放于专库内，库房应有避雷装置、防爆灯及低压防爆开关。仓库应由专人负责保管。库内应保持清洁，并隔绝热源与火源，在温度为 40 °C 及以上时，要采取通风和降温措施。爆炸品的堆垛间及堆垛与库墙间应有 0.5 m 以上的间隔。要避免日光直晒。

（2）第 2 类——气体。

应存放于阴凉通风场所，防止日晒、油污，隔绝热源与火种，当库内温度超过 40 °C 时，应采取通风降温措施。气瓶平卧放置时，堆垛不得超过 5 层，瓶头要朝向同一方，瓶身要填塞妥实，防止滚动；立放时要放置稳固，防止倒塌。

（3）第 3 类——易燃液体。

存放于阴凉通风场所，避免日晒，隔绝热源和火种。堆放要稳固，严禁倒置。库内温度超过 40 °C 时，应采取通风降温措施。容器受热膨胀时，应浇洒冷水冷却，必要时应移至安全通风处放气处理。

（4）第 4 类——易燃固体、易于自燃的物质、遇水放出易燃气体的物质。

应存放于阴凉、通风、干燥场所，防止日晒，隔绝热源和火种，与酸类、氧化剂必须隔离存放。严禁露天存放遇水易燃物质。

（5）第 5 类——氧化性物质和有机过氧化物

应存放于阴凉通风场所，防止日晒、受潮，远离酸类和可燃物，特别要远离硫黄、硝化棉、金属粉等还原性物质。亚硝酸盐类与其他氧化性物质应分库或隔离存放。堆垛不宜过高、过大，注意通风散热。库内货位应保持清洁，对搬出后的货位应清扫干净。

3. 危险货物配放表

危险货物存放时要求按类、项区别专库专用，如不同类项的危险货物确需同库混合存放，须符合《配放表》的规定。

五、制票承运

整车危险货物在装车完毕后，集装箱危险货物在验收完毕后，托运人应向车站货运室交付运输费用，并办理制票和承运作业。

（一）制　票

根据运单填记货票，核收运费。并将运单上的有关内容转记到货票上。在记事栏内需选择“危险品”或“危险品加成××%”。

整车货物按重量计费　　运费 =（基价 1 + 基价 2 × 运价里程）× 计费重量

集装箱货物　　运费 =（基价 1 + 基价 2 × 运价里程）× 箱数

规定计费重量 GY_{95S}　GY_{95}　GH_{40}　GY_{40}　$GY_{95/22}$　$GY_{95/22}$（石油液化气罐车）为 65 t；GY_{100S}　GY_{100}　$GY_{100\text{-I}}$　$GY_{100\text{-II}}$（石油液化汽罐车）为 70 t。

一级毒害品（剧毒品）按运价率加 100%；爆炸品、一级易燃液体（代码表 02 石油类除外）、一级易燃固体、一级易于自燃的物质、一级遇水发出易燃气体的物质、一级氧化性物质和有机过氧化物、二级毒性物质、感染性物质、放射性物质按运价率加 50%。罐式集装箱按“铁路货物运价率表”（见表 3.2.2）中规定的运价率加 30% 计算。装运一级毒害品（剧毒品）的集装箱按“铁路货物运价率表”中规定的运价率加 100% 计算；装运爆炸品、气体、一级易燃液体（代码表 02 石油类除外）、一级易燃固体、一级易于自燃的物质、一级遇水发出易燃气体的物质、一级氧化性物质和有机过氧化物、二级毒性物质、感染性物质、放射性物质的集装箱按“铁路货物运价率表”中规定的运价率加 50% 计算。装运危险货物的集装箱适用两种加成率时，只适用其中较大的一种加成率。

表 3.2.2　铁路货物运价率表

办理类别	运价号	基价 1		基价 2	
		单　位	标　准	单　位	标　准
整车	1	元/吨	6.40	元/吨公里	0.037 0
	2	元/吨	7.00	元/吨公里	0.044 4
	3	元/吨	8.70	元/吨公里	0.049 8
	4	元/吨	10.80	元/吨公里	0.055 3

续表 3.2.2

办理类别	运价号	基价 1		基价 2	
		单　位	标　准	单　位	标　准
整车	5	元/吨	11.70	元/吨公里	0.063 0
	6	元/吨	17.10	元/吨公里	0.086 9
	7			元/轴公里	0.287 6
集装箱	1 吨箱	元/箱	10.80	元/箱公里	0.042 6
	20 英尺箱	元/箱	259.00	元/箱公里	1.208 0
	40 英尺箱	元/箱	438.60	元/箱公里	1.890 4

自备、租用车的运费计费如下：

托运人自备货车或租用铁路货车（不论空重）用自备机车或租用铁路机车牵引时，按照全部列车（包括机车、守车）的轴数与整车 7 号运价率计费。

托运人自备货车或租用铁路货车装运货物用铁路机车牵引，或铁路货车装运货物用该托运人机车牵引运输时，按所装货物运价率减 20% 计费。

托运人的自备货车或租用的铁路货车空车挂运时，按 7 号运价率计费。

此外，在货运中运费还涉及铁路建设基金费率（见表 3.2.3），电气化附加费费率（见表 3.2.4），铁路货运营运杂费费率（见表 3.2.5）。

表 3.2.3　铁路建设基金费率表

种类＼项目			计费单位	农药	磷矿石	其他货物
整车货物			元/吨公里	0.019	0.028	0.033
自轮运转货物			元/轴公里	0.099 0		
集装箱	1 吨箱		元/箱公里	0.019 8		
	20 英尺箱		元/箱公里	0.528 0		
	40 英尺箱		元/箱公里	1.122 0		
	空自备箱	1 吨箱	元/箱公里	0.009 9		
		20 英尺	元/箱公里	0.264 0		
		40 英尺	元/箱公里	0.561 0		

表 3.2.4　电气化附加费费率表

种类＼项目	计费单位	费　率
整车货物	元/吨公里	0.012 00
自轮运转货物	元/轴公里	0.036 00

续表 3.2.4

种类		项目	计费单位	费　率
集装箱	1 吨箱		元/箱公里	0.007 20
	20 英尺箱		元/箱公里	0.192 00
	40 英尺箱		元/箱公里	0.408 00
	空自备箱	1 吨箱	元/箱公里	0.003 60
		20 英尺	元/箱公里	0.009 60
		40 英尺	元/箱公里	0.204 00

表 3.2.5　铁路货运营运杂费费率表

顺　号	项　目				单　位	费　率
1	取送车费	整　车			元/车公里	9.00
		集装箱	40 英尺		元/车公里	9.00
			20 英尺		元/车公里	4.50
2	押运人乘车费				元/人百公里	3.00
3	货车篷布使用费	D 型篷布	500 公里以内		元/张	120.00
			501 公里以上		元/张	168.00
		其他篷布	500 公里以内		元/张	60.00
			501 公里以上		元/张	84.00
4	集装箱使用费	1 吨箱	500 公里以内		元/箱	6.50
			501～2 000 公里每增加 100 公里加收		元/箱	0.52
			2 001～3 000 公里每增加 100 公里加收		元/箱	0.26
			3001 公里以上计收		元/箱	16.90
		20 英尺箱	500 公里以内		元/箱	130.00
			501～2 000 公里每增加 100 公里加收		元/箱	13.00
			2001～3 000 公里每增加 100 公里加收		元/箱	6.50
			3 001 公里以上计收		元/箱	390.00
		40 英尺箱	500 公里以内		元/箱	260.00
			501～2 000 公里每增加 100 公里加收		元/箱	26.00
			2 001～3 000 公里每增加 100 公里加收		元/箱	13.00
			3 001 公里以上计收		元/箱	780.00
5	清扫费	集装箱清扫	1 吨箱		元/箱	1.00
			20 英尺箱		元/箱	5.00
			40 英尺箱		元/箱	10.00
		货车清扫			元/车	10.00
		货车洗刷除污	整车货物	毒害品	元/车	200.00
				其他	元/车	120.00
6	自备车管理费				元/辆	120.00

承运后发现托运人匿报、错报货物品名填写运单，致使货物运费减收或危险货物匿报、错报货物品名按一般货物运输时，按批核收全程正当运费 2 倍的违约金，不另补收运费差额。

印花税是代收款，按运费金额的万分之五的税率分别计算承、托运双方的应纳税额。税额不足 1 角的免税，超过 1 角的四舍五入计算到角。

派有押运员的成组危险货物车辆，要求成组连挂，不得拆解；发站必须在该组车辆每一张运单、货票上注明“成组连挂，不得拆解”，并将该组票据单独装入封套，封套上注明“成组连挂，不得拆解”。

（二）承　运

发站在货物运单上加盖承运日期戳记。

作业完毕，在“危险货物（罐车）发送作业程序签认单”签认。

六、装卸车作业

（一）车辆选用原则

危险货物限使用棚车装运（《品名表》第 12 栏内有特殊规定除外）。装运时，限同一品名、同一铁危编号。爆炸品、硝酸铵、氯酸钠、氯酸钾、黄磷和钢桶包装的一级易燃液体应选用车况良好的 P_{64}、P_{64A}、P_{64AK}、P_{64AT}、P_{64GK}、P_{64GT} 等竹底棚车或木底棚车装运，并须对门口处金属磨耗板，端、侧墙的金属部分采用非破坏性措施进行衬垫隔离处理。如使用铁底棚车时，须经铁路局批准。

（二）装卸车基本要求

（1）装运危险货物应快装、快卸、快取、快送、优先编组、优先挂运。

（2）托运人、收货人有专用铁路、专用线的，整车危险货物的装车和卸车必须在专用线、专用铁路办理。托运人、收货人提出专用铁路、专用线共用时，需经铁路局批准。

车站应同各专用铁路、专用线所有人签订运输协议，商定货车交接地点、货车取送、货车装卸、货物和备品交接等有关事项，并报主管铁路局备案。由托运人或收货人组织装车或卸车的货车，车站应在货车调到前，将调到时间通知托运人或收货人。托运人或收货人在装卸车作业完了，应将装车完了或卸车完了时间通知车站。

（3）站内停放危险货物车辆时，要采取安全防护措施。对重点危险货物，由车站通知公安部门派人看护巡守，并要合理组织劳动力和装卸机械。

（4）危险货物装卸作业使用的照明设备及装卸机具必须具有防爆性能，并能防止由于装卸作业摩擦、碰撞产生火花。装卸作业前，应对车辆和仓库进行必要的通风和检查，向装卸工组说明货物品名、性质、作业安全事项并准备好消防器材和安全防护用品。作业时要轻拿轻放，堆码整齐稳固，防止倒塌，严禁倒放、卧装（钢瓶等特殊容器除外）。

（三）装卸车作业要求

1. 装车作业检查

（1）检查车辆。检查车种车型与规定装运货物相符，查看门窗状态、进行透光检查，确认车辆检修是否过期。

（2）检查货物。检查货物品名、包装、件数与运单填写是否一致，以及货物包装是否符合规定。

（3）装车作业。传达安全注意事项及装载方案，检查消防器材和安全防护用品。装载货物（含国际联运换装）不得超过车辆（含集装箱、罐式箱）标记载重量及罐车允许充装量，严禁增载和超装超载。

（4）装车后工作。检查堆码及装载状态，查验门窗是否关闭良好，做好施封加锁及装车台账登记等工作。

2. 卸车作业检查

（1）检查车辆。车辆状态及施封检查，核对票据与现车，确定卸车及堆码方法。

（2）卸车作业。传达安全作业注意事项及卸车方案，检查消防器材和安全防护用品。

（3）卸车后工作。填记卸货登记簿。对受到污染的车辆，及时回送洗刷所洗刷除污。清理车辆残存废弃物交由收货人负责处理。因污染、腐蚀造成车辆损坏的，要按规定索赔。

3. 气体类危险货物罐车装卸要求

（1）充装前：

① 充装单位技术人员和押运人员应共同负责对车辆进行检查。

② 按规定对罐体外表面（颜色、标记、外观等）进行检查，发现表面腐蚀严重，标记不清等，严禁使用。

③ 检查车辆的安全附件，附件不全、损坏或者失灵，发生跑、冒、滴、漏等不符合安全附件使用规定的，应及时处理维修，若处理不了，不得使用。

④ 管内没有余压，且无法判明管内残留介质品种、重量的不能充装。

⑤ 罐体内含氧量超过 3% 的，不能进行充装。否则，充装时流速很大，如果接地不好，静电火花可能引起罐内的混合气体发生爆炸。

⑥ 罐车密封性能不良或各密封件有泄漏的，不能使用。液态二氧化硫罐车应用含水量小于或等于 100 ppm 干燥空气进行气密性试验（压力为罐车设计压力的 0.9 倍），检查合格后，须将罐内气体排净方可充装。

⑦ 罐体密封性能、罐体余压等进行检查，不具备充装条件的罐车严禁充装；并且在充装前须对空车进行检衡。

（2）充装时：

① 充装时应注意检查一切充装设备管路、阀门、轨道衡等是否能正常使用；充装时介质流速不得超过 900 L/min；充装完毕后，充装人员和押运人员共同对罐车各密封面进行泄漏检查，封车压力不得超过罐内介质温度下的饱和蒸气压力，确认后方可封车。

② 充装量严格按计算公式计算，但不得大于标记载重量；计算的充装量大于标记载重量时，充装量以标记载重量为准。（计算公式参照《危规》第九十八条）

（3）充装后：

需用轨道衡再对重车进行计量，严禁超装，并且充装单位应会同押运员复检充装量，检查各密封件和封车压力状况，认真详细填记“充装记录”，符合规定时，方可申请办理托运手续。

气体类危险货物罐车卸后罐体内须留有不低于 0.05 MPa 的余压。

4. 液体（非气体类）危险货物罐车装卸要求

（1）充装前：

托运人应确认罐车是否良好，罐体外表应保持清洁，标记、文字应能清晰易辨。罐体有漏裂，阀、盖、垫及仪表等附件、配件不齐全完好或功能不良的罐车禁止使用。

（2）充装时：

应根据液体货物的密度、罐车标记载重量、标记容积确定充装量。充装量不得大于罐车标记载重量；同时要留有膨胀余量，充装量上限不得大于罐体标记容积的 95%，下限不得小于罐体标记容积的 83%。充装原油、煤焦油等使用黏油罐车装运的货物，可打开防尘盖装车，检查车辆是否泄漏。

（3）充装后：

需及时关严罐车阀件，盖好人孔盖，拧紧螺栓（注意要对角上螺栓），严禁杂质混入。货物静置后，量取货物充装高度，根据车辆的容积表号，用国家铁路罐车容积计量站提供的计量软件计算出罐车的充装量（充装体积），并打印出计量单。充装量低于 83% 时，罐体内未加防波板不得办理运输；对硝酸等腐蚀性强的货物，可用轨道衡进行计重，通过密度计算出充装体积，认真填写计量单。作业完毕，企业运输人员和车站货运人员在“危险货物运输作业签认单”上签字。

装运危险货物的罐车重车重心限制高度不得超过 2 200 mm。

5. 危险货物集装箱装卸要求

车站办理危货箱时，应对品名、包装、标志、标记等进行核查，防止匿报、谎报危险货物或在危货箱中夹带违禁物品。严禁在站内办理危货箱的装箱、掏箱作业。

危货箱装卸车作业前，货运员须向装卸工组说明货物性质及作业安全事项，作业时应做到轻起轻放，不得冲撞、拖拉、刮碰。

七、易燃易爆危险货物装卸与搬运注意事项

（1）第 1 类——爆炸品。

开关车门、车窗不得使用铁撬棍、铁钩等铁质工具，必须使用时，应采取防火花涂层等防护措施。装卸搬运时，不准穿铁钉鞋，使用铁轮、铁铲头推车和叉车，应有防火花措施。禁止使用可能发生火花的机具设备。照明应使用防爆灯具。作业时应轻拿轻放，不得摔碰、撞击、拖拉、翻滚。第 1.1 项和 1.2 项爆炸品的装载和堆码高度不得超过 1.8 m。车、库内不得残留酸、碱、油脂等物质。发现跌落破损的货件不得装车，应另行放置，妥善处理。

（2）第 2 类——气体。

作业时，应使用抬架或搬运车，防止撞击、拖拉、摔落、滚动。防止气瓶安全帽脱落及损坏瓶嘴。装卸机械工具应有防止产生火花的措施。气瓶装车时应平卧横放。装卸搬运时，气瓶阀不要对准人身。装卸搬运工具、工作服及手套不得沾有油脂。装卸有毒气体时，应配备防护用品，必要时使用供氧式防毒面具。

（3）第 3 类——易燃液体。

装卸前应先通风，开关车门、车窗时不要使用铁制工具猛力敲打，必须使用时应采取防

止产生火花的防护措施。作业人员不准穿铁钉鞋。装卸搬运中，不能撞击、摩擦、拖拉、翻滚。装卸机具应有防止产生火花的措施。装载钢桶包装的易燃液体，要采取防磨措施，不得倒放和卧放。

（4）第 4 类——易燃固体、易于自燃的物质、遇水放出易燃气体的物质。

作业时不得摔碰、撞击、拖拉、翻滚，防止容器破损。装卸搬运机具，应有防止产生火花的措施。雨雪天无防雨设备时，不能装卸遇水易燃物质。

（5）第 5 类——氧化性物质和有机过氧化物。

装车前，车内应打扫干净，保持干燥，不得残留有酸类和粉状可燃物。卸车前，应先通风后作业。装卸搬运中不能摔碰、拖拉、翻滚、摩擦和剧烈振动。搬运工具上不得残留或沾有杂质。托盘和手推车尽量专用，装卸机具应有防止发生火花的防护装置。

八、签认制度

爆炸品、硝酸铵、剧毒品（非罐装、有特殊规定 67 号）、气体类和其他另有规定的危险货物运输作业实行签认制度。作业应按规定程序和作业标准进行并签认。要对作业过程内容的完整性、真实性负责，严禁漏签、代签和补签。签认单保存期半年。

运输签认制度的有关要求按“铁路危险货物运输作业签认单”（《危规》格式 24）办理。

货检站无改编作业时，由各铁路局结合实际情况确定签认方式。

九、车辆的编挂要求及特殊防护事项

根据危险货物特殊性质，在调车作业和运输编组隔离、车辆技术检查、整备、检修等技术作业中需采取特殊防护事项，要有明确规定，并须书面通知有关单位和人员。

（一）车辆编组隔离的确定

由于挂有危险货物的车辆的列车在运行中接触的外界条件复杂，编入同一列车的危险货物性质也各不相同，列车中除了货物以外还有乘务人员，为保证人身、货物安全以及发生事故易于施救，因此，危险货物车辆在编入列车时需用普通货物车辆进行隔离。为了指导编组、调车作业，制定了《铁路车辆编组隔离表》（见附件 7），在车辆编组时，应认真按表中的规定执行。

（二）停止制动

铁路车辆的制动是通过闸瓦与车辆轮箍的摩擦产生的摩擦力来阻止车辆的运行，车辆制动因摩擦冒出的火星产生高温，严重时可将轮箍烧红，烧坏车地板。有些危险货物对火和热非常敏感，为保证货物完整和行车安全，在特殊规定第 4 条中，规定装有电引爆雷管、导爆索、三硝基甲苯等有整体爆炸危险的物质和物品，限使用停止制动作用的棚车。在特殊规定第 26 条中，规定含氮量≤12.6%，含水或其他润湿剂<32% 的硝化纤维素，限按整车办理，并仅限使用停止制动作用的棚车装运。全列车中停止制动的货车辆数不得大于 6%。

装运需停止制动作用的货车时，车站应书面通知车辆部门，由货车车辆段派就近的列检作业场人员到站确定后关闭截断塞门并施封；到站卸车后，应通知车辆部门派人员到站检查拆封，开启截断塞门。车站及车辆部门应认真登记并做好记录。

（三）禁止溜放和限速连挂

调车作业是铁路运输过程中一个重要环节。调车连挂速度的高低，冲击力大小对货物安全有密切关系，装有危险货物的车辆尤为重要，若把所有装有危险货物的车辆一律禁止溜放或限速连挂，就会大大降低作业效率，延缓货物的送达。

《铁路车辆禁止溜放和限速连挂表》（见附件 9），详细规定了禁止溜放品类和品名和限速连挂的物质和物品。

禁止溜放和限速连挂的原则：

（1）货物的性质对机械冲击比较敏感，经撞击、摩擦能引起燃烧、爆炸的货物，如雷管等。

（2）经撞击能使容器破漏，造成严重伤亡事故，且不易施救的货物，如液氨、放射性同位素等。

（3）受冲击后容器破损造成脱水，从而引起危险货物自燃或溢出的液体遇火星立即燃烧的货物，如黄磷、乙醚、甲苯等，以及具有强烈腐蚀性，极易伤害人体的货物，如硝酸、硫酸等。

（4）按组级代号办理的特殊货物。

（5）有些危险货物由于较稳定或包装比较坚固，调车时允许溜放，但连挂时限速在 2 km/h 以下。

（6）除爆炸品、气体、特种车辆、特种货物或搭乘旅客的车辆，其他“禁止溜放”的货车可向空线溜放。

（四）特殊防护事项

对运送有调车作业限制、编组隔离限制和需要停止制动作用的货车，应按特殊防护事项表（见表 3.2.6）的规定办理。

表 3.2.6　特殊防护事项表

特别防护事项	货车上的表示	运输票据上的表示
规定禁止溜放或溜放时限速连挂的车辆	在货车两侧插挂“禁止溜放”或“限速连挂”的货车表示牌	在运单右上角、票据封套上用红色记明“禁止溜放”或“限速连挂”字样
规定编组需要隔离的货车	在货车表示牌上记明规定的三角标记。未限定“禁止溜放”或“限速连挂”的货车可用货车牌背面记明三角标记；并插于货车两侧	在运单右上角、票据封套上用红色记明规定的三角标记
规定停止制动作用的货车	在货车表示牌上记明“停止制动作用”的字样	在运单右上角、票据封套上用红色记明“停止制动作用”的字样

（五）危险货物车辆的挂运

危险货物车辆，在始发站或编组站必须以最近车次挂出。货运员或车站货调应及时向站调报告危险货物的车种、车号、装完时间、存放地点，以便站调对危险货物车辆重点掌握，安排最近车次挂出。各中间站装完的车辆，则由车站值班员报告列调，由列调掌握最近车次挂出。

十、危险货物押运

铁路在承运性质特殊的货物时，为了使货物完整、安全地到达目的地，并确保铁路运输安全，按《铁路货物运输规程》和《危规》规定，托运人必须派遣押运人员，以保证货物在运输途中的安全。

（一）押运基本要求

运输爆炸品（烟花爆竹除外）、硝酸铵实行全程随货押运。剧毒品、罐车装运气体类（含空车）危险货物实行全程随车押运。装运剧毒品的罐车和罐式箱不需押运。

其他危险货物需要押运时按有关规定办理，可根据货物的性质，由铁路局按规定来确定。如有些铁路局棚车装运的黄磷就规定派有押运人员随货押运。

（二）押运员要求

1. 押运人员的基本条件

由于从事铁路押运工作比较辛苦，而且需要较强的责任心。因此，企业在派押运人员时，原则上应满足以下基本条件：

（1）押运人员应为身体健康的男性公民，具有初中及以上文化程度，无犯罪不良记录，工作责任心强，热爱押运工作。

（2）有押运人员的企业，要认真审查押运人条件，建立押运人安全审查登记表，健全押运人技术档案，对押运人进行统一管理。

（3）加强押运人员管理，对押运人进行专业培训，建立考核机制，押运人必须熟悉所押运货物性能，具备应急处理能力。

（4）押运员必须取得“培训合格证”。运输气体类的危险货物时，押运员还须取得“押运员证”。凡符合押运条件和范围的押运人员，必须经过铁路运输专业培训，考试合格后持证上岗。

2. 押运人员工作职责

1）押运员须知

这是铁路对押运人员上岗前进行与押运有关的安全教育。押运人员必须对其进行认真学习，熟悉和掌握“押运员须知”中各项规定内容，并在押运中严格遵守。

"押运员须知"内容如下：

（1）押运人应熟悉所押运货物的特性，负责所押运货物的安全。不得擅离职守，不得擅自登乘未经车长或站长许可的车辆。

（2）要注意乘车安全。横过线路要一站、二看、三通过，不得跳、钻车辆。亦不得在列车、车辆移动时抓车或跳车。严禁在货车下乘凉避雨，不得蹬坐车帮和探身车外，不准在货车顶部或货垛的高处坐卧、走动或停留，也不准在易于窜动货物的空隙间乘坐。在电气化区段内，押运人禁止坐在车顶上或敞车、平车装载的货物上，禁止在带电的接触网下翻越敞车端侧墙上下货车，严防触电。

（3）严禁携带危险品，不准在货车内吸烟、生火（押运需要生火加温运输的货物除外）。

（4）发现危及货物、人身、行车安全的情况，要立即通知车长、车站协助处理。

2）押运员岗位职责

（1）押运员在押运危险货物时，须持有铁路局核发的铁路危险货物运输业务"培训合格证"，运输气体类的危险货物时，押运员必须取得液化气体铁路罐车"押运员证"。

（2）押运员应了解所押运货物的特征，押运时应携带所需通信、防护、消防、检测、施救等设备工具以及生活必需品。

（3）押运员对所押运的车辆构造及附件性能应有所了解，发生故障时能及时处理，并对所押运货物的数量、件数、包装、装载方案和运输安全负责。

（4）押运员必须乘坐所押运的车辆（专运、军事运输及有特殊要求的除外），不得乘坐其他车辆。

（5）押运员在押运过程中应按规定穿着印有红色"押运"字样的黄色马甲，遵守铁路运输各项安全规定，不得擅离职守，不得擅自登乘未经车站或运转车长许可的车辆。

（6）运输过程中发生货物异常时，应积极主动处理，以免事态扩大，如果处理不了应立即报告铁路有关部门，以便妥善处理。

（7）押运员应与车站货检员配合，做好所押运车辆状态的签认制度。

（8）在始发站，押运员在押运货物前要认真检查货物状态、包装、件数、装载情况，做到心中有数。在中途站，应及时瞭望和检查，中间站停留时间较长时，注意监视好货物；货物到站后，应与车站货检员办理交接手续，做好"危险货物到达作业签认单"的签认后方可离车返回。

3）液化气体铁路罐车押运员的特殊规定

液化气体铁路罐车押运员与其他货物押运人员的工作职责和承担的任务有所区别。液化气体铁路罐车押运员的工作与所挂运的列车运输安全紧密相关，押运员的业务水平和工作责任心，不仅关系所押运的液化气体铁路罐车能否安全运输到站，还直接涉及挂运的全列车运输安全。因此，对液化气体押运员有特殊规定。

（1）具有一定的业务知识。

了解铁路有关知识和铁路罐车构造，掌握罐体安全附件构造作用和罐体盛装介质的理化特性。熟练掌握处理安全附件泄漏的技术技能，确保铁路罐车运输安全。

（2）携带必备的用品和专用工具及证件资料（见表 3.2.7）。

表 3.2.7　气体类罐车押运员应携带的工具备品及证件资料目录

分　类	名　称	数　量	备　注
证件和资料	1. 身份证		本人
	2. 培训合格证		本人
	3. 押运员证		本人
	4. 全程押运签认登记表		
	5. 液化气罐车运行记录		
	6. 小修记录		
	7. 液化气罐车途中突发事件应急预案		本单位
	8. 押运员须知		
	9. 气体类罐车押运员应携带的工具备品及证件资料清单	每人 1 份	
防护用品	1. 按规定穿着黄色马甲	每人 1 套	
	2. 防护手套	每人 1 副	
	3. 防毒面具（带过滤罐）	每人 1 套	
	4. 护目镜	每人 1 套	
	5. 防护服	每人 1 套	
消防用品	手提式干粉灭火器	1 个	
通信工具	手机（限在安全条件下使用）	1～2 部	
检修工具	1. 防爆手电筒	每人 1 把	
	2. 防爆活扳手（规格：300 mm×36 mm）	每人 1 把	
	3. 防爆梅花扳手（规格：22~24mm、24~27mm）	每人 1 把	
	4. 防爆开口扳手（规格：22~24mm、24~27mm）	每人 1 把	
	5. 防爆管钳	每人 1 把	
	6. 防爆克丝钳	每人 1 把	
	7. 防爆螺丝刀	每人 1 把	
	8. 防爆剪刀	每人 1 把	
检修备品	1. 备用压力表	每人 1 只	
	2. 生料带	每人 1 卷	
	3. 角阀接头盲板及连接垫和堵头	各 4～5 个	
	4. 石棉绳填料、石棉片	5 m	液氨车用
	5. 气（液）相阀门盲板	各 1 个	
	6. 气（液）相阀四氟垫圈	各 4～5 个	
	7. 温度计堵头及连接垫	各 1 个	
	8. 嵌入式木楔	5～6 个	

（3）押运前罐车安全检查。

每次充装前罐体均须小修，由使用单位承担。自备车辆多的单位每次充装前都有专职人员按小修范围进行检查修理，而自备车台数少的单位没有专职人员检查修理，小修一般都由押运员自己承担。尽管有专职人员检查修理，但押运员在接到押运任务后，也要对所押运的罐车必须按小修范围检查一遍。

（4）罐体小修检查和修理主要内容。

检查罐体外观情况；检查罐体油漆有无脱落；检查罐体有无腐蚀（腐蚀深度超过 1.5 mm 时，应由修理单位来确定修程）；检查介质名称、技术参数、检验时期等标记是否清晰；检查罐体是否有机械损伤（损伤深度在 2 mm 左右，应请有资格修理单位来确定修程）；检查罐体有无凸凹缺陷，直径为 100 mm，凸凹量为 4 mm 时，应由有资格修理单位做调平或切换；检查罐体附件是否齐全牢固。

检查安全附件状况。检查安全附件的零部件是否齐全牢固，性能是否良好，是否有规定的铭牌，压力表是否超过有效期（6 个月）；检查各密封面是否有泄漏；检查罐体余压应为 0.1 MPa；盛装液化石油气和液氨罐车，新出厂或大、中修后首次充装罐内含氧量应小于 3%；盛装液氯和液态二氧化硫罐车，每次充装前应对罐体用干燥空气或氮气作罐体设计压力 0.9 倍的密封试验，其干燥空气或氮气含水量不大于 100 mg/L（100 ppm）；检查罐体和走行装置总成定期检验，检修是否到期；监督充装：计算罐车的允许最大充装重量；检查实际充装量；充装后上轨道衡复检充装量时，须记录轨道衡电子显示重量；审查“罐车充装记录”和“罐车运输交接单”所填写的充装吨数是否符合该罐车允许最大充装量。

（5）充装后交接检查。

罐车充装后，充装单位与押运员作交接检查。押运员须对下列部位进行检查：关闭紧急切断阀、球阀、各角阀、液位计及紧固保护罩，并检查有无泄漏；检查各密封面（安全阀、人孔盖、人孔盖上各阀件的安装面）有无泄漏；气、液相阀门加盲板垫紧固盲板；检查记录封车压力（不得超过罐内介质要求温度下的饱和蒸气压力），并关闭压力表座阀（液氯和液态二氧化硫车例外）。

（6）运输途中安全附件泄漏事故的处理。

以下情况发生泄漏，押运员必须及时消除泄漏：

① 安全阀开启泄漏，主要原因一是超装造成安全阀开启泄漏；二是安全阀弹簧疲劳或腐蚀严重而产生折损，造成安全阀开启并不回座。

② 压力表失灵或损坏：若途中压力表损坏或失灵，必须取出备用表在关闭针阀条件下进行更换，若无备用压力表进行更换，罐车不能继续运行。

③ 温度计座帽处泄漏：用备用的温度计高压石棉堵垫 4 个放进温度计座孔内，再带紧温度计座帽。

④ 紧急切断阀泄漏：保护盖或阀门盲板泄漏，主要原因是充装后球阀或截止阀未关严或充装时有异物垫住球阀或截止阀。处理时检查是否关严，若关严仍泄漏，反复开关或更换保护盖备用保护盖垫或盲板垫。

⑤ 角阀泄漏：角阀阀瓣关闭不严时，先卸下角阀排放管接头螺帽，用备用的紫铜盲板装在接头螺帽内，再把接头螺帽戴在角阀上。若角阀中的压力表阀、高低位检查阀泄漏，外装式可先卸开填料压盖，加石棉绳填料带紧填料压盖便可；内装式，只有紧固填料压套螺母解决。

以下原因的泄漏，不属于押运员处理范围，必须扣车通知检修单位：

罐体安全附件各密封面（安全阀与罐体、人孔盖与人孔颈部、人孔盖上各阀件的安装面）发生泄漏、气液相阀阀体产生泄漏。因为这些地方在厂修和中修后，均须保修 1 年，而且与罐体连接部件产生泄漏，罐体有一定的压力，禁止带压坚固螺栓。

（三）押运管理

1. 危险货物押运管理工作实行区段签认负责制

货检人员须与押运员在所押运的车辆前签认“全程押运签认登记表”。托运人再次办理运输时须出具此登记表，并由车站保留 3 个月。对未做到全程押运的，再次办理货物托运时车站不予受理。

2. 押运人员及备品管理

严格“培训合格证”和“押运员证”的发放，承运爆炸品、硝酸铵、剧毒品、气体等须押运的危险货物时，必须对押运人员资质进行认真审查，切实做到持证押运；托运单位必须按规定配齐押运工具、备品和必要的防护用品，发站要对押运工具、备品、防护用品以及押运间清洁状态等进行严格检查，不符合要求的禁止运输；押运间仅限押运人员乘坐，不允许闲杂人员随乘，执行押运任务期间，严禁吸烟、饮酒及做其他与押运工作无关的事情；要加大对押运人员应急处理知识和能力的培训，定期组织押运人员开展安全教育、业务培训、施救演练及职业道德教育，切实提高应急处理能力和履行岗位职责的自觉性。

3. 押运间管理

应当对押运间进行日常维护保养，破损严重的要及时向车辆部门报修，对门窗玻璃损坏等能自行修复的，必须及时修复；押运间内必须保持清洁，严禁存放易燃易爆物品及其他与押运无关的物品；对未乘坐押运人员的押运间应使用明锁锁闭，车辆在沿途作业站停留时，押运员必须对不用的押运间进行巡检，发现问题，及时处理。

4. 押运途中管理

押运人员要严格执行全程押运制度，认真按照《危规》中“全程押运签认登记表”要求进行签认，严禁擅自离岗、脱岗；严禁押运人员在区间或站内向押运间外投掷杂物。运行时，押运间的门不得开启。对押运期间产生的垃圾要收集装袋，到沿途有关站后，可放置车站垃圾存放点集中处理；货检人员在技术作业站除与押运人员进行签认外，还需对押运备品及押运间状态进行检查，不符合要求的要甩车处理。

5. 押运间检修

罐车检修单位在进行车辆临修、辅修、段修、厂修时，要严格按有关规程加强对押运间检查、修理。在接到使用部门的故障报告后要及时修理；气体危险货物罐车检修完毕出厂前，罐车产权单位应主动到检修单位，按规程标准对押运间检修质量进行交接签认，并做好记录，确保气体危险货物罐车押运间状态良好。

6. 押运货物审查

车站受理派有押运人的货物时，要认真审查押运人条件，与押运人技术档案进行核对，检查押运人有关证件是否齐全有效。符合押运条件的，由托运人在货物运单记事栏中记载押运人姓名、身份证号码、培训证、押运证号码等内容及押运人登乘押运货车的起点、终点，以及是否有铁道部规定的黄色棉布马甲式防护服等。车站承运时一并在货票记事栏内转记；派有押运员的成组危险货物车辆，途中要成组连挂，不得拆解；发站必须在该组车辆每一张运单、货票上注明“成组连挂，不得拆解”，并将该组票据单独装入封套，封套上注明“成组连挂，不得拆解”，并应在封套上标明押运人押运信息。

7. 押运方式（同一托运人、同一到站）、车辆及人数的确定

气体类6辆重（空）罐车（含带押运间车辆）以内编为1组。1~6车押运员不得少于2人，7~12车押运员不得少于4人，13~18车押运员不得少于6人；剧毒品4辆（含带押运间车辆）以内编为1组，每组2人押运；2组以上押运人数由铁路局确定；硝酸铵4辆以内编为1组，每组2人押运；2组以上押运人数由铁路局确定；爆炸品（烟花爆竹除外）每车2人押运；新造出厂的和洗罐站洗刷后送检修地点的及检修后首次返空的气体类危险货物罐车不需押运，但须在运单、货票注明“新造车出厂”、“洗刷后送检修”或“检修后返空”字样。

8. 押运途中事故的处理

押运途中发生伤害，比照《旅客意外伤害强制保险条例》赔偿；如果押运人员途中漏乘，应及时与所在车站和发站联系，说明漏乘原因。发站应及时联系漏乘车站，安排押运人员如何追赶漏乘车辆，押运人员最好不要盲目自行追赶车辆。

十一、危险货物的途中作业

货物在运输途中需要进行货物的交接、检查、换装整理和运输签认，可能还涉及货物运输变更或运输阻碍等问题的处理。

1. 货物运输合同的变更处理

气体类危险货物罐车运输不允许办理运输变更或重新托运，如遇特殊情况需要变更或重新托运时，需经铁路局批准。

特殊情况时。在铁路运输中，经常遇到危险货物重车因车辆故障，不能继续运行时，需要途中变更卸车站的情况。确因车辆故障等特殊原因需要办理危险货物运输变更时，车站应审核变更到站和收货人是否符合《办理规定》；以电报抄报相关铁路局货运处、运输处、调度所、车辆处等，跨局运输时，需请示铁道部运输局，经审核同意后，由铁路局调度所下达变更命令。根据现行铁道部《货运日常工作组织办法》中的规定，遇特殊情况货物需变更卸车站时，必须遵守下列规定：

（1）必须由托运人或收货人提出书面申请；

（2）必须和原到站在同一径路上；

（3）因自然灾害影响变更卸车地点时，应及时通知收货人；

（4）局管内变更卸车站，以铁路局调度命令批准；

（5）跨铁路局变更卸车站原则上不办理，确须变更时以铁道部调度命令批准。

各级货运调度人员负责电传、接收“停限装请求报告”。铁路局经运输处货工科长批准、铁道部经运输局调度部货工处长批准，发布停限装调度命令。

2. 途中危险货物的签认

危险货物运输管理工作要求高，安全责任重大，必须认真落实领导负责制、专业负责制、岗位负责制、逐级负责制。实行危险货物运输作业签认制度，是确保危险货物安全运输的一项举措。危险货物运输作业过程应按规定的程序和作业标准由责任人进行签认，以对作业过程内容的完整性和真实性负责，严禁漏签、补签和代签。

“危险货物作业签认单”包括“铁路危险货物运输作业签认单”（硝酸铵、爆炸品等袋装危险货物），“铁路剧毒品运输作业签认单”（非罐装，需跟踪管理的剧毒品货物），“危险货物罐车作业签认单”（气体类货物）。

每种签认单又分为发送作业签认单、途中作业签认单和到达作业签认单。

途中签认的车站指《铁路货运检查管理规则》中确定的路网性货检站和区域性货检站；无改编作业时，货检站根据车辆在站停留时间，若进行货检作业，则按规定应进行签认；派有押运员的，车辆有异状的，增轴或补轴的车辆，必须进行单独签认；货检作业分到、发场作业时，可以各场分别使用签认单签认，分别保管；各货检站必须认真按照规定进行检查，不得简化作业程序，对检查有问题的车辆必须按车签认，做好记录。

十二、到达作业

对到达的危险货物要及时取送车辆，及时组织卸车，及时通知收货人。

（一）专用线卸车

专用线、专用铁路负担着 95% 的罐车和 65% 非罐车的装卸任务，组织好专用线、专用铁路的危险货物的装卸工作，具有重要意义。

托运人、收货人自行装卸的货物，除派有押运人以外，承运人、托运人或收货人之间应进行交接。目的是确认货物状况，分清责任。

1. 交接凭证

由企业在专用线、专用铁路上交接货物时，使用的交接凭证为“货车调送单”。

2. 交接方法

（1）施封的货车、集装箱，凭封印交接。

（2）不施封的货车、集装箱凭门窗关闭状态，敞车、砂石车不苫盖篷布的，凭货物装载状态和规定标记交接；苫盖篷布的，凭篷布现状交接。

3. 交接地点

（1）专用线的交接地点在货物的装卸地点。

（2）专用铁路的交接地点在双方协议中指定的交接地点。

（二）货物的交付

到站向运单内所记载的收货人进行交付货物，是承运人履行货运合同的重要义务，货物交付包括票据交付和现货交付。

1. 票据交付（内交付）

收货人持领货凭证和规定的证件到货运室办理货物领取手续，在支付费用和在货票的丁联上盖章（签字）后，留下领货凭证。到站在运单和货票上加盖到站交付日期戳，然后将运单交给收货人，凭此领取货物。

2. 现货交付（外交付）

现货交付即承运人向收货人点交货物。收货人持货运室交回的运单到货物存放地点领取货物，货运员向收货人点交货物完毕后，在运单上加盖“货物交讫”戳记，并记明交付完毕的时间，然后将运单还给收货人。

由收货人在专用线、专用铁路组织卸车时，将货物送到专用线、专用铁路的交接地点即可。

作业完毕后，按规定签认“危险货物作业签认单”。

（三）货位、货车的清理

1. 货位清理

车站对清空后的货位，须及时清扫、洗刷干净。对撒漏的危险货物及废弃物，应及时通知收货人进行处理。对危险性大、撒漏严重的，要会同卫生防疫、环保、消防等部门共同处理。

2. 车辆的洗刷除污

装过危险货物的货车，卸后必须清扫干净。下列情况必须进行洗刷除污：

（1）装过剧毒品的毒品车。

（2）发生过撒漏、受到污染（包括有刺激异味）的货车。

（3）回送检修运输危险货物的货车。

（4）未经洗刷除污的货车严禁使用或排空。

3. 危险品集装箱的洗刷除污

收货人应负责危货箱的洗刷除污，并负责撤除危险货物标志。无洗刷能力时，可委托铁路部门洗刷，费用由收货人负担。洗刷除污不符合规定要求的不得再次使用。

（四）临时停限装处理

车站应按照“货物运价里程表”规定的营业范围办理货运业务。遇有特殊情况（施工、设备大修、改建）等原因需要临时加以限制时，应提前一个月办理手续，报请铁道部运输局营运部有关部门批准。同时，车站应在营业场所对外通告。

由于重车积压卸车困难，短时间（原则上不超过 1 个月）要求发站必须停装或限装时，由车站逐级上报铁道部运输局调度部有关部门批准。具体流程如下：

（1）卸车站要求发站停装和限装时，应说明原因和要求停限装的具体时间，并标明是否为“五定”班列或大宗货物直达列车的卸车站，以“停限装请求报告”逐级上报。铁路局报铁道部的“停限装请求报告”，须由货工科长或调度所主任批准。

（2）各级货运调度收到“停限装请求报告”后，有关人员应及时处理。

（3）发站、到站为同一铁路局管内的停限装由铁路局批准；跨局的由铁道部批准；国际联运和出口的货物必须经铁道部批准。

（4）“五定”班列、口岸站进口物资原则上不准停装，特殊情况必须停装时，须报铁道部批准。

（5）停装或限装必须以调度命令批准，逐级下达。车站接到停装或限装命令后，要及时将停限装的原因和具体时间通知发货单位。

（6）对已到达卸车站收货人拒卸的重车，车站应查明原因协调解决，未经铁道部批准，任何单位不得原车退回发站。

实训练习

1. 托运人湖南外运醴陵市某公司，在南昌铁路局醴陵东站托运烟花一车，收货人为××××物资再生利用公司，到站哈尔滨铁路局加格达奇站。（其他未尽事宜自行假设）

请按上述案例情况结合《危规》等货运规章的相关规定办理这批烟花的铁路运输工作，在完成这一任务时，请解决以下问题：

（1）根据货物品名，确定货物的类项及其主要特性。

（2）对承运人及托运人资质进行审查。

（3）确定装卸车地点是否符合《办理规定》的要求。

（4）审查托运人提交的相关资料是否符合要求。

（5）填写运单相关内容及加盖特殊标记。

（6）装车作业注意事项（包括车辆选择、装车前后的检查、装载方案和注意事项）。

（7）交接检查。

（8）核算制票承运工作，及时正确签认“危险货物运输作业签认单”。

2. 锦州某石化公司发蚌埠东，液化石油气一车，使用企业自备罐车装运，车种车号为G500623591，标重 38 t，在专用线装车，专用线长 6 km，押运人 2 名，计算发站应收费用。（1343/1343）

3. 某货检站到达一列货物列车，该列车编有硝酸铵 3 辆（同一发站、同一托运人、同一到站），试问：货检员应检查押运人的哪些证件？该组车有 2 名押运员，押运员数量是否符合规定？其中有 1 名押运员的押运服放在车内，货检员应如何处理？

4. 从甲站发往乙站一车工业硅，计费重量 60 t。运费为 4 626.20 元，票据记载含硅量 93%。经到站检测，该货物的含硅量为 78%。试计算到站应如何处理。

任务三　腐蚀品运输组织

任务描述

（1）掌握罐车充装量的确定。

（2）掌握腐蚀品发送、途中、到达作业办理。

（3）理解腐蚀品作业特殊要求。

知识准备

腐蚀性物质分为酸性腐蚀性物质、碱性腐蚀性物质和其他腐蚀性物质三项，每项又分设两级，铁危编号从 81001 ~ 83999。

腐蚀性物质可通过化学作用使生物组织接触时会造成严重损伤，在渗透时会严重损害甚至毁坏其他货物和运载工具。有些腐蚀性物质挥发逸散出的蒸气能刺激眼睛、黏膜，吸入后会中毒；有些腐蚀性物质受热或遇水会形成有毒烟雾；有些无机酸性腐蚀性物质具有较强氧化性，接触可燃物易引起燃烧；有些有机腐蚀性物质具有易燃性。

一、腐蚀品的包装及标志

腐蚀性物质根据其危险程度分为Ⅰ、Ⅱ、Ⅲ类包装。这类货物的包装类是根据人类经验同时考虑到另外一些因素确定的。如缺少人类经验，包装类必须根据实验数据确定。

腐蚀性物质应选用耐腐蚀容器，按所装物质性质、状态采用气密封口、液密封口或严密封口，防止泄漏、潮解或撒漏。

腐蚀性物质包装标志仅一种，见表 3.2.1 所列。

二、腐蚀品的存放与保管

腐蚀性物质应存放在清洁、通风、阴凉、干燥场所，防止日晒、雨淋。堆码应整齐稳固，不得与可燃物、氧化剂等混存。

三、腐蚀品的装卸与搬运

腐蚀性物质作业前应穿戴耐腐蚀的防护用品，对易散发有毒蒸气或烟雾的腐蚀性物质，必须通风作业，并使用防毒面具。货物堆码必须平稳牢固，严禁肩扛、背负，不得撞击、拖拉、翻滚货件。装车前卸车后必须清扫车辆，车内不得留有稻草、木屑、煤炭、油蜡、纸屑、碎布等可燃物。

腐蚀性物质多为液态，需使用罐车运输，装运酸、碱类危险货物的罐体为全黄色，罐体两侧纵向中部应涂刷一条宽 300 mm 黑色水平环形色带。《危规》规定，危险货物罐车装卸作业必须在专用线（专用铁路）办理。

四、洗刷除污后处理

运输危货货车经洗刷除污达到要求后应撤除货车洗刷回送标签，并在货车两车门内外明显处粘贴“铁路货车洗刷除污工艺合格证”各一张（见图 3.3.1），并填写“洗刷除污登记表”。未经洗刷除污的危货货车严禁使用或排空。

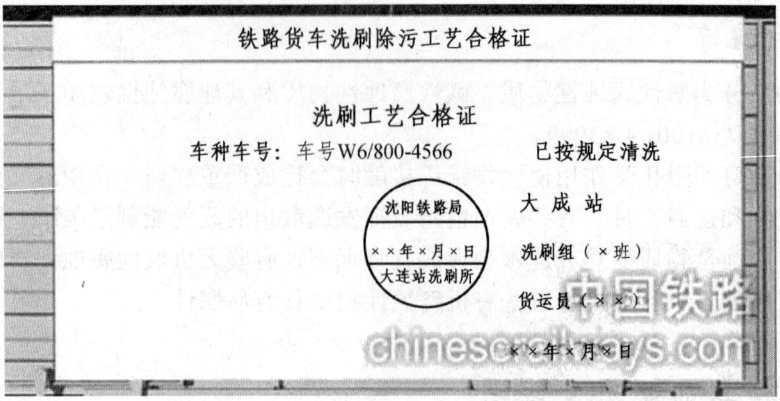

铁路货车洗刷除污工艺合格证

洗刷工艺合格证

车种车号：车号W6/800-4566　　已按规定清洗

沈阳铁路局
××年×月×日
大连站洗刷所

大成站

洗刷组（×班）

货运员（××）

××年×月×日

图 3.3.1　铁路货车洗刷除污工艺合格证

五、腐蚀品自备车运输

由于铁路产权罐车允许装运的品名中不包含腐蚀品，因此液态腐蚀品均使用自备车运输。企业自备罐车装运液体危险货物时，应符合《品名表》第 12 栏内特殊规定，运输时由铁路局批准，未作规定的报铁道部批准。

危险货物自备货车运输时，须由车辆产权单位向过轨站段提出申请，站段初审后报所属铁路局审核，符合规定的，由所属铁路局签发“危货车安全合格证”。“危货车安全合格证”实行一车一证，车证相符，按规定品名装运，不得租借和混装使用。铁路局应建立“危货车安全合格证”档案，每年进行一次复核。

（一）装运气体类危险货物罐车应出具的技术文件

（1）申请报告（含企业生产经营规模、运量、产品理化特性和危险性分析）；
（2）“自备罐车审查表”；
（3）压力容器使用登记证；
（4）铁路货车制造合格证明；
（5）铁路货车检修合格证明；
（6）车辆验收记录；
（7）押运员的“押运员证”和“培训合格证”；
（8）“企业自备车经国家铁路过轨运输许可证”；
（9）其他有关资料。

（二）装运非气体类液体危险货物罐车应出具的技术文件

（1）申请报告（含企业生产经营规模、运量、产品理化特性和危险性分析）；
（2）“自备罐车审查表”；
（3）铁路罐车容积检定证书（格式 21）；
（4）车辆验收记录；
（5）铁路货车制造合格证明；

（6）铁路货车检修合格证明；
（7）押运员的“培训合格证”（规定须押运的货物）；
（8）“企业自备车经国家铁路过轨运输许可证”；
（9）其他有关资料。

（三）非罐车装运危险货物应出具的技术文件

（1）申请报告（含企业生产经营规模、运量、产品理化特性和危险性分析）；
（2）“自备货车审查表”；
（3）车辆验收记录；
（4）铁路货车制造合格证明；
（5）铁路货车检修合格证明；
（6）押运员的“培训合格证”（规定须押运的货物）；
（7）“企业自备车经国家铁路过轨运输许可证”；
（8）其他有关资料。
在2006年8月1日前制造的货车，可不提供“铁路货车制造合格证明”。

（四）承运危险货物自备货车应审核的内容

1. 气体类危险货物

（1）罐车产权单位为托运人的，“托运人资质证书”的单位名称必须与“危货车安全合格证”、“押运员证”、“培训合格证”的单位名称相统一；

（2）罐车产权单位为收货人的，罐车产权单位名称必须与“危货车安全合格证”、“押运员证”、“培训合格证”的单位名称相统一；

（3）货物品名、托运人、收货人、发到站、专用线（专用铁路）等须与“办理规定”中公布的相统一；

（4）货物品名须与“危货车安全合格证”中的品名及罐体标记品名相统一；

（5）提供“铁路液化气体罐车充装记录”（以下简称“充装记录”，格式7）一式两份，一份由发站留存，一份随运单至到站交收货人；

（6）虽符合上述（1）～（4）项条件，但证件过期、定检过期、车况不良、罐体密封不严、罐体标记文字不清等有碍安全运输的不予办理运输。

2. 非气体类液体危险货物

非气体类液体危险货物运输时比照本条第1项规定办理，不审核“押运员证”，有押运规定的，须审核“培训合格证”。

3. 其他类危险物的运输

其他类危险货物运输比照上述相应规定办理。

六、罐车充装量的确定

充装非气体类液体危险货物时，应根据液体货物的密度、罐车标记载重量、标记容积确定充装量。充装量不得大于罐车标记载重量；同时要留有膨胀余量，充装量上限不得大于罐体标记容积的95%，下限不得小于罐体标记容积的83%，充装量低于83%时，罐体内未加防波板不得办理运输。装运危险货物的罐车重车重心限制高度不得超过2 200 mm。可用计算和查表两种方式确定其充装量是否符合要求。

（一）计算确定充装量

允许充装量应同时符合以下重量和体积要求。

允许充装重量：$w=\rho\cdot V_{标}$，且$w\leqslant P_{标}$

允许充装体积：$0.83V_{标}\leqslant V_{许装}\leqslant 0.95V_{标}$

式中　w——允许充装量，(t)；

ρ——充装介质密度，(t/m^3)；

$V_{标}$——罐车标记容积，(m^3)；

$P_{标}$——罐车标记载重，(t)；

$V_{许装}$——罐车允许充装体积，(m^3)。

【例3.3.1】　托运人使用标重63 t、容积34 m^3的G_{11}型自备罐车装运浓硫酸（90%的硫酸，密度为1.814 g/cm^3），经检衡，空车重20 t，重车重78 t，请判断装载量是否符合铁路运输规定。

【解】　（1）允许充装重量：

$$w=\rho\cdot V_{标}$$
$$=1.814\times 34=61.676\ (t)<P_{标}$$

故：

$$w=61.676\ t,\quad w_{石油}=78-20=58\ t<w$$

因此，浓硫酸装载重量符合条件。

（2）允许充装体积：

$$0.83V_{标}\leqslant V_{许装}\leqslant 0.95V_{标}$$

$$0.83\times 34\leqslant V_{许装}\leqslant 0.95\times 34$$

$$28.2\leqslant V_{许装}\leqslant 32.3$$

$$V_{硫酸}=(78-20)/1.814=31.97\ m^3$$

$$28.2\leqslant 31.97\leqslant 32.3$$

因此，浓硫酸装载也符合体积条件。

结论：经验算可知，该车硫酸装载量符合铁路运输规定。

（二）查表确定充装量

除使用公式计算可确定液体货物的充装量外，还可查表（《危规》附件 11　铁路危险货物罐车允许充装重量及高度表）（见表 3.3.1）确定其充装重量、高度范围。

上例中，经由铁路运输的硫酸装载量是否符合规定，也可查表 3.3.1 确定。

表 3.3.1　铁路危险货物罐车允许充装重量及高度表摘录（适合非气体类液体危险货物）

序号	品　名	铁危编号	国标编号	参考密度（kg/m^3）	车辆型号	标记载重（t）	标记容积（m^3）	准装重量范围（kg）	准装高度范围（mm）	液面到人孔上平面距离（空高）范围（mm）	罐车货物装卸方式
1	汽油	31001	1203	710	G_{60}	52	60	35 358 ~ 40 470	2 087 ~ 2 411	1 021 ~ 697	上装上卸
						53	60	35 358 ~ 40 470	2 087 ~ 2 411	1 021 ~ 697	上装上卸
					G_{60K}	53	60	35 358 ~ 40 470	2 088 ~ 2 414	1 020 ~ 694	上装上卸
					G_{70}	62	69.7	41 074 ~ 47 013	2 240 ~ 2 589	1 068 ~ 719	上装上卸
					G_{70A}	60	67.7	39 896 ~ 45 664	2 252 ~ 2 608	1 056 ~ 700	上装上卸
					G_{75}	62	75.6	44 551 ~ 50 992	2 327 ~ 2 682	926 ~ 571	上装上卸
					G_{Q70}	70	78.7	46 378 ~ 53 083	2 388 ~ 2 760	927 ~ 555	上装上卸
					G_{HA70}	70	88.3	52 035 ~ 59 558	2 404 ~ 2 780	926 ~ 550	上装上卸
2	硝酸(发红烟的除外)	81002	2031	1 500	G_{11}	63	34	42 330 ~ 48 450	1 516 ~ 1 724	992 ~ 784	上装上卸
3	硫酸	81007	1830	1 840	G_{11}	63	34	51 925 ~ 59 432	1516 ~ 1 724	992-784	上装上卸
					G_{11S}	63	34	51 925 ~ 9 432	1603 ~ 1 840	907 ~ 670	上装上卸
					G_{S70}	70	38	58 034 ~ 66 424	1 672 ~ 1 929	723 ~ 466	上装上卸
4	盐酸	81013	1789	1 190	G_{11}	63	34	33 582 ~ 38 437	1 516 ~ 1 724	992 ~ 784	上装上卸
					G_{11J}	62.5	47.29	46 708 ~ 53 461	1 935 ~ 2 234	973 ~ 674	上装上卸
					G_{FA}	62	51.7	51 064 ~ 58 447	1 931 ~ 2 227	1052 ~ 756	上装上卸
5	冰醋酸	81601A	2789	1 050	G_{11}	63	34	29 631 ~ 33 915	1 516 ~ 1 724	992 ~ 784	上装上卸
					G_{60}	53	60	52 290 ~ 53 000	2 087 ~ 2 114	1 021 ~ 994	上装上卸
					G_{60K}	53	60	52 290 ~ 53 000	2 088 ~ 2 115	1 020 ~ 993	上装上卸
					G_{60X}	60	54	47 061 ~ 53 865	1 919 ~ 2 181	1 161 ~ 899	上装上卸
					G_{H70B}	68	64.8	56 473 ~ 64 638	2 105 ~ 2 422	887 ~ 570	上装上卸
6	氢氧化钠溶液	82001B	1824	1 450	G_{11}	54	36	43 326 ~ 49 590	1 598 ~ 1 833	910 ~ 675	上装上卸
					G_{11J}	62.5	47.29	56 914 ~ 62 500	1 935 ~ 2 129	973 ~ 779	上装上卸
					G_{J70}	70	52.7	63 424 ~ 70 000	1 987 ~ 2 199	818 ~ 606	上装上卸

【例 3.3.2】　托运人使用标重 63 t、容积 34 m^3 的 G_{11} 型罐车装运浓硫酸，经检衡，空车重 20 t，重车重 78 t，硫酸的密度为 1.814 t/m^3，请查表判断装载量是否符合铁路运输规定。

【解】　$W_{硫酸}=78-20=58$ t，查表 3.3.1 可知，其准装重量范围为：51 925 kg ~ 59 432 kg。

因为　$51.925\ t \leqslant W_{硫酸} \leqslant 59.432\ t$

故符合运输要求。

装车单位要严格执行铁路罐车允许充装量的规定，防止超装超载。各铁路局要作出规划，加大安全检测计量设备投入，防止罐车装运的液体危险货物超装超载，确保运输安全。

实训练习

1. 托运人山东某化工厂，在济南铁路局临沂站托运灌装硝酸一车，收货人为哈尔滨某化工轻工材料总公司储运分公司，到站哈尔滨铁路局哈尔滨东站。（其他未尽事宜自行假设）

请按上述案例情况结合《危规》等货运规章的相关规定办理这批硝酸（非发烟）的铁路运输工作。

（1）发送作业各工作环节注意事项，包括：

根据货物品名，确定货物的类项及其主要特性；对承运人及托运人资质进行审查；确定装卸车地点是否符合《办理规定》的要求；审查托运人提交的相关资料是否符合要求；填写运单相关内容及加盖特殊标记；装车作业注意事项（包括车辆选择、装车前后的检查、装载方案和注意事项）；需要完成的交接检查工作有哪些；核算制票承运工作，及时正确签认“危险货物发送作业程序签认单”。

（2）途中作业各工作环节注意事项，包括：

车辆编挂要求及特殊防护；该车是否需要押运，有何具体要求；是否需要途中签认，在哪签认，由哪些人员参与。

（3）到达作业各工作环节注意事项，包括：

到达卸车交接凭证、交接方法和交接地点；货物交付程序及要求；车辆的洗刷除污。

2. 某企业拟用标重为 62 t、容积为 69.7 m³的 G_{70} 型自备罐车装运汽油，介质密度为 710 kg/m³。

要求：（1）确定货物准装高度范围。

（2）计算允许充装容积范围。

3. 某企业拟用标重为 53 t、容积 60 m³的 G_{60K} 型自备罐车装运煤油，介质密度为 860 kg/m³。

要求：（1）确定货物准装高度范围。

（2）计算允许充装容积范围。

4. 某企业拟用标重 70 t、容积 78.7 m³的 G_{Q70} 型自备罐车装运航空煤油，介质密度 860 kg/m³。

要求：（1）确定货物准装高度范围。

（2）计算允许充装容积范围。

（3）计算允许充装重量范围。

任务四　毒害品运输组织

任务描述

（1）能办理毒害品的托运和承运。

（2）掌握毒害品的装卸作业特点。

（3）进行剧毒品的跟踪监控。

知识准备

毒害品分为一级毒性物质和二级毒性物质（有毒品）。剧毒品系指《品名表》毒性物质的一级毒性物品，编号为 61001～61205 的危险货物。

一、毒害品的受理

剧毒品运输采用的运单一律为黄色专用货物运单，并在运单上印有骷髅头图案。

整列运输剧毒品由铁道部确定有关运输条件。

同一辆车只允许装运同一危险货物编号的剧毒品。

受理时，货运员要核实托运人资质，审核经办人身份证及培训合格证。要认真核对剧毒品到站品名是否符合《办理规定》，确定到站、专用线、收货人、品名与《办理规定》完全一致。

二、毒害品的包装类别及标志

（1）毒害品的包装类别。

毒害品（包括农药）在确定包装类别时，必须考虑到人类意外中毒事故的经验及个别物质具有的特殊性质，如液态、高挥发性、任何特殊的渗透可能性和特殊生物效应。在缺乏人类经验时，必须以动物试验所得的数据为根据划定包装类别，包装类别的数据见表 3.4.1。

表 3.4.1　毒害品确定包装类别的各类数据

包装类别	经口毒性 LD_{50}（mg/kg）	皮肤接触毒性 LD_{50}（mg/kg）	吸入粉尘和烟雾毒性 LC_{50}（mg/L）
I	≤5	≤40	≤0.5
II	5～50	40～200	0.5～2
III	固体：50～200 液体：50～500	200～1000	2～10

注：① 急性经口吞咽毒性 LD_{50} 是指在 14 天内能使刚成熟的天竺鼠半数死亡所使用的物质剂量，用“mg/kg”表示。

② 急性皮肤接触毒性 LD_{50} 是指在白兔赤裸皮肤上连续 24 h 接触，在 14 天内使受试动物半数死亡所使用的物质剂量，用“mg/kg”表示。

③ 急性吸入毒性 LC_{50} 是指使刚成熟的天竺鼠连续吸入 1 h，在 14 天内使受试动物半数死亡所使用的蒸气、烟雾或粉尘的浓度，用“mg/L”表示。

对易挥发的液态毒性物质容器应气密封口，其他的应液密封口；固态的应严密封口。

（2）毒害品的包装标志见表 3.2.1。

三、毒害品的装卸作业

（一）毒害品的存放与保管

应存放在阴凉、通风、干燥的库内，不得露天存放。与酸类应隔离存放，严禁与食品同库存放。必须加强管理，严防丢失和发生误交付。

（二）毒害品的装卸车

装卸车前应先行通风。装卸搬运时严禁肩扛、背负，不得撞击、摔碰、翻滚，防止包装破损。装卸易燃毒害品时，机具应有防止发生火花的措施。作业时必须穿戴防护用品，严防皮肤破损处接触毒物，作业完毕及时清洁身体后方可进食和吸烟。

毒性物质限使用毒品专用车，如毒品专用车不足时，经铁路局批准可使用铁底棚车装运（剧毒品除外）。铁路局应指定毒品专用车保管（备用）站。

剧毒品装车前，货运员要检查品名填写是否正确，包装方式、包装材质、规格尺度、罐车类型、包装标志等是否符合《危规》有关规定。不符合规定的一律不准装车。

剧毒品装卸作业时，货运员要会同托运人确认品名、清点件数（罐车除外），监督托运人进行施封，并检查施封是否有效。须在车辆上门扣用加固锁加固并安装防盗报警装置。剧毒品装卸作业过程必须进行签认，签认单格式见《危规》中“铁路剧毒品运输作业签认单”（包括“铁路剧毒品发送作业签认单”、“铁路剧毒品途中作业签认单”、“铁路剧毒品到达作业签认单”）。签认单由车站保存至少1年。

四、剧毒品的押运

运输剧毒品必须实行全程随车押运。装运剧毒品的车辆须在上门扣处用加固锁加固并安装防盗报警装置。罐车、罐式箱装运的剧毒品不需押运。押运人须持有铁路局核发的“培训合格证”。同一到站的，每组押运不超过4辆（含带押运间车辆），途中不得解体，押运人数每组不得少于2人。同一到站两组以上的剧毒品车辆所须押运人数由铁路局确定。

押运人须熟悉剧毒品的特性，在押运全程中要对所运剧毒品的品名、数量、件数、包装、封印和运输安全负责。

五、剧毒品的跟踪监控

为了加强对剧毒品的管理工作，铁路对已承运的剧毒品，必须做到实时掌控，实行剧毒品的全程跟踪监控，做到分散办理、中途监控、数据共享。铁路剧毒品运输计算机跟踪管理以危险货物办理站为基础，装车站要将剧毒品货票所载信息，实时报告剧毒品运输跟踪管理系统，生成“剧毒品运输管理信息登记表”。铁路局、铁道部在此基础上根据不同层次管理要求建立信息管理系统。铁道部负责全路剧毒品运输跟踪监管工作，铁路局应明确这项工作的负责单位和负责人。《品名表》第12栏特殊规定号67的货物均应实行剧毒品运输跟踪管理。

（一）车站对剧毒品技术作业的跟踪监控

剧毒品运输安全要作为重点纳入车站日班计划、阶段计划。车站编制日班计划、阶段计划时要重点掌握，优先安排改编和挂运。车站要根据作业情况建立剧毒品车辆登记、检查、报告和交接制度，值班站长要按技术作业过程对剧毒品车辆进行跟踪监控。

1. 列车出发作业

车号员要认真编制列车编组顺序表（运统一），并在剧毒品车辆记事栏内标记“D”，字样，车号员在发车前认真核对现车，确保出发列车编组、货运票据和“运统一”内容一致。发车后，要及时发出列车确报。

车站调度员（车站值班员）于列车出发后，将剧毒品车辆的挂运车次、编挂位置等及时报告铁路局调度，并将信息登录到剧毒品运输信息跟踪系统。

2. 列车改编作业

车站调度员（调车区长）要准确掌握剧毒品车辆信息，及时安排解编作业，正确编制调车作业计划，并在调车作业通知单上注明标记。严格执行剧毒品车辆限速连挂或禁止溜放要求，剧毒品押运人乘坐的车辆须限速连挂、禁止溜放。

调车指挥人员要按调车作业计划，将剧毒品车辆的作业方法、注意事项直接向司机和调车人员传达清楚，严格按要求进行调车作业。作业完毕时，及时将剧毒品车辆有关信息向调车领导人报告。

3. 列车到达作业

车号员应严格执行核对现车制度，确保列车编组、货运票据和“运统一”内容一致。对剧毒品车辆要进行标记。

（二）货检对剧毒品的跟踪监控

货检人员对剧毒品车辆要进行重点检查，要认真检查剧毒品车辆、集装箱施封等状态，没有押运人的必须甩车，及时通知发站派人处理，并通知公安部门采取监护措施。

车站货检人员对剧毒品车辆要进行重点检查，除按正常作业要求检查剧毒品车辆、集装箱施封等状态外，还要用数码相机对剧毒品车辆的两侧进行清晰拍照（车号、两侧施封锁号码、门窗状况，共 5 张照片），并存档保管至少 3 个月。如发现装有剧毒品的车辆或集装箱无封、封印无效以及有异状时，应立即甩车，通知公安部门共同清点，按规定进行处理。

（三）调度部门对剧毒品的跟踪监控

调度部门要实行逐级负责制，对承运后和到达前的剧毒品情况，由部、局调度负责掌握。跨铁路局运输的剧毒品，由铁道部调度负责跟踪。在铁路局管内运输的剧毒品，由铁路局调度负责追踪。各级调度要尽快组织挂运，成组运输的不得拆解，无特殊情况不得保留。必须保留时，要通知公安等有关方面采取监护措施。

对编挂有剧毒品车辆的列车原则上不准保留。因事故、自然灾害中断行车等特殊情况必须保留挂有剧毒品车辆的列车或挂有剧毒品车辆的列车滞留时，应报告调度室值班主任，列车调度员应提前向车站通报剧毒品车辆编挂位置及车数，车站值班站长或值班员及时通知车站公安派出所对剧毒品车辆进行看守。线路开通恢复运行时，应优先安排编挂有装载剧毒品车辆的列车。

（四）计算机跟踪管理

剧毒品实行铁道部、铁路局和车站信息管理系统三级计算机跟踪管理。

装车站要将剧毒品货票所载信息，及时生成“剧毒品运输管理信息登记表”，实时报告剧毒品运输跟踪管理系统。内容包括剧毒品车的车号（集装箱箱型、箱号及所装车号）、发到站、托运人资质证书编号、品名及编号、件数、重量和承运、装车日期等。

挂有剧毒品车辆的列车，应在“列车编组顺序表”记事栏中注明“D”字样，并将剧毒品车辆的车种车号、发到站、货物品名、挂运日期、挂运车次等信息及时报告给铁路局行车确报系统和剧毒品运输跟踪管理系统。

中途站发现装有剧毒品的车辆或集装箱无封、封印无效以及有异状时，应立即甩车，报告所属铁路局，并通知公安部门共同清点。同时按规定及时以电报形式向发到站及所属铁路局和铁道部报告有关情况。继续运送时，按装车站要求办理。

剧毒品到站后和卸车交付完毕后，立即将车种车号（集装箱箱型、箱号及所装车号）、发到站、托运人资质证书编号、托运人、收货人、品名及编号、件数、重量、到达日期、到达车次、交付日期等信息上网报告剧毒品运输跟踪管理系统，并在 2 h 内通知发站。

六、剧毒品的进出口运输

经铁路口岸站进出口、过境运输剧毒品的托运人（包括代理人），须按《危规》要求，取得铁路危险货物运输资质。办理运输时，须出具托运人资质证书、经办人身份证、培训合格证等。办理进出口剧毒品时，还须出具收货人所在地设区的市级人民政府公安部门发放的准购证。

国际联运出口剧毒品，办理站除按规定要求填写“联运运单”外，还需填写“国内剧毒品专用运单”两份，一份发站留存，一份随“联运运单”到口岸站存查。剧毒品专用运单仅作为添附文件，连同“联运运单”装入封套内，并在封套外加盖剧毒品专用戳记。

国际联运出口剧毒品车辆到达口岸站后，由口岸站将剧毒品专用运单抽出。在车辆交出后将该运单所载信息和口岸站作业信息输入计算机，报告给剧毒品跟踪管理系统和运输管理部门。

国际联运进口剧毒品由口岸站填写“剧毒品专用运单”两份，一份口岸站留存，一份随“联运运单”到站存查。

口岸站作业完毕后，将“剧毒品专用运单”所载信息和作业信息输入，报告给剧毒品跟踪管理系统和运输管理部门。

“剧毒品专用运单”由办理站保存 1 年。

七、危险货物的特殊运输条件

（一）按普通货物运输的条件

对于有些浓度较低，含水量较高而危险性较低的危险货物，或单个包装数量较少且包装较好的危险货物可按普通货物条件运输的有：

以容量不超过 2 L 的安瓿瓶盛装的气体；含氨 12% 以下、相对密度为 0.88 的氨溶液，内包装每瓶 0.5 kg 及以下，每箱净重不超过 20 kg；医药用安瓿瓶包装，每盒 5 × 0.2 mL，每箱

300 盒；动、植物油含量在 3% 以下；含量≤3% 的双氧水；含有效氯<10% 的次氯酸钙混合物；含有效氯 < 5% 的亚氯酸盐或次氯酸盐水溶液；医药用的四氯乙烯；含量<3.5% 的溴水，内包装≤1 kg，每箱净重≤20 kg；含碘小于 50% 的稀碘酒，每瓶 20 mL，10 瓶装一纸盒，外包装可使用瓦楞纸箱，每箱不超过 16 kg；涂油蜡的篷布；成套货物部分配件或货物的部分材料属危险货物；放射性物质的包装件外表面最大辐射水平不超过 0.005 mSv/h，包装件外表面放射性污染不超过包装件放射性污染最大限值和包装件的放射性活度相关限值。

经铁路局批准的下列货物可按普通货物运输：

41552 棉花等，42521 活性炭，42522 碳，42523 废氧化铁，42524 椰肉，42525 种子油（粕）饼等，42526 鱼粉等，91006 石棉，91008 蓖麻籽、蓖麻粉，蓖麻油渣，蓖麻片，81507 氯铂酸，81509 硫酸氢钾等，81513 三氯化铁等，82502 铝酸钠，83504 氯化锌等，83506 镓，91005 模塑化合物（呈现揉塑团、薄片或挤压出的绳索状，会放出易燃气体），91011 救生设备（自动膨胀式，装备中含有危险物品），91012 非自动膨胀式救生设备（装备中含有危险物品），91017 化学品箱，急救箱等，91018 熏蒸过的装置，91019 机器和仪器中的危险品等。

其中：（1）鱼粉或鱼屑如在装载时温度超过 35 °C 或者比周围温度高出 5 °C（以较高者为准），不得运输。鱼粉或鱼屑在托运时必须至少含有万分之一的抗氧化剂（乙氧基醌）。

（2）根据豆粕以及菜籽、棉籽、尼日尔草籽、大豆、花生、玉米、米糠、椰子、亚麻仁、棕榈仁等植物籽榨油后产生的粕饼类货物，以及酒糟等货物特性，这些货物禁止采用冷藏车和集装箱运输。

包装必须是一次性的，装车前必须对车辆进行清扫，车内需保持干燥，不得残留氧化剂、锯末、碳屑等有机可燃物；货物必须冷却在 40 °C 以下才能装车。

豆粕类货物若使用敞车运输，必须由托运人自愿提出申请，并经铁路局批准。除按以上规定执行外，装车时严格按“铁路货物运输装载加固规则”规定装载加固，并按规定苫盖篷布及篷布绳网，确保货物运输安全。

按普通货物条件运输的危险货物，限使用棚车装运，装车后货物距车顶部须留有适当空间，防止积热。符合《危规》一百零六条规定的可使用集装箱装运，其包装、标志须符合《危规》关于危险货物运输包装的相应规定。

经铁路局批准可在非危险货物办理站、专用线（专用铁路）发运，托运人在货物运单“托运人记载事项”栏内注明“×××（铁危编号），可按普通货物运输”[如“石棉（91006），可按普通货物运输”]，托运人可不办理“托运人资质证书”。

（二）限制及禁止铁路运输的危险货物

禁止运输国家禁止生产的危险物品。

禁止运输《危规》未确定运输条件的过度敏感或能自发反应而引起危险的物品，如叠氮铵、无水雷汞、4—亚硝基苯酚、浓度超过 72% 的高氯酸、无机高锰酸盐中的高锰酸铵、无机亚硝酸盐类中的亚硝酸铵、铵盐和无机亚硝酸盐混合物、冷冻液态氢、冷冻液态甲烷及甲烷含量高的冷冻天然气。

有些危险货物运输与外界温度有关，如硝酸甘油混合炸药，发站、到站及沿途气温低于 10 °C 时，不予承运；耐冻的硝酸甘油混合炸药，发站、到站及沿途气温低于 – 20 °C 时，不予承运。

对易发生爆炸性分解反应或需控温运输等危险性大的货物，须由铁道部专门确定运输条件。如：乙酰过氧化磺酰环已烷、过氧重碳酸二仲丁酯等。

凡性质不稳定或由于聚合、分解在运输中能引起剧烈反应的危险货物，托运人应采用加入稳定剂或抑制剂等方法，保证运输安全。如：乙烯基甲醚、乙酰乙烯酮、丙烯醛、丙烯酸、醋酸乙烯、甲基丙烯酸甲酯等。禁止运输未加稳定剂的氯丙酮。

（三）易燃普通货物的运输

易燃普通货物也是易燃的，也有造成火灾的危险性，但在危险程度上达不到易燃危险的程度而列为普通货物，在运输上就不受易燃危险货物运输条件的限制，按普通货物运输。

敞、平车装载的易燃普通货物按△6确定编组隔离条件。装载未涂防火剂的腐朽木材的车辆，运行在规定的区段和季节须与牵引机车隔离 10 辆，如隔离有困难时，各铁路局与邻局协商规定隔离办法。

用敞、平、砂石车装运易燃普通货物时，应用篷布苫盖严密，在调车或编入列车时，应进行隔离。但对干树皮、干树枝、干树条和带叶的竹枝，由于干湿程度、带叶多少不同，应否苫盖篷布，由发站根据气温和运输距离在确保运输安全的原则下负责确定。

腐朽木材喷防火涂料或采取其他防火措施后，可不苫盖篷布。

以易燃材料做包装、捆扎、填塞物，以竹席、芦席、棉被等苫盖的非易燃货物，以及用木箱、木桶、铁桶包装的易燃普通货物，均按普通货物运输。以敞车装运时，是否应苫盖篷布，由托运人根据货物的运输安全情况负责确定。并在运单托运人记事栏内注明。

由于棉花在铁路运输中常常发生火灾，为解决这个问题，铁道部在调研的基础上，下发了《关于加强棉花铁路运输安全管理工作的通知》，对棉花装运试点提出了要求，采取的措施主要有：

1）检测棉花回潮率

为防止由于棉花回潮率超过允许标准导致棉花自燃，在试点的棉花装车站配备便携式棉花回潮率测定仪，对承运的棉花回潮率进行抽检，防止由于气候原因等导致的棉花回潮率超标。

抽检标准：棉花回潮率不得大于 10.0%。

棉花回潮率测定仪统一使用“XJ101 D 型原棉回潮率测定仪”。

每车必须抽查，抽检率为每车不少于 3 包。

装车站要建立装车数、车型、车号、到站、抽查人、抽查率、包装类型等统计台账。

取样方法：采取随机抽检。在棉包腰部中间部位 10～15 cm 处，抽取约 100 g 棉花，放在密封塑料袋中，以备检测使用。取样后，要将棉包复型，并采取措施确保棉包不露花。

2）装运车型选用

为防止棉花内部积热不散导致自燃，要求车内通风良好，同时，需能够防止外来火源进入。尽量选择具有防盗窗的 P62 系列车辆装载棉花。

3）棉包类型选择

一是选用目前使用最多的棉布套袋外部用钢丝捆扎的包装方法。二是采用棉布套袋外部用塑钢带捆扎的包装方法。

4）改变棉花装车衬垫方法

对于无防火板、门窗变形或关闭不严、车底板有超限裂缝等状况不良车辆禁止装车。对于车内有突起、裂缝及车门缝隙处须采取衬垫木质胶合板等措施；装车前，使用双瓦楞纸对车底进行衬垫，并取消对车门窗使用塑料布以及沙袋等进行严密封堵的做法，确保满足车辆通风和防止外部火源进入的要求。

5）棉花在车内装载方案

227 kg 包型装载方法：第一层车辆两端各顺向侧立装 5 行，每行 4 件，车门处横向侧立装 2 行，每行 8 件；第二层横向平装 2 行（钢丝扣朝上），每行 21 ~ 22 件；第三层顺向立装 5 行，每行 17 ~ 18 件。装后，棉包与车辆两侧墙留有 50 ~ 80 mm 间隙。因包型不整齐，装载件数可在 180 ~ 182 件之间。

6）强化棉花运输消防措施

装车站要严格棉花运输、装卸作业及人员消防管理制度，防止外来火源引起棉花着火事故；装车前，必须对车厢内进行彻底清扫，车内不得留有易燃杂物、金属粉末等垃圾，车地板上不得有油渍；禁止车站、专用线汽车与火车对装棉花。对车站货运人员、装卸作业人员及企业运输员进行棉花运输安全及消防培训。

（四）新品名运输

“危险货物品名索引表”中未列载的品名办理运输时须进行性质鉴定，属于危险货物时，按危险货物新品名试运要求办理运输。

托运人提交品名鉴定前，需填写“铁路危险货物运输技术说明书”一式四份。托运人对填写内容和送检样品真实性承担法律责任。送检样品须经铁道部认定的专业技术机构进行鉴定。危险货物新品名试运由铁路局批准。经批准后，发站、铁路局、托运人各留存一份“铁路危险货物运输技术说明书”。

新品名试运须在指定的时间和区段内进行。跨铁路局试运时，由批准单位以电报形式通知有关铁路局。

试运前承运人、托运人双方应签订安全运输协议。

试运时，由托运人在运单“托运人记载事项”栏内注明“比照铁危编号 × × × 新品名试运，批准号 × × ×”字样。试运时间 2 年。试运结束时，托运人应会同车站将试运结果报主管铁路局。铁路局对试运结果进行研究后，提出试运报告报铁道部。铁道部根据试运报告指定有关部门进行复验，达到要求后正式批准运输。未经批准或超过试运期未上报试运报告的，须停止试运。

鉴定为普通货物时，不需进行试运。

未列入《品名表》中的危险货物品名，经过试运后，需要纳入到《品名表》中的，由铁道部确定并公布。

实训练习

托运人郑州某农药有限公司在郑州铁路局郑州东站托运氧乐果一车，收货人为重庆市某农业生产资料有限公司，到站成都铁路局梨树湾站。（其他未尽事宜自行假设）

请按上述案例情况结合货运规章相关规定办理这批氧乐果的铁路运输，在完成这一任务时，请解决以下问题：

（1）审核托运人填写的货物运单是否正确。

（2）货物的包装方法及标志是否正确。

（3）作业过程是否进行签认。

（4）货物的跟踪监控是否做到。

任务五 危险货物事故和应急处理

任务描述

（1）掌握危险货物撒漏及消防处理。

（2）掌握危险货物运输应急预案。

知识准备

一、影响危险货物运输的主要因素

危险货物发生变化的内因是他们本身含有不稳定的元素或不稳定的结构，外因是外界条件的影响，没有一定的条件，物质是很难发生变化的。铁路运输危险货物过程中要经过搬运、保管、装卸、配装和挂运等环节，都要受到不同程度的摩擦、振动和冲击、冷热变化、风雨侵袭，以及与不同性质的货物接触等。因此，为了保证危险货物的安全运输，除了研究危险货物的性质，了解他们发生变化的内因外，还应根据他们的不同性质，特别注意和防止运输过程中外界条件的影响。

（一）温度和明火的影响

铁路运输中，造成高温、明火环境的原因主要是日光直接照晒、夏季温度升高和外界火源。外界火源包括装卸作业中明火照明，如油灯、电石灯、生活取暖、炊食用火、吸烟、机动车排烟、车辆闸瓦摩擦起火、生产用火及雷电、静电闪火等。

1. 温度影响

温度对绝大多数危险货物有着直接的影响。这是因为物质的物理状态和化学反应速度与温度有关，所以在危险货物的运输条件中使用了燃点（物质起火燃烧的最低温度）、熔点（固态物质热熔化的最低温度）、自燃点（物质在空气中能自己燃烧的最低温度）、沸点（一般指液态物质经过加热后达到沸腾的最低温度）、闪点、爆发点等与温度有关的概念。

1）高温条件

爆炸品和氧化剂都含有较多的、活泼的氧，本身很不稳定，遇热后加速分解，在较短的时间内猛烈燃烧和爆炸；易燃、自燃物品的燃点一般较低，在较高温度的影响下，很容易达到该物质的燃点；有机氧化剂、易燃液体、毒害品、腐蚀品中许多物质的沸点很低，有的甚至低于常温或稍高于常温就能挥发出易燃蒸气或具有腐蚀、毒害的气体；钢瓶运输的压缩气体和液化气体，受热后体积膨胀，在压力超过容器极限值时，会造成爆炸。

2）低温条件

受低温影响而造成危险货物燃烧、爆炸等事故的情况比较少，但是在低温环境中，往往由于物质物理状态和材料脆化会造成内、外包装破损。比较特殊的物品是爆炸品中的硝酸甘油混合炸药，它在低温时容易冻结，冻结后摩擦、振动敏感度提高，更易发生爆炸。所以，硝酸甘油混合炸药在发、到站及沿途气温低于 10 °C（耐冻的低于 – 20 °C）时不能承运。

2. 明火影响

明火一般指具有可见燃烧光点（焰）的着火现象，包括火星和火焰。明火对危险货物的危害，一方面是直接大面积加热，产生高温，使其发生火灾、爆炸等事故；另一方面是在易燃蒸气、爆炸混合气体、粉尘存在的条件下，因局部明火作用引起急剧连锁反应，发生燃烧、爆炸。

（二）水和潮湿的影响

水和潮湿空气在自然条件下是最易形成的。所以对于遇湿易燃物品、无机过氧化物或有毒金属粉及某些个别物品，如三乙基铝、铝铁溶剂、氯乙酰等遇水能发生化学反应，甚至在潮湿环境下，吸收空气中的水分也能发生反应的危险货物，在雨、雪侵害，潮湿地区的仓库场所及消防失误等情况下都能发生危险货物事故。

（三）机械作用的影响

危险货物在整个运输过程中极易受到机械作用的影响而发生事故，这主要包括搬运、装卸作业中没能轻拿轻放，按规定标志码放，而是乱摔乱撞，用棍撬、拖拉、翻滚，都易产生火花或包装破损，致使危险货物外溢而发生火灾；违反规定进行调车溜放及途中不按规定速度运行和由于装载、码垛不良造成的冲击、摩擦。这些机械作用的结果，往往由于产生局部高热和火花，或使货物包装发生破损，造成事故。

（四）不同性质的货物接触时所造成的影响

危险货物品种多，性质复杂。有些物品互相直接接触后，会立即发生猛烈的化学变化，造成燃烧、爆炸或中毒事故。有的物品本身虽未直接接触，但他们挥发的蒸气一经接触，在一定的温度、浓度或明火条件下也会发生燃烧、爆炸。

不同性质的货物接触而发生事故的情况，多数是由于货物包装、混装不正确，装车违反配装规定，仓库存放违反配放规定、保管不当，装卸撒漏、渗漏的残留物未彻底清除所致。

二、危险货物的防火与防爆

（一）火灾与消防

1. 火灾形成原因及特点

危险货物发生着火，并形成火灾，是由于它们大都对温度敏感较高，是容易燃烧或极易燃烧的物质。而且在火焰或高温的条件下，这类物质会很快吸收活化能而被活化，产生大量的、非常活泼的活性集团（H，OH 等）。这些活性集团与燃烧物质的分子作用，能生成新的活性集团的氧化物，并放出大量的热能，使燃烧呈连锁反应过程。

危险货物的火灾特点是，发火容易，连锁性强，蔓延很快，易爆有毒。根据危险货物的物质分子结构和在仓库、车辆内的“群集性”，危险货物着火成灾，确切地说是可燃物、火（热）源、助燃物（氧气）、连锁反应 4 个因素同时存在的现象。

2. 消　防

防火和灭火就是防止火灾或在火灾发生后立即破坏其成灾条件，终止物质燃烧。根据危险货物的性质和发生火灾的原因，铁路防火、防爆措施可以归纳为以下 4 个方面：

（1）要求发货人提供合格的产品和包装。

（2）车站配备完好、齐全的消防和安全监控设施。

（3）作业人员要具备必要的安全知识和操作技能。

（4）建立、健全各项有效的安全制度。办理危险货物的车站、专用线一定要把消防工作放在首位。

消防工作的方针是“以防为主，防消结合”。这就是说，要把防止火灾发生的一切预防工作放在首位，从设备、制度到日常工作都要以防为主。另外，在“防”的同时要做好“消”的一切准备，一旦发生火警、火灾，能够迅速地扑救，把火灾损失减少到最低限度。

（二）防火与防爆的基本方法

物质燃烧必须同时具备 3 个条件：可燃物、火源、助燃物。防火与防爆的方法就是设法消除造成燃烧 3 个条件其中的 1 个，燃烧就会停止。其方法有：

（1）隔离法：使火与可燃物质隔离，不使其燃烧蔓延。

（2）冷却法：降低燃烧区的温度，使其降低到燃烧物质的燃点以下而停止燃烧。

（3）窒息法：用不燃烧的物质冲淡空气或阻止空气流入燃烧区，使燃烧物质得不到足够氧气而熄灭。

（4）抑制法：用化学的方法抑制火焰，中断燃烧的连锁反应。

（三）常用的灭火剂和灭火器材及灭火器材的维护保养

1. 常用的灭火剂和灭火器材

扑救危险货物火灾时，必须根据危险货物的性质，正确选择灭火剂和灭火器材，才能取得良好的灭火效果。

1）水

水是一种广泛应用的灭火剂，一般是以四种状态出现的，即水柱、开花水、雾状水、蒸气水。水能灭火的主要原因是：水能吸收大量热量，1 kg 的水温度升高 1 °C 需要 1 000 kcal（1 kcal = 4.186 8 kJ）的热量，而 1 kg 的水，汽化为蒸汽需要 539 kcal 的热量。这样水就可以从燃烧着的物质中吸收大量的热而降低了燃烧物的温度，使火熄灭。当水大量被汽化为水蒸气笼罩在燃烧物的周围，既可阻止空气进入燃烧区，又能降低空气中氧气的比重，使燃烧因窒息而熄灭。利用水的冲击作用，还可以冲击火焰立即熄灭。

不过不是所有的火都能用水扑救，相对密度小于1又不溶于水的物质不可用水；水能导电，对电线着火不能用水；对遇到水分解发生化学反应的物质不能用水。

2）化学泡沫

化学泡沫是由碳酸氢钠、硫酸铝与发泡剂混合溶液作用而成。泡沫相对密度为0.15～0.25，轻于最小的易燃液体，能组成像绒毯一样的厚覆盖层，覆盖在液面上，使液面与空气隔绝而灭火。

化学泡沫主要用来扑救油类和其他易燃液体的火灾。由于泡沫灭火剂是水溶液，所以对忌水的物质不能使用。如上所述遇湿易燃的物质、电源起火、遇水发生化学反应放出有毒气体的货物不能使用。

3）二氧化碳

二氧化碳是一种不燃烧、不助燃、不导电的气体，比空气重，因此可用二氧化碳来隔绝助燃的氧气，使着火的地方因缺乏氧气而熄灭。

二氧化碳灭火剂对扑救电器、精密仪器、电子设备、内燃机、珍贵文件、小范围的油类和某些忌水物质所发生的火灾，效果较好。使用二氧化碳灭火，事后不留痕迹，没有腐蚀，损坏作用，是一种比较好的灭火剂。

4）四氯化碳

四氯化碳是一种无色液体，沸点76.8 °C，易挥发，不燃烧，不导电。当四氯化碳喷到火焰上立即蒸发成气体，迅速笼罩燃烧物的周围，隔绝空气，空气中的四氯化碳达到10%时，火焰就会熄灭。

四氯化碳易于扑救电器设备、内燃机等类的火灾，小范围的汽油、丙酮等易燃液体火灾也能使用。

由于四氯化碳本身有一定的毒性，特别是遇高温时，能与水蒸气发生作用，分解出有毒气体。因此，在高温和空气不流通的场合，使用四氯化碳灭火要防止中毒。

5）化学干粉

干粉主要成分是碳酸氢钠等盐类，加入少量润滑剂和防潮剂，在灭火机内用二氧化碳作为动力，使干粉喷出形成密集粉雾，隔绝火焰、辐射热和空气，达到灭火的目的。

6）干砂土

干砂土是最方便而且是最经济的灭火器材。它可以覆盖在燃烧物上，使之隔绝空气而熄灭。对爆炸品禁止用砂土覆盖。

7）“1211”灭火剂

“1211”灭火剂是一种低沸点的液化气体，具有灭火效率高、毒性低、腐蚀性小、久储不变质、灭火后不留痕迹、不污染被保护物、绝缘性能好等优点。“1211”灭火器主要适用于扑救易燃、可燃液体、气体及带电设备的初起火灾；扑救精密仪器、仪表、贵重的物资、珍贵文物、图书档案等初起火灾；扑救飞机、船舶、车辆、油库、宾馆等场所固体物质的表面初起火灾。

使用方法：使用时，首先拔掉安全销，然后握紧压把进行喷射。但应注意，灭火时要保持直立位置，不可水平或颠倒使用，喷嘴应对准火焰根部，由近及远，快速向前推进；要防止回火复燃，零星小火则可采用点射。如遇可燃液体在容器内燃烧时，可使“1211”灭火剂的射流由上而下向容器的内侧壁喷射。如果扑救固体物质表面火灾，应将喷嘴对准燃烧最猛烈处，左右喷射。

2. 灭火器材的维护保养

（1）应存放在通风、干燥、取用方便的地方，储存处的环境温度为 – 100 ~ 450 °C。

（2）不得存放在采暖或加热设备附近和阳光强烈照射的场所，以免变质失效。

（3）每隔半年检查一次灭火器上的压力，压力表指针指示在红色区域内，应立即补充灭火剂和氮气。

（4）每隔五年或再次装灭火剂前，应进行相当于设计压力 1.5 倍的水压试验，合格后方可继续使用。

（四）易燃、易爆品发生火灾时的扑救

（1）扑救易燃固体火灾时，一般应采用开花水枪喷水或用泡沫、二氧化碳灭火剂扑救。

（2）扑救易燃液体火灾时，一般应用喷雾水降温和干粉、“1211”灭火剂扑救。

（3）扑救易燃气体火灾时，一般应用喷雾水降温或用二氧化碳、干粉和“1211”灭火剂扑救。

（4）易燃气体管道发生着火时，应用直流水枪封闭。对易燃气体储存罐着火，在扑救前应逐渐降低内部压力后用喷雾水降温进行扑救，以防造成负压回火爆炸。

（5）储存爆炸品场所发生着火时，应迅速组织力量将未波及物品搬到安全地点，并设专人看管。

（6）扑救爆炸物品火灾时，一般要用大量的水进行冷却降温，严禁用砂土等重物进行覆盖。

（7）对弹药库着火，应选择有实体遮挡部位进行扑救，防止流弹等爆炸物伤人。

（8）易燃、易爆场所发生着火时，应当采取措施防止引起它处或多处起火。在灭火时不得使用与扑救物品性质相抵触的灭火器材。

三、危险货物的撒漏与消防

（一）爆炸品

对撒漏的爆炸品应及时用水润湿，撒以松软物后轻轻收集，并通知公安和消防人员处理。禁止将收集的撒漏物品装入原包件中。

有火灾危险时，应尽可能将爆炸品转移或隔离，不能转移和隔离时，要立即组织人员疏散。

扑救时，禁用酸碱灭火器或砂土，可用水和其他灭火器灭火。施救人员应配备防毒面具。

（二）气　体

对阀门松动漏气时应立即拧紧，如无法关闭时，可将气瓶浸入冷水或石灰水中（氨水瓶只能浸入水中）。

扑救有毒气体或处理气瓶泄漏时，应戴防毒面具或站在上风处。

气瓶着火时，应向钢瓶浇洒大量冷水，或将气瓶投入水中使之冷却，同时将周围气瓶和可燃物搬离现场。

（三）易燃液体

盛装容器渗漏时，应及时移至安全通风处更换包装。渗出的液体可用干砂土等物覆盖后扫除干净。灭火时，一般不宜用水，对密度大于水的易然液体，可用雾状水或开花水灭火，但应注意液体被冲散而扩大着火范围。扑救有毒性液体的火灾，应戴防毒面具或站在上风处。发现中毒人员，应立即移至空气流通处，并送医院诊治。

（四）易燃固体、易于自燃的物质、遇水放出易燃气体的物质

对撒漏的物品应谨慎收集妥善处理。撒漏的黄磷应立即浸入水中，硝化纤维要用水润湿；金属钠、钾应浸入煤油或液体石蜡中，电石、保险粉等遇湿易燃物品撒漏，收集后另放安全处，不得并入原货件中。

本类物品中的一些金属粉末、金属有机化合物、氨基化合物和遇湿易燃物品着火时，仅能用水、泡沫、二氧化碳和酸碱灭火剂灭火。扑救浸油的棉、毛、麻类制品火灾时，要注意复燃。对本类物品的火灾扑救，应有防毒措施。

（五）氧化性物质和有机过氧化物

氧化剂撒漏时，应扫除干净，再用水冲洗。收集的撒漏物品，不得倒入原货件内。

过氧化钠等着火时，不得用水扑救；其他氧化剂用水灭火时，要防止水溶液流至易燃、易爆物品处。

（六）毒性物质和感染性物质

固态毒品撒漏时，应谨慎收集；液态毒品渗漏时，可先用砂土、锯末等物吸收，妥善处理。对毒品污染的机具，车辆及仓库地面，应进行洗刷除污。处理撒漏毒害品和扑救毒害品火灾时，必须穿戴防护服、口罩、手套和防毒面具，施救人员要站在上风处。发现头晕、恶心、呕吐等现象，要立即转移至空气新鲜处。

（七）放射性物质

运输中发生货包破裂，内容物撒漏时，应立即向有关部门汇报，由安全人员测量并划出安全区域，悬挂明显标志。

（八）腐蚀性物质

发现液体酸性腐蚀品撒漏时，应及时撒上干砂土，清除干净后，再用水冲洗污染处；大量酸液溢漏时，可用石灰水中和。

腐蚀性物质着火时，不可用柱状水，以防腐蚀液体飞溅伤人；对遇水能剧烈反应即引起燃烧、爆炸或放出有毒气体的腐蚀品，禁用水灭火。扑救人员必须穿戴防护用品，对易散发腐蚀性蒸气和有毒气体的物品，必须使用防毒面具。

四、危险货物的中毒与急救

（一）人体中毒和中毒途径

1. 人体中毒

某种物体侵入人体后，引起机体功能发生障碍的任何疾病都称为“中毒”。

2. 毒物侵入人体的途径

（1）通过呼吸器官：通过鼻腔吸入空气中有毒气体或毒物粉尘中毒。

（2）通过消化器官：误食或食用粘有毒物的食品、含有毒物的水（饮料）中毒。

（3）通过皮肤渗漏：作业中不按规定穿用防护服，致使毒物通过皮肤渗漏而中毒。

（二）防止中毒的基本措施

（1）降低有害物质的浓度，改进有毒物质的包装，满足运输安全的需要，这是防毒的根本办法。但是由于包装条件有限，在运输过程中仍有撒漏、气体或粉尘逸出。因此，降低有害物质的浓度是防止中毒的有效措施。

（2）毒害品挥发、分解的条件是遇高温、遇水及潮湿空气。因此，毒害品应存放在干燥、通风的库房内，不给以造成挥发、分解的外因条件。

（3）库内应有良好的通风设备，即使有毒气挥发出来，由于通风条件良好，所以能尽快散发，以减少库内空气中有毒物质的含量。

（4）毒害品的遮盖物料要专用，不得与其他货物特别是食品的遮盖物料混用。

（5）存放或装过毒品的仓库、车辆应及时清扫、洗刷、除污，以防二次污染。

（6）装卸作业前应先打开仓库门、车门进行通风，以降低空气中毒害物质的浓度后，再进行装卸。

（7）搬运前应先检查货物包装有无破损，如纸袋是否有漏洞，瓶子、坛子外面是否有逸散、溢漏的药液，铁桶外面是否沾有毒品。装卸时应轻拿、轻放，不要用手直接接触毒品，严禁肩扛、背负、冲撞、摔碰、翻滚和倒置。

（8）发现有毒品撒漏时，应迅速处理。对收集起来的毒品，应联系当地卫生部门和防疫部门妥善处理。

（9）个人防护：在作业休息时，不得吸烟进食，未经防护不得接触毒品。为了防止有毒物质、有毒气体和粉尘侵入人体，应穿防护服，戴口罩、手套、防毒面具、鞋盖等。特别是对于可能造成皮肤损害或可能由皮肤侵入人体的有毒物质，主要靠个人防护。休息时应离开作业区，在通风良好的地方休息，作业完毕要洗澡、漱口、更换工作服。经常接触毒品的工作人员，应定期检查身体，以便对人体中毒早期发现。

（三）中毒急救要领

1. 安全救离毒物污染区

救护人员尽快将中毒患者救离中毒现场。参加救护的人员需佩戴供氧式防毒面具，并在上风方向进入现场抢救，毒物浓度较高的污染区以及严重缺氧环境，必须立即通风。

2. 迅速抢救生命

当中毒者脱离危险区后，救护人员应在现场立即着手急救。心脏停止跳动的，立即拳击心脏部位的胸壁或做胸外心脏按压，直接对心脏注射肾上腺素或异丙肾上腺素，抬高下肢使头部低位后仰。呼吸停止者赶快做人工呼吸，最好用口对口吹气法。剧毒品不适宜用口对口时，可用史氏人工呼吸法。人工呼吸与胸外心脏按压可交替进行，直至恢复自主心博和呼吸。急救操作动作不可粗暴，避免造成新的损伤。

3. 清除毒物污染

脱离危险区后，立即脱除受污染的衣物，对于皮肤、毛发甚至指甲缝中的污染，都要注意清除，防止继续吸收。对能由皮肤吸收的毒物及化学灼伤，应在现场用大量的清水或其他备用的解毒、中和液清洗。毒物经口侵入人体内，应及时彻底洗胃或催吐，除去胃内毒物，并及时以中和、解毒药物减少毒物的吸收。眼部溅入毒物，应立即用清水冲洗，或将脸部浸入满盆清水中，张眼并不断摆动头部，稀释洗去毒物。

4. 送医院治疗

经过初步急救，速送医院继续治疗。抢救同时，立即电话通知上级医疗单位，作好急救准备。

5. 现场急救

（1）患者突然深度昏迷，颈动脉或股动脉缺氧，如瞳孔散大，脸色土灰色或发绀，呼吸停止或喘，出现上述症状，可认为心脏骤停，应立即进行胸外心脏按压急救。操作方法如下：

部位：胸骨上 2/3 下 3/1 交界处，背部应有硬的衬垫。

操作手法：术者两腿跪在患者两侧，用手掌根部两手叠加，垂直加压在胸骨上，手指不要接触胸壁。

（2）一旦发生中毒事故，必须迅速进行抢救，才能保证职工的生命安全。附近有医院的，立即送医院进行治疗。若距医院较远时，应采取现场急救。当现场没有特效解毒药和中毒原因不明时，为了挽救病人，常采用下列急救处理方法：

① 对口服毒物中毒，刚食入者，应饮以温水或淡盐水，或用肥皂水，硫酸锌、硫酸铜药剂。也可用物、手指伸到中毒者咽喉里面，使之大量呕吐。如毒物已经吐不出来，可饮牛奶、面糊，以吸收胃内残留毒物。

② 皮肤中毒，脱下衣服，用大量清水冲洗皮肤，然后用肥皂水冲洗，再涂上氧化锌软膏或硼酸软膏以保护皮肤。

③ 吸入毒气中毒：把中毒者立即抬至空气新鲜、暖和的地方，松开上衣和腰带，若病人呼吸微弱，可进行人工呼吸，以呼出有毒气体。

（3）无论心跳存在与否，若长期呼吸中止，可造成机体缺氧而致死，特别脑组织缺氧时间稍长，便可产生不可逆转的损害。因此，当发现患者呼吸停止时，必须争分夺秒、不失时机地进行人工呼吸，保持继续不间断供氧。常见的人工呼吸方法有以下 3 种：

① 口对口人工呼吸法。使患者仰卧，松解衣扣和腰带，除去假牙，清除病人口腔内痰液、呕吐物、血块、泥土等异物，保持呼吸道畅通。救护人员位于患者一侧，用一只手将患者下颌托起，使其头尽量后仰，将其口唇撑开，另一只手捏住患者的鼻孔；深吸一口气，用自己的嘴对准患者的口用力吹气，可见到患者胸部隆起，然后离开患者的口，同时松开捏鼻孔的手，让其胸部收缩自行呼出，然后作下一次吹气，直至恢复自主呼吸。

吹气力量要适中，速度要均匀有规律，次数 16 ~ 18 次/min（成人），18 ~ 24 次/min（儿童）为宜。

② 口对鼻人工呼吸法。患者因牙关紧闭或外伤等原因，不能进行口对口人工呼吸时，可采用口对鼻人工呼吸法。方法与口对口人工呼吸法基本相同，只是把捏鼻改为捂口，对着鼻孔吹气，吹气量要大，时间要稍长一些。

进行口对口（鼻）人工呼吸时，应当注意：

一是一定要捏（捂）住患者的鼻孔（嘴），防止空气从鼻孔（嘴）漏掉；二是吹气时，施术者的嘴一定要完全封堵住患者的嘴（鼻），否则让空气从嘴（鼻）周围漏掉，人工呼吸就会失败；三是吹气要快而有力，速度要均匀有规律，此时要密切注意患者的胸部，如果患者胸部不鼓起来，就说明人工呼吸没有成功；四是患者胸部有活动后，立即停止吹气，不要一直吹下去；五是对氰化物等剧毒物质中毒患者，不要进行口对口（鼻）人工呼吸。

③ 史氏人工呼吸法。当因故不宜进行口对口（鼻）人工呼吸时，可采用该方法。操作要领如下：使患者仰卧，松解衣扣和腰带，除去假牙，清除病人口腔内痰液、呕吐物、血块、泥土等异物，保持呼吸道畅通；救护人员位于患者头顶一侧，两手握住患者两手，交叠在胸前，然后握住两手向左右分开伸展 180°，接触地面。速度与其他人工呼吸法速度相同，为 16 ~ 18 次/min（成人），18 ~ 24 次/min 儿童）。

（四）中毒施救注意事项

由于施救不当导致事故扩大的情况不断有发生，特别是硫化氢、氯气等剧毒、高毒物质一旦使用、控制不当，极易发生事故，如果施救不当就会成为群死群伤事故，造成事故扩大。出现事故时，在场人员一定要头脑清醒、沉着、冷静，要尽量了解判断事故发生地点、性质、灾害程度和可能波及的地点。职工要有安全意识，掌握自救、互救知识。

施救中可注意以下几个方面：

1. 确定中毒种类

在事故现场，所有人员都处于惊慌、忙乱的状态。因此，稳定所有人员情绪，特别是被困人员情绪，是成功抢救人员的基础。同时，要明确现场中毒的种类和可能进一步发生的危险性，制定有效的救援方法。

2. 安全进入施救现场

救援人员必须采取有效的防护措施方可进入现场施救，有条件者应戴好输氧或送风式防毒面具，系好安全带或绳索。无条件者也要佩戴简易防毒口罩，但需注意口罩型号与毒物种类相符。由于防毒口罩对毒气滤过率有限，所以，佩戴者不宜在毒源处停留时间过久，必要时可轮流或重复进入。注意纱布口罩对气体或化学气味，几乎没有防护之功能，因此不可只戴纱布口罩即进入现场救人。

3. 减少中毒者继续中毒的可能

作好自身防护的施救者应尽快阻止毒气继续被中毒者吸入，以免中毒进一步加深，失去抢救时机。最佳的办法是由施救人员携带一送风式防毒面具或防毒口罩，并尽快将其戴在中毒者口鼻上。紧急情况下也可用氧气袋、氧气瓶等便携式供氧装置为其吸氧。对毒源区域迅速通风或用鼓风机向中毒者方向送风，也有明显驱毒效果。

4. 对中毒人员采取有效的急救措施

抢救人员要争分夺秒地将中毒者移离毒源区，再进行进一步医疗急救。在等待送医院前，可根据中毒的种类和情况，采取一些基本的救助。如置于安静通风凉爽处，立即解开他们的衣领、裤带，适当保温。为促其清醒可用针刺或指甲掐其人中穴。对于昏迷不醒的可将其头部偏向一侧，以防呕吐物误吸入肺内导致窒息。伤员的创面要用清洁的被单或衣服简单包扎，尽量不弄破水泡，保护表皮。严重烧伤者不需要涂抹任何药粉、药水和药膏，以免给入院后的诊治造成困难。伤员口渴可饮淡盐水。如果皮肤接触有毒物质，应先除去污染衣物，用清水或肥皂反复冲洗 20 ~ 30 min，并注意清除毛发及指甲之残留物。如果眼睛污染，宜用温水由眼内往眼外冲洗 15 ~ 20 min，因为眼内角有一小管通往鼻腔，如果眼外往眼内冲，会把有毒物质冲往鼻腔，因而进入肠胃道内，造成另一途径之中毒，需要慎重。

（五）几种毒物中毒后的施救方法

1. 氰、氟、氯气、一氧化碳中毒者的急救

1）氰及其化合物

离开污染区，立即进行人工呼吸（不可用口对鼻的人工呼吸，以防中毒），待呼吸恢复后，给患者吸入亚硝酸异戊酯、氧气，静卧、保暖。患者神志清醒，可服氰化物解毒剂，或注射硝酸钠液并随即注射硫代硫酸钠液。

2）氟及其化合物

溅入眼内，速离开污染区，脱去污染衣着，用大量清水冲洗，冲洗至少 15 min。皮肤灼伤在水洗后，可用稀氨水敷浸，患者静卧保暖。

3）氯　气

速离开污染区，休息、保暖、吸氧，不要喝含酒精的饮料，给患者 2% 碳酸氢钠雾化吸入及洗眼，高浓度氯气吸入时，可立即致死，重度中毒者应预防肺水肿发生。

4）一氧化碳

使患者离开污染区，如呼吸停止，则应立即口对鼻人工呼吸，恢复呼吸后，给患者吸氧或高压氧。昏迷复苏病人，应注意脑水肿的出现，有脑膜刺激症候及早用甘露醇或高能葡萄糖等脱水治疗。

5）光　气

使吸入患者急速度离开污染区，安静休息（很重要），吸氧。眼部刺激，皮肤接触用水冲洗，脱去染毒衣着，可注射乌洛托平（20%）20 mL。

6）溴　水

使患者急速离开污染区，接触皮肤立即用大量水冲洗，然后用稀氨水或硫代硫酸钠液洗敷，更换干净衣服，如进入口内，立即漱口，饮水及镁乳。

2. 石油、汞及其化合物中毒急救

1）石油类

吸入患者立即离开污染缺氧环境，清洗皮肤，休息保暖。如吸入汽油多，也可发生吸入性肺炎。

2）汞及其化合物

吸入患者迅速脱离污染区，皮肤、眼接触时，用大量水及肥皂彻底清洗，休息保暖。经口进入，立即漱口，饮牛奶、豆浆或蛋清水，注射二巯基丙磺酸钠或二巯丁二钠、BAL 等。

3. 醇、强酸、强碱类中毒者急救

1）甲醇及醇类

中毒者离开污染区，经口进入，立即催吐或彻底洗胃。

2）强酸类

皮肤用大量清水或碳酸氢钠液冲洗，酸雾吸入者用 2%碳酸氢钠雾化吸入。经口误服，立即洗胃，可用牛奶、豆浆及蛋白水、氧化镁悬浮液，忌用碳酸氢钠及其他碱性药洗胃。

3）强碱类

大量清水冲洗皮肤，特别对眼要用流动水及时彻底冲洗，并用硼酸或稀酸液中和碱类。经口误服，引起消化道灼伤，用牛奶、豆浆及蛋白水或木炭粉保护黏膜。

4. 对有机磷、有机汞、有机氯、有机锡类农药中毒者的急救

1）有机磷农药

除去污染，彻底清洗皮肤，安静休息，注射阿托品及氯磷定、解磷定等解毒药（敌百虫中毒禁用碳酸氢钠及碱性药物，对硫磷等禁用过锰酸钾洗胃）。

2）有机汞农药

及早用 2% 碳酸氢钠洗胃（禁用生理食盐水洗胃），用巯基络合剂解毒。

3）有机氯农药

脱离污染，安静休息，皮肤大量清水冲洗，人工呼吸或吸氧，抽搐痉挛可内服镇静剂苯巴比妥钠。经口者，洗胃及硫酸镁导泻。

4）有机锡农药

皮肤冲洗，安静休息，入院观察，防治脑水肿，可试用巯基药物。

5）有机硫农药

脱离污染，清洗皮肤及眼。误服者用 1∶5 000 过锰酸钾液洗胃，并用硫酸镁导泻，肌肉注射乙胺解毒，防止脑水肿发生。

（六）危险货物运输安全防护器具

为了保证劳动者在劳动中的安全和健康，应采用各种技术措施来改善劳动条件，消除各种不安全、不卫生的因素。用好个人防护器具是保证安全生产及运输的基本前提。

1. 个人防护用具的定义及分类

个人防护器具是指作业人员在生产活动中，为保证安全与健康，防止外界伤害或职业性毒害而佩戴使用的各种用具的总称。防护器具种类繁多，防护部位或目的不同，防护用具就不同。

1）按用途分类

防护器具按用途分为安全护具和劳动卫生护具两类。其中安全护具主要用于预防工伤事故，而劳动卫生护具主要是用来预防职业病。

2）按防护部位分类

按防护部位分类的基础是人体劳动卫生学，可划分为头部、眼部、面部、呼吸器官、手部、躯干、耳、足部使用的防护用品。

2. 防护器具的功能

1）呼吸器官防护器具

呼吸器官防护器具是保证人正常呼吸的器具，亦称呼吸器。其作用是防止有毒气体、蒸气、尘、烟、雾等有害物质经呼吸器官进入人体内，或直接供给氧气（或清洁空气）。

呼吸器具品种很多，按用途分为防尘、防毒、供氧等。按作用原理可分为过滤式（净化式）和隔绝式（供气式）。主要有防尘口罩、防毒口罩、防尘面罩、防毒面具、氧气呼吸器、空气呼吸器等器具。

2）头部、面部、眼部、手部防护器具

头部防护器具主要包括工业安全帽、工作帽等。安全帽的主要功用是保护劳动者头部，以消除或减缓坠落物、硬质物件的撞击、挤压伤害的器具，是生产中广泛使用的个人安全用品。工作帽主要起对头部进行保护工作，用于防止一般性物理因素伤害或其他事故的软质帽，起一定程度的安全作用，如防止头部脏污擦伤等。

眼、面部防护器具是用来防止辐射（如紫外线、X 射线等）、烟雾、化学物质、金属火花、飞屑和尘粒等伤害眼、面部的可观察外界的防护用具，包括眼镜、眼罩和面罩三类。

手部防护器具是指劳动者根据作业环境中的有害因素（有害物质、能量）而戴用的特质护具（手套），以防止各种手伤事故的发生。防护手套主要品种有耐酸碱手套、电工绝缘手套、耐油手套、防 X 射线手套等 10 余种。

3）防护服

防护服主要是用来保护劳动者体部免受尘、毒和物理因素伤害的服装。主要有防尘服、防毒服、防放射性服、防微波服、高温工作服、防火服、防水服、防静电服、防酸碱工作服等。

五、铁路危险货物常发事故分析

（一）包装不符合规定

1. 诱发原因

（1）低成本心理。托运人在成本控制心态下，降低包装质量，不按包装标准使用包装。

（2）包装品种繁多。因包装材料品种日渐增多，质地较相似，难以辨别包装质地，加大了承运人检查的难度。

（3）承运把关不严。托运人送检样本与实际包装存在差异，车站抽检把关不严，漏检现象存在，与样品不一致包装装车。

2. 事故案例及分析

某年某月某日，甲站发电石 5 车，其中一辆装载 20 英尺的集装箱在途中站发生爆炸。原因分析：托运人使用旧铁桶包装，且未安装呼吸阀。

3. 防范措施

（1）遵守有关改变包装的申请、审查、批准、试用规定。

（2）严格包装承运检查。危险货物受理、承运、装卸车、保管作业中均要进行包装检查，严格审验包装检测证明，严格执行《包装表》的规定。

（3）定点生产、检测试验。危险货物的包装必须是国家（地方）质检部门指定并取得产品合格证的定点生产厂生产；危险货物包装还必须经过铁道部认定的包装检测机构进行包装性能试验。

（4）遵守《品名表》“特殊规定”中对包装的特殊要求。

（二）车辆装载不符合规定

1. 诱发原因

（1）节省运费心理。超载、超装现象严重。敞、棚车货车超过货车标记载重量；气体类罐车充装量超过车辆标记载重量；非气体液体货物超过规定容积高限 95% 的规定。

（2）不按方案装载。棚车装载危险货物时，不严格执行装载方案的要求；使用敞车装载危险货物时，未经铁路局批准。

（3）审核不严。危险货物超载、超装现象，多发生在罐车装车中，运输企业匿报计量单；车站对企业提供的计量单审核不严。

2. 事故案例及分析

××年×月×日，某公司由某港进口的丁烯（32 辆罐车装运）于当日时间 16：08 在途中站两辆车安全阀起跳，丁烯大量泄漏，严重影响站内作业，经全力抢救，避免了严重后果。原因分析：托运人装车时未按允许装载量装车，每辆车超装 4 t。

3. 防范措施

（1）危险货物不得增载。

（2）充装液态危险货物的容器，至少留有 5% 的余量，以备货物受热膨胀。

（3）充装非气体类液体危险货物时，充装量不得大于罐车标记载重量；同时要留有膨胀余量，充装量允许的体积符合规定。

（4）气体类危险货物充装前进行空车检衡，充装后通过轨道衡对重车进行计量检衡。最大允许充装量按计算确定。

（三）车辆技术状态不良

1. 诱发原因

（1）车辆代用控制不严，因棚车紧缺、木底、竹底棚车少，造成违规使用车辆；罐车更换介质，购车、过户等手续时间长等造成私自涂改介质运输。

（2）车辆检查不认真、造成棚车透光未发现，使用零配件缺失，不全的罐车装车，液化气车小修检查不过关等装车。

（3）定检已过期或即将过期的车辆仍在使用。

（4）检修车质量差。检修完合格的车辆，但短期内运输时又发生问题。

（5）罐车罐体外观标记涂打不规范，环带颜色、标记没有或模糊不清，罐体脏乱。

2. 事故案例及分析

一辆途经甲站液化气罐车发生泄漏，经甲站启动紧急预案，采取牵送该车至无电网区段，戒严防护，登车封堵，卸车等措施，泄漏得到妥善处理。经查事故为压力表与罐体螺纹连接折断所致。

3. 防范措施

（1）危险货物限使用棚车装运，严格控制车种代用。有关品名装运时改变车种的条件按“特殊规定”的要求办理。

（2）对爆炸品、硝酸铵、黄磷和钢桶包装的一级易燃液体及毒性物质的车辆按要求使用。

（3）装车作业前必须认真检查车种、车型与所装货物的适应性，检查车辆状态及检修周期是否过期，对罐车严禁使用零配件不全的车辆上线运行。

（4）提高新造车辆及旧车检修质量，严格自备车（箱）技术审查程序和审查质量。

（5）重视罐车特别是液化气体罐车装车前的车况检查和液化气罐车“小修检查”，走行部、罐体及各安全附件等均处于良好状态。

（四）匿报、谎报品名

1. 诱发原因

（1）简化托运手续。受办理条件的限制，托运人为达到快速运输的目的，简化托运手续，匿报货物的特性及危险性，造成车站误承运。

（2）降低运费。托运人谎报品名，以危险货物冒充非危险货物品名，从而达到托运方便、降低运费的目的。

（3）承运审查不严。承运人未严格把关运单品名与实际装载货物，未进行抽检。

2. 事故案例及分析

××年 5 月 27 日，华东某站承运发往西南某站 1 车麻绳，5 月 29 日 19：15，该车编挂于 81523 次货物列车机后第 23 位，列车运行到中原某局某中间站时，接车人员发现该车冒烟，立即甩车施救，使用“1211”干粉灭火器将火扑灭。这起火灾造成车门口及其两侧的 60 件“麻绳”烧损。经查这起“麻绳”火灾事故中，承运的货物实际上均为含有动植物油的纤维麻丝即油麻丝（铁危编号 42509）。油麻丝属于二级易于自燃的物质。油麻丝由植物纤维素、半纤维素、木质素等组成。麻本身具有遇潮湿膨胀发热的特性，植物纤维素中的半纤维素、木质素又会遇高温而分解放热，在集热不散的情况下自燃。发生这起油麻丝自燃火灾事故的主要原因是托运人匿报货物品名。

3. 防范措施

（1）认真审核托运人出示的托运人资质证、培训合格证、危货车安全合格证、押运员证，认真执行《办理规定》规定的品名运输。注意托运人资质中批准办理的货物类别（品名），务必对照品名表检查运单填写的实际品名；对性质不明的货物必须进行技术鉴定，确定其运输条件，否则不予承运；注意品名所包含的浓度、危险成分限量、含水量等限定条件。

（2）根据《品名表》的“特殊规定”，确认危险货物可按普通货物条件运输的限制条件。

（3）根据《品名表》的“特殊规定”，确认禁止运输的货物。

（五）违章作业

1. 诱发原因

（1）简化操作。运单受理、承运未按规定逐项审查相关资质、办理限制及注意事项等；装卸车作业中未做到全程监装、传达安全注意事项等；车辆未认真检查。

（2）特殊规定多。调车、编组作业因车辆的特殊限制过多，导致作业人员未严格执行“限速连挂”、“禁止溜放”等特殊规定。

（3）规章理解不透彻。作业人员蛮干或一知半解，随意性埋下隐患。

2. 事故案例及分析

2007 年 8 月，甲站承运整车硫黄，由托运人使用棚车装运，共计 32 车，运单及货票记载为袋装硫黄，发货人为某外代国际货运有限公司，到站为乙局乙站，收货人为某化肥有限公司，9 月到达乙站，卸车时发现货物为散装硫黄。

原因分析：收货人某化肥有限公司未在《办理规定》公布，不具备到达资质，甲站违反规定办理运输。托运人某外代国际货运有限公司匿报危险货物包装方法。甲站未执行危险货物运输签认制度，审查把关不严，致使包装不符合规定的货物进入铁路运输，形成了严重的安全隐患。

3. 防范措施

（1）受理、承运货物时，必须查验托运人（经办人）全部证件，检查到站是否符合规定，严格运输条件，严格执行《办理规定》。

（2）装卸作业要遵守作业标准，执行货物装、卸前后的货物、车辆检查。

（3）调车、编组作业要遵守“禁止溜放”、“限速连挂”、“停止制动”、“编组隔离”、“成组连挂不得拆解”的规定。

（4）危险货物各项作业要严格实行签认制度。

（5）严格按规定装载，不得超载。

（6）严格执行货物包装规定，车辆使用规定。

（7）对匿报包装的情况，加大抽查专用线装车的力度。

（六）押运员失职

1. 诱发原因

（1）不熟悉押运货物及装载情况。押运人员不熟悉所押运货物的理化特性，装车时未监装货物，导致运输过程中货物出现事故不能及时采取应急处理。

（2）设备不齐全。企业未配或配置不全相应的防护、维修、通信、检测、照明等工具，导致故障不能及时处理。

（3）押运职责未履行。押运途中未能严格执行“全程押运”的规定，缺乘、漏乘现象时有发生，致使途中甩车等人，货物运到逾期。

（4）押运条件艰苦，押运员违反规定使用设备或脱岗吃饭，提前离岗等。

2. 事故案例及分析

××年 12 月 11 日，某铁路局甲车站承运液化石油气 6 车，12 月 13 日 21∶30，6 车液化石油气到达丙车站时，机后 4 位一辆液化石油气罐车严重泄漏。经查，托运人为某燃气公司，收货人为某燃建有限公司。事故原因：直接原因是罐车顶部安全阀起跳不能回位所致；押运员脱岗导致事故损失扩大。

3. 防范措施

（1）爆炸品、剧毒品、液化气危险性大，押运员责任重大，必须选派责任心强，身体素质好，能吃苦的人员担当。企业应制定完善的管理制度，经常对押运员通报铁路的相关要求。

（2）严格押运员培训，从理论和实作两方面入手，提高培训质量，严把“取证关”。

（3）落实押运区段签认负责制，按规定配备押运人数。

（4）押运员应认真执行押运制度，确保货物安全到达交付清楚后离车。

（七）被盗、丢失

1. 诱发原因

（1）专用线货物管理不规范。专用线堆放货物时，码垛不整齐，点件不清楚，交接不签认，装车件数与货票记载有出入，途中破封后，清点数量说不清楚。

（2）装车作业不标准。对装运的货物不按规定施封、加锁或采取严格的防护措施，造成途中货物丢失。

（3）特殊规定未执行。剧毒品装卸作业没有严格按规定监装卸、剧毒品跟踪系统追踪管理落实不好。

（4）沿线治安管理不到位。个别铁路沿线地区社会治安有问题，使不法分子有可乘之机，偷盗运输的货物。

2. 事故案例及分析

××年 6 月 13 日某站承运两车装有剧毒品的农药，运单采用剧毒品黄色专用运单，货票记载品名为“氧乐果”，铁危编号 61126。派有押运人员 2 名，每车乘坐 1 人。16 日 15∶40 列车到达甲站到达场 9 道，货检作业时，发现机后 32 位（车号 W_{5SK}8001195）一侧无封。甲站立即向有关部门报告，并通知公安部门全程看护，将事故车辆送至某专用线 2 道卸车，经车站货运部门、公安部门、收货人及押运人共同清点，发现车号为 W_{5SK}8001195 的车辆所装剧毒品短少 15 件零 4 瓶（每件 20 瓶，每瓶 300 g，共短少 304 瓶）。另一车施封完好，卸车后件数与运单货票记载 3 700 件一致。经查，该车未按规定安装电子报警装置。经公安、货运等部门协同努力，该起剧毒品被盗案件已经侦破，丢失货物追回 300 瓶。

3. 防范措施

（1）装车前务必检查车辆门、窗、锁闭装置完好，卸前检查封印及车内装载状态。

（2）货物定型码垛，认真点件交接，签认。

（3）坚持有关剧毒品的特殊运输条件和安全要求，真正做到票据有标记、保管有制度、装卸有公安、沿途有检查、设施有保障、作业有签认，信息有跟踪。

六、铁路危险货物事故应急预案

事故应急预案泛指针对可能的事故、灾害和紧急事件，在事故发生的紧急时刻，为防止事态扩大为保证迅速、有序、有效地开展应急救援引动，把损失降到最低程度而采取的预先确定的施救行动方案。

（一）危险货物事故应急预案的编制要求

1. 事故应急预案种类

《危险化学品安全管理条例》第五十条明确规定：危险化学品单位应当制定本单位事故应急救援预案，配备应急救援人员和必要的应急救援器材、设备，并定期组织演练。危险化学品事故应急救援预案应当报设区的市级人民政府负责危险化学品安全监督管理综合工作的部门备案。

应急预案是针对可能的事故、灾害和紧急事件，为保证迅速、有序、有效地开展应急与救援行动、降低人员伤亡和财产损失，预先制定的有关计划和方案，也称为应急计划。

事故应急预案分为：重大事故应急预案、综合应急预案、专项应急预案、现场处置方案。

综合应急预案：总体上阐述处理事故的应急方针、政策，应急组织结构及相关应急职责，应急行动、措施和保障等基本要求和程序，是应对各类事故的综合性文件。

专项应急预案：针对具体的事故类别（如煤矿瓦斯爆炸、危险化学品泄漏等事故）、危险源和应急保障而制定的计划或方案，是综合应急预案的组成部分，应按照综合应急预案的程序和要求组织制定，并作为综合应急预案的附件。专项应急预案应制定明确的救援程序和具体的应急救援措施。

现场处置方案：针对具体的装置、场所或设施、岗位所制定的应急处置措施。现场处置方案应具体、简单、针对性强。现场处置方案应根据风险评估及危险性控制措施逐一编制，做到事故相关人员应知应会，熟练掌握，并通过应急演练，做到迅速反应、正确处置。

2. 编制要求

应急预案体系的构成：应急预案应形成体系，针对各类可能发生的事故和所有危险源制订专项应急预案和现场应急处置方案，并明确事前、事发、事中、事后的各个过程中相关部门和有关人员的职责。应急预案的编制的具体过程为成立编制小组、收集资料、危险源辨别运风险分析、应急能力评估、预案编制、预案评审与发布。

3. 应急预案编制的框架内容

（1）基本情况。主要包括单位的办理种类和运量，重要基础设施及作业特点，确定危险目标，明确其危险特性及对周边的影响，可利用的安全、消防、个体防护的设备与器材及其分布。

（2）应急救援组织机构与职责。包括应急救援机构设置，组织人员及职责，组织指挥协调和应急救援联络网络。

（3）报警与通讯联络方式。建立 24 h 值班制度和有效的报警装置，以及有效的内、外部通信联络手段。

（4）事故发生后应急处理。包括现场人员清点、撤离方式；划定危险隔离区，非现场人员紧急疏散方式；周边区域单位人员的疏散方式；事故周边区域道路隔离或交通疏导办法等。

（5）检测、抢救、救援及控制措施。包括检测人员防护、监护措施；抢险救援人员的防护、监护措施；现场实时监测及异常情况下抢险人员撤离条件；应急救援队伍的调度；控制事故扩大的措施等。

（6）受伤人员的现场救护及救治。

（7）现场保护与现场洗消。

（8）事故善后处理与总结分析。

4. 应急救援保障

（1）配备相应的应急救援和安全防护设施（包括应急装备、药品和器材等）。

（2）通信与信息保障。建立通信系统维护与信息采集等制度，确保应急期间通信畅通。

（3）应急救援队伍的保障。明确各类应急响应的人力资源情况，明确与地方政府、军队、武警等团体的联络方式。

（4）现场救援和工程抢险保障。明确突发公共事件现场可供应急响应使用的设备（包括电源、照明），数量、性能和存放位置、备用措施等内容。

（5）交通运输保障。包括各类交通运输工具名称、数量、分布、功能、使用信息，驾驶员应急准备措施，使用单位启用方案等。

（6）物资和经费保障。

（7）保卫和治安保障。

（8）监督检查。

5. 应急预案的培训与演练

（1）公众信息系统，最大限度地公布突发公共事件应急预案信息，接警电话和部门，宣传应预防的措施（包括避险、避灾、自救和互救常识等）。

（2）培训，明确培训部门的权力与责任，并对各级领导、应急管理和救援人员的岗前培训和常规性培训。

（3）演练，明确演练的部门（机构）对演练的场所、范围、内容要求，组织指挥等作出规定，不断提高对事故的预防和处理能力。

6. 事故现场处置方案的主要内容

1）事故特征

（1）危险性分析，可能发生的事故类型。

（2）事故发生的区域、地点或装置的名称。

（3）事故可能造成的危害程度。

（4）事故前可能出现或发生的征兆。

2）应急组织与职责

（1）基层单位应急自救组织形式及人员构成情况。

（2）应急自救组织机构、人员的具体职责，应同单位或车间、班组人员工作职责紧密结合，明确相关岗位和人员的应急工作职责。

3）应急处置

主要包括以下内容：

（1）事故应急处置程序。根据可能发生的事故类别及现场情况，明确事故报警、各项应急措施启动、应急救护人员的引导、事故扩大及同企业应急预案的衔接的程序。

（2）现场应急处置措施。针对可能发生的火灾、爆炸、危险化学品泄漏、坍塌、水患、机动车辆伤害等，从操作措施、工艺流程、现场处置、事故控制、人员救护、消防、控制事故扩大、现场恢复等方面制定明确的应急处置措施。

（3）报警电话及上级管理部门、相关应急救援单位联络方式和联系人员，事故报告基本要求和内容。

4）注意事项

（1）佩戴个人防护器具方面的注意事项。

（2）使用抢险救援器材方面的注意事项。

（3）采取救援对策或措施方面的注意事项。

（4）现场自救和互救注意事项。

（5）现场应急处置能力确认和人员安全防护等事项。

（6）应急救援结束后的注意事项。

（7）其他需要特别警示的事项。

（二）铁路危险货物运输应急预案框架指南

1. 总　则

1.1 目的

1.2 依据

1.3 工作原则

1.4 适用范围

2. 组织机构与职责

2.1 组织机构

2.2 应急组织机构职责

2.3 组织指挥协调

2.4 应急施救网络

3. 预防预警

3.1 信息报送

3.2 预警预防行动

3.3 预警预防支持系统

4. 应急响应

4.1 分级响应程序

4.2 符合下列情况启动本应急预案

4.3 应急响应

5. 后期处置

5.1 善后处理

5.2 保险或保价

5.3 总结分析

6. 应急保障

6.1 通信与信息保障

6.2 救援装备和应急队伍保障

6.3 交通运输保障

6.4 医疗卫生保障

6.5 治安保障

6.6 物资保障

6.7 资金保障

6.8 技术储备与保障

7. 培训演练制度

8. 附　则

8.1《国家安全生产事故灾难应急预案》确定响应标准

8.2 管理与更新

8.3 奖励与责任追究

8.4 应急预案解释

9. 附　录

9.1　危险化学品运输事故应急领导小组联系方式

9.2　有关人员联系方式

9.3　突发事件新闻发布格式

9.4　突发事件预案启动格式

9.5　突发事件应急结束宣布格式

9.6　《铁路危险化学品运输事故应急预案》编制说明

（三）铁路危险货物事故应急预案编制理解

（1）铁道部、铁路局、站段危险货物应急预案三级管理。

铁道部根据国务院“公共事件应急预案框架指南”制定了铁道部“危险化学品运输事故应急预案及信息网络图”。这一预案是全路各局（公司）、站段制定自身预案最直接的指导性文件。因此，在编制局、站预案时应认真学习、领会。

因危险品仅包括民用爆炸品、放射性物质和杂类，但在《危规》铁路危险货物运输包括的九大类货物均在其中，因此，制订应急预案时，应急预案采用“铁路危化货物应急预案”

的说法，比较切合实际。

（2）预防预警是国务院“公共事件应急预案框架指南”的重要内容。

核心是信息监测、分析、交流、综合集成、通报、发布。预警级别按严重性、紧急程度分为四级：

Ⅰ级——特别严重，红色预警；

Ⅱ级——严重，橙色预警；

Ⅲ级——较重，黄色预警；

Ⅳ级——一般，蓝色预警。

预警是突发事件（事故）严重程度和急迫性的警示（等级），和事故应急预案中的响应等级基本一致，但有时也有区别。世界各国一般采用声、色、图、文字指示。

（3）事故应急预案中的应急响应等级是在各种信息综合集成后确定的预案级别。

这一级别是根据事故类型和现象、货物性质、运输种类及运量大小、周边人文地理环境、人员伤亡及财产损失等由应急领导小组和专家研究决定的。

（4）铁路局（公司）应急施救网络是应急预案中确定的铁路局和相应地方政府部门在施救全过程中的联络关系（报告程序）规定。

即局内应急领导小组下设的专家、信息、后勤、医疗、调查、处理、报导等和地方相应省、市、区的公安、卫生、消防、环保等部门在施救中的对应联络关系，并以“网络框图”把事故发生地、站段、路局及各施救小组、现场指挥、铁道部应急办、地方有关部门有序联通起来。

（5）应急响应行动按级别划分权属。

国务院应急领导小组——Ⅰ级；

铁道部应急领导小组——Ⅱ级，国家授权Ⅰ级；

铁路局（公司）应急领导小组——Ⅲ，Ⅳ级。

（6）信息报送。

车站应在发生危险化学品运输事故以及液化气体泄漏，剧毒品、爆炸品、放射性物品被盗丢失时，及时逐级向运输调度和货运、公安管理部门报告，并在 24 h 内向有关站、铁路局拍发“货运事故速报”电报，同时抄报铁道部、主管铁路局。依法应当报告有关部门的，同时报告有关部门。

报告内容：

① 事故类型：火灾，爆炸，中毒，腐蚀，放射，爆炸品、剧毒品、放射性物品丢失，液化气体泄漏等。

② 事故发生时间。

③ 事故发生地点：线别、站名（货场、专用线、专用铁路）、区间（桥梁、隧道）。

发生事故货物品名、编号、车种、车号、列车车次、机后位置、有无押运人、运输方式（整车、集装箱）。

④ 事故概况及初步分析：人员伤亡、货物毁损程度、爆炸品或剧毒品或放射性物品丢失数量、液化气体泄漏部位、环境污染情况及对周边环境的威胁。

⑤ 事故地点的周边环境：桥隧、水源、地形、道路、厂矿、居民、天气、风向等。

（7）应急救援保障。

① 通信与信息保障。

建立健全企业安全生产事故灾难应急救援综合信息网络系统和重大安全生产事故灾难信息报告系统；建立完善救援力量和资源信息数据库；规范信息获取、分析、发布、报送格式和程序，保证应急机构之间的信息资源共享，为应急决策提供相关信息支持。

有关部门应急救援指挥机构和上级应急救援指挥机构负责本部门、本地区相关信息收集、分析和处理，定期向上级安全办公室报送有关信息，重要信息和变更信息要及时报送，安全办公室负责收集、分析和处理企业安全生产事故灾难应急救援有关信息。

② 应急支援与保障。

救援装备保障：各专业应急救援队伍和企业根据实际情况和需要配备必要的应急救援装备。专业应急救援指挥机构应当掌握本专业的特种救援装备情况，各专业队伍按规程配备救援装备。

应急队伍保障：危险化学品生产企业的交通运输等部门应当依法组建和完善救援队伍。各级、各部门安全生产应急救援机构负责检查并掌握相关应急救援力量的建设和准备情况。

交通运输保障：企业发生特别重大安全生产事故灾难后，有关部门根据救援需要及时请求交通和铁路等行政主管部门提供交通运输保障。地方人民政府有关部门对事故现场进行道路交通管制，根据需要开设应急救援特别通道，道路受损时应迅速组织抢修，确保救灾物资、器材和人员运送及时到位，满足应急处置工作需要。

医疗卫生保障：企业应当加强与急救医疗服务网络的联系，并配备相应的医疗救治药物、技术、设备和人员，提高应对安全生产事故灾难的救治能力。

物资保障：企业应当建立应急救援设施、设备、救治药品和医疗器械等储备制度，储备必要的应急物资和装备。

各专业应急救援队伍根据实际情况，负责监督应急物资的储备情况、掌握应急物资的采购和储备情况。

资金保障：企业财务部门应当做好事故应急救援必要的资金准备。

（8）培训和演习。

① 企业与周边群众信息交流。企业与所在地政府、社区建立互动机制，向周边群众宣传相关应急预防、避险、避灾、自救、互救常识的宣传工作知识。

② 培训。企业有关部门组织各级应急管理机构以及专业救援队伍的相关人员进行上岗前培训和业务培训。有关部门根据自身实际情况，做好兼职应急救援队伍的培训，积极组织社会志愿者的培训，提高群众自救、互救能力。

③ 演习。明确演习的部门（机构）对演习的场所、范围、内容要求，组织指挥等作出规定，不断提高对事故的预防和处理能力。

实训练习

1. 2005 年某月某日，甲站承运的一批可挥发性聚苯乙烯珠粒（41057），因托运人匿报货物危险性含量，途中不断挥发的易燃石油醚气体在货物内外包装塑料袋（经事后检查确认，托运人使用的包装不符合包装定点生产的规定）摩擦产生静电的作用下，在乙站发生火灾事故。

（1）分析这次事故发生的原因。

（2）如何防范事故的发生。

2. 某站接甲站发往乙站 24503 次，作业中发现机后 25 位 G0916227 轮对上部罐体有渗漏痕迹，经启动紧急预案，公安、保安、车站货装人员到场警戒、防护。经核实，该车装苯胺（61746），罐体封头因虚焊、砂眼所致。

（1）分析这次事故发生的原因。

（2）如何防范事故的发生。

3. ××年 2 月 4 日，兰州铁路局民和站承运"铬铁"一车，车号为 C_{62A}1416179。托运人为××有限责任公司，收货人为××钢铁公司，到站上海铁路局无锡南站。该车于 2 月 9 日 13：37 挂 26 028 次货物列车到达南京东站，全列编组 52 辆。14：30，列检和调车人员发现该列机后 52 位冒浓烟并伴火焰，经启动应急预案，采取大量黄沙覆盖，隔断"铬铁"与空气接触，到 16：40 火势被全面控制。经调查核实，这起事故直接原因是托运人将硅铁（铁危编号：43505）谎报为普通货物"铬铁"托运。通过对"铬铁"做化学分析表明，"铬铁"实为硅铁。

（1）分析这次事故发生的原因。

（2）如何防范事故的发生。

4. 2008 年 6 月，某站专用线发南方某站硝酸铵 4 车，到站后，押运员仅与车站办理完签认手续，未与专用线办理后卸车交付清点手续，就返回了。卸车后，专用线称少了 2 件，到站拍发电报通知发站处理。

（1）分析这次事故发生的原因。

（2）如何防范这类事故的发生。

思考题

1. 各种危险货物的性质分别是什么？
2. 易燃易爆危险货物有哪些保管要求？
3. 如何确定罐车充装量？
4. 剧毒品跟踪控制包括哪些工作？
5. 常用的灭火剂和灭火器材有哪些？

附 件

附件 1 铁路危险货物品名表（摘录）

铁危编号	品名	别名	信息化品名	主要特性	包装标志	包装类	包装方法	灭火方法	洗刷除污编号	急救措施	特殊规定
11001	电引爆雷管[爆破用]	工程电雷管，爆破用电雷管	电雷管（一）	纸、塑料或金属管内装起爆药和猛性炸药。对明火、电火花、振动、撞击，均很敏感，是极不安全的起爆器材，易爆炸	1	Ⅱ	① 雷管用纸盒或塑料桶等盛装塞紧，再放入木箱中塞紧，以雷管不发生摇动为准。木箱上、下部各应有箱挡两条，两端须具有握柄。箱板厚度应为 15 mm。 ② 装入纤维板箱，板厚不小于 3 mm，木框宽 50 mm、厚 15～18 mm。单位包装净重不超过 25 kg	水，禁用砂土	1		3,4
11035	三硝基甲苯[干的，或湿的，含水<30%]	梯恩梯，TNT，2，4，6—三硝基甲苯	梯恩梯	白色或淡黄色针状结晶，无臭，相对密度 1.65，微溶于水。遇碱则生成不安定的爆炸物。爆燃点 300 °C，爆速 6 900 m/s，撞击感度 1.5 kg · m，有毒	1，14	Ⅱ	装入四层坚韧的厚纸袋或一层塑料袋、一层纸袋中，袋口捆紧后再装入紧固木箱或坚韧的麻袋、复合塑料编织袋中。箱板厚 15 mm 以上。单位包装净重不超过 50 kg	水，禁用砂土	1	中毒时移至空气新鲜处，皮肤沾染用微温肥皂水彻底冲洗，侵入眼睛，用微温水冲洗 15 min 以上，速送医院	3，4，6

续表

铁危编号	品名	别名	信息化品名	主要特性	包装标志	包装类	包装方法	灭火方法	洗刷除污编号	急救措施	特殊规定
11041 A	环三亚甲基三硝胺[湿的，含水≥15%]	黑索金,旋风炸药,RDX，环三次甲基三硝胺	黑索金（一）	白色结晶或粉末，比重 1.82,熔点约 200 °C。不溶于水。化学性质较稳定，遇浓硫酸则分解。爆燃点 230 °C，爆速 8 750 m/s。撞击感度 0.75 kg · m	1	Ⅱ	① 装入四层坚韧的厚纸袋或布袋中，袋口捆紧后将袋放入坚固木箱中。箱板厚度 15 mm 以上。单位包装净重不超过 50 kg。 ② 装入厚 0.1 mm 以上的塑料袋或乳胶布袋，将袋口捆紧再装入全开口或中开口钢桶中。桶厚 1.0 mm，每桶净重 50 kg	雾状水或开花水流，禁用砂土	1		3，4
11041 B	环三亚甲基三硝胺[减敏的]	黑索金，旋风炸药,RDX，环三次甲基三硝胺[钝感的]	黑索金（二）	白色结晶或粉末，比重 1.82,熔点约 200 °C。不溶于水。化学性质较稳定，遇浓硫酸则分解。爆燃点 230 °C，爆速 8 750 m/s。撞击感度 0.75 kg · m	1	Ⅱ	装入四层坚韧的厚纸袋或布袋中，袋口捆紧后放入坚固木箱中。箱板厚度 15 mm 以上。单位包装净重不超过 50 kg	雾状水或开花水流，禁用砂土	1		3，4
11062	三硝基苯甲醚	三硝基茴香醚		黄色结晶，比重 1.6，熔点 68.4 °C，不溶于水。爆燃点 285 °C，爆速 6 800 m/s，撞击感度 2 kg · m。遇水生成苦味酸。有毒	1	Ⅱ	21（禁止使用金属容器）	雾状水或开花水流，禁用砂土	1		3

续表

铁危编号	品名	别名	信息化品名	主要特性	包装标志	包装类	包装方法	灭火方法	洗刷除污编号	急救措施	特殊规定
14055	烟火制品，烟花，爆竹，鞭炮		烟火制品（三），烟花，爆竹，鞭炮	各种形状的烟火制品，对火焰敏感	2	Ⅱ	按包装号 13 包装，即外包装为普通木箱，板材符合国家标准。内包装为塑料袋，袋厚 0.1 mm 以上，或两层牛皮纸袋，纸每平方米质量不小于 80 g。每箱净重不超过 50 kg	水	1		3，7，10
21018	丙烯		丙烯	无色气体，具有烃类特有臭味，气体密度 1.45，液体密度 0.58，沸点 −47.4 °C，溶于水。易燃烧爆炸，爆炸极限 2%～11%；麻醉性极强	4	Ⅱ	1	雾状水、泡沫、二氧化碳	1		2（a）
21053	液化石油气	石油气[液化的]	液化石油气	浅黄色易液化气体，有特殊臭味，气体比重 1.5，不溶于水。主要成分为丙烷、丁烷、丙烯、丁烯。易燃、易爆	4，6	Ⅱ	1	雾状水、泡沫、干粉、二氧化碳	1		2（a），15
22011	压缩氩	氩[压缩的]	氩气	无色、无臭气体，气体比重 1.4，微溶水。不燃、无毒，缺氧时易窒息	5	Ⅲ	1，20	雾状水	1	移至新鲜空气处，进行人工呼吸	12

续表

铁危编号	品名	别名	信息化品名	主要特性	包装标志	包装类	包装方法	灭火方法	洗刷除污编号	急救措施	特殊规定
23002	氯 氯[液化的]	液氯	氯气 液氯	黄绿色气体，有刺激性气味，易液化，气体比重2.4,液体比重1.47,溶于水和碱溶液。剧毒，$LC_{50}=370\ mg/m^3$。与易燃气体混合易燃烧爆炸，遇潮湿有腐蚀性	6，20	Ⅱ	1		1	中毒移至新鲜空气处，解开衣服予以输氧，速送医院	2（a），16
23003	无水氨	液氨	液氨	无色气体，有刺激性气味，易液化，气体比重0.6，液体比重0.8，易溶于水。有毒，对眼睛和皮肤有灼伤的危险，吸入损伤呼吸道。$LC_{50}=7\ 650\ mg/m^3$。爆炸极限15.7%～27.4%	6，20	Ⅱ	1	雾状水、泡沫	1	溅入眼内用大量水冲洗，中毒移至新鲜空气处	2（a），17
31001	汽油[闪点≤23 °C]，航空汽油	车用	汽油	无色或淡黄色透明液体，有特殊臭味，易挥发。比重0.67～0.71，沸点40～200 °C，闪点－50 °C，爆炸极限1.3%～6.0%。有低毒，长时间吸入蒸气能引起中毒	7	Ⅱ	2，20，21	砂土、泡沫、干粉、二氧化碳	3	将中毒者移至新鲜空气处，松解患者衣服，给予氧气	2（d）

续表

铁危编号	品名	别名	信息化品名	主要特性	包装标志	包装类	包装方法	灭火方法	洗刷除污编号	急救措施	特殊规定
31025	丙酮	二甲基酮，二甲酮	丙酮	无色透明液体，有特殊气味，易挥发，比重0.80，沸点56.48 °C，闪点－17.78 °C，爆炸极限2.6%～12.8%，溶于水，燃烧时放出刺激性气体，使人头疼昏迷	7	Ⅱ	2，20，21	砂土、泡沫、干粉、二氧化碳	1	发现呼吸不正常或面色发青时，用含5%二氧化碳的氧气帮助呼吸，防止呕吐，保持温暖	2（d），70
31044	甲胺水溶液 一甲胺水溶液	氨基甲烷水溶液 一甲胺溶液	甲胺水溶液 甲胺水溶液	无色液体，比重0.66，沸点6.79 °C（无水），闪点－18～23 °C，爆炸极限4.9%～20.7%，可灼伤皮肤，蒸气刺激黏膜	7，14	Ⅱ	2，20，21	砂土、泡沫、干粉、二氧化碳，施救人员可戴防毒面具	2	将中毒者移至新鲜空气处或送医院，皮肤沾染可用大量水冲洗	2（d）
31104	石脑油溶剂油		石脑油溶剂油	无色或淡黄色液体，易挥发，比重0.79，闪点－2 °C。不溶于水	7	Ⅱ	2，21	砂土、泡沫、干粉、二氧化碳	3	中毒移至新鲜空气处，松开衣服。停止呼吸时进行人工呼吸	2（d）
31152	甲苯	甲基苯	甲苯	无色透明液体，有苯的气味，比重0.87，沸点110.4 °C，闪点4.44 °C，爆炸极限1.27%～7.1%，不溶于水。蒸气有毒	7，14	Ⅱ	2，21	砂土、泡沫、干粉、二氧化碳	3	中毒移至新鲜空气处	2（d），70

续表

铁危编号	品名	别名	信息化品名	主要特性	包装标志	包装类	包装方法	灭火方法	洗刷除污编号	急救措施	特殊规定
31158	甲醇		甲醇	无色澄清液体，有酒香味，易挥发，溶于水，比重 0.79，沸点 64.8 °C，闪点 11.11 °C，爆炸极限 6.7%～36%，蒸气与空气形成爆炸性混合物，蒸气比空气重，能在较低处扩散到相当远的地方，遇明火会引燃回燃。有毒，误食或吸入会中毒，伤害视神经，严重可致失明	7，14	Ⅱ	2，20，21	砂土、泡沫、干粉、二氧化碳	1	将中毒者移至新鲜空气处，如侵入眼部，应用大量水冲洗 15 min 以上	2（d）
31161	乙醇 无水酒精 乙醇溶液 乙醇溶液（一 18 °C<闪点<23 °C） 变性乙醇	酒精 乙醇[无水] 酒精溶液 酒精溶液 变性酒精	乙醇 乙醇 乙醇 乙醇 变性乙醇	无色液体，有酒香味，易挥发，比重 0.79，沸点 78. 32 °C，闪点 12.78 °C，爆炸极限 3.3%～19%，溶于水。蒸气有刺激性	7	Ⅱ	2，3，20，21	砂土、泡沫、干粉、二氧化碳，罐车火警时，可用水冷却罐壁	1	将中毒者移至新鲜空气处	2（d）
31292B	煤焦油馏出物[易燃] 煤焦油		煤焦油 煤焦油	黑色黏稠液体，有特殊臭味，比重小于 1，闪点 15.6～25 °C，能刺激皮肤，有毒，易燃	7，20	Ⅲ	2，16	砂土、泡沫、干粉、二氧化碳	3	皮肤沾染用肥皂水洗涤，用软毛巾擦干后涂以凡士林软膏	2（d），31（C

续表

铁危编号	品名	别名	信息化品名	主要特性	包装标志	包装类	包装方法	灭火方法	洗刷除污编号	急救措施	特殊规定
41057	聚苯乙烯珠粒料[可膨胀，会放出易燃气体]		聚苯乙烯（一）	白色球状固体，含6%～9%的石油醚，易燃。遇热易膨胀成发泡体，能挥发出易燃蒸气	8	Ⅲ	10，11	水、砂土、二氧化碳	1	烧伤伤口以干净衣服保护，送医院	7，45
41501	硫 熔融硫黄	硫黄	硫黄	黄色粉末或硬块，粉状比重1.96，块状比重2.05，燃点232 °C，不溶于水。易燃，燃烧时放出有毒和刺激性气体，粉尘漂浮在空气中能产生粉尘爆炸，与氧化剂能组成敏感度高的爆炸性混合物	8	Ⅲ	10，11，21，22	水、砂土、泡沫	2		6，27
42001	熔融白磷白磷[干的，或浸在水中或溶液中]	白磷，黄磷，黄磷[干的，或浸在水中或溶液中]	黄磷 黄磷	白色或淡黄色蜡状半透明固体，有特殊臭气，比重1.82，自燃点30 °C，熔点44.1 °C，不溶于水。在空气中自燃，燃烧时放出白色有毒烟雾。剧毒，LD_{50}=1 mg/kg，烧伤皮肤，伤口不易愈合	9，13	Ⅰ	①按2(甲、乙、丙)，但黄磷顶面须用厚度为15 cm以上的水层覆盖。使用2（丙）时，每桶净重不超过50 kg。 ②装入盛水的玻璃瓶、塑料瓶或金属容器（用塑料瓶时必须再装入金属容器内）。物品必须完全浸没水中，严封后再装入坚固木箱。每箱净重不超过10 kg。每瓶净重不超过1 kg	雾状水、砂土	用石灰乳液浸湿撒漏处，再用大量清水冲洗	皮肤烧伤，涂擦石灰水或5%的硫酸铜溶液，但不可涂油。急性中毒应送医院，可洗胃，忌牛奶和脂肪	30，74，77

续表

铁危编号	品名	别名	信息化品名	主要特性	包装标志	包装类	包装方法	灭火方法	洗刷除污编号	急救措施	特殊规定
43025	碳化钙	电石	电石	无色或灰黑色固体，比重2.22。遇水放出易燃、易爆的乙炔气，受到撞击震动、摩擦或遇明火易爆炸。遇酸反应剧烈，含有硫磷等杂质时与水作用，易引起自燃爆炸	10，14	Ⅰ	① 装入坚固的铁桶内，每桶净重为100 kg，桶口封闭严密，桶内充氮气。桶内未充氮气时，应装置低压安全阀。 ② 按21	干砂、干粉，禁用水和泡沫	1	将中毒者移至新鲜空气处，用含5%二氧化碳的氧气帮助呼吸	41
43505	硅铁[30%≤含硅<90%]		硅铁	遇水放出易燃气体，有时会放出有毒的磷化氢等气体	10，14	Ⅲ	5，11，13，21	干砂、干粉，禁用水	1		6，66
51001A	过氧化氢[含量≥40%]	双氧水	双氧水（一）	无色无臭透明液体，比重1.11～1.13。有强氧化性，遇有微量杂质、受热或振动急剧分解，甚至引起燃烧、爆炸，其液体及气体能刺激皮肤、眼睛及肺部	11，20	Ⅰ	① 大包装：塑料桶（罐）。容器上部应有减压阀或通气口。容器内至少留有10%的余量。每桶（罐）净重≤50 kg。 ② 试剂包装：塑料瓶，再单个装入塑料袋内，合装在钙塑箱内，空隙处用不燃吸收材料填塞妥实。塑料瓶内应有较大余量，要气密封口。每瓶净重≤0.5 kg，每箱净重≤20 kg	雾状水、干砂、二氧化碳	1	皮肤沾染用水冲洗15 min，触及眼睛用温水冲洗，再用硼酸水洗，送医院治疗	1，42（a），2（b），2（c）

续表

铁危编号	品名	别名	信息化品名	主要特性	包装标志	包装类	包装方法	灭火方法	洗刷除污编号	急救措施	特殊规定
51001B	过氧化氢[20%≤含量<40%]	双氧水	双氧水（二）	无色无臭透明液体，比重 1.11～1.13。有强氧化性，遇有微量杂质、受热或振动急剧分解，甚至引起燃烧、爆炸，其液体及气体能刺激皮肤、眼睛及肺部	11，20	Ⅱ	①大包装：塑料桶（罐）。容器上部应有减压阀或通气口。容器内至少留有 10% 的余量。每桶（罐）净重≤50 kg。 ②试剂包装：塑料瓶，再单个装入塑料袋内，合装在钙塑箱内，空隙处用不燃吸收材料填塞妥实。塑料瓶内应有较大余量，要气密封口。每瓶净重≤0.5 kg，每箱净重≤20 kg	雾状水、干砂、二氧化碳	1	皮肤沾染用水冲洗 15 min，触及眼睛用温水冲洗，再用硼酸水洗，送医院治疗	42，2（b），2（e）
51056	硝酸钾	火硝，硝石	硝酸钾	无色或白色结晶粉末，味辣而咸，比重 2.109，溶于水，400 °C 分解放出氧，与可燃物混合易引起燃烧、爆炸，并产生有毒气体	11	Ⅲ	10，11，19，21	雾状水	1	发现呼吸困难、咳嗽、头晕、腹泻等中毒症状，应送医院。皮肤沾染时可用清水冲洗，注意勿沾及黏膜	6
51069A	硝酸铵[含可燃物质总量≤0.2%，包括以碳计算的任何有机物质，但不包括任何其他添加物质]	硝铵	硝酸铵（二）	无色结晶或颗粒，比重 1.725，熔点 169.6 °C，溶于水，并吸收大量热。210 °C 时分解，与可燃物混合引起燃烧、爆炸危险	11	Ⅲ	10，21	雾状水、砂土、二氧化碳	1	中毒后移至新鲜空气处，施行人工呼吸，输入含 5%二氧化碳的氧气，皮肤沾染用水冲洗，切勿沾及黏膜	73

续表

铁危编号	品名	别名	信息化品名	主要特性	包装标志	包装类	包装方法	灭火方法	洗刷除污编号	急救措施	特殊规定
61067A	苯酚[固态]	苯酚，酚，石碳酸	苯酚（固）	纯品为白色结晶，遇光即变成淡红色，比重1.1，熔点42.5～43 °C，沸点 181.9 °C，闪点79.4 °C，溶于水。有腐蚀性和毒性。可燃	13，20	Ⅱ	2，21，22	水、砂土、干砂、泡沫	3	中毒移至新鲜空气处，皮肤沾染用大量水洗涤	
61126	氧乐果[含量>3%]	氧化乐果，华果	氧乐果		13	Ⅱ	2，23	水、砂土、干粉，禁用酸碱、泡沫灭火剂	先用生石灰将撒漏液体吸干，用碱水洗刷污染处，再用热水和清水冲洗	皮肤沾染立即用稀碱水或肥皂水洗。发现中毒时，立即移至新鲜空气处，急送医院，可肌肉注射阿托品	67
61869	煤焦沥青	焦油沥青	煤焦沥青	深棕色至黑色黏稠的液体、半固体或固体，有光泽，有臭味，受热软化，含酚等杂质。有毒，吸入挥发物及接触皮肤易引起中毒，可燃	14，20	Ⅱ	① 带盖的条筐或竹筐（内衬两层牛皮纸）。② 双层麻袋或草袋。③ 按2，6	砂土		皮肤沾染时去掉残物，用水及肥皂水洗净	6，53

续表

铁危编号	品名	别名	信息化品名	主要特性	包装标志	包装类	包装方法	灭火方法	洗刷除污编号	急救措施	特殊规定
61941	碳酸钡		碳酸钡	白色结晶或粉末，不溶于水。口服后与胃酸起反应，变为氯化钡而发生中毒	14	Ⅱ	8，9，10，21，22	水、砂土、干砂、泡沫	1	皮肤沾染用水冲洗，中毒后立即送医院，可服硫酸钠和硫酸镁再催吐和洗胃	
81007	硫酸		硫酸	无色或棕色油状物体，比重不超过1.84。有强腐蚀性，溅及皮肤，立即灼伤。有吸水性、与有机物接触能引起炭化，遇水发热，能引起爆溅，有毒	20	Ⅰ	14，18	砂土、二氧化碳，禁用或投掷砂土，防止酸液爆溅	1	皮肤灼伤，用大量的清水或小苏打水洗涤 15～20 min，或用小苏打粉包扎，必要时可敷软膏或送医院治疗	2（d），70
81013	盐酸	氢氯酸	盐酸	无色或微黄色透明液体，有刺激性气味，比重1.12～1.19，凝固点－62～－17 °C。有腐蚀性，蒸气刺激黏膜，有毒	20	Ⅱ	14，15，18，21	雾状水、砂土	1	皮肤沾染，用水或小苏打水洗涤。必要时再敷软膏	2（c），70
81601 A	冰醋酸 乙酸溶液[按质量含酸>80%]	醋酸 乙酸[含量>80%]	醋酸，醋酸	无色透明液体，有醋的气味，比重1.05，凝固点 16.7 °C，沸点118.1 °C，闪点40 °C，爆炸极限5.4%～16%，溶于水。有腐蚀性，能灼伤皮肤。蒸气刺激眼睛和黏膜，易燃	20，7	Ⅱ	3，15，18，21，22	砂土、雾状水、泡沫、二氧化碳	3	皮肤沾染用大量清水或用小苏打水洗涤	2（b），或2(e)

续表

铁危编号	品名	别名	信息化品名	主要特性	包装标志	包装类	包装方法	灭火方法	洗刷除污编号	急救措施	特殊规定
82001A	氢氧化钠[固态]	苛性钠，烧碱，氢氧化钠，固碱，片碱，火碱	氢氧化钠	白色固体，比重2.13，易吸潮，溶于水。有腐蚀性，能严重灼伤皮肤、眼睛和黏膜。与酸类反应剧烈，遇水发热	20	Ⅱ	①固体可装入0.5 mm厚的钢桶中严封，每桶净重不超过100 kg。 ②按6，21，22，25	水，砂土，灭火时防止水溶液接触皮肤	1	皮肤灼伤，用大量冷水冲洗或用硼酸水或稀醋酸中和，必要时再敷软膏	31（c）
82001 B	氢氧化钠溶液	液碱	液碱	无色液体，有强腐蚀性	20	Ⅱ	液体按21，22，25	水，砂土，灭火时防止水溶液接触皮肤	1		2（d）
82522	氧化钙	石灰，生石灰	生石灰	白色固体或粉末，比重3.15~3.4，有潮解性。遇水发热，接触有机物能引起燃烧。有腐蚀性	20	Ⅲ	①整车可散装运输。 ②按9，10，11，21，22，25	雾状水、砂土	1	皮肤沾染用大量水冲洗，触及眼睛用温水冲洗	6，31（b）
91002	连二硫酸锌	低亚硫酸锌		白色细针状方晶系结晶粉末，有二氧化硫刺激气味，易溶于水和氨					1		
91006	石棉	蓝石棉，青石棉，棕石棉，铁石棉，白石棉，温石棉，阳起石，直闪石，透闪石	石棉								61
91013	锂电池组										1，72

附件 2　铁路危险货物包装表

包装号	包装要求			单位包装件限制质量或容量	备　注
	外包装		内包装		
1	钢质气瓶	钢质气瓶的设计、制造、充装、运输、储存必须符合国家质量技术监督检验检疫总局颁布的《气瓶安全监察规程》。盛装乙炔气的气瓶应符合劳动部颁布的《溶解乙炔气瓶安全监察规程》。 钢质气瓶气阀完好，安全阀与瓶身配套旋紧。有防护罩的钢质气瓶，安全帽不得超出护罩。瓶身外套两只防震胶圈。钢质气瓶瓶肩或护罩上，应有制造和检验钢印标记。钢印标记必须准确、清晰。检验钢印标记上，还应按检验年份涂检验色标。检验色标的颜色和形状应符合本规则附录 5 的规定。钢质气瓶外表面的颜色和字样，应符合本规则附录 6 的规定		钢质气瓶每瓶总质量不得超过 1 000 kg。超过时应征求发到站的意见	① 20 L 以下的钢质气瓶应外加坚固木箱，每箱总重不超过 50 kg。 ② 装有液化石油气的气瓶（即液化石油气罐）禁止铁路运输
2	小开口钢桶	桶身有两道环筋和两组 3～7 道波纹（钢板厚度为 1.5 mm 的重型桶可无波纹），桶身直缝应电气焊接，桶身与桶顶、桶底的组装应双重或三重卷边。卷层内的缝隙必须充填封缝胶。螺纹口、盖、垫圈等封口件配套齐全，装配后密封良好，口盖拧紧后液密不漏		甲.钢板厚 1.5 mm，每桶净重不超过 250 kg; 乙.钢板厚 1.2 或 1.25 mm，每桶净重不超过 200 kg; 丙.钢板厚 1.0 mm，每桶净重不超过 100 kg	① 装运易燃和剧毒液体时，桶应采取切实的防摩措施。 ② 灌装具有腐蚀性的物品时，钢桶内壁应涂镀防腐层。 采用 2（甲、乙）号包装的一级易燃液体和剧毒液体中的 I 类包装，必须是三重卷边
3	小开口铝桶	采用 2 mm 以上的铝板或具有抗腐蚀性能的铝合金制成。桶身直缝、桶身与桶顶、桶底的组装应为焊接。螺纹口、盖、垫圈等封口件配套齐全，装配后密封良好，口盖拧紧后液密不漏。桶外套钢质笼筋		每桶净重不超过 150 kg	

续表

<table>
<tr><th rowspan="2">包装号</th><th colspan="4">包　装　要　求</th><th rowspan="2">单位包装件限制质量或容量</th><th rowspan="2">备　注</th></tr>
<tr><th colspan="2">外　包　装</th><th colspan="2">内　包　装</th></tr>
<tr><td>4</td><td>钢塑
复合桶</td><td>用钢板制成，桶身有两道环筋和两组 3～7 道波纹。桶身直缝应电气焊接，桶身与桶顶、桶底的组装应双重或三重卷边。卷层内的缝隙必须充填封缝胶。桶内应无任何能擦伤内塑料桶（胆）的凸出物</td><td>塑料桶
（胆）</td><td>桶（胆）厚 0.8 mm 以上，吹塑厚薄均匀并合适地装在钢桶内。塑料桶（胆）不得以任何使用过的塑料作制造材料，并应具有符合规定的防老化和抗冻性能及抗刺、抗摩功能。桶口、盖配套完好，液密不漏</td><td>甲.钢板厚 1.2 或 1.25 mm，每桶净重不超过 200 kg；
乙.钢板厚 1.0 mm，每桶净重不超过 50 kg</td><td>钢桶底部不得开孔</td></tr>
<tr><td>5</td><td>中开口
钢桶</td><td>采用 0.75 mm 钢板制成，桶身有两组 3～7 道波纹。桶身直缝应电气焊接，桶身与桶顶、桶底的组装应双重卷边。卷层内的缝隙必须充填封缝胶。桶口、盖、垫圈等封口件配套齐全，装配后密封良好，严密不漏</td><td colspan="2"></td><td>每桶净重不超过 50 kg</td><td></td></tr>
<tr><td rowspan="2">6</td><td rowspan="2">全开口或
中开口
钢桶</td><td rowspan="2">桶身有两道环筋和两组 3～7 道波纹（钢板厚度为 0.5 mm 的钢桶可无环筋）。桶身与桶顶、桶底的组装应双重卷边。卷层内的缝隙必须充填封缝胶。桶口、盖、垫圈、箍圈等封口件完好并与桶身配套，插销卡牢扣紧。桶内应无任何能擦伤内包装的凸出物</td><td>塑料袋</td><td>袋厚 0.1 mm 以上。袋口双层扎口或封口，严密不漏</td><td rowspan="2">甲.钢板厚 1.2 或 1.25 mm，每桶净重不超过 200 kg；
乙.钢板厚 1.0 mm，每桶净重不超过 150 kg；
丙.钢板厚 0.75 mm，每桶净重不超过 100 kg；
丁.钢板厚 0.5 mm，每桶净重不超过 50 kg</td><td rowspan="2"></td></tr>
<tr><td>二层
牛皮纸袋</td><td>纸每平方米质量不小于 80 g，不得使用再生纸。袋口双层扎口或机械缝口，严密不漏</td></tr>
</table>

续表

包装号	包装要求				单位包装件限制质量或容量	备注
	外包装		内包装			
7	全开口钢桶	采用 0.5 mm 钢板制成。桶身直缝应电气焊接，桶身与桶底应双重卷边。桶口、盖、垫圈、箍圈等封口件完好并与桶身配套，插销卡牢扣紧。桶内应无任何能擦伤内包装的凸出物	玻璃瓶	瓶厚不小于 3 mm，厚薄均匀，无气泡，其热稳定性、化学稳定性、内应力等技术性能，应符合有关规定。瓶口用橡胶塞或其他与内装物性质不相抵触的材料制成的瓶塞塞紧，旋紧塑料盖，外包塑料薄膜用线扎牢或外套胶套	每桶净重不超过 30 kg	
			塑料桶（罐）	桶（罐）厚不小于 3 mm，以碗型塞或其他与内装物性质不相抵触的材料制成的瓶塞塞紧，螺纹口、盖配套完好，液密不漏。 桶内用松软衬垫材料（性质不得与内装物抵触）隔垫妥实		
8	纤维板桶、胶合板桶、硬纸板桶	纤维板和胶合板的物理机械性能，应符合国家标准。桶身直缝加钉结合或多层牛皮纸胶粘结合，桶身边缘用钢带加固。桶顶、盖、底板厚度不小于 8 mm。用钢带箍圈将桶身与桶盖扣紧，插销插牢	塑料袋	袋厚 0.1 mm 以上。袋口双层扎口或封口，严密不漏	每桶净重不超过 30 kg	
			二层牛皮纸袋	纸每平方米质量不小于 80 g，不得使用再生纸。袋口双层扎口或机械缝口，严密不漏。 塑料袋及二层牛皮纸袋容积应大于外包装桶		

续表

包装号	包装要求				单位包装件限制质量或容量	备注
	外包装		内包装			
9	塑料桶	桶厚不小于 3 mm，吹塑厚薄均匀，并应具有符合规定的防老化和抗冻性能及抗压、抗刺、抗摩功能。塑料桶不得以任何使用过的塑料作制造材料。盛装液体时，仅限使用小开口塑料桶。用碗型盖或其他与内装物性质不相抵触的材料制成的瓶塞塞紧，螺纹口、盖、垫圈等封口件配套完好，牢固旋紧，液密不漏	塑料袋	盛装固体时，应使用塑料袋作为内包装。袋厚 0.1 mm 以上。袋口双层扎口或封口，严密不漏。袋的容积应大于外包装桶	每桶净重不超过 50 kg	① 应提出塑料桶包装试验合格证明。 ② 以塑料桶作外包装的危险货物，限按整车运输。 ③ 塑料桶的外形结构应保证堆码稳固
10	麻袋	双经平纹，经纬密度 71×35 根/10 cm。	两层塑料袋	每层袋厚 0.1 mm 以上。袋口双层扎口或封口，严密不漏。袋的容积应大于外包装	甲.外包装麻袋，内包装两层塑料袋，每袋净重不超过 100 kg； 乙.外包装塑料编织袋、乳胶布袋，内包装两层塑料袋，每袋净重不超过 50 kg； 丙.外包装乳胶布袋、塑料编织袋，内包装一层塑料袋，每袋净重不超过 25 kg	
	塑料编织袋	单经平纹，经纬密度 48×48 根/10 cm。以聚丙烯、聚乙烯树脂为主要原料制成，不得以任何使用过的塑料作制造材料				
	乳胶布袋	袋身缝合牢固，不脱线。 各种袋口折叠后，用机械或手工缝合，针距不大于 10 mm	一层塑料袋	袋厚 0.1 mm 以上。袋口双层扎口或封口，严密不漏。袋的容积应大于外包装		

续表

<table>
<tr><th rowspan="3">包装号</th><th colspan="5">包装要求</th><th rowspan="2">单位包装件限制质量或容量</th><th rowspan="2">备注</th></tr>
<tr><th colspan="3">外包装</th><th colspan="2">内包装</th></tr>
<tr><td rowspan="2">11</td><td rowspan="2">复合塑料编织袋</td><td>聚丙烯三合一袋，聚乙烯三合一袋</td><td>以聚丙烯、聚乙烯塑料编织布为基材，由布/膜/纸复合而成的复合塑料编织袋，聚丙烯、聚乙烯塑料编织布经纬密度48×48 根/10 cm，纸每平方米质量不小于 80 g，涂膜厚度不小于 0.05 mm</td><td rowspan="2">塑料袋</td><td rowspan="2">袋厚 0.1 mm 以上。袋口双层扎口或封口，严密不漏。袋的容积应大于外包装</td><td rowspan="2">甲.聚丙烯三合一袋、聚乙烯三合一袋，每袋净重不超过 50 kg。
乙.聚丙烯二合一袋、聚乙烯二合一袋，每袋净重不超过 50 kg</td><td rowspan="2"></td></tr>
<tr><td>聚丙烯二合一袋，聚乙烯二合一袋</td><td>以聚丙烯、聚乙烯塑料编织布为基材，由布/膜复合而成的复合塑料编织袋，聚丙烯、聚乙烯塑料编织布经纬密度48×48 根/10 cm，涂膜厚度不小于 0.05 mm。
各种袋口折叠后，用机械缝合，针距不大于 10 mm</td></tr>
<tr><td>12</td><td colspan="2">榫槽接缝木箱</td><td>板材符合国家标准。板厚 15 mm，宽度不小于 50 mm。木箱四周上下 16 根箱挡，箱挡宽 50 mm、厚 15 mm。木箱牢固密合。箱钉长度为 45 mm；箱钉数量，以箱面宽度计，平均 50 mm 一只。钉子钉实，钉尖盘实。箱外两道钢带加固，钢带搭接后用钢钉钉在木箱上。钢带宽 13～16 mm，厚 0.3～0.4 mm</td><td>塑料袋</td><td>袋厚 0.1 mm 以上。袋口双层扎口或封口，严密不漏。袋的容积应大于外包装箱</td><td>每箱净重不超过 30 kg</td><td></td></tr>
<tr><td rowspan="2">13</td><td colspan="2" rowspan="2">普通木箱</td><td rowspan="2">板材符合国家标准。板厚 12 mm 以上，宽度不小于 30 mm。木箱四周上下 16 根箱挡，箱挡宽 40 mm、厚 15 mm。木箱牢固密合。箱钉长度为 40 mm；箱钉数量，以箱面宽度计，平均 50 mm 一只。钉子钉实，钉尖盘实。箱外两道钢带加固，钢带搭接后用钢钉钉在木箱上。钢带宽 13～16 mm，厚 0.3～0.4 mm</td><td>塑料袋</td><td>袋厚 0.1 mm 以上。袋口双层扎口或封口</td><td rowspan="2">每箱净重不超过 50 kg</td><td rowspan="2"></td></tr>
<tr><td>二层牛皮纸袋</td><td>纸每平方米质量不小于 80 g。
袋口双层扎口或机械封口。袋的容积应大于外包装箱</td></tr>
</table>

续表

包装号	包装要求				单位包装件限制质量或容量	备注
	外包装		内包装			
14	普通木箱或半花格木箱	板材符合国家标准。板厚 12 mm 以上，宽度不小于 30 mm。半花格箱（系指箱的上部 1/3 处留有空隙的木板箱）箱板厚 15 mm 以上，宽度不小于 50 mm，空隙不大于 50 mm。箱四周上下 16 根箱挡，箱挡宽 40 mm、厚 15mm。木箱牢固密合。箱钉长度：木箱为 40 mm，半花格箱为 45 mm；箱钉数量，以箱面宽度计，平均 50 mm 一只。钉子钉实，钉尖盘实。箱外两道钢带加固，钢带搭接后用钢钉钉在木箱上。钢带宽 13 ~ 16 mm，厚 0.3 ~ 0.4 mm	耐酸坛	坛厚 10 ~ 20 mm，螺纹坛口、坛塞完好，与坛口配套吻合。用细黄沙加水玻璃或水泥加石膏封口	甲.坛装每箱净重不超过 50 kg； 乙.瓶装每箱净重不超过 30 kg	
			陶瓷瓶	瓶厚 14 ~ 16 mm，瓶盖完好，与瓶口配合吻合，瓶口、瓶盖加垫胶圈，用铁箍将盖与瓶颈卡紧。 箱内用松软衬垫材料（性质不得与内装物抵触）隔垫妥实		
15	普通木箱或半花格木箱	板材符合国家标准。板厚 12 mm 以上，宽度不小于 30 mm。半花格箱（系指箱的上部 1/3 处留有空隙的木板箱）箱板厚 15 mm 以上，宽度不小于 50 mm，空隙不大于 50 mm。箱四周上下 16 根箱挡，箱挡宽 40 mm、厚 15 mm。木箱牢固密合。箱钉长度：木箱为 40 mm，半花格箱为 45 mm；箱钉数量，以箱面宽度计，平均 50 mm 一只。钉子钉实，钉尖盘实。箱外两道钢带加固，钢带搭接后用钢钉钉在木箱上。钢带宽 13 ~ 16 mm，厚 0.3 ~ 0.4 mm	玻璃瓶	瓶厚不小于 3 mm，其热稳定性、化学稳定性、内应力、内压力等技术性能应符合有关规定。瓶口用与内装物性质不相抵触的材料制成的瓶塞（或平封口垫）塞紧（或封口），旋紧塑料盖，再用石蜡或石膏封口，外包塑料薄膜，用线扎紧，或外包塑料薄膜，用尼龙线扎紧，再套两只胶套。液密不漏	甲.每瓶净重不超过 5 kg。瓶装每箱净重不超过 30 kg。 乙.每桶（罐）净重不超过 20 kg。桶装每箱净重不超过 40 kg	

续表

包装号	包装要求				单位包装件限制质量或容量	备注
	外包装		内包装			
15			塑料桶（罐）	不得以任何使用过的塑料作制造材料。桶（罐）厚不小于 3 mm，桶（罐）口用与内装物性质不相抵触的材料制成的瓶塞（或平封口盖）塞紧（或封口），螺纹盖与桶（罐）口配套完好，液密不漏。 箱内用松软衬垫材料（性质不得与内装物抵触）隔垫妥实		
16	花格箱	板材符合国家标准。板厚 15 mm 以上，宽度不小于 50 mm。木箱四周上下 16 根箱挡，箱挡宽 40 mm、厚 15 mm。花格比率小于 30%。箱钉长度为 45 mm；箱钉数量，以箱面宽度计，平均 50 mm 一只。钉子钉实，钉尖盘实。箱外两道钢带加固，钢带搭接后用钢钉钉在木箱上。钢带宽 13～16 mm，厚 0.3～0.4 mm	薄钢板桶或镀锡薄钢板桶（罐）。 桶（罐）身直缝应焊接，桶（罐）身与桶（罐）顶、桶（罐）底卷边咬口后再焊接。桶（罐）盖卡口盖紧后焊牢。液密不漏。 箱内用松软衬垫材料（性质不得与内装物抵触）隔垫妥实		甲.钢板厚 0.5 mm，每桶净重不超过 25 kg，每箱净重不超过 50 kg； 乙.镀锡薄钢板厚 0.3～0.35 mm，每桶（罐）净重不超过 20 kg，每箱净重不超过 40 kg	
17	花格箱	板材符合国家标准。板厚 12 mm 以上，宽度不小于 50 mm。木箱四周上下 16 根箱挡，箱挡宽 40 mm、厚 15 mm。花格比率小于 30%。箱钉长度为 40 mm；箱钉数量，以箱面宽度计，平均 50mm 一只。钉子钉实，钉尖盘实。箱外两道钢带加固，钢带搭接后用钢钉钉在木箱上。钢带宽 13～16 mm，厚 0.3～0.4 mm	金属桶（罐）	内衬塑料袋。袋口双层扎口或封口，严密不漏	每箱净重不超过 20 kg	
			塑料桶	桶壁厚大于 2 mm，内盖严密，外螺纹盖旋紧，内衬塑料袋。袋口双层扎口或封口，严密不漏。 箱内用松软衬垫材料（性质不得与内装物抵触）隔垫妥实		

续表

包装号	包装要求				单位包装件限制质量或容量	备注
	外包装		内包装			
18	普通木箱	板材符合国家标准。板厚 12 mm 以上，宽度不小于 30 mm。木箱四周上下 12 根箱挡，箱挡宽 40 mm、厚 15 mm。木箱牢固密合。箱钉长度为 40 mm；箱钉数量，以箱面宽度计，平均 50 mm 一只。钉子钉实，钉尖盘实。箱外两道钢带加固，钢带搭接后用钢钉钉在木箱上。钢带宽 13 ~ 16 mm，厚 0.3 ~ 0.4 mm	磨砂口玻璃瓶	瓶厚 2 mm 以上，其热稳定性、化学稳定性、内应力、内压力等技术性能应符合有关规定。磨砂口瓶塞与瓶口配套完好，瓶塞塞紧后，外包塑料薄膜，用线扎紧，或外包塑料薄膜，用尼龙线扎紧，再套两只胶套，或用石膏或石蜡大封口	每瓶净重 0.5 ~ 5 kg，每箱净重不超过 20 kg	
			螺纹口玻璃瓶	瓶厚 2 mm 以上，其热稳定性、化学稳定性、内应力、内压力等技术性能应符合有关规定。螺纹盖与瓶口配套完好，用与内装物性质不相抵触的材料制成的瓶塞（或平封口垫）塞紧（或封口），旋紧螺纹盖，外包塑料薄膜，用尼龙线扎紧，再套两只胶套。 箱内用松软衬垫材料（性质不得与内装物抵触）隔垫妥实		

续表

包装号	包装要求				单位包装件限制质量或容量	备注
	外包装		内包装			
19	普通木箱	板材符合国家标准。板厚 12 mm 以上，宽度不小于 30 mm。木箱四周上下 12 根箱挡，箱挡宽 40 mm、厚 15 mm。木箱牢固密合。箱钉长度为 40mm；箱钉数量，以箱面宽度计，平均 50 mm 一只。钉子钉实，钉尖盘实。箱外两道钢带加固，钢带搭接后用钢钉钉在木箱上。钢带宽 13～16 mm，厚 0.3～0.4 mm	螺纹口玻璃瓶	瓶厚 2 mm 以上，其热稳定性、化学稳定性、内应力、内压力等技术性能应符合有关规定。螺纹盖与瓶口配套完好，用与内装物性质不相抵触的材料制成的瓶塞（或平封口垫）塞紧（或封口），旋紧螺纹盖，严密不漏。再装入金属桶（罐）或塑料桶（罐），严封不漏	每瓶净重不超过 1 kg。 每袋净重不超过 2 kg 每箱净重不超过 20 kg	
			塑料瓶	螺纹盖与瓶口配套完好，瓶口用与内装物性质不相抵触的材料制成的瓶塞（或平封口垫）塞紧（或封口），旋紧螺纹盖，严密不漏。再装入金属桶（罐）或塑料桶（罐），严封不漏		
			塑料袋	袋厚 0.1 mm 以上，封口后严密不漏。再装入金属或塑料桶（罐），严封不漏。 箱内用松软衬垫材料（性质不得与内装物抵触）隔垫妥实		

续表

包装号	包装要求				单位包装件限制质量或容量	备注
	外包装		内包装			
20	普通木箱	板材符合国家标准。板厚 10 mm 以上，宽度不小于 30 mm。木箱四周上下 12 根箱挡，箱挡宽 40 mm、厚 15 mm。木箱牢固密合。箱钉长度为 40 mm；箱钉数量，以箱面宽度计，平均 50 mm 一只。钉子钉实，钉尖盘实。箱外两道钢带加固，钢带搭接后用钢钉钉在木箱上。钢带宽 13～16 mm，厚 0.3～0.4 mm	安瓿瓶	瓶的形式、规格、尺寸、理化性能及外观质量应符合有关规定。外加瓦楞纸套或气泡塑料薄膜等衬垫缓冲材料，再装入纸盒	每箱净重不超过 10 kg	净重不超过 5 kg 的木箱，可不用箱挡加固
21	普通木箱	板材符合国家标准。板厚 10 mm 以上，宽度不小于 30 mm。木箱四周上下 12 根箱挡，箱挡宽 40 mm、厚 15 mm。木箱牢固密合。箱钉长度为 40 mm；箱钉数量，以箱面宽度计，平均 50 mm 一只。钉子钉实，钉尖盘实。箱外两道钢带加固，钢带搭接后用钢钉钉在木箱上。钢带宽 13～16 mm，厚 0.3～0.4 mm	螺纹口玻璃瓶	瓶厚不小于 2mm，其热稳定性、化学稳定性、内应力、内压力等技术性能应符合有关规定。螺纹盖与瓶口配套完好，用与内装物性质不相抵触的材料制成的瓶塞（或平封口垫）塞紧（或封口），旋紧螺纹盖，严密不漏或液密不漏	每瓶、桶（罐）净重不超过 1 kg。 每箱净重不超过 20 kg	
			铁盖压口玻璃瓶	严密不漏或液密不漏		
			塑料瓶	螺纹盖与瓶口配套完好，瓶口用与内装物性质不相抵触的材料制成的瓶塞（或平封口垫）塞紧（或封口），旋紧螺纹盖，严密不漏或液密不漏		
			金属桶（罐）	严密不漏或液密不漏。 箱内用松软衬垫材料（性质不得与内装物抵触）隔垫妥实		

续表

包装号	包装要求				单位包装件限制质量或容量	备注
	外包装		内包装			
22	满底板花格箱	板材符合国家标准。板厚 12 mm 以上，宽度不小于 50 mm。木箱四周上下 12 根箱挡，箱挡宽 40 mm、厚 15 mm。花格比率 30%。箱钉长度为 40mm；箱钉数量，以箱面宽度计，平均 50 mm 一只。钉子钉实，钉尖盘实。箱外两道钢带加固，钢带搭接后用钢钉钉在木箱上。钢带宽 13 ~ 16 mm，厚 0.3 ~ 0.4 mm	螺纹口玻璃瓶	瓶厚不小于 2 mm，其热稳定性、化学稳定性、内应力、内压力等技术性能应符合有关规定。螺纹盖与瓶口配套完好，用与内装物性质不相抵触的材料制成的瓶塞（或平封口垫）塞紧（或封口），旋紧螺纹盖，严密不漏或液密不漏	每瓶、桶（罐）净重不超过 1 kg。 每箱净重不超过 20 kg	
22	纤维板箱、胶合板箱	纤维板和胶合板的物理机械性能应符合国家标准。箱四周上下 24 根箱挡，箱挡宽不小于 30 mm、厚不小于 15 mm。箱坚固耐压	塑料瓶	螺纹盖与瓶口配套完好，瓶口用与内装物性质不相抵触的材料制成的瓶塞（或平封口垫）塞紧（或封口），旋紧螺纹盖，严密不漏或液密不漏。 镀锡薄钢板桶（罐）。 桶（罐）身咬口焊接，卡口盖紧，严密不漏或液密不漏。 箱内用松软衬垫材料（性质不得与内装物抵触）隔垫妥实		

续表

包装号	包装要求				单位包装件限制质量或容量	备注
	外包装		内包装			
23	普通木箱	板材符合国家标准。板厚 10 mm 以上，宽度不小于 30 mm。木箱四周上下 12 根箱挡，箱挡宽 40 mm、厚 15 mm。木箱牢固密合。箱钉长度为 40mm；箱钉数量，以箱面宽度计，平均 50 mm 一只。钉子钉实，钉尖盘实。箱外两道钢带加固，钢带搭接后用钢钉钉在木箱上。钢带宽 13 ~ 16 mm，厚 0.3 ~ 0.4 mm	螺纹口玻璃瓶	瓶厚不小于 2 mm，其热稳定性、化学稳定性、内应力、内压力等技术性能应符合有关规定。螺纹盖与瓶口配套完好，用与内装物性质不相抵触的材料制成的瓶塞（或平封口垫）塞紧（或封口），旋紧螺纹盖，严密不漏或液密不漏	每瓶净重不超过 1 kg。每箱净重不超过 20 kg	玻璃瓶装剧毒农药，瓶外套以塑料袋、气泡薄膜袋等，袋口扎紧
			塑料瓶、复合塑料瓶	螺纹盖与瓶口配套完好，瓶口用与内装物性质不相抵触的材料制成的瓶塞（或平封口垫）塞紧（或封口），旋紧螺纹盖，严密不漏或液密不漏		
			铝瓶	严封，液密不漏。 箱内用松软衬垫材料（性质不得与内装物抵触）隔垫妥实		

续表

包装号	包装要求				单位包装件限制质量或容量	备注
	外包装		内包装			
24	瓦楞纸箱	用双瓦楞纸板制作，板厚不小于 6 mm，并经防潮处理，用双钉斜角牢固钉接，钉距不大于 60 mm。箱底、盖用封箱机或粘胶带封固，箱外用带有镀层的低碳钢扁丝或聚丙烯等捆扎材料“井”字形捆紧。 箱板纸、瓦楞原纸和瓦楞纸板的技术性能均应符合下列指标： ① 箱板纸：应符合国家标准中定量为（320±16）g/m^2 的一号箱板纸的技术指标； ② 瓦楞原纸：应符合国家标准中定量为 $180^{+5}_{-9}g/m^2$ 的瓦楞原纸的技术指标； ③ 瓦楞纸板：应符合国家标准中一类 D-1.3 双瓦楞纸板的技术指标	塑料瓶	螺纹盖与瓶口配套完好，瓶口用与内装物性质不相抵触的材料制成的瓶塞（或平封口垫）塞紧（或封口），旋紧螺纹盖，严密不漏或液密不漏	每瓶净重不超过 1 kg。 每袋净重不超过 5 kg。 每箱净重不超过 20 kg	每箱净重 10 kg 以下者，可“廿”字形捆扎
			两层塑料袋	袋厚 0.1 mm 以上，袋口双层扎口或热合封口，严封不漏		
	钙塑瓦楞纸箱	以聚乙烯树脂为原料，碳酸钙为填料，加入各种助剂，经压延热粘成钙塑双面单瓦楞板钉合成。钙塑板厚度不小于 4 mm 不大于 15 mm，瓦楞筋数每 100 mm 不小于 13 根。箱钉单钉间距不大于 55 mm，双钉间距不大于 75 mm。头尾钉离压线痕（10±5）mm。箱底、盖用封箱机或粘胶带封固，箱外用带有镀层的低碳钢扁丝或聚丙烯等捆扎材料“井”字形捆紧。 钙塑板的技术性能均应符合下列指标： ① 脱层面积每平方米不大于 15 cm^2，其中每处不大于 4 cm^2； ② 瓦楞筋歪斜在边长 300 mm 的正方形面积内，瓦楞筋数上下差不超过 1 根； ③ 外表面每平方米不超过 10 个直径 1 mm 的洞孔，内表面每平方米不超过 10 个直径 2 mm 的洞孔	两层牛皮纸袋，内或外套以塑料袋	纸每平方米质量不小于 80 g，塑料袋双层扎口或封口，严密不漏。每袋净重不超过 5 kg。 箱内用松软衬垫材料（性质不得与内装物抵触）隔垫妥实		

续表

包装号	包装要求				单位包装件限制质量或容量	备注
	外包装		内包装			
25	瓦楞纸箱	用双瓦楞纸板制作，板厚不小于 6 mm，并经防潮处理，用双钉斜角牢固钉接，钉距不大于 60 mm。箱底、盖用封箱机或粘胶带封固，箱外用带有镀层的低碳钢扁丝或聚丙烯等捆扎材料“井”字形捆紧。 箱板纸、瓦楞原纸和瓦楞纸板的技术性能均应符合下列指标： ① 箱板纸：应符合国家标准中定量为（320±16）g/m^2 的一号箱板纸的技术指标； ② 瓦楞原纸：应符合国家标准中定量为 $180^{+5}_{-9}g/m^2$ 的瓦楞原纸的技术指标； ③ 瓦楞纸板：应符合国家标准中一类 D-1.3 双瓦楞纸板的技术指标。	镀锡薄钢板桶（罐）	桶（罐）身咬口接合，卡口盖盖紧，液密不漏	每桶（罐）、瓶、管净重不超过 1 kg。 每箱净重不超过 20 kg	每箱净重 10 kg 以下者，可“廿”字形捆扎
			金属桶（罐）	桶（罐）身咬口接合，卡口盖盖紧，液密不漏		
	钙塑瓦楞纸箱	以聚乙烯树脂为原料，碳酸钙为填料，加入各种助剂，经压延热粘成钙塑双面单瓦楞板钉合成。钙塑板厚度不小于 4 mm 不大于 15 mm，瓦楞筋数每 100 mm 不小于 13 根。箱钉单钉间距不大于 55 mm，双钉间距不大于 75 mm。头尾钉离压线痕（10±5）mm。箱底、盖用封箱机或粘胶带封固，箱外用带有镀层的低碳钢扁丝或聚丙烯等捆扎材料“井”字形捆紧。 钙塑板的技术性能均应符合下列指标： ① 脱层面积每平方米不大于 15 cm^2，其中每处不大于 4 cm^2； ② 瓦楞筋歪斜在边长 300 mm 的正方形面积内，瓦楞筋数上下差不超过 1 根； ③ 外表面每平方米不超过 10 个直径 1 mm 的洞孔，内表面每平方米不超过 10 个直径 2 mm 的洞孔	塑料瓶	螺纹盖与瓶口配套完好，瓶口用与内装物性质不相抵触的材料制成的瓶塞（或平封口垫）塞紧（或封口），旋紧螺纹盖，严密不漏或液密不漏		
			金属软管	液密不漏，再装入纸盒中。 箱内用松软衬垫材料（性质不得与内装物抵触）隔垫妥实		
26	木板箱	板厚 15 mm 以上，厚度应适应内装物的质量，木箱四周上下 16 根箱挡，箱外三条钢带加固	以安瓿瓶、玻璃瓶、磨砂口玻璃瓶或金属桶（罐）作内容器，严密封口（气体、液体的放射性同位素的内容器必须气密封口），再装入塑料罐、铝罐、铅罐、铝铁组合罐或金属加石蜡罐的外容器中，空隙处用松软具吸附性的材料垫塞，外容器盖牢拧紧。 各式箱内空隙应填塞妥实			两件以上的小件外容器，可合装一个外包装
	金属箱	金属皮厚 1.5 mm 以上，箱身咬口焊接，底盖与箱身双重卷边焊接，箱身、箱盖有施封装置，严密不漏				

附件 3　铁路货车洗刷除污方法

一、洗刷除污编号

编　号	1	2	3	4	5
洗　刷除污剂	水	稀盐酸（浓盐酸用水稀释 20 倍）	碱水（烧碱或纯碱用 50 倍水溶解）	硫代硫酸钠（用 20 倍水溶解）	肥皂水

二、洗刷除污工艺

（1）洗车作业前要先打开车门、车窗进行通风。

（2）检查货车污染状况，对重点处作出标志。

（3）用水压不低于 0.6 MPa 的清水冲洗。

（4）对需用药剂消除污染的车辆，应根据《品名表》的规定使用相应的药剂对污染部位浸泡 30 min。

（5）用 50 ~ 60 °C 热水及扫帚、刷子洗刷。

（6）将残留水扫净，再通风，吹干车体。

（7）撤除“货车洗刷回送标签”，并在货车两侧车门外部及车内明显处粘贴“洗刷工艺合格证”各一张。

（8）对洗刷合格的货车进行登记。

三、检测方法和要求

（1）检查方法：用眼看、鼻嗅，必要时可用试纸或小动物试验。对放射性货物污染的车辆，洗后用仪器测定。

（2）经过洗刷除污的货车，必须达到水清无白点水泡，无秽物，无恶臭异味，无污染痕迹。被放射性物质污染的货车，洗刷后应符合下列的要求：

装过放射性物质的货车、苫盖的篷布及有关用具，卸后须由铁路防疫部门对 α、β、γ 发射体的污染水平进行检测，检测结果必须低于下列规定的 1/50，达到要求后方可排空使用。

包装件和运输工具外表面放射性污染和外表面的辐射水平不得超过以下限值：

① 包装件和运输工具外表面放射性污染不得超过下列限值。

4 Bq/cm^2（β、γ 和低毒性 α 发射体）；

0.4 Bq/cm^2（对于所有其他 α 发射体）。

② 装运放射性物质时，运输工具或包装件外表面的辐射水平不得大于 2 mSv/h，运输指数不得大于 10；在距运输工具 2 m 处的任何一点辐射水平不得大于 0.1 mSv/h；装车后，车内各包装件的运输指数总和不得大于 50。Ⅰ类低比活度放射性物质，运输指数总和不受限制。

附件 4　危险货物运输特殊规定

《危险货物品名表》第 12 栏的特殊规定

1. 由铁道部认定的专业技术机构作出运输安全综合分析报告，报铁道部批准。

2.（a）限使用耐压液化气企业自备罐车装运；

（b）限使用铝制企业自备罐车装运；

（c）限使用有橡胶衬里钢制罐车或特制塑料衬里企业自备罐车装运；

（d）限使用钢制企业自备罐车装运，原油、汽油、煤油、柴油、溶剂油、石脑油可使用铁路产权罐车装运。

《品名表》特殊规定栏未注明 2（a）、2（b）、2（c）、2（d），采用自备罐车装运时，须经铁道部批准，有关要求按新品名、新包装等运输条件规定办理。

3. 托运人须出具到达地县级人民政府公安部门批准的“民用爆炸物品运输许可证”。

4. 仅限使用停止制动作用的棚车。

5. 含水量≥30% 的三硝基苯酚（11057），可按 41025 一级易燃固体运输。

6. 麻袋、塑料编织袋、复合塑料编织袋的强度应符合国家标准。

7. 可使用符合国家标准的瓦楞纸箱作外包装，但须包装试验合格，并经铁路局批准。

8. 硝化甘油混合炸药，发站、到站及沿途气温低于 10 °C 时，不予承运；耐冻的硝化甘油混合炸药，发站、到站及沿途气温低于 – 20 °C 时，不予承运。

9. 含水或润湿剂≥32%。

10. 托运人须出具到达地县级人民政府公安部门批准的“烟花爆竹道路运输许可证”。

11. 氧气钢瓶不得沾污油脂。

12. 以容量不超过 2 升的安瓿瓶盛装时，可按普通货物运输，但须符合本规则第四十四条的规定。

13. 采用包装表中 21 号或 22 号包装时，须包装试验合格，并经铁路局批准后，可以使用符合国家标准的瓦楞纸箱作外包装。

14. 含氨 12%以下、比重 0.88 的氨溶液，内包装每瓶 0.5 kg 及以下、每箱净重 20 kg 时，可按普通货物运输，但须符合本规则第四十四条的规定。

15. 生活用液化气钢瓶禁止运输。

16. 钢质气瓶泄漏时，应使阀门处于顶部，并关闭阀门。无法关闭时，应将钢质气瓶浸入石灰水或水中。

17. 钢质气瓶泄漏时，应使阀门处于顶部，并关闭阀门。无法关闭时，应将钢质气瓶浸入水中。

18. 钢质气瓶泄漏时，应使阀门处于顶部，并关闭阀门。无法关闭时，应将钢质气瓶浸入稀氨水中。

19. 每年 4 ~ 9 月使用 2 号包装时，限按冷藏运输。

20. 二硫化碳液面上应覆盖不少于该容器容积 1/4 的水。按包装方法①和②运输时，须经铁路局批准。

21. 医用安瓿瓶包装，每盒 5 × 0.2 mL，每箱 300 盒时，可按普通货物运输，但须符合本规则第四十四条的规定。

22. 经铁路局批准可使用厚 8 mm、容积 2 m^3 的铝罐装敞车运输。铝罐封口应气密不漏并稳固地装入敞车内。

23. 含碘小于 50% 的稀碘酒，每瓶 20 mL，10 瓶装一纸盒，外包装可使用瓦楞纸箱按普通货物条件运输。每箱不超过 16 kg，但须符合本规则第四十四条的规定。

24. 不含有游离磷。

25. 涂料用硝化棉，其润湿剂（水或酒精）含量可在 28% ~ 32%。

26. 含氮量≤12.6%、含水或其他润湿剂>32% 的硝化纤维素，限按整车办理，并仅限使用停止制动作用的棚车装运。

27. 进口散装硫黄须经铁路局批准后可用敞车运输，但车内四周及车地板须衬垫并苫盖自备篷布。

28. 可以使用符合国家标准的瓦楞纸箱作外包装，但储气瓶（管）及外包装须试验合格，并经铁路局批准。

29. 在专用线装、卸车的萘饼，可用企业自备车散装运输。

30. 使用 2（甲、乙、丙）号包装时，须经铁路局批准。

31.（a）可用敞车运输；

（b）经铁路局批准，可用敞车苫盖篷布运输；

（c）钢桶包装的可用敞车运输；

（d）散装运输时，须使用全钢敞车，车内必须干燥。

32. 堆放时，须防湿、散热，并加强检查观测，防止引燃、自燃，与各种火源至少应保持 30 m 间距。

33. 当喷雾罐内的物质还具有易燃危险性时，还应加贴 7 号包装标志。

34. 要充分晾干。

35. 不能装入花格箱的油布制品（如油帐篷、鱼篓油布等），应打成捆（每 3 ~ 4 层用木片或竹片隔开）。

36. 涂油蜡的篷布，可按普通货物运输，但须符合本规则第四十四条的规定。

37. 机器涂刷的油布应装入木箱内。

38. 动、植物油含量在 3% 以下的可按普通货物运输，但须符合本规则第四十四条的规定。

39. 防止容器破损漏油。

40. 钠块表面涂液体石蜡后可装入 0.2 mm 厚的聚乙烯袋，扎紧袋口再装入厚 1.5 mm 的钢桶，桶封口严密不漏。每桶净重不超过 100 kg。

41. 铁桶不许倒置。桶内充有氮气时，应在包装上标明，并在货物运单上注明。

42.（a）双氧水应添加足够的稳定剂。含量≥40% 的双氧水，运输时须经铁道部批准；

（b）设计的桶、罐、箱，须包装试验合格，并经铁路局批准；

（c）含量≤3% 的双氧水，可按普通货物运输，但须符合本规则第四十四条的规定。

43. 容器必须气密封口。

44. 含有效氯<10% 的按普通货物运输，但须符合本规则第四十四条的规定。

45. 国内运输及出口运输按下表办理：

序号	国内铁路运输按下列铁危编号办理	出口运输按下列铁路编号办理	国标编号
①	31024 丙烯醛[稳定的]	61141 丙烯醛[稳定的]	1092
②	43046 连二亚硫酸钠	42012 连二亚硫酸钠	1384
③	41057 聚苯乙烯	91004 聚苯乙烯珠粒	2211
④	31048 烯丙胺	61142 烯丙胺	2334
⑤	61134 一级氨基甲酸酯农药[液态] 61889 二级氨基甲酸酯农药[液态]	31314 氨基甲酸酯农药[液态，易燃，毒性，闪点低于 23 °C]	2758
⑥	61879 二级含砷农药[液态]	31303 液态含砷农药[液态，易燃，毒性，闪点低于 23 °C]	2760
⑦	61128 一级有机氯农药[液态] 61877 二级有机氯农药[液态]	31304 有机氯农药[液态，易燃，毒性，闪点低于 23 °C]	2762
⑧	61899 三嗪农药[液态，未另列明的]	31305 三嗪农药[液态，易燃，毒性，闪点低于 23 °C]	2764
⑨	61889 二级硫代氨基甲酸酯农药[液态]	31306 硫代氨基甲酸酯农药[液态，易燃，毒性，闪点低于 23 °C]	2772
⑩	61887 二级含铜农药[液态，未另列明的]	31315 铜基农药[液态，易燃，毒性，闪点低于 23 °C]	2776
⑪	61130 一级含汞农药[液态] 61883 二级含汞农药[液态，未另列明的]	31307 汞基农药[液态，易燃，毒性，闪点低于 23 °C]	2778
⑫	61893 取代硝基苯酚农药[液态]	31308 取代硝基苯酚农药[液态，易燃，毒性，闪点低于 23 °C]	2780
⑬	61897 联吡啶农药[液态]	31309 联吡啶农药[液态，易燃，毒性，闪点低于 23 °C]	2782
⑭	61126 一级有机磷农药[液态] 61875 二级有机磷农药[液态]	31310 有机磷农药[液态，易燃，毒性，闪点低于 23 °C]	2784
⑮	61132 一级有机锡农药[液态] 61885 二级有机锡农药[液态，未另列明的]	31311 有机锡农药[液态，易燃，毒性，闪点低于 23 °C]	2787
⑯	61138 一级其他农药[液态] 61905 二级其他农药[液态]	31312 农药[液态，易燃，毒性，未另列明的，闪点低于 23 °C]	3021
⑰	61895 香豆素衍生物农药[液态]	31313 香豆素衍生物农药[液态，易燃，毒性，闪点低于 23 °C]	3024

46. 所使用的包装方法应保证不引起该物质发生爆炸危险。

47. 氰化汞含量按重量不低于氰氧化汞混合剂的 65%。

48. 容器余位应注满一氧化碳或其他不与所装货物起反应的惰性气体。

49. 使用的包装方法须经铁路局批准。作业前应先洒氨水。

50. 医药用的四氯乙烯（61580）可按普通货物运输，但须符合本规则第四十四条的规定。

51. 未加稳定剂的氯丙酮（61601）禁止运输。

52. 麻醉药品和第一类精神药品中属于危险货物的须经铁道部批准，其他的应有专人押运。

53.（a）禁止使用棚车装运整车沥青及含沥青的制品；

（b）经铁路局批准，在采取安全铺垫措施情况下，可使用全钢敞车散装运输。

54. 须包装试验合格，经铁路局批准可以使用钙塑瓦楞箱作外包装。

55.（a）打火机质量应符合国家标准。15 °C 时气体的液化部分不应超过储气容器容积的85%，储气容器及封闭装置应能承受 55 °C 时储气压力两倍的内压。

（b）须包装试验合格，经铁路局批准可以使用符合国家标准的瓦楞纸箱作外包装。

56. 须包装试验合格，经铁路局批准可使用包装表中 11 号包装。

57. 含量<3.5%的溴水，内包装≤1kg，每箱净重≤20kg 的，可按普通货物运输，但须符合本规则第四十四条的规定。

58. 禁止使用金属制容器包装。

59. 须包装试验合格，经铁路局批准可使用包装表中 9 号包装。

60. 含有效氯<5% 的水溶液，可按普通货物运输，但须符合本规则第四十四条的规定。

61. 经铁路局批准，可按普通货物运输，要求使用棚车装运，装车后货物距车顶部须留有适当空间，防止积热。同时，要符合本规则第四十四条的规定。本条规定的品名为：

41552 棉花等　42521 活性碳　42522 碳　42523　废氧化铁

42524 椰肉　42525 种子油（粕）饼等　42526 鱼粉等 91006 石棉

91008 蓖麻籽　81507 氯铂酸　81509　硫酸氢钾等

81513 三氯化铁等　82502 铝酸钠　83504 氯化锌等 83506 镓

91005 模塑化合物[呈现揉塑团、薄片或挤压出的绳索状，会放出易燃气体]　91011　救生设备[自动膨胀式，装备中含有危险物品]　91012　非自动膨胀式救生设备[装备中含有危险物品]　91017　化学品箱等　91018　熏蒸过的装置　91019　机器中的危险货物等。

其中：① 鱼粉或鱼屑如在装载时温度超过 35 °C 或者比周围温度高出 5 °C（以较高者为准），不得运输。鱼屑或鱼粉在托运时必须至少含有 100% 的抗氧化剂（乙氧基醌）。

② 根据豆粕等的货物特性，为加强铁路货物运输安全，规定如下：

（a）规定豆粕以及菜籽、棉籽、尼日尔草籽、大豆、花生、玉米、米糠、椰子、亚麻仁、棕榈仁等植物籽榨油后产生的粕饼类货物，以及酒糟等货物禁止采用冷藏车和集装箱运输。

（b）上述货物装车前必须冷却在 40 °C 以下。

（c）上述货物包装必须是一次性的。装车前必须对车辆进行清扫，车内需保持干燥，不得残留氧化剂、锯末、碳屑等有机可燃物。

62. 闪点≤61 °C 的液态农药，加贴 7 号标志。

63. 使用本编号时，按本规则第六章办理，并须在该品名后填写货物的具体名称。例如：编号 83512 二级其他腐蚀性物质[未列名的]（退漆剂）。

64. 当喷雾罐内的物质还有具有毒害危险性时，应加贴 14 号标志。

65. 包装须符合 GB 11806—2004《放射性物质安全运输规程》中的有关规定。

66. 对部分地区硅系铁合金产量大、棚车数量不足，需敞车代用并采用吨袋包装运输的，必须符合以下要求方可办理运输。

（a）装运品名仅限于硅系铁合金中的硅铁（43505）。硅钙合金、硅钡合金、硅铝合金、硅钡铝合金和硅钙钡铝合金一律不得敞车代用。

（b）托运人采用敞车代装硅铁前，必须持硅铁“产品质量保证书”，到当地省、自治区生产主管部门或铁合金行业主管部门进行审查确认。

(c)托运人须与发站签订“硅铁敞车运输安全责任书”，明确敞车代用棚车装运硅铁的安全责任主体和责任关系，建立相应安全管理制度和事故预防预警应急预案等。

(d)吨包装袋必须是国家质检部门指定的企业生产，材质应是涂塑聚乙烯、聚丙烯材料，具有防潮湿、防磨、防腐、防老化性能，并取得国家指定包装检验机构进行的包装检验和包装试验合格证明。

(e)敞车装运时，必须按货物装载加固规定合理装载，并采取苫盖篷布和篷布绳网等技术措施，不得超载或偏载。

(f)符合上述5项要求的，须由发站报铁路局（青藏铁路公司，下同）批准后按试运办理运输。

67. 按铁路剧毒品运输跟踪管理。

铁路剧毒品运输跟踪管理品名表

序　号	铁　危　编　号	品　名
①	61001	氰化汞
		氰化钾
		氰化钠
②	61007	砒霜
		三氧化二砷
		三氧化砷
③	61010	五氧化砷
④	61028	五氧化二钒
⑤	61079	氯乙醛
⑥	61088	丙酮氰醇
⑦	61111	甲苯—2，4—二异氰酸酯
⑧	61125	甲基1605
		甲基对硫磷
		保棉磷
		对氧磷
		多灭磷
		甲胺磷
		久效磷
		杀扑磷
		水胺硫磷
⑨	61126	甲拌磷
		毒虫畏
		甲硫磷
		磷胺
		速灭磷
		特丁磷
		乙硫磷
		治螟磷
		氧化乐果

续表

序号	铁危编号	品名
⑩	61129	西力生
⑪	61133	恶虫威
		呋喃丹
		克百威
		抗虫威
		灭多威
		灭害威
		涕灭威
⑫	61135	毒鼠磷
⑬	61137	灭蚜胺
⑭	61875	三唑磷
⑮	61904	甲氰菊酯

68.（a）托运人托运下列第一类易制毒化学品时，须持有运出地设区的市级人民政府公安机关审批的、一次有效的易制毒化学品运输许可证。

（b）受理和承运该货物时，应当查验托运人提供的运输许可证，并查验所运货物与运输许可证载明的易制毒化学品品种、数量、运入地、货主及收货人，以及许可证种类等情况是否相符，不相符的，承运人不得承运。

（c）托运人办理该货物进出口运输时，须持有经国务院商务主管部门或者其委托的省、自治区、直辖市人民政府商务主管部门批准的进口或出口许可证。

第一类易制毒化学品品名表（《铁路危险货物品名表》未列载）

序号	品名
①	1—苯基Ⅱ—丙酮
②	3，4—亚甲基二氧苯基—2—丙酮
③	胡椒醛
④	黄樟素
⑤	黄樟油
⑥	异黄樟素
⑦	N—乙酰邻氨基苯酸
⑧	邻氨基苯甲酸
⑨	麦角酸*
⑩	麦角胺*
⑪	麦角新碱*
⑫	麻黄素、伪麻黄素、消旋麻黄素、去甲麻黄素、甲基麻黄素、麻黄浸膏、麻黄浸膏粉等麻黄素类物质*

注：带有“*”标记的品种，包括原料药及其单方制剂。

69.（a）托运人托运下列第二类易制毒化学品时，须持有运出地县级人民政府公安机关审批的、有效期为3个月的易制毒化学品运输许可证。

（b）受理和承运该货物时，应当查验托运人提供的运输许可证，并查验所运货物与运输许可证载明的易制毒化学品品种、数量、运入地、货主及收货人，以及许可证种类等情况是否相符，不相符的，不得承运。

（c）托运人办理该货物进出口运输时，须持有经国务院商务主管部门或者其委托的省、自治区、直辖市人民政府商务主管部门批准的进口或出口许可证。

第二类易制毒化学品品名表

序　号	铁 危 编 号	品　名
①	31295	苯乙酸[注1]
②	81602	醋酸酐[注2]
③	61553	三氯甲烷
④	31026	乙醚[注3]
⑤	82038	哌　啶

注：1. 国标名称：苯乙酸乙醇溶液；2. 国标名称：乙酸酐；3. 国标名称：二乙醚。

70.（a）托运人托运下列第三类易制毒化学品时，须持有运出地县级人民政府公安机关发给的备案证明。

（b）受理和承运该货物时，应当查验托运人提供的备案证明，并查验所运货物与运输许可证载明的易制毒化学品品种、数量、运入地、货主及收货人，以及许可证种类等情况是否相符，不相符的，不得承运。

（c）托运人办理该货物进出口运输时，须持有经国务院商务主管部门或者其委托的省、自治区、直辖市人民政府商务主管部门批准的进口或出口许可证。

第三类易制毒化学品品名表

序　号	铁 危 编 号	品　名
①	31152	甲　苯
②	31025	丙　酮
③	31173	乙基甲基酮
④	51048	高锰酸钾
⑤	81007	硫　酸
⑥	81013	盐　酸

71. 下列物品禁止运输：

（a）浓度大于72%的高氯酸（11026）；

（b）无机高锰酸盐中的高锰酸铵（51053）；

（c）无机亚硝酸盐类中的亚硝酸铵（51071）；

（d）铵盐和无机亚硝酸盐混合物（51074）；

（e）冷冻液态氢（21002）；

（f）冷冻液态甲烷及甲烷含量高的冷冻天然气（21008）。

72. 锂金属或锂合金的锂电池，按 42040 办；锂离子的锂电池组，按 91013 办；装在设备中的锂离子的锂电池组或同设备包装在一起的锂离子的锂电池组按 91014 办。

73.硝酸铵（51069A）按下列要求运输：

（a）硝酸铵按本规则中氧化性物质的规定要求运输。

（b）要求采用 P_{64}、P_{64A}、P_{64AK}、P_{64AT} 型棚车装运。使用敞车运输时，需采取安全措施，并经过铁路局主管部门批准。

（c）硝酸铵运输时，应采取随货押运措施。押运同一到站的四辆车为一组：每组押运员不得少于两人。一列中同一到站超过两组的，押运人数由铁路局确定。

74. 自备罐车装运黄磷须经铁道部批准。现行黄磷自备罐车限装黄磷 58 t，充装黄磷后需用 3.8 t 水覆盖以隔绝空气。

75. 每一容器盛装≥5 L。

76. 受理高氯酸铵[别名：过氯酸铵]（51017）时，暂按高氯酸铵（11081）运输条件办理。

77. 改变包装需经铁道部批准。如氯酸盐、高氯酸盐、高氯酸、黄磷等。

附件5 易燃普通货物品名表

顺 号	品 名
1	《品名表》规定之外的籽棉，皮棉，黄棉花，废棉，飞花，破籽花
2	《品名表》规定之外的各种麻类和麻屑
3	麻袋（包括废、破麻袋），各种破布，碎布，线屑，乱线，化学纤维
4	牧草，谷草，油草，蒲草，羊草，芦苇，荻苇，玉米棒（去掉玉米的），玉蜀黍秸，豆秸，秫秸，麦秸，蒲叶，烟秸，甘蔗渣，蒲棒，蒲棒绒，芒杆，亚麻草，烤烟叶，晒烟叶，棕叶以及其他草秸类
5	葵扇（芭蕉扇），蒲扇，草扇，棕扇，草帽辫，草席，草帘，草包，草袋，蒲包，草绳，芦席，芦苇帘子，笤帚以及其他芦苇、草秸的制品
6	干树皮，干树枝，干树条，树枝（经脱叶加工），带叶的竹枝，薪柴（劈柴除外），松明子，腐朽木材（喷涂化学防火涂料的除外）
7	刨花，木屑，锯末
8	纸屑，废纸，纸浆，柏油纸，油毡纸
9	炭黑，煤粉
10	粮谷壳，花生壳，笋壳
11	羊毛，驼毛，马毛，羽毛，猪鬃以及其他禽兽毛绒
12	麻黄，甘草

注：① 用敞、平、砂石车装运易燃普通货物时，应用篷布苫盖严密，在调车或编入列车时，应进行隔离。但对干树皮，干树枝，干树条和带叶的竹枝，由于干湿程度、带叶多少不同应否苫盖篷布由发站根据气温和运输距离在确保运输安全的原则下负责确定。

② 腐朽木材喷防火涂料或采取其他防火措施后，可不苫盖篷布。

③ 本表未列的品名，是否也属于易燃普通货物，由发站报铁路局确定。

④ 以易燃材料作包装、捆扎、填塞物，以竹席、芦席、棉被等苫盖的非易燃货物，以及用木箱、木桶、铁桶包装的易燃普通货物，均按普通货物运输。以敞车装运时，是否应苫盖篷布，由托运人根据货物的运输安全情况负责确定。并在运单托运人记事栏内注明。

附件6 危险货物作业签认单

铁路剧毒品发送作业签认单

<table>
<tr><td colspan="2">托运人名称</td><td colspan="4"></td><td colspan="2">托运人资质证书
编号</td><td></td></tr>
<tr><td colspan="2">品　名</td><td></td><td>铁危编号</td><td></td><td>重　量</td><td></td><td>件　数</td><td></td></tr>
<tr><td colspan="2">规定包装方法</td><td colspan="3"></td><td>实际包装方法</td><td colspan="3"></td></tr>
<tr><td colspan="2">到　站</td><td></td><td>车（箱）号</td><td colspan="5"></td></tr>
<tr><td colspan="2">作 业 项 目</td><td colspan="5">作业要求</td><td colspan="2">作业签认</td></tr>
<tr><td colspan="2">受　理</td><td colspan="5">（1）审查托运人、押运员资质（不需押运的除外）等，进出口运输审查代理人资格确认件。
（2）审查发到站、品名及编号是否符合《办理规定》，确认填写正确，不得写概括名称。
（3）审查填写的包装方法，不得使用旧包装。
（4）其他规定要求</td><td colspan="2">受理货运员
签　认：
年　月　日</td></tr>
<tr><td colspan="2">装车前准备</td><td colspan="5">（1）对照运单，核对剧毒品品名、包装、包装标志和储运标志，包装方法和状态，件数等。
（2）验货发现匿报品名应立即通知车站公安派出所处理。
（3）验货后，与货区货运员现场交接签认。
（4）其他规定要求</td><td colspan="2">外勤货运员
签　认：
年　月　日</td></tr>
<tr><td rowspan="2">站内装车</td><td>保管</td><td colspan="5">（1）剧毒品进库后，最迟在次日组织装车，无法完成时，应及时报告。
（2）货物存放符合规定，出入库双人收发双人保管，库门外或货位前挂货物到发信息和安全运输卡，库门完好并加锁。
（3）库内存放堆码整齐稳固，留有通道，不得倒置，货物有撒漏应妥善处理，发现丢失短少立即汇报。
（4）其他规定要求</td><td colspan="2">货区货运员
签　认：
年　月　日
公安签认：
年　月　日</td></tr>
<tr><td>装车</td><td colspan="5">（1）确认车辆使用符合规定，技术状态良好。
（2）对货物品名、包装与运单记载不一致，使用旧包装，包装有破漏、损坏、变形，包装标志不清，不全等严禁装车。
（3）向装卸作业班组传达安全作业注意事项。
（4）装运剧毒品时，要通知公安等有关人员到场监护。
（5）妥善处理和保管残漏货件，编制有关记录和进行货票交接签收工作。
（6）及时将信息报告剧毒品运输跟踪管理系统。
（7）其他规定要求</td><td colspan="2">装车货运员
签　认：
年　月　日
公安签认：
年　月　日
押运员签认（不需押运的除外）：
年　月　日</td></tr>
<tr><td colspan="2">专用线
（专用铁路）
装　车</td><td colspan="5">（1）确认车辆使用符合规定，技术状态良好。
（2）对货物品名、包装与运单记载不一致，使用旧包装，包装有破漏、损坏、变形，包装标志不清，不全等严禁装车。
（3）专用线货运员全程监装。
（4）妥善处理和保管残漏货件，编制有关记录和进行货票交接签收工作。
（5）及时将信息报告剧毒品运输跟踪管理系统。
（6）其他规定要求</td><td colspan="2">企业运输员
签　认：
年　月　日
专用线货运员
签　认：
年　月　日
押运员签认（不需押运的除外）：
年　月　日</td></tr>
<tr><td colspan="2">货　调</td><td colspan="5">（1）车数和有关车号：
（2）挂运日期：
（3）挂运车次：</td><td colspan="2">货运调度员（货运值班员）
签　认：
年　月　日</td></tr>
<tr><td colspan="2">备　注</td><td colspan="7"></td></tr>
</table>

铁路剧毒品途中作业签认单

<table>
<tr><td colspan="2">发　　站</td><td></td><td>到　　站</td><td></td><td>车（箱）号</td><td colspan="3"></td></tr>
<tr><td colspan="2">品　　名</td><td></td><td>铁危编号</td><td></td><td>重　　量</td><td></td><td>件　　数</td><td></td></tr>
<tr><td colspan="2">作业项目</td><td colspan="4">作业要求</td><td colspan="3">作业签认</td></tr>
<tr><td rowspan="2">到达及出发检查</td><td>到达</td><td rowspan="2" colspan="2">（1）货检员与押运员（不需押运的除外）对车辆及货物的状态进行认真检查并做好记录。
（2）发现破封、补封及施封无效，剧毒品短少、被盗等，除编制货运记录外，应立即通知公安共同处理并及时按有关规定报告。
（3）发现剧毒品包装破裂损坏、剧毒品泄漏，立即上报并采取措施处理。
（4）其他规定要求</td><td colspan="2">到达日期与时间：
到达挂运车次：</td><td colspan="3">货检员签认：
年　月　日
押运员签认（不需押运的除外）：
年　月　日
公安签认：
年　月　日</td></tr>
<tr><td>出发</td><td colspan="2">出发日期与时间：
出发挂运车次：</td><td colspan="3">货检员签认：
年　月　日
押运员签认（不需押运的除外）：
年　月　日
公安签认：
年　月　日</td></tr>
<tr><td colspan="2">押运检查
（不需押运的除外）</td><td colspan="4">（1）确认押运员姓名、身份证号与运单记载一致。
（2）确认押运员“培训合格证”有效。
（3）确认危险货物押运员人数符合规定。
（4）货检员与押运员现场办理签认。
（5）其他规定要求</td><td colspan="3">货检员签认：
年　月　日
押运员签认：
年　月　日</td></tr>
<tr><td colspan="2">备　　注</td><td colspan="7"></td></tr>
</table>

铁路剧毒品到达作业签认单

发　站		到　站		车（箱）号			
品　名		铁危编号		重　量		件　数	

作业项目		作业要求	作业签认
到达检查		（1）货检员与押运员（不需押运的除外）对车辆及货物的状态进行认真检查并做好记录。 （2）发现破封、补封及施封无效，剧毒品短少、被盗等，立即通知公安共同处理并应编制货运记录，及时按有关规定报告。 （3）发现剧毒品包装破裂损坏、剧毒品泄漏，立即上报并采取措施处理。 （4）货检员与押运员现场办理签认（不需押运的除外）。 （5）其他规定要求	货检员签认： 年　月　日 押运员签认（不需押运的除外）： 年　月　日 公安签认： 年　月　日
货　调		（1）车　　号： （2）到达日期： （3）到达车次：	货运调度员（货运值班员）签认： 年　月　日
站内卸车	卸　车	（1）卸车必须一次完成，不得分次作业。 （2）卸剧毒品时，要通知公安等有关人员到场监护，对照货物运单核对品名、清点件数。 （3）其他规定要求	卸车货运员签认： 年　月　日 公安签认： 年　月　日
	保　管	（1）核对到达货物和有关票据，票货相符。 （2）对货物短少，渗漏等情况，及时检查记录编制内容是否与现状相符。 （3）货物存放符合规定，出入库双人收发双人保管，库门外或货位前挂货物到发信息和安全运输卡，库门完好并加锁。 （4）库内存放堆码整齐稳固，留有通道，不得倒置，货物有撒漏应妥善处理，发现丢失短少立即汇报。 （5）其他规定要求	货区外勤货运员 签　认： 年　月　日
	内交付	（1）及时向收货人发出催领通知。 （2）审查出货车辆危险货物运输证件。 （3）严格检查领货凭证、单位证明、身份证，防止误交付和冒领，交付手续符合规定。 （4）正确开据货物搬出证。 （5）其他规定要求	内交付货运员 签　认： 年　月　日
	外交付	（1）认真审核运单、货物搬出证等，确认票货相符合。 （2）向装卸作业班组传达安全作业注意事项。 （3）及时将信息报告剧毒品运输跟踪管理系统，发电报通知发站。 （4）其他规定要求	外勤货运员 签　认： 年　月　日
专用线（专用铁路）卸　车		（1）确认车辆技术状态及货物状态良好、完整。 （2）核对到达货物和有关票据，票货相符。 （3）对货物短少，渗漏等情况，及时检查记录编制内容是否与现状相符。 （4）向装卸作业班组传达安全作业注意事项。 （5）及时将信息报告剧毒品运输跟踪管理系统，并拍发电报通知发站。 （6）由货运员、企业运输员、押运员（不需押运的除外）办理交接手续。 （7）其他规定要求	专用线货运员 签　认： 年　月　日 企业运输员（货运值班员） 签　认： 年　月　日 押运员签认（不需押运的除外）： 年　月　日
备　注			

铁路危险货物发送作业签认单

<table>
<tr><td colspan="2">托运人名称</td><td colspan="3"></td><td colspan="2">托运人资质证书编号</td><td></td></tr>
<tr><td colspan="2">品　　名</td><td></td><td>铁危编号</td><td></td><td>重　量</td><td>件　数</td><td></td></tr>
<tr><td colspan="2">规定包装方法</td><td colspan="2"></td><td colspan="2">实际包装方法</td><td colspan="2"></td></tr>
<tr><td colspan="2">到　　站</td><td></td><td>车（箱）号</td><td colspan="4"></td></tr>
<tr><td colspan="2">作业项目</td><td colspan="4">作业要求</td><td colspan="2">作业签认</td></tr>
<tr><td colspan="2">受　　理</td><td colspan="4">（1）审查托运人、押运员资质（不需押运的除外）等，进出口运输审查代理人资格确认件。
（2）审查发到站、品名及编号是否符合《办理规定》，确认填写正确，不得写概括名称。
（3）审查填写的包装方法。
（4）其他规定要求</td><td colspan="2">受理货运员
签　认：
年　月　日</td></tr>
<tr><td colspan="2">装车前准备</td><td colspan="4">（1）对照运单，核对品名、包装、包装标志和储运标志，包装方法和状态，件数等。
（2）验货发现匿报品名应立即通知车站处理。
（3）验货后，与货区货运员现场交接签认。
（4）其他规定要求</td><td colspan="2">外勤货运员
签认：
年　月　日</td></tr>
<tr><td rowspan="2">站内装车</td><td>保管</td><td colspan="4">（1）按规定单库存放或按配放表等规定存放。
（2）库门外或货位前挂货物到发信息和安全运输卡，库门完好并加锁。
（3）库内存放堆码整齐稳固，留有通道，不得倒置，货物有撒漏应妥善处理，发现丢失短少立即汇报。
（4）其他规定要求</td><td colspan="2">货区外勤货运员
签　认：
年　月　日</td></tr>
<tr><td>装车</td><td colspan="4">（1）确认车辆使用符合规定，技术状态良好。
（2）对货物品名、包装与运单记载不一致，包装有破漏、损坏、变形，包装标志不清，不全等严禁装车。
（3）向装卸作业班组传达安全作业注意事项。
（4）妥善处理和保管残漏货件，编制有关记录和进行货票交接签收工作。
（5）其他规定要求</td><td colspan="2">装车货运员
签　认：
年　月　日
押运员签认（不需押运的除外）：
年　月　日</td></tr>
<tr><td colspan="2">专用线（专用铁路）装车</td><td colspan="4">（1）确认车辆使用符合规定，技术状态良好。
（2）对货物品名、包装与运单记载不一致，包装有破漏、损坏、变形，包装标志不清，不全等严禁装车。
（3）妥善处理和保管残漏货件，编制有关记录和进行货票交接签收工作。
（4）其他规定要求</td><td colspan="2">企业运输员
签　认：
年　月　日
专用线货运员
签　认：
年　月　日
押运员签认（不需押运的除外）：
年　月　日</td></tr>
<tr><td colspan="2">货　　调</td><td colspan="4">（1）车数和有关车号：
（2）挂运日期：
（3）挂运车次：</td><td colspan="2">货运调度员（货运值班员）
签　认：
年　月　日</td></tr>
<tr><td colspan="2">备　　注</td><td colspan="6"></td></tr>
</table>

铁路危险货物途中作业签认单

<table>
<tr><td colspan="2">发　站</td><td></td><td>到　站</td><td></td><td>车（箱）号</td><td colspan="3"></td></tr>
<tr><td colspan="2">品　名</td><td></td><td>铁危编号</td><td></td><td>重　量</td><td></td><td>件　数</td><td></td></tr>
<tr><td colspan="2">作业项目</td><td colspan="4">作业要求</td><td colspan="3">作业签认</td></tr>
<tr><td rowspan="2">到达及出发检查</td><td>到达</td><td colspan="3" rowspan="2">（1）货检员与押运员（不需押运的除外）对车辆及货物的状态进行认真检查并做好记录。
（2）发现破封、补封及施封无效，货物短少、被盗、包装破裂损坏、货物泄漏等，除编制货运记录外，应及时按有关规定报告并采取措施处理。
（3）其他规定要求</td><td>到达日期与时间：
到达挂运车次：</td><td colspan="3">货检员签认：
年　月　日
押运员签认（不需押运的除外）：
年　月　日</td></tr>
<tr><td>出发</td><td>出发日期与时间：
出发挂运车次：</td><td colspan="3">货检员签认：
年　月　日
押运员签认（不需押运的除外）：
年　月　日</td></tr>
<tr><td colspan="2">押运检查
（不需押运的除外）</td><td colspan="4">（1）确认押运员姓名、身份证号与运单记载一致。
（2）确认押运员“培训合格证”有效。
（3）确认危险货物押运员人数符合规定。
（4）货检员与押运员现场办理签认。
（5）其他规定要求</td><td colspan="3">货检员签认：
年　月　日
押运员签认：
年　月　日</td></tr>
<tr><td colspan="2">备　注</td><td colspan="7"></td></tr>
</table>

铁路危险货物到达作业签认单

<table>
<tr><td colspan="2">发　站</td><td></td><td>到　站</td><td></td><td>车（箱）号</td><td colspan="3"></td></tr>
<tr><td colspan="2">品　名</td><td></td><td>铁危编号</td><td></td><td>重　量</td><td></td><td>件　数</td><td></td></tr>
<tr><td colspan="2">作业项目</td><td colspan="4">作业要求</td><td colspan="3">作业签认</td></tr>
<tr><td colspan="2">到达检查</td><td colspan="4">（1）货检员与押运员（不需押运的除外）对车辆及货物的状态进行认真检查并做好记录。
（2）发现破封、补封及施封无效，货物短少、被盗、包装破裂损坏、货物泄漏等，除编制货运记录外，应及时按有关规定报告并采取措施处理。
（3）货检员与押运员现场办理签认（不需押运的除外）。
（4）其他规定要求</td><td colspan="3">货检员签认：
年　月　日
押运员签认（不需押运的除外）：
年　月　日</td></tr>
<tr><td colspan="2">货　调</td><td colspan="4">（1）车　号：
（2）到达日期：
（3）到达车次：</td><td colspan="3">货运调度员（货运值班员）
签　认：
年　月　日</td></tr>
<tr><td rowspan="4">站内卸车</td><td>卸　车</td><td colspan="4">（1）向装卸作业班组传达安全作业注意事项。
（2）一车一人监卸，对照货物运单核对品名、清点件数。
（3）其他规定要求</td><td colspan="3">卸车货运员
签　认：
年　月　日</td></tr>
<tr><td>保　管</td><td colspan="4">（1）核对到达货物和有关票据，票货相符。
（2）对货物短少，渗漏等情况，及时检查记录编制内容是否与现状相符。
（3）按规定单库存放或按配放表等规定存放。库门外或货位前挂货物到发信息和安全运输卡，库门完好并加锁。
（4）库内存放堆码整齐稳固，留有通道，不得倒置，货物有撒漏应妥善处理，发现丢失短少立即汇报。
（5）其他规定要求</td><td colspan="3">外勤货运员
签　认：
年　月　日</td></tr>
<tr><td>内交付</td><td colspan="4">（1）及时向收货人发出催领通知。
（2）审查出货车辆危险货物运输证件。
（3）严格检查领货凭证、单位证明、身份证，防止误交付和冒领，交付手续符合规定。
（4）正确开据货物搬出证。
（5）其他规定要求</td><td colspan="3">内交付货运员
签　认：
年　月　日</td></tr>
<tr><td>外交付</td><td colspan="4">（1）认真审核运单、货物搬出证等，确认票货相符合。
（2）向装卸作业班组传达安全作业注意事项。
（3）其他规定要求</td><td colspan="3">外勤货运员
签　认：
年　月　日</td></tr>
<tr><td colspan="2">专用线
（专用铁路）
卸　车</td><td colspan="4">（1）确认车辆技术状态及货物状态良好、完整。
（2）核对到达货物和有关票据，票货相符。
（3）对货物短少，渗漏等情况，及时检查记录编制内容是否与现状相符。
（4）向装卸作业班组传达安全作业注意事项。
（5）由货运员、企业运输员、押运员（不需押运的除外）办理交接手续。
（6）其他规定要求</td><td colspan="3">专用线货运员
签　认：
年　月　日
企业运输员
签　认：
年　月　日
押运员签认（不需押运的除外）：
年　月　日</td></tr>
<tr><td colspan="2">备　注</td><td colspan="7"></td></tr>
</table>

危险货物罐车发送作业签认单（气体类）

<table>
<tr><td>托运人名称</td><td colspan="3"></td><td colspan="2">托运人资质证书编号</td><td colspan="2"></td></tr>
<tr><td>品　　名</td><td></td><td>铁危编号</td><td></td><td>标记载重</td><td></td><td>标记容积</td><td></td></tr>
<tr><td>到　　站</td><td></td><td>车　　号</td><td colspan="5"></td></tr>
<tr><td>作 业 项 目</td><td colspan="6">作业要求</td><td>作业签认</td></tr>
<tr><td>受　　理</td><td colspan="6">（1）审查托运人、押运员资质、危险货物“四个一致”等有关规定，进出口运输审查代理人资格确认件。
（2）审查发到站、品名及编号是否符合《办理规定》，确认填写正确，不得写概括名称。
（3）其他规定要求</td><td>受理货运员
签　认：
年　月　日</td></tr>
<tr><td>装车前准备</td><td colspan="6">（1）确认罐车使用符合规定及空罐车检衡重量。
（2）确认货物品名与待装罐车允装介质是否相符。
（3）罐车技术状态良好、罐体外标志符合铁路运输规定。
（4）其他规定要求</td><td>外勤货运员
签　认：
年　月　日</td></tr>
<tr><td>专 用 线
（专用铁路）
装　　车</td><td colspan="6">（1）罐车充装重量符合铁路规定。
（2）罐车阀门、口盖关闭严实。
（3）填写《铁路液化气体罐车充装记录》并由专用线货运员审查。
（4）专用线货运员确认重车检衡重量并核对是否超过“允许充装重量最大值”。
（5）其他规定要求</td><td>企业运输员
签　认：
年　月　日
专用线货运员
签　认：
年　月　日
押运员签认：
年　月　日</td></tr>
<tr><td>货　　调</td><td colspan="6">（1）车　　号：
（2）挂运日期：
（3）挂运车次：</td><td>货运调度员（货运值班员）
签　认：
年　月　日</td></tr>
<tr><td>备　　注</td><td colspan="7"></td></tr>
</table>

危险货物罐车途中作业签认单（气体类）

<table>
<tr><td colspan="2">发　站</td><td></td><td>到　站</td><td></td><td>车　号</td><td colspan="3"></td></tr>
<tr><td colspan="2">品　名</td><td></td><td>铁危编号</td><td></td><td>标记载重</td><td></td><td>标记容积</td><td></td></tr>
<tr><td colspan="2">作业项目</td><td colspan="3">作业要求</td><td colspan="4">作业签认</td></tr>
<tr><td rowspan="2">到达及出发检查</td><td>到达</td><td rowspan="2" colspan="2">（1）在押运员检查罐车及充装介质无异常后，货检员对罐车状态进行检查，并做好记录。
（2）货检员、押运员发现罐体及充装介质有异常情况时，要立即按规定报告，并做好紧急处理。
（3）其他规定要求</td><td>到达日期与时间：
到达挂运车次：</td><td colspan="4">货检员签认：
年　月　日
押运员签认：
年　月　日</td></tr>
<tr><td>出发</td><td>出发日期与时间：
出发挂运车次：</td><td colspan="4">货检员签认：
年　月　日
押运员签认：
年　月　日</td></tr>
<tr><td colspan="2">押运检查</td><td colspan="3">（1）确认押运员姓名、身份证号与运单记载一致。
（2）确认押运员的“押运员证”有效。
（3）确认危险货物押运员人数符合规定。
（4）货检员与押运员现场办理签认。
（5）其他规定要求</td><td colspan="4">货检员签认：
年　月　日
押运员签认：
年　月　日</td></tr>
<tr><td colspan="2">备　注</td><td colspan="7"></td></tr>
</table>

危险货物罐车到达作业签认单（气体类）

<table>
<tr><td>发　　站</td><td></td><td>到　站</td><td></td><td>车　号</td><td colspan="3"></td></tr>
<tr><td>品　　名</td><td></td><td>铁危编号</td><td></td><td>标记载重</td><td></td><td>标记容积</td><td></td></tr>
<tr><td>作业项目</td><td colspan="4">作业要求</td><td colspan="3">作业签认</td></tr>
<tr><td>到达检查</td><td colspan="4">（1）在押运员检查罐车及充装介质无异常后，货检员对罐车状态进行检查，并做好记录。
（2）货检员、押运员发现罐体及充装介质有异常情况时，要立即按规定报告，并做好紧急处理。
（3）货检员与押运员现场办理签认。
（4）其他规定要求</td><td colspan="3">货检员签认：
年　月　日
押运员签认：
年　月　日</td></tr>
<tr><td>货　调</td><td colspan="4">（1）车　　号：
（2）到达日期：
（3）到达车次：</td><td colspan="3">货运调度员（货运值班员）
签　认：
年　月　日</td></tr>
<tr><td>专用线
（专用铁路）
卸　车</td><td colspan="4">（1）确认到达办理业务符合规定。
（2）确认品名、车辆数、重量与运单记载一致。
（3）确认液化气罐车卸空后留有不低于 0.05 MPa 的余压</td><td colspan="3">专用线货运员
签　认：
年　月　日
企业运输员
签　认：
年　月　日
押运员签认：
年　月　日</td></tr>
<tr><td>备　注</td><td colspan="7"></td></tr>
</table>

附件 7　铁路车辆编组隔离表

货物种类（品名编号）＼隔离标记＼最少隔离辆数		隔离对数	距牵引的内燃、电力机车，推进运行或后部补机及使用火炉的车辆	距乘坐旅客的车辆	距装载雷管及导爆索车辆（11001，11002，11007，11008）△7	除雷管及导爆索以外的爆炸品△8	距敞车、平车装载的易燃普通货物	距装载高出车帮易窜动的货物	备注
气体（含空罐车）	易燃气体（21001～21072） 非易燃无毒气体（22001～22069） 毒性气体（23001～23077）	△1	4	4	4	4	2	2	运输气体类危险货物重、空罐车时，每列编挂不得超过 3 组。每组间的隔离车不得少于 10 辆
一级易燃液体（31001～31085，31101～31302） 一级易燃固体（41001～41074） 一级易于自燃的物质（42001～42052） 一级氧化性物质（51001～51086） 有机过氧化物（52001～52123） 一级毒性物质（剧毒品）（61001～61204） 一级酸性腐蚀性物质（81001～81067，81101～81135） 一级碱性腐蚀性物质（82001～82041） 一级其他腐蚀性物质（83001～83029）		△2	2	3	3	4	2		运输原油时，与机车及使用火炉的车辆可不隔离。 运输硝酸铵时，与机车及使用火炉的车辆隔离不少于 4 辆
放射性物质（矿石、矿砂除外）		△3	2	4	×	×	2	1	×标记表示不能编入同一列车
七〇七	一级	△4	4	4	4	4	4	2	一级与二级编入同一列车时，相互隔离 2 辆以上，停放车站时相互隔离 10 m 以上，严禁明火靠近
七〇七	二级	△5	4	4	4	4	4	2	
敞、平车装载的易燃普通货物及敞车装载的散装硫磺		△6	2	2	2	2			装载未涂防火剂的腐朽木材的车辆，运行在规定的区段和季节须与牵引机车隔离 10 辆，如隔离有困难时，各铁路局与邻局协商规定隔离办法
爆炸品	雷管及导爆索（11001，11002，11007，11008）	△7	4	4		4	2	2	
爆炸品	除雷管及导爆索以外的爆炸品	△8	4	4	4		2	2	

注：① 小运转列车及调车隔离规定，由铁路局自行制定。

② 有△标记的车辆与装载蜜蜂的车辆运输时按有关规定办理。

③ 空罐车可不隔离（气体类危险货物除外）。

附件 8 铁路危险货物配放表

危险货物的种类和品名			品名编号	配放号	3	4	5	6	7	8	9	10	11	12	13	14
危险货物	气体	易燃气体	21001～21061，21063～21064	3	3											
		非易燃无毒气体：氧、空气、一氧化二氮（氧及氧气空钢瓶不得与油脂在同配放）	22001，22003，22017	4	△	4										
		非易燃无毒气体：其他非易燃无毒气体	22005～22016，22018～22055	5			5									
		有毒气体（液氯及液氨不得在同库配放）	23001～23052，23053	6				6								
	易燃液体		31001～31055，31101～31302，32001～32150	7		×		×	7							
	易燃固体、易于自燃的物质、遇水放出易燃气体的物质	易燃固体（发孔剂H不得与酸性腐蚀性物质及有毒或易燃酯类危险物品配放）	41001～41062，41501～41553	8		×		×		8						
		易于自燃的物质：一级易于自燃的物质	42001～42040	9	×	×		×	×	×	9					
		易于自燃的物质：二级易于自燃的物质	42501～42526	10	△	△		×	△			10				
		遇水放出易燃气体的物质（不得与含水液体货物在同库配放）	43001～43051，43501～43510	11	△	△		△			×		11			
	氧化性物质和有机过氧化物	氧化性物质：过氧化氢	51001，51501	12					×		△	△	×	12		
		氧化性物质：亚硝酸盐、亚氯酸盐、次亚氯酸盐（注2）（注5）	51043，51046，51071～51074，51509，51525	13	△			×	×	△	△		△		13	
		氧化性物质：其他氧化性物质（配放号15所列品名除外）	51002～51042，51044，51045，51047～51067，51069，51070，51080～51083，51502～51508，51510～51524，51526，51527	14	△			×	×	△	△		△		×	14

说明：

一、配放符号

1. 无配放符号表示可以配放；
2. △表示可以配放，堆放时至少隔离 2 m；
3. ×表示不可以配放；
4. 有“注 1”、“注 2”……等注释时按注释规定办理。

二、注 释

1. 除硝酸盐（如硝酸钠、硝酸钾或硝酸铵等）与硝酸、发烟硝酸可以混存外，其他情况皆不得混存；
2. 氧化性物质不得与松软的粉状可燃物（如煤粉、焦粉、炭黑、糖、淀粉、锯末等）混存；
3. 饮食品、粮食、饲料、药品、药材类、食用油脂及活动物不得与贴有 6 号、13 号、14 号、15 号、16 号包装标志的物品，及有恶臭能使货物污染异味的物品，以及畜禽产品中的生皮张、生毛皮（包括碎皮）、畜禽毛、骨、蹄、角、鬃等物品混存；
4. 饮食品、粮食、饲料、药材类、食用油脂与按普通货物运输的化工原料、化学试剂、香精、香料应隔离 1 m 以上；
5. 漂白粉与过氧化氢、易燃物品、非食用油脂应隔离 2 m 以上；与饮食品、粮食、饲料、药品、药材类、食用油脂、活动物不得混存；
6. 贴有 7 号包装标志的液态农药不得与氧化性物质和有机过氧化物混存。

续表

		硝酸胍、高氯酸醋酐溶液、过氧化氢尿素、二氯异氰尿酸、三氯异氰尿酸、四硝基甲烷等有机过氧化物	51068，51075～51079，52001～52103	15	×			×	×	×	×		△	△	×	×	15							
毒性物质		氰化物	61001～61005	16										×				16						
		其他毒性物质（注6）	61006～61034，61051～61139，61501～61520，61551～61924	17										△					17					
腐蚀性物质	酸性腐蚀性物质	溴	81021	18	△				△		×	△	△				×	×	△	18				
		发烟硝酸、硝酸、硝化酸混合物、废硝酸、废硝化混合酸、发烟硫酸、硫酸、含铬硫酸、废硫酸、淤渣硫酸、氯磺酸	81001～81004，81006～81009，81023	19	×	△	△	×	△	△	×	×	△	△	×	注1	×	×	△	△	19			
		其他酸性腐蚀性物质	81005，81010～81020，81022，81024～81067，81101～81135，81501～81531，81601～81647，81532～81534	20	△			△			△		△	△	△	△	△	×	△		△	20		
	碱性腐蚀性物质（水合肼、氨水不得与氧化性物质和有机过氧化物配放）其他腐蚀性物质		82001～82033，82501～82524，83001～83021，83501～83514	21									△								×		21	
普通货物	易燃普通货物			22	×			×						△			△			△	×			22
	饮食品、粮食、饲料、药品、药材类、食用油脂（注3）（注4）			23	△			×	△	△	×		×	△				×	×	×	×	×	△	23
	非食用油脂			24										△						×	×			24
	活动物（注3）			25	×			×	△	△	×		×	×	△	△	△	×	×	×	×	×	×	25
	其他（注3）（注4）			26																				26
配放号					3	4	5	6	7	8	9	10	11	12	13	14	15	16	17	18	19	20	21	

附件9　铁路车辆禁止溜放和限速连挂表

顺号	种　类	禁止溜放 （调动这些车辆时禁止溜放和由驼峰上解体）	限　速　连　挂 （溜放或由驼峰上解体调车，车辆连挂速度不得超过 2 km/h）
1	爆炸品	有整体爆炸危险的物质和物品；有迸射危险，但无整体爆炸危险的物质和物品；有燃烧危险并有局部爆炸危险或局部迸射危险或这两种危险都有，但无整体爆炸危险的物质和物品	不呈现重大危险的物质和物品； 有整体爆炸危险的非常不敏感物质； 无整体爆炸危险的极端不敏感物品
2	气体	罐车（含空罐车）和钢质气瓶装载的易燃气体、毒性气体	① 非易燃无毒气体； ② 钢质气瓶以外其他包装装载的气体类危险货物
3	易燃液体	乙醚，二硫化碳，石油醚，苯，丙酮，甲醇，乙醇，甲苯	① 除禁止溜放栏内规定以外的装入玻璃或陶瓷容器的易燃液体； ② 汽油
4	易燃固体、易于自燃的物质、遇水放出易燃气体的物质	硝化纤维素，黄磷，硝化纤维胶片	三硝基苯酚[含水≥30%]，六硝基二苯胺[含水>75%]，三乙基铅，浸没在煤油或密封于石蜡中的金属钠、钾、铯、锂、铷、硼氢化物
5	氧化性物质和有机过氧化物	过氧化氢，过氧化钠，过氧化钾，氯酸钠，氯酸钾，氯酸铵，高氯酸钠、高氯酸钾、高氯酸铵，硝酸胍，漂粉精和有机过氧化物	除禁止溜放栏内规定以外的装入玻璃容器的氧化性物质和有机过氧化物
6	毒性物质和感染性物质	玻璃瓶装的氯化苦、硫酸二甲酯、四乙基铅（包括溶液）、一级（剧毒）有机磷液态农药、一级（剧毒）有机锡类、磷酸三甲苯酯、硫代膦酰氯	① 禁止溜放栏内的货物装入铁桶包装时； ② 除禁止溜放栏内规定以外的装入玻璃或陶瓷容器的毒害性物质
7	放射性物质	二、三级运输包装或气体的放射性货物	
8	腐蚀性物质	罐车装载以及玻璃或陶瓷容器盛装的发烟硝酸、硝酸、发烟硫酸、硫酸、三氧化硫、氯磺酸、氯化亚砜、三氯化磷、五氯化磷、氧氯化磷、氢氟酸、氯化硫酰、高氯酸、氢溴酸、溴	除禁止溜放栏内规定以外的装入玻璃或陶瓷容器的腐蚀性物质
9	特种车辆	非工作机车，轨道起重机，机械冷藏车，大型的凹型和落下孔车，空客车及特种用途车（发电车、无线电车、轨道检查车、钢轨探伤车、电务试验车、通信车），检衡车	
10	特种货物	按规定“禁止溜放”的军用危险货物和军用特种货物	
11	其他车辆	搭乘旅客的车辆，铁道部临时指定的货物车辆	乘有押运人员的货车
12	贵重、精密货物	由发站和托运人共同确定的贵重的以及高级的精密机械、仪器仪表	电子管、收音机、电视机以及装有电子管的机械
13	易碎货物	易碎的历史文物，易碎的展览品，外贸出口的易碎工艺美术品，易碎的涉外物质（指各国驻华使、领馆公用或个人用物品，外交用品，国际礼品，展品，外侨及归国华侨的搬家货物）	鲜蛋类，生铁制品，陶瓷制品，缸砂制品，玻璃制品以及用玻璃、陶瓷、缸砂容器盛装的液体货物
注	除顺号1、2、9、10、11禁止溜放外，其他禁止溜放的货物车辆可向空线溜放		

附件10 易腐货物机械冷藏车运输条件表

品类顺号	货物品类	货物品名	货物热状态	装车时货物质量要求		运输温度（°C）	适用包装号或包装	装载方式		说明
				感官质量	承运温度（°C）			装载要求	装载号	
1	速冻食品									
1.1	速冻水果	速冻荔枝、速冻草莓等	冻结	果面洁净，无不洁物污染。冻结良好，无结霜或粘连。无异味。产品包装完好无破损。无复冻现象	－18 以下	－15 以下	3	紧密堆码		
1.2	速冻蔬菜	速冻叶菜类（菠菜、青梗菜、白菜、甘蓝、辣椒叶等）	冻结	成品外观平面形状规则、均匀，棱角分明，冻结良好。单冻产品色泽符合本产品应有色泽，无粘连；块冻产品色泽鲜亮，镀冰衣完整、清澈。无黄枯叶、褐变叶。产品包装完好无破损。无复冻现象	－18 以下	－15 以下	3	紧密堆码		
1.3	速冻蔬菜	速冻根茎类、速冻瓜菜类、速冻豆类、速冻花椰菜、速冻芦笋、速冻食用菌等	冻结	冻结良好，单体散冻，无粘连、结块、冰霜等现象。呈正常应有色泽。无失水、风干、冰衣脱落等现象。产品包装完好无破损。无复冻现象	－18 以下	－15 以下	3	紧密堆码		
1.4	速冻调理方便食品	速冻面米食品（馄饨、包子、水饺、汤圆、面点）、速冻蒸煮食品、速冻熏烤食品、速冻玉米等	冻结	外观轮廓清晰，外形完整，不破、不裂，不偏芯，产品表面无明显冰晶存在。无异味、无杂质。产品包装完好无破损。无复冻现象	－18 以下	－15 以下	3	紧密堆码		
2	冻水产品									
2.1	冻水产品	冻鱼（鲅鱼、鲳鱼、乌鲳鱼、大黄鱼、黄花鱼、带鱼、青鱼、草鱼、鲢鱼、鳊鱼等）、冻鱼片	冻结	冻结良好，无明显冰晶、无粘连、无变形。内外包装清洁卫生。单冻产品冰衣应完全将鱼包覆，晶莹透明，个体间易分离。鱼眼清晰明亮。真空包装产品包装袋完整不漏气，无软化、复冻现象	－18 以下	－15 以下	3	紧密堆码		
					－15 以下	－12 以下				

续表

品类顺号	货物品类	货物品名	货物热状态	装车时货物质量要求		运输温度（°C）	适用包装号或包装	装载方式		说明
				感官质量	承运温度（°C）			装载要求	装载号	
2.2		冻虾、蟹、贝类	冻结	冻结良好。冻虾贝类产品表面无变形、破碎、融化现象，冰衣（被）完好。蟹色泽正常，无黑斑或其他变质异色，腹面甲壳洁白，有光泽	−18 以下	−15 以下	3	紧密堆码		
					−15 以下	−12 以下				
3	肉类									
3.1	猪肉	冻分割肉、冻猪肉、冻猪胴体、冻猪副产品及其制品（冻火腿等）	冻结	冻结良好。肌肉有光泽，红色或稍暗，脂肪乳白色或粉白色。无不良异味，无变形，无复冻现象	−18 以下	−15 以下	3（猪头、胴体可不加包装）	紧密堆码		
					−15 以下	−12 以下				
					−12 以下	−10 以下				
3.2	牛肉	冻牛肉、带骨肉、冻牛分割肉、冻牛副产品及其制品	冻结	冻结良好。色泽正常。外表微干或有风干膜。无不良异味，无变形，无复冻现象	−18 以下	−15 以下	3（胴体可不加包装）	紧密堆码		
					−15 以下	−12 以下				
					−12 以下	−10 以下				
3.3	羊肉	冻羊肉、冻羊分割肉、冻羊副产品	冻结	冻结良好，色泽正常。外表微干或有风干膜。无不良异味，无变形，无复冻现象	−18 以下	−15 以下	3（胴、腔体可不加包装）	紧密堆码		
					−15 以下	−12 以下				
					−12 以下	−10 以下				
3.4	兔肉	冻兔肉	冻结	冻结良好，色泽正常。无不良异味，无变形，无复冻现象	−18 以下	−15 以下	3	紧密堆码		
					−15 以下	−12 以下				
					−12 以下	−10 以下				
3.5	禽肉	冻家禽、冻禽肉、冻禽副产品、冻禽肉制品	冻结	冻结良好。表皮和肌肉切面有光泽，具有禽种固有的色泽。无不良异味，无变形，无复冻现象	−18 以下	−15 以下	3（整家禽也可用 8 号包装）	紧密堆码		
					−15 以下	−12 以下				
					−12 以下	−10 以下				
4	肉类制品									
4.1	肉类制品	火腿、腌肉、熏肉、腊肉等熟肉制品	冷却	色泽正常，无异味，无杂质。内外包装完整、无破损，封口紧密。火腿皮色黄亮，肌肉切面呈深玫瑰红色或桃红色，脂肪切面呈白色或微红色，有光泽	0~4	0~4	3	紧密堆码		
			未冷却			0~25（视产品要求确定）				

续表

<table>
<tr><th rowspan="2">品类顺号</th><th rowspan="2">货物品类</th><th rowspan="2">货物品名</th><th rowspan="2">货物热状态</th><th colspan="2">装车时货物质量要求</th><th rowspan="2">运输温度（°C）</th><th rowspan="2">适用包装号或包装</th><th colspan="2">装载方式</th><th rowspan="2">说明</th></tr>
<tr><th>感官质量</th><th>承运温度（°C）</th><th>装载要求</th><th>装载号</th></tr>
<tr><td rowspan="2">4.2</td><td rowspan="2"></td><td rowspan="2">熏蒸火腿、火腿肠、香肠（腊肠）等</td><td>冷却</td><td rowspan="2">肠体均匀饱满，外形完整光洁、无损伤，密封良好。产品包装完整无破损，无污染</td><td>0～4</td><td>0～4</td><td rowspan="2">3</td><td rowspan="2">紧密堆码</td><td rowspan="2"></td><td rowspan="2"></td></tr>
<tr><td>未冷却</td><td></td><td>0~25(视产品要求确定)</td></tr>
<tr><td>5</td><td colspan="10">油脂类</td></tr>
<tr><td rowspan="3">5.1</td><td rowspan="5">动物油</td><td rowspan="3">冷冻动物油、冷冻酥油</td><td rowspan="3">冻结</td><td rowspan="3">色泽正常。无杂质，无异味。包装完整，无破损现象</td><td>－18 以下</td><td>－15 以下</td><td rowspan="3">3、9</td><td rowspan="3">紧密堆码</td><td rowspan="3"></td><td rowspan="3"></td></tr>
<tr><td>－15 以下</td><td>－12 以下</td></tr>
<tr><td>－12 以下</td><td>－10 以下</td></tr>
<tr><td>5.2</td><td>工业猪油</td><td>未冷却</td><td>凝固态时，呈软膏状，白色或淡黄色，有光泽。融化态时，透明或微浊，淡黄色或黄棕色，无沉淀物。凝固态时，允许有焦味和轻哈喇气味。采用清洗干净的铁桶容器包装，封口紧密</td><td></td><td>25 以下</td><td>3、9</td><td>紧密堆码</td><td></td><td></td></tr>
<tr><td>5.3</td><td>食用油</td><td>食用猪油、起酥油</td><td>未冷却</td><td>色泽正常，质地均匀，无杂质，无异味，不允许有沉淀物。采用清洗干净的铁桶容器包装，封口紧密</td><td></td><td>20 以下</td><td>3、9</td><td>紧密堆码</td><td></td><td></td></tr>
<tr><td>6</td><td colspan="10">禽蛋类</td></tr>
<tr><td>6.1</td><td>冰蛋</td><td>冰蛋（浆）</td><td>冻结</td><td>冻结良好。色泽正常，无异味，无杂质。内包装应清洁卫生、封口严密、无破损。外包装应牢固、完整，适合长途运输。无复冻现象</td><td>－18 以下</td><td>－15 以下</td><td>3</td><td>紧密堆码</td><td></td><td></td></tr>
<tr><td rowspan="2">6.2</td><td rowspan="2">鲜蛋</td><td rowspan="2">鲜蛋</td><td>冷却</td><td rowspan="2">新鲜、无变质、无异味。蛋壳清洁、完整、无破裂</td><td>－1~3</td><td>0~4</td><td rowspan="2">1、2、3</td><td rowspan="2">紧密堆码</td><td rowspan="2"></td><td rowspan="2"></td></tr>
<tr><td>未冷却</td><td></td><td>5～12</td></tr>
</table>

续表

品类顺号	货物品类	货物品名	货物热状态	装车时货物质量要求		运输温度（°C）	适用包装号或包装	装载方式		说明
				感官质量	承运温度（°C）			装载要求	装载号	
7	乳制品									
7.1	冷冻乳品	冰淇淋、雪糕、冰棍、雪泥、甜味冰、冷冻饮品	冻结	产品个体形态完整，不变形，不软塌，不收缩；无明显粗糙的冰晶，无气孔。有奶脂或植脂等产品固有的香味，香气纯正，无异味。无可见杂质。产品包装完整、不破损，封口严密，内容物无外露或裸露现象。无复冻现象	－18 以下	－15 以下	3	紧密堆码		
7.2	奶油	冻奶油、冻人造奶油/冻乳酪	冻结	外观呈乳白色或淡黄色半固体状，无霉变、异味、异嗅、杂质。包装容器牢固、干燥、清洁	－15 以下	－12 以下	3	紧密堆码		
7.3	奶油	人造奶油	冷却	鲜明的淡黄色或白色可塑性固体，质地均匀，风味良好，无霉变和杂质。包装容器牢固、干燥、清洁	15 以下	15 以下	3	紧密堆码		
			未冷却							
7.4	炼乳	甜炼乳	未冷却	无脂肪乳、无乳糖沉淀。呈乳白（黄）色，颜色均匀，有光泽。无杂质，无异味		20 以下	3	紧密堆码		
7.5	鲜乳	鲜奶（巴氏杀菌奶除外）	冷却	色泽呈乳白色或稍带微黄色。无肉眼可见杂质和其他异物。具有新鲜乳品固有的香味，无其他异味。包装完整、无破损	2～6	2～6	3	紧密堆码		
			未冷却							
		调味奶	冷却	色泽均匀一致，具有乳品固有的滋味和气味，无凝块、黏稠现象，无肉眼可见杂质和异物	2～6	2～6	3	紧密堆码		
			未冷却							
7.6	乳类饮品	乳饮料	冷却	色泽均匀，呈乳白色、乳黄色或与产品相适应的特征色。乳液均匀细腻，无异物，无分层等不均匀现象。无其他异味	2～6	2～6	3	紧密堆码		
			未冷却							

续表

品类顺号	货物品类	货物品名	货物热状态	装车时货物质量要求		运输温度（°C）	适用包装号或包装	装载方式		说明
				感官质量	承运温度（°C）			装载要求	装载号	
8	糖果类									
8.1	糖果	巧克力	冻结	黑巧克力：呈棕褐色或棕黑色。牛奶巧克力：添加乳制品，呈棕色或浅棕色，具有可可和乳香风味。产品无变形和软化现象	−18～0（视产品要求确定）	−18～0（视产品要求确定）	3	紧密堆码		
			未冷却			20 以下				
8.2	糖果	糖果、蜜饯	未冷却	包装密封，产品不变形、不破损		25 以下	3	紧密堆码		
9	饮品									
9.1	非酒精类	果、蔬汁饮料	冷却	具有与品名相符的色泽，无肉眼可见的外来杂质。包装完整、无破损	0～4	0～4（经防腐杀菌处理的 0～20）	3	紧密堆码		碳酸饮料不得接近热源，并要防止冰冻
			未冷却							
9.2	酒类	啤酒	未冷却	具有本品应有的色泽、纯正的香气。产品包装完整、无破损，无漏气或漏酒现象		5～25	3、9	紧密堆码		
9.3		白酒	未冷却	具有本品应有的色泽，澄清透明。内外包装应完整，封装严密，无漏气、漏酒现象		10～25	3、9	紧密堆码		
		黄酒、果酒（葡萄酒、露酒、猕猴桃酒、山楂酒等）	未冷却			5～35（视产品要求确定）				
10	鲜蔬菜									
10.1	叶菜类	苋菜、茴香、甜菜、菊苣、青菜、油菜、抱子甘蓝、结球甘蓝（元白菜、包菜）、芹菜、小白菜、蓟菜、芥蓝、大白菜、羽衣甘蓝、莴苣、欧芹、菠菜、牛皮菜、结球莴苣、莴笋、茼蒿、蕹菜等	冷却	成熟适度，色泽正，新鲜、清洁。无腐烂、开裂、黄叶、抽薹或发芽，无异味，无冷害、冻害、病虫害及机械伤。无雨湿、水渍	0～3	0～3	3、4、5、6、7	稳固装载，留通风空隙	1、2、3、4、5、6	
			未冷却							

续表

品类顺号	货物品类	货物品名	货物热状态	装车时货物质量要求：感官质量	装车时货物质量要求：承运温度（°C）	运输温度（°C）	适用包装号或包装	装载方式：装载要求	装载方式：装载号	说明
10.2	根茎类	胡萝卜、芹菜、辣根、洋姜、大头菜、芜菁甘蓝、木薯、萝卜、芦笋等	冷却	成熟适度，色泽正，新鲜、清洁。无开裂、糠心、发芽、分叉、腐烂，无异味、冻害、病虫害及机械伤。无雨湿、水渍	0～3	0～3	6、7、8	稳固装载，留通风空隙	4、5、6	
			未冷却							
		芋头、土豆（马铃薯）	冷却	个体完整、光洁，不干皱，无其他杂物。无发绿和发芽，无病害、虫害、冷害和霉烂现象。无机械损伤。无明显裂痕，无雨湿、水渍	5～10	5～10	8	稳固装载，留通风空隙		
			未冷却							
		土豆（油炸加工用）、甘薯（红薯）、凉薯、山药（淮山）、姜	冷却	块茎无病虫害、霉变、腐烂、机械损伤。无裂纹或树瘤。山药肉呈灰白色，无锈病痕迹和其他变色。无雨湿、水渍	10～16（山药为15～18）	10～16（山药为15～18）	6、7、8	稳固装载，留通风空隙	4、5、6	
			未冷却							
10.3	瓜菜类	黄瓜、佛手瓜、西葫芦	冷却	产品个体完整无损，成熟适度，色泽正，新鲜，无萎蔫，果面清洁。无腐烂、异味、冷害、冻害、病虫害及机械伤。无雨湿、水渍	7～10	7～10	3、4、5、6、7、8（南瓜、冬瓜可无包装）	稳固装载，留通风空隙	1、2、3、4、5、6	冬瓜、南瓜可不包装
			未冷却							
		冬瓜、苦瓜、丝瓜、笋瓜	冷却		9～13	9～13				
			未冷却							
		南瓜	冷却		3～6	3～6				
			未冷却							
10.4	花菜类	花椰菜、青菜花等	冷却	成熟适度，色泽正，新鲜、清洁。无腐烂、散花、抽茎、异味、开裂、冷害、冻害、病虫害及机械伤	0～3	0～3	3、4、5、6、7	稳固装载，留通风空隙	1、2、3、4、5、6	
			未冷却							
10.5	茄果类	番茄（青）	冷却	色泽新鲜，果面清洁、有光泽，果实硬实、不萎蔫。无腐烂、异味、冷害、冻害、病虫害及机械伤。无雨湿、水渍	9～12	9～12	3、4、5、6、7	稳固装载，留通风空隙	1、2、3、4、5、6	
			未冷却							
		番茄（已上色的、半熟）、辣椒	冷却		8～11	8～11				
			未冷却							

续表

品类顺号	货物品类	货物品名	货物热状态	装车时货物质量要求：感官质量	装车时货物质量要求：承运温度（°C）	运输温度（°C）	适用包装号或包装	装载方式：装载要求	装载方式：装载号	说明
10.5		甜椒	冷却 未冷却	果形、色泽良好，果面清洁、新鲜。果实有光泽、硬实，不萎蔫，无腐烂、异味、灼伤、冷害、冻害、疤痕、病虫害、机械伤，无雨湿、水渍	6～9	6~9	3、4、5、6、7	稳固装载，留通风空隙	1、2、3、4、5、6	
		茄子	冷却 未冷却	种子未完全形成或已形成但不坚硬，果实有光泽，有硬度，不萎蔫，表面清洁，无机械伤，无腐烂、异味，无灼伤，无冷害、冻害或病虫害，允许少量（5%～10%）不规则果	9～12	9~12	3、4、5、6、7	稳固装载，留通风空隙	1、2、3、4、5、6	
10.6	葱蒜类	大蒜、韭葱、洋葱、鸦葱、青葱、细香葱、大葱、蒜苔等	冷却 未冷却	成熟适度，色泽正，新鲜、果面清洁。无腐烂、异味、发芽、抽薹、散瓣、冷害、冻害、病虫害及机械伤。无雨湿、水渍	0～3	0~3	3、4、5、6、7（洋葱也可用8号包装）	稳固装载，留通风空隙	1、2、3、4、5、6	
10.7	菜用豆类	豌豆、荷兰豆、蚕豆、甜荚豌豆等	冷却 未冷却	成熟适度、新鲜，色泽正，荚鲜嫩、清洁。无腐烂、异味、冷害、冻害、病虫害及机械伤。无雨湿、水渍	0～3	0～3	3、4、5、6、7	稳固装载，留通风空隙	1、2、3、4、5、6	
		菜豆、豇豆、芸豆、扁豆（四季豆）、四棱豆等	冷却 未冷却		4～7	4～7				
11	鲜水果									
11.1	仁果类	苹果	冷却 未冷却	果体完整良好，新鲜洁净，果梗完整。无机械伤。无裂果、烂果，无虫伤、病虫果。无异常气味，无雨湿、水渍	0～4	0～4	3、4、5、6、7	稳固装载，留通风空隙	1、2、3、4、5、6	
		梨（鳄梨除外）	冷却 未冷却	各品种的鲜梨都必须完整良好，新鲜洁净，成熟适度。无机械伤、雹伤，无虫伤、病果、虫害果。无异常气味。无雨湿、水渍	0～4	0~4	3、4、5、6、7	稳固装载，留通风空隙	1、2、3、4、5、6	
		鳄梨	冷却 未冷却		7～13	7～13	3、4、5、6、7	稳固装载，留通风空隙	1、2、3、4、5、6	
		山楂	冷却 未冷却	山楂果皮色泽呈本品种成熟时固有色泽。无异味。无病果、腐烂、冻伤果。无雨湿、水渍	0～2	0～3	3、4、5、6、7	稳固装载，留通风空隙	1、2、3、4、5、6	

续表

品类顺号	货物品类	货物品名	货物热状态	装车时货物质量要求		运输温度（°C）	适用包装号或包装	装载方式		说明
				感官质量	承运温度（°C）			装载要求	装载号	
11.2	核果类	杏、樱桃、桃、李、梅、枣	冷却	果体完整、新鲜、清洁。无腐烂、冷害、冻害、病虫害。果皮颜色具有本品种成熟时应有的色泽。无雨湿、水渍	0～3（桃为3～6）	0～3（桃为3～6）	3、4、5、6、7	稳固装载，留通风空隙	1、2、3 4、5、6	
			未冷却							
11.3	柑桔类	红桔	冷却	成熟适度，无病斑、虫伤、裂口、腐烂，无机械损伤，无水肿、冷害、冻伤。无雨湿、水渍。蒂部不得脱落或受伤。为防止果蒂刺伤，需将果蒂剪平	9～12	9～12	2、3、4、5、6、7	稳固装载，留通风空隙	1、2、3、4、5、6	
			未冷却							
		桔子、温州蜜桔、甜橙、红江橙、血橙、锦橙、宽皮柑橘类	冷却		3～7	3～7	2、3、4、5、6、7	稳固装载，留通风空隙	1、2、3、4、5、6	
			未冷却							
		蕉柑、柚类、柠檬	冷却		7～10	7～10	2、3、4、5、6、7	稳固装载，留通风空隙	1、2、3、4、5、6	
			未冷却							
11.4	浆果类	葡萄、柿子、无花果、猕猴桃	冷却	果体完整，果面洁净，无日灼、病虫斑、机械损伤。无异味。无雨湿、水渍。不脱粒，无干缩果，无腐烂。葡萄：果梗、果蒂新鲜	0～3	1～4	2、3、4、5	稳固装载，留通风空隙	1、2、3	
			未冷却							
		石榴	冷却		4～7	4～7	2、3、4、5	稳固装载，留通风空隙	1、2、3	
			未冷却							
11.5	瓜类	西瓜	冷却	果体完整，无外伤，新鲜、洁净。无霉变、腐烂、病虫害	10～15	10～15	3、6、7或无包装	稳固装载，留通风空隙	1、2、3、4、5、6	
			未冷却							
		哈密瓜、白兰瓜、甜瓜	冷却	果体完整，无外伤，新鲜、洁净。无霉变、腐烂、病虫害。无雨湿、水渍	3～6	3～6	3、6、7、8（哈密瓜可无包装）	稳固装载，留通风空隙	1、2、3、4、5、6	
			未冷却							

续表

品类顺号	货物品类	货物品名	货物热状态	装车时货物质量要求		运输温度（°C）	适用包装号或包装	装载方式		说明
				感官质量	承运温度（°C）			装载要求	装载号	
11.6	热带亚热带水果	香蕉	冷却 未冷却	果体完整，新鲜、清洁，无变质和腐烂现象。无机械伤，无冷害、冻害，无病虫害、黑心病。香蕉色泽青绿，无黄熟、青软，无裂果。成熟度不超过7～8成。无雨湿、水渍	11～15	11～15	3、4、6	稳固装载，留通风空隙	1、2、3、4、5、6	（1）对低温敏感，低于下限温度极易发生冷害；（2）装运香蕉不得加催熟剂；卸车时皮色发黄不作为判断腐烂变质的依据
		荔枝、龙眼	冷却 未冷却	果体完整，新鲜、清洁，成熟适度，无腐烂、变质现象。无日灼、机械伤、病虫害、裂果、冷害、冻害。无雨湿、水渍	1～5	1～5	3、4、5、6	稳固装载，留通风空隙	1、2、3、4、5、6	1.对低温敏感，低于下限温度极易发生冷害；2.荔枝运输时严禁通风，保持车厢密闭。装载量不得超过20 t
		橄榄	冷却 未冷却	果体完整、表面清洁，色泽新鲜，无变质和腐烂，无机械伤，无裂果，无冷害、冻害、病虫害。无雨湿、水渍	5～8	5～8	1、2、3、4、5、6、7	稳固装载，留通风空隙	1、2、3、4、5、6	
		菠萝、杨桃、番石榴、枇杷	冷却 未冷却	果体完整，新鲜，无变质、腐烂，清洁，无机械伤。无病虫害、无异味。菠萝无黑心病，西番莲果无刺伤、药害、病害、冻害、皱缩现象存在	7～10	7～10	3、4、5、6	稳固装载，留通风空隙	1、2、3、4、5、6	
		芒果（生）、木菠萝（菠萝蜜）、番木瓜（青果）、红毛丹	冷却 未冷却	果体完整、新鲜，无变质、腐烂，清洁，无损伤。无病虫害、无异味	10～13（芒果12～15）	10～13（芒果12～15）	3、4、5、6	稳固装载，留通风空隙	1、2、3、4、5、6	
12	坚果类	板栗	冷却 未冷却	果粒均匀，色泽新鲜，无霉烂虫果。无雨湿、水渍。风干、裂嘴果两项不超过3%～5%	0～3	0～3	8	稳固装载，留通风空隙		呼吸强度大，外温在－5 °C以下方可用冷藏车保温运输

续表

品类顺号	货物品类	货物品名	货物热状态	装车时货物质量要求		运输温度（℃）	适用包装号或包装	装载方式		说　明
				感官质量	承运温度（℃）			装载要求	装载号	
13	其他									
13.1	花卉植物	花卉、盆景、盆花	未冷却	叶青翠，无枯萎迹象，主杆完整无破裂、折断，盆景完整无缺		4～10	根据货物情况选用。可用盆或不加包装。根部带泥者，用稻草、蒲包或麻布片包装，盆景外加一包装	稳固装载，留通风空隙	视货物包装情况而定	1. 需要洒水的应派人押运； 2. 为提高装载质量，可由托运人装备架子装载数层
13.2	罐头	水果罐头、肉类罐头	未冷却	罐体完整，无破损，无瘪听、胖听、漏听。箱内罐头排列整齐不松动		0～20	3、4、5	紧密堆码		

注：① 本表中“以下”不含本数，其他温度范围包含本数。

② 1、2、3号装载方法适用于1、2、3、4、5号包装，4、5、6号装载方法适用于6、7号包装。

③ 8号包装适用于耐压、不易擦伤、呼吸热小的货物。

附件 11　易腐货物运输包装表

包装号	包装名称	包装材料	包装要求	包装规格	货物净重或容积	堆码实验	备　注
1	木箱	木材（干燥，无虫蛀、霉变、腐朽，无污染，无异味）	用木材组合装钉。 通风、透气、清洁、干燥、牢固。内部光滑无尖凸物，外部无钉头或钉尖显露，无其他尖刺。箱子应有足够强度。箱子平整，能平稳堆放，相互堆码，配合适宜。 箱内应加衬垫物	具有16根条挡的木箱，箱板厚度为12～15 mm，宽度为20～40 mm。箱档的厚度和宽度根据木箱的尺寸选定，但厚度不得小于15 mm，宽度不得小于40 mm（可取40～60 mm）。 箱外用两道14号铁丝或铁腰捆扎箍紧。当内装物质量较轻且木箱体积较小时，也可用塑料打包带捆扎。 具体规格尺寸需根据盛装货物的特性、体积、层数和重量而定	20～25 kg	空箱净压650 kg，24 h无明显变形。重箱自码4.8 m高，无明显变形	
2	花格木箱	木材（干燥，无虫蛀、霉变、腐朽，无污染，无异味）	箱面用木板等钉合成的栅栏状木箱。 通风、透气、清洁、干燥、牢固。内部光滑无尖凸物，外部无钉头或钉尖显露，并无其他尖刺。箱子应有足够强度。箱子平整，能平稳堆放，相互堆码，配合适宜。 箱内应加衬垫物	具有12根条挡的花格木箱，箱板和箱档厚度不小于12 mm，每块箱板、箱档宽度不小于50 mm。 花格木箱箱板的围板面积不小于总面积的60%。缝宽适当、均匀。箱底部木板间距不大于10 mm，其他部位木板间距为15 mm。 箱内需用韧性纸张衬垫，并打通风孔，直径5 mm，孔距20 mm。 箱外用两道14号铁丝或铁腰捆扎箍紧。当内装物质量较轻且木箱体积较小时，也可用塑料打包带捆扎。当木箱长度大于600 mm且不用箱档加固时，也可用钢带捆扎加固。 具体规格尺寸需根据盛装货物的特性、体积、层数和重量确定	10～20 kg	空箱净压650 kg，24 h无明显变形。重箱自码4.8 m高，无明显变形	部分娇嫩水果可使用货物净重小于10 kg的包装，空箱净压试验参见有关标准
3	纸箱	纸板（无湿损、污染、发霉，无破裂）	用纸板组合装钉。 通风透气（装冻货除外），清洁、无污，无受潮、离层现象。箱内无突出长钉，纸板要作防潮处理	瓦楞纸箱开孔形状采用圆形、椭圆形或长椭圆形，通气孔直径取25～30 mm，孔的总面积不超过整个包装面积的3%～5%。箱内中部可装支撑的纸板或采用纸板分层隔离衬垫或加井字形瓦楞纸格。 纸箱接头粘合搭接舌边宽度不小于30 mm，粘合牢固。纸箱接头钉应排列整齐、均匀，钉合接缝应钉牢、钉透，不得有叠钉、翘钉、不转角等缺陷。 封箱，可用胶粘带粘牢，也可用低碳钢扁丝钉牢或采用粘合剂粘合。 具体规格尺寸需根据盛装货物的特性、体积、层数和重量而定	15～25 kg	空箱净压650 kg，24 h无明显变形。重箱自码4.8 m高，无明显变形	部分娇嫩水果可使用货物净重小于15 kg的包装，空箱净压试验参见有关标准

续表

包装号	包装名称	包装材料	包装要求	包装规格	货物净重或容积	堆码实验	备注
4	钙塑箱	钙塑板（无湿损、污染、发霉，无破裂）	用钙塑板组合装钉。透气、通风、清洁，箱内外无突出长钉	具有坚固钙塑板，由两层钙塑板和一层瓦楞钙塑板合成。 箱内中部装有支撑的钙塑板，需要通风透气的，建议在两端开 20 mm 直径通气圆孔 4～5 个，各孔不能同时在一个水平或垂直线上。孔的总面积不超过整个包装面积的 3%～5%。封箱可用胶粘带粘牢或采用粘合剂粘合。箱外需用两道塑料腰带捆扎箍紧。 钙塑箱的具体尺寸需根据所装货物的特性、体积、层数和重量而定	15～25 kg	空箱净压 650 kg，24 h 无明显变形。重箱自码 4.8 m 高，无明显变形	部分娇嫩水果可使用货物净重小于 15 kg 的包装，空箱净压试验参见有关标准
5	塑料箱（含塑料筐）	无毒塑料（清洁，无污染，无异味）	注射成型，表面光滑平整，完整无裂损，不允许有明显凹陷（加强筋部位允许有轻微的收缩），边缘及端手部位无毛刺。浇口处不影响箱子平整。 通风、透气性强。具有足够强度，箱子平整，能平稳堆放。原料需符合国家相关食品卫生标准	坚固成型，同规格的塑料箱能相互堆码，箱体底部有配合牙槽，配合适宜，不允许滑垛。 可为硬质长方型或硬质锥型。 具体规格尺寸需根据盛装货物的特性、体积、层数和重量而定	15～25 kg	空箱净压 650 kg，24 h 无明显变形。重箱自码 4.8 m 高，无明显变形	部分娇嫩水果可使用货物净重小于 15 kg 的包装，空箱净压试验参见有关标准
6	竹筐	竹篾片（无虫蛀、腐朽、霉变）	筐体用竹篾片编制和加固，筐盖用竹篾片编制或用木板制作。通风透气，坚固清洁，边缘整齐，内部平整、无尖凸物，外部平整、无竹刺，无突出钉头，能满足手工搬运、装卸要求。 筐盖必须大于筐口，并用绳索、铁线扎紧。 筐内四周及底部需用整体蒲包衬垫，水果上层顶部需用松软物铺垫	（1）上大下小，盖大于口。上口 45 cm×49 cm，高 35 cm，下底 35 cm×25 cm，每件用 12 根硬竹片支撑，筐盖用塑料编织带或铁丝捆扎	不大于 20 kg	空箱净压 250 kg，24 h 无明显变形。重筐自码 4.8 m 高，无明显变形	
				（2）上大下小，盖大于口。上口 50 cm×40 cm，高 45 cm，下底 40 cm×30 cm，每件用 14 根硬竹片支撑，筐盖用塑料编织带或铁丝捆扎	不大于 25 kg		
				（3）上大下小，盖大于口。上口 51 cm×36 cm，高 40 cm，下底 40 cm×25 cm，每件用 14 根硬竹片支撑，筐盖用塑料编织带或铁丝捆扎	不大于 20 kg		
				（4）长方体，48 cm×38 cm×30 cm，每件用 12 根硬竹片支撑，筐盖用塑料编织带或铁丝捆扎	不大于 20 kg		
				（5）上大下小，盖大于口。上口直径为 50 cm 的圆形，高 50 cm，下底 25 cm×25 cm，每件用 16 根硬竹片支撑，筐盖用塑料编织带或铁丝捆扎	不大于 25 kg		
				（6）上大下小，盖大于口。上口 35 cm×25 cm，高 50 cm，下底 50 cm×45 cm，每件用 12 根硬竹片支撑，筐盖用塑料编织带或铁丝捆扎	不大于 20 kg		

续表

包装号	包装名称	包装材料	包装要求	包装规格	货物净重或容积	堆码实验	备注
7	条筐	新荆条、柳条、藤条、竹条（质地良好，不朽，不烂，无虫蛀、霉变）	用荆条、柳条、藤条、竹条等编制。坚固，紧密结实，通风透气，清洁，条尖向内，边缘整齐，内壁光滑，筐内外无突出条头和铁丝。端正、平稳、不松懈、不变形	必须使用整根原条编制，严禁半条或劈裂。竖条必须用通条，直径大于 5 mm。 筐盖必须大于筐口，使用直径 2 mm 以上铁丝在 6 处将筐盖与筐身拧紧，铁丝尾部要插入空隙处。 体身应加立筋，确保端正、平稳、不松懈、不变形。 筐内四周及底部需用整体蒲包衬垫，每个水果应用软纸、套袋或塑料袋包装，水果上层顶部需用松软物铺垫。 条筐的具体规格尺寸，需根据盛装货物的特性、体积、层数和重量而定	20～35 kg	空箱净压 250 kg，24 h 无明显变形。重筐自码 4.8 m 高，无明显变形	
8	编织袋	无毒塑料（清洁无污染）或天然、合成纤维	可为由塑料经挤出纺丝、拉伸、分丝和编结而成的塑料编织袋，也可为用天然或者合成纤维编织而成的网状袋子。 所用扁丝外观应光滑、平整、无明显起毛。袋子无破洞、稀挡和缝制不良问题，并应干燥、无霉变、无异味、无毒，清洁无污染，能通风透气。制造袋子的塑料需经国家卫生部门或其认可的检验机构的检验认可后方准使用。 编织袋外观应清洁，平整，缝合处不允许出现脱针、断线、未缝住卷折现象，切边不允许出现散边。编织袋裁剪必须用热熔切割，以保证切口处熔融粘连不散边	编织袋缝边、缝口缝线到边、底距离为 8～12 mm，无边袋口卷折不大于 10 mm。袋口应折叠缝密，缝针密度为 6 针/10 cm，缝口后应在袋角上扎口。 袋的具体尺寸，需根据盛装货物的特性、体积和重量而定。 （1）稀织型编织袋。 （2）密织型编织袋	15～25 kg	应进行跌落试验。 试验方法：用 3 只装满模拟物的袋，从高 1.5 m 处跌落于平坦、光滑、坚硬的水平地面。每只进行两次，第一次袋的平面平落，第二次袋的端面平落。 合格标准：不破损、不开口	
9	桶	钢、铁、无毒塑料	桶体圆整光滑，无明显失圆、凹瘪、歪斜，无毛刺和机械损伤。钢桶桶身、桶顶和桶底均由整张薄钢板制成，不允许拼接，桶身焊缝采用电阻焊焊接。钢桶内外表面需涂镀保护层。桶性能符合 GB325.1—2008、GB 13252 相关通用技术要求。 啤酒桶材料为符合食品卫生要求的不锈钢。 塑料桶结构性能需符合 GB13508 的要求，卫生指标符合 GB9687 的要求	桶体尺寸规格需根据盛装货物的相关流通需求而定	不大于 50 L	按 GB 4857.3 规定进行，试验 24 h 不变形、不破损。 试验压力：0.4 MPa，保压时间不少于 3 min，啤酒桶不得有泄漏	

附件12　铁路危险货物运输办理站（专用线、专用铁路）办理规定

一、全路危险货物办理站名表

局别	序号	站名	类别类型	发送品名	到达品名	备注
哈尔滨铁路局	1	冯屯	一类		鞭炮	
	2	哈尔滨	五类	漂白粉		
			六类	敌敌畏		
			八类	消毒剂		
	3	海拉尔	一类		炸弹	
			八类		烧碱	
	4	拉古	一类		鞭炮	
北京铁路局	1	固安	四类		硅铁	
			六类		氯仿	
	2	邢台	四类		硫黄、黄磷、氰氨化钙、硅铁	
			五类		铬酸酐、红矾钠	
			六类		硫酸铜、敌敌畏、石灰硫黄剂	
			八类	氢氧化钾	硫化碱、顺丁烯二酸二丁基锡	
	3	张贵庄	四类	偶氮二异丁腈	硫黄、精萘、黄磷、硅铁	
			五类	次氯酸钙	铬酸酐、氯酸钠	
			六类	特丁磷	百草枯水剂、对二氯苯、氯化钡、碳酸钡	
			八类	水合肼、顺丁烯二酸二丁基锡	氢氧化钾、甲酸、硫化碱、磷酸	
	4	张家口南	八类	固碱		
太原铁路局	1	怀仁	四类	氰氨化钙（石灰氮）		
	2	朔州	四类	氰氨化钙（石灰氮）		
	3	太原西	五类	硝酸钙		
			八类	顺丁烯二酸酐		
	4	榆社	八类	氢氧化钠		
呼和浩特铁路局	1	巴彦高勒	八类	硫化钠、硫化碱		
	2	白音察干	四类	碳化钙		
	3	杭锦旗	八类	硫化碱、硫化钠		
	4	集宁	四类	碳化钙		
	5	拉僧庙	四类	碳化钙		
			八类	硫化碱、硫化钠、氢氧化钠[固态]		
	6	拉僧中庙	四类	碳化钙、硅铁		
	7	乌海西	四类	碳化钙、硅铁		
			五类	氯酸钠		
			八类	氢氧化钠[固态]、氢氧化钾[固态]		
	8	乌拉山	八类	硫化碱、硫化纳、氢氧化钠[固态]		
郑州铁路局	1	长治	四类	农药（硫黄粉）	硫黄	
			六类	氰化钠		
	2	焦作北	四类		黄磷、电石	
			六类	氟化铝	煤焦沥青、氟化铝、氟硅酸钠、硫酸铜	
			八类	氢氧化钠	硫化碱、氢氧化钾[固态]	
	3	开封	四类		硫黄	
			五类		亚硝酸钙	

续表

局别	序号	站名	类别类型	发送品名	到达品名	备注
郑州铁路局			六类		二氯甲烷	
			八类		硫化碱、冰醋酸	
	4	宜阳	一类	一硝铵炸药		
			五类		硝酸铵	
武汉铁路局	1	丹江	四类	电石		
	2	六里坪	四类	电石		
			五类		硝酸铵	
	3	襄樊	五类	亚硝酸钠、硝酸钠		
			八类		烧碱	
西安铁路局	1	三原	四类	电石		
	2	韦庄	四类	电石		
济南铁路局	1	即墨	五类		硝酸铵、高锰酸钾	
			六类		硫酸铜	
	2	临淄	三类	氯丙烯、三乙胺	二乙胺	
			四类		黄磷、氰氨化钙、硅铁	
			五类		高锰酸钾	
			六类	二甲基苯胺	碳酸钡、克无踪、百草枯水剂、三氯甲烷（氯仿）	
			八类		烧碱、冰醋酸、硫化碱、氢氧化钾、丁烯二酸酐、乙醇胺	
上海铁路局	1	常州	三类	不饱和聚酯树脂		
			四类	可发性聚苯乙烯珠体	碳化钙、萘、黄磷、硅铁[30%≤含硅<90%]、氰氨化钙[含碳化钙<0.1%]	
			六类	灭多威、速灭威、氰戊菊酯、丁草胺、辛硫磷、三环唑、40%乐果乳油、乙草胺、氟乐灵、杀虫单、氯氰菊酯、甲草胺、敌百虫、久效磷可溶性液剂、毒死蜱、百草枯、精喹禾灵、抗蚜威、莠去净、吡虫啉可湿性粉剂	碳酸钡、喹啉	
			八类	磷酸	氢氧化钠[固态]、烧碱、硫化碱、肼水溶液、2，2′—二羟基二乙胺、磷酸溶液、丁烯二酸酐[顺式]、邻苯二甲酸酐	
	2	杭州北	四类	萘	电石、保险粉、黄磷、硅铁、精萘、工业萘	
			六类	氰化钠、氰化钾、农药、氯化钡	氟硅酸钠、硫酸铜、碳酸钡、敌敌畏	
			八类	硫氢化钠	磷酸、甲酸、氢氧化钠[固态]、氢氧化钾、[固态]、（顺）丁烯二酸酐、邻苯二甲酸酐、二羟基二乙胺	
	3	合肥南	六类	杀虫单、草甘膦、精克草能、精广虎、阔枯、玉皇达帝、氰化钠	农药（杀虫双颗粒剂、敌敌畏）	
			八类		氢氧化钠[固态]、硫化碱、丁烯二酸酐[顺式]	
	4	连云港	四类		黄磷	
			六类	辛硫磷、辛硫磷乳油、立本净、氟磺胺草醚、辛硫磷原油、已基氯化物、氯氰菊酯、牵牛星、精喹禾灵、氟乐灵乳油、2，4滴丁酯乳油	碳酸钡	
			八类		硫化碱、硫化钠、氢氧化钠[固态]	

续表

局别	序号	站名	类别类型	发送品名	到达品名	备注
	5	桃浦	三类		丙酮、二乙胺、吡啶	
			四类		电石、黄磷、赤磷、硅铁、工业萘、锌粉、保险粉、粗萘、金属钙、精萘	
			六类	敌克松、敌敌畏、白菌清、百草枯水剂、乐果、速扑杀、金雷、功夫、厄索朗、精喹乐灵、施田补、富士一号、硕丹、金都尔、杀毒矾、克瑞踪	硫酸铜、二氯甲烷、敌敌畏、氟硅酸钠、三氯甲烷、四氯乙烯、氯乙酸、对硝基苯甲醚、喹啉、碳酸钡	
			八类	乙烯利	磷酸、氢氧化钠(固态)、氢氧化钾[固态]、固碱、烧碱、冰醋酸、(顺)丁烯二酸酐、硫化钠、邻苯二甲酸酐、水合肼[含肼>37%]	
	6	无锡南	四类	可发性发聚苯乙烯珠体	电石、黄磷	
			六类	灭多威、速灭威、氰戊菊酯、丁草胺、辛硫磷、三环唑、40%乐果乳油、乙草胺、氟乐灵、杀虫单、氯氰菊酯、甲草胺、敌百虫、久效磷可溶性液剂、毒死蜱、百草枯、精喹禾灵、抗蚜威、莠去净、吡虫啉可湿性粉剂	氟硅酸钠	
			八类	磷酸	氢氧化钠[固态]、硫化碱、磷酸、烧碱、丁烯二酸酐[顺式]	
南昌铁路局	1	临川	一类	烟花、鞭炮		
广州铁路(集团)公司	1	妈湾	六类		碳酸钡	
	2	汨罗	五类		硝酸铵	
	3	祁东	五类		硝酸铵	
	4	石龙	四类		保险粉、黄磷	
			八类		磷酸	
	5	芷江西	八类	硫化钡		
南宁铁路局	1	安龙	四类	电石	电石	
			八类	烧碱		
成都铁路局	1	穿心店	四类		硫黄	
	2	德昌	四类	硅铁		
	3	伏牛溪	二类		氟利昂	
			三类	木材防腐漆、油封清漆、二甲胺水溶液、二甲基甲酰胺、醋酸乙酯、醋酸丁酯、胶粘剂	丙酮、树脂、胶粘剂、甲醇、乙醇、氯丙烯、环己酮、醋酸乙酯、醋酸丁酯	
			四类	硫黄、保险粉、赤磷	保险粉、硫黄、萘、聚苯乙烯珠粒料、可发性聚苯乙烯珠体、电石、硅铁、黄磷、二氧化硫脲	
			五类	硝酸钠、硝酸铵、亚硝酸钠、高氯酸钾、氯酸钾、氯酸钠、高锰酸钾、铬酸酐、红矾钠	亚硝酸钠、硝酸钠、双氧水、高锰酸钾、红矾钠、铬酸酐、过硫酸钾	
			六类	苯胺、二氯甲烷、三氯甲烷、甲氯化碳、邻甲苯胺、硝基二甲苯、二甲基苯胺	氟化铝、碳酸钡、苯酚、硝酸铜、甲苯二异氰酸酯、二氯甲烷、煤焦沥青、邻甲苯胺、退热水	
			八类	甲酸、磷酸、氢氧化钠、氢氧化钾、苯酐、甲醛溶液、丙酸	溴素、氢氧化钠、氢氧化钾、冰醋酸、醋酸酐、甲醛溶液、丙酸	
	4	广元南	四类	硅铁		
			六类		氟化铝、煤焦沥青	

续表

局别	序号	站名	类别类型	发送品名	到达品名	备注
成都铁路局	5	贵阳西	三类		柴油	
			四类	黄磷	石灰氮、聚苯乙烯	
			五类		硝酸铵、硝酸钠、亚硝酸钠	
			六类		敌敌畏、辛硫磷、氟硅酸钠	
			八类	磷酸	氢氧化钠、烧碱、液碱、盐酸、冰醋酸、氯化铝	
	6	汉旺	四类	黄磷、磷酸、甲酸	硫黄、黄磷	
	7	江油	四类	硫黄		
	8	两路口	四类		硫黄	
	9	隆昌	五类	高锰酸钾		
			六类	石硫合剂、氯乙酸	氟硅酸钠	
			八类	氢氧化钾、氢氧化钠		
	10	泸州	四类		硫黄	
			六类	石硫合剂、三氯甲烷、杀虫剂、农药、氯乙酸	石硫合剂、敌敌畏、灭多威、速灭威、氰戊菊酯、丁草胺、辛硫磷、三环唑、40%乐果乳油、乙草胺、氟乐灵、杀虫单、氯氰菊酯、甲草胺、敌百虫、久效磷可溶性液剂、毒死蜱、百草枯、精喹禾灵、抗蚜威、莠去净、吡虫啉可湿性粉剂	
			八类	氢氧化钠、氢氧化钾		
	11	么铺	四类	硫黄、硅铁		
			六类	碳酸坝		
			八类		烧碱、液碱	
	12	南川	三类		汽油、柴油	
			四类		菜粕	
			六类		敌敌畏、杀虫灵粉剂、杀虫灵乳剂敌百虫	
			八类	硫化钠、氢氧化钠	烧碱	
	13	攀枝花	四类	黄磷		
	14	彭山	四类	黄磷、硅铁	萘、聚苯乙烯珠粒料、可发性聚苯乙烯珠体、硫黄	
			五类	硝酸铵	冰醋酸、硝酸钠	
			八类	氢氧化钠、硫化碱、生石灰、磷酸	冰醋酸	
	15	双流	四类	硅铁		
	16	自贡	五类		硝酸钠	
			六类	氯化钡	煤焦沥青	
			八类	氢氧化钠、氢氧化钾		
昆明铁路局	1	广通	八类		氢氧化钠	
	2	陆良	五类	红矾钠、铬酸	硝酸钾	
	3	南溪	四类	黄磷		
	4	曲靖	四类	黄磷		
			五类		硝酸铵	
			八类	磷酸		
	5	塘子	四类	黄磷、赤磷		
	6	天生桥	四类	黄磷	硫黄	
	7	五家营	四类	黄磷、赤磷、萘	硫黄、黄磷	
			五类	氟硅酸钠、硝酸铵、亚硝酸钙、高锰酸钾	氟硅酸钠、硝酸钠、氢氧化钾	
			六类	煤焦沥青		
			八类	氢氧化钠、磷酸		
	8	中谊村	四类		硫黄	

续表

局别	序号	站名	类别类型	发送品名	到达品名	备注
兰州铁路局	1	白银市	四类	电石		
			五类	红矾钠、铬酸酐		
			六类	氟化铝		
	2	皋兰	四类	硅铁		
	3	惠农	四类	硅铁、电石、石灰氮、萘		
			六类	煤焦沥青		
			八类	氢氧化钠		
	4	金昌	四类	硅铁		
			八类	硫化钠		
	5	景泰	四类	硅铁		
	6	兰州东	四类	硅铁		
	7	陇西	四类	电石		
	8	平凉南	四类	电石		
	9	青铜峡	四类	硅铁、电石		
			六类		煤焦沥青	
			八类	氢氧化钠		
	10	清水	八类	硫化钠		
	11	山丹	八类	硫化钠		
	12	土门子	四类	电石、石灰氮		
	13	武威南	六类	阿片		
	14	西固城	四类	硅铁、电石	硫黄、聚苯乙烯珠体	
			五类		亚硝酸钠	
兰州铁路局	15	西固城	六类	氟乐灵乳油、野麦畏	氟乐灵	氟乐灵乳油比照 61905 野麦畏比照 61877
			八类	顺丁烯二酸酐、氢氧化钠		
	16	银川	四类	硅铁	聚苯乙烯珠体	
	17	迎水桥	四类	硅铁、电石		
			六类		对氯硝基苯	
			八类	氢氧化钠		
	18	玉门南	八类	硫化钠		
	19	张掖	四类	硅铁		
			八类	硫化钠		
	20	中堡	四类	电石、硅铁		

续表

局别	序号	站名	类别类型	发送品名	到达品名	备注
乌鲁木齐铁路局	1	阿拉山口	四类	硫黄	硫黄	
			五类	重铬酸钠、硝酸铵肥料	重铬酸钠、硝酸铵肥料	
			六类	硫酸铜	硫酸铜	
	2	哈密	五类	硝酸钠		
			八类	硫化碱		
	3	七泉湖	八类	硫化碱		
	4	三葛庄	一类		鞭炮、梯恩梯、镇源弹、苦味酸	
	5	鄯善	八类	硫化碱		
	6	石河子	四类		硫黄	
			八类	烧碱		
	7	吐鲁番	八类	硫化碱		
	8	乌北	四类		硅铁	
			五类		硝酸铵	
			八类	烧碱	磷酸、硫化碱	
青藏铁路公司	1	长宁保	一类		鞭炮	
	2	德令哈	八类	硫化钠		
	3	海石湾	四类	电石、硅铁		
			六类		煤焦沥青	
	4	湟源	四类	硅铁		
	5	乐都	四类	硅铁		
	6	民和	四类	硅铁		
	7	西宁	三类	氟乐灵		
			六类		甲拌磷	
	8	西宁西	四类	硅铁		

二、全路危险化物集装箱办理站名表

局别	序号	站名	箱型类型	发送品名	到达品名	备注
济南铁路局	1	黄岛	20英尺箱	乙酸丁酯、二甲苯、乙酸乙酯、石油馏出物、树脂溶液、甲基异丁基酮、乙酸丁酯异构体、正丁醇、乙酸乙二醇醚酯、油漆、锌粉		
上海铁路局	1	无锡南	非标箱	黄磷	黄磷	
南昌铁路局	1	醴陵东	20英尺箱	烟花、鞭炮		
广州铁路(集团)公司	1	三水西	20英尺箱		硫化钠（含结晶水≥30%）	
南宁铁路局	1	北海巷	20英尺箱	硫黄		
			40英尺箱	硫黄		
			非标箱	硫黄		
	2	防城港	20英尺箱	硫黄		
			40英尺箱	硫黄		
			非标箱	硫黄		
	3	湛江港	20英尺箱	硫黄		
			40英尺箱	硫黄		
			非标箱	硫黄		
成都铁路局	1	安顺	20英尺箱	碳酸钡		
	2	德阳	40英尺箱		硫黄	
			20英尺箱		硫黄	
	3	重庆东	20英尺箱	铬酸酐、红矾钠	铬酸酐、红矾钠、碳酸钡	
昆明铁路局	1	昆明东	非标箱	黄磷		
	2	昆明南	非标箱	黄磷	硫黄	
			20英尺箱		硫黄	

三、全路剧毒品办理站名表

局别	序号	站名	顺号	专用线	共用单位	发送品名			到达品名			轨道衡		起重条件	
						罐装	非罐装	集装箱	罐装	非罐装	集装箱	动态	静态	起重能力	设备类型
北京铁路局	1	张贵庄	1	天津裕华经济贸易总公司张贵庄储运分公司专用线			氰化钠、氧化钾、甲苯—2，4—二异氰酸酯			氰化钠、氧化钾、甲苯—2，4—二异氰酸酯					
郑州铁路局	1	长治	1	站内			氰化钠								
	2	郑州东	1	沙隆达郑州农药有限公司专用线			氧乐果			氧乐果					
济南铁路局	1	磁窑	1	山东华阳科技股份有限公司专用线			甲革1605、涕灭威、甲胺磷								
	2	淄博	2	山东大成农药股份有限公司专用铁路			氧乐果			甲苯—2，4—二异氰酸脂、氧乐果、甲氰菊酯、甲胺磷、甲基1605、水胺硫磷					
上海铁路局	1	杭州北	1	站内			甲基对硫磷、甲胺磷、氧乐果、氰化钠、氰化钾、克百威			氧乐果、甲氰菊酯					
	2	合肥南	1	站内			氰化钠、甲胺磷			氰化钠、氧乐果、甲氰菊酯、甲胺磷					
广州铁路集团公司	1	谢岗	1	东莞市民安化工贸易有限公司专用线						甲苯二异氰酸酯					
南宁铁路局	1	柳江	1	广西石油化学工业供销总公司柳州公司专用线						氰化钠、氰化钾、三氧化二砷、五氧化二砷、甲胺磷、甲基1605、氧乐果、水胺硫磷、甲氰菊酯、久效磷、对氧磷、杀扑磷、磷胺、速灭磷、毒虫畏、甲硫磷、乙硫磷、西力生、谷乐生、克百威、灭害威、灭多威					

续表

局别	序号	站名	顺号	专用线	共用单位	发送品名			到达品名			轨道衡		起重条件	
						罐装	非罐装	集装箱	罐装	非罐装	集装箱	动态	静态	起重能力	设备类型
南宁铁路局	2	南宁南	2	广西富满地农资股份有限公司专用线	南宁金仓矿业有限责任		甲胺磷、水胺硫磷、氧乐果、甲基1605、甲基对硫磷、毒虫畏、西力生、谷乐生			氰化钠、甲胺磷、水胺硫磷、氧乐果、甲基对硫磷、甲基1605、特丁磷、毒虫畏、西力生、谷乐生、恶虫威、毒鼠磷、灭蚜胺					
南宁铁路局	2	南宁南	3	南宁化工集团有限公司专用线			甲苯—2，4—二异氧酸酯、甲胺磷、水胺硫磷、氧乐果、甲基对硫磷、甲基1605、特丁磷、毒虫畏、西力生、谷乐生、灭害威、恶虫威、毒鼠磷、灭蚜胺			甲胺磷、氧乐果、氰化汞、力生、谷乐生、氯乙醛					
	3	湛江	4	广东省农业生产资料总公司专用线						甲胺磷、三唑磷、水胺硫磷、氧乐果、甲基对硫磷、甲基1605					
成都铁路局	1	伏牛溪	1	站内						甲苯—2，4—二异氰酸酯、氧乐果、甲基1605、甲胺磷、水胺磷、甲基对硫磷、灭蚜胺、呋喃丹					
	2	洪安乡	2	成都西部呈祥化工物流有限责任公司专用线						氰化钾、氰化钠、甲苯—2,4—二异氰酸酯、氧乐果、水胺硫磷、克百威					
	3	梨树湾	3	重庆市农业生产资料有限公司专用线						氧乐果、甲基1605、甲胺磷、水胺硫磷、甲基对硫磷、灭蚜胺、呋喃丹					
					重庆农药化工（集团）有限公司		甲基1605、氧乐果、呋喃丹、水胺硫磷、甲胺磷、久效磷、涕灭威			氧乐果、甲基1605、甲胺磷、水胺硫磷、甲基对硫磷、灭蚜胺、呋喃丹					
	4	自贡	4	中昊晨光化工研究院专用线						丙酮氰醇、甲苯—2，4—二异氰酸酯					

续表

局别	序号	站名	顺号	专用线	共用单位	发送品名			到达品名			轨道衡		起重条件	
						罐装	非罐装	集装箱	罐装	非罐装	集装箱	动态	静态	起重能力	设备类型
昆明铁路局	1	昆明东	1	云南省供销社储运公司凉亭分公司专用线						氰化钠、氧乐果、水胺硫磷、甲苯—2,4—二异氰酸酯、甲基1605、特丁磷、克百威					
兰州铁路局	1	白银市	1	甘肃银光化学工业集团有限公司			甲苯—2,4—二异氰酸酯								
	2	兰州西	2	甘肃省化轻材料有限责任公司专用氰化钠						氰化钠					
	3	石岗	3	中国石油天然气股份有限公司兰州石化分公司专用铁路	兰州金利化工毛纺有限公司		氰化钠								
乌鲁木齐铁路局	1	阿克苏	1	新疆农资集团公司阿克苏配送中心专用线						保棉磷、毒虫畏、久效磷、氧乐果、甲胺磷、水胺硫磷、灭多威、甲氰菊酯					
	2	阿拉山口	2	口岸交接出境			氰化钠			氰化钠					
	3	奎屯	3	新疆农资公司奎屯配送中心专用线						保棉磷、毒虫畏、久效磷、氧乐果、甲胺磷、水胺硫磷、灭多威、甲氰菊酯					
	4	乌北	4	新疆农业生产资料集团公司专用线			呋喃丹、克百威、久效磷、氧乐果、甲胺磷、水胺硫磷、灭多威			呋喃丹、克百威、久效磷、氧乐果、甲胺磷、水胺硫磷、灭多威、甲氰菊酯					
			5	新疆有色金属工业集团物资有限公司	安徽省安庆市曙光化工股份有限公司		氰化钠								
			5	新疆有色金属工业集团物资有限公司	新疆曙光贸易有限公司					氰化钠					
			5	新疆有色金属工业集团物资有限公司						氰化钠、甲苯—2,4—二异氰酸酯					

四、铁路危险货物运输办理站（专用线、专用铁路）办理规定（摘录）

序号	办理站名称	顺号	专用线	共用单位	发送品名			到达品名			轨道衡		起重条件	
					罐装	非罐装	集装箱（罐）	罐装	非罐装	集装箱（罐）	动态	静态	起重能力	设备类型
1	2	3	4	5	6			7			8		9	
97	塘沽	178	天津开发区盛铁物流有限公司专用线											
		179	天津天龙液体化工储运有限公司专用线		丙烯酸[稳定的]、冰醋酸、甲醇、正丁醇、纯苯、甲苯、对二甲苯、邻二甲苯、乙醇、乙酸、乙酯、苯胺、丙酮、煤焦油、蒽油乳剂、醋酸乙烯酯、苯乙烯、石脑油、汽油、柴油			乙醇、冰醋酸、甲苯、对二甲苯、邻二甲苯、石脑油、正丁醇、苯乙烯、乙醇、乙酸乙酯、煤焦油、蒽油乳剂、醋酸乙烯酯、苯胺、丙酮、甲醇、丙酮、甲醇、丙烯酸、苯						
		180	中国石化销售有限公司华北分公司天津储备库专用线		汽油、煤油、柴油			汽油、煤油、柴油						
		181	中国外运天津集团新河储运公司						氢氧化钠、硅铁、硫化碱、大豆饼					
98	塘沽南	182	唐沽南机务折返段专用线					柴油						
		183	天津京海石化运销有限责任公司专用线		汽油、二氯乙烷、对二甲苯、正丁醇、苯乙烯、冰醋酸、醋酸乙烯、柴油、溶剂油、丙烯酸正丁酯[抑止了的]、纯苯、混合苯、正已烷、石脑油、苯、粗苯、柃阴魂不散甲苯、甲醇、乙醇、醋酸乙酯、煤油、二甲苯、甲苯—2，4二胺			汽油、乙醇、苯乙烯、苯、二甲苯、邻二甲苯、溶剂油、柴油、丙烯酸正丁酯[抑止了的]纯苯、对二甲苯、1，2—二氯乙烷、甲基醚、石脑油、粗苯、甲醇、醋酸乙酯、煤油、正丁醇、糖醛、冰醋酸、醋酸乙烯、煤焦油、甲苯二胺						
99	天津	184	北京铁路局北京机务段专用线					柴油						
		185	中国国石油化工股份有限公司天津石油东郊油库专用线					汽油、柴油、煤油						
100	天津西	186	北京铁路局丰台机务段天西折返段专用线					汽油、柴油						

附件 13 机车车辆限界、各级超限限界与建筑限界距离线路中心线所在垂直平面尺寸表

自轨面起算的高度（mm）	限界距线路中心线所在垂直平面的距离（mm）			
	机车车辆限界	一级超限限界	二级超限限界	建筑限界*
150	1 320		1 400	1471
160	1 330		1 400	1477
170	1 340		1 400	1482
180	1 350		1 400	1488
190	1 360		1 400	1494
200	1 370		1 400	1500
210	1 380		1 400	1725
220	1 390		1 400	1725
230	1 400		1 400	1725
240	1 410		1 410	1725
250	1 420		1 420	1725
260	1 430		1 430	1725
270	1 440		1 440	1725
280	1 450		1 450	1725
290	1 460		1 460	1725
300	1 470		1 470	1725
310	1 480		1 480	1725
320	1 490		1 490	1725
330	1 500		1 500	1725
340	1 510		1 510	1725
350	1 520		1 520	1725
360 ~ 1 100	1 600		1 650	1875
1 110	1 600		1 650	2376
1 120	1 600		1 650	2382
1 130	1 600		1 650	2389
1 140	1 600		1 650	2395
1 150	1 600		1 650	2401
1 160	1 600		1 650	2408
1 170	1 600		1 650	2414
1 180	1 600		1 650	2420
1 190	1 600		1 650	2427
1 200	1 600		1 650	2433
1 210 ~ 1 240	1 600		1 650	2440
1 250 ~ 3 000	1 700	1 900	1 940	2440
3 010	1 700	1 900	1 940	2437
3 020	1 700	1 900	1 940	2434
3 030	1 700	1 900	1 940	2431
3 040	1 700	1 900	1 940	2428
3 050	1 700	1 900	1 940	2425
3 060	1 700	1 900	1 940	2422
3 070	1 700	1 900	1 940	2419
3 080	1 700	1 900	1 940	2416
3 090	1 700	1 900	1 940	2413

续表

自轨面起算的高度（mm）	限界距线路中心线所在垂直平面的距离（mm）			
	机车车辆限界	一级超限限界	二级超限限界	建筑限界*
3 100	1 700	1 900	1 940	2410
3 110	1 700	1 898	1 938	2407
3 120	1 700	1 896	1 936	2404
3 130	1 700	1 894	1 935	2401
3 140	1 700	1 892	1 933	2398
3 150	1 700	1 890	1 931	2 396
3 160	1 700	1 888	1 929	2 393
3 170	1 700	1 886	1 927	2 390
3 180	1 700	1 884	1 926	2 387
3 190	1 700	1 882	1 924	2 384
3 200	1 700	1 880	1 922	2 381
3 210	1 700	1 878	1 920	2 378
3 220	1 700	1 876	1 918	2 375
3 230	1 700	1 874	1 917	2 372
3 240	1 700	1 872	1 915	2 369
3 250	1 700	1 870	1 913	2 366
3 260	1 700	1 868	1 911	2 363
3 270	1 700	1 866	1 909	2 360
3 280	1 700	1 864	1 908	2 357
3 290	1 700	1 862	1 906	2 354
3 300	1 700	1 860	1 904	2 352
3 310	1 700	1 858	1 902	2 349
3 320	1 700	1 856	1 900	2 346
3 330	1 700	1 854	1 899	2 343
3 340	1 700	1 852	1 897	2 340
3 350	1 700	1 850	1 895	2 337
3 360	1 700	1 848	1 893	2 334
3 370	1 700	1 846	1 891	2 331
3 380	1 700	1 844	1 890	2 328
3 390	1 700	1 842	1 888	2 325
3 400	1 700	1 840	1 886	2 322
3 410	1 700	1 838	1 884	2 319
3 420	1 700	1 836	1 882	2 316
3 430	1 700	1 834	1 881	2 313
3 440	1 700	1 832	1 879	2 310
3 450	1 700	1 830	1 877	2 308
3 460	1 700	1 828	1 875	2 305
3 470	1 700	1 826	1 873	2 302
3 480	1 700	1 824	1 872	2 299
3 490	1 700	1 822	1 870	2 296
3 500	1 700	1 820	1 868	2 293
3 510	1 700	1 818	1 866	2 290
3 520	1 700	1 816	1 864	2 287
3 530	1 700	1 814	1 863	2 284
3 540	1 700	1 812	1 861	2 281
3 550	1 700	1 810	1 859	2 278
3 560	1 700	1 808	1 857	2 275

续表

自轨面起算的高度（mm）	限界距线路中心线所在垂直平面的距离（mm）			
	机车车辆限界	一级超限限界	二级超限限界	建筑限界*
3 570	1 700	1 806	1 855	2 272
3 580	1 700	1 804	1 854	2 269
3 590	1 700	1 802	1 852	2 266
3 600	1 700	1 800	1 850	2 264
3 610	1 695	1 796	1 846	2 261
3 620	1 690	1 792	1 842	2 258
3 630	1 685	1 789	1 839	2 255
3 640	1 680	1 785	1 835	2 252
3 650	1 675	1 781	1 831	2 249
3 660	1 670	1 778	1 828	2 246
3 670	1 665	1 774	1 824	2 243
3 680	1 660	1 770	1 820	2 240
3 690	1 655	1 766	1 816	2 237
3 700	1 650	1 762	1 812	2 234
3 710	1 645	1 759	1 809	2 231
3 720	1 640	1 755	1 805	2 228
3 730	1 635	1 751	1 801	2 225
3 740	1 630	1 748	1 798	2 222
3 750	1 625	1 744	1 794	2 220
3 760	1 620	1 740	1 790	2 217
3 770	1 615	1 736	1 786	2 214
3 780	1 610	1 732	1 782	2 211
3 790	1 605	1 729	1 779	2 208
3 800	1 600	1 725	1 775	2 205
3 810	1 595	1 721	1 771	2 202
3 820	1 590	1 718	1 768	2 199
3 830	1 585	1 714	1 764	2 196
3 840	1 580	1 710	1 760	2 193
3 850	1 575	1 706	1 756	2 190
3 860	1 570	1 702	1 752	2 187
3 870	1 565	1 699	1 749	2 184
3 880	1 560	1 695	1 745	2 181
3 890	1 555	1 691	1 741	2 178
3 900	1 550	1 688	1 738	2 176
3 910	1 545	1 684	1 734	2 173
3 920	1 540	1 680	1 730	2 170
3 930	1 535	1 676	1 726	2 167
3 940	1 530	1 672	1 722	2 164
3 950	1 525	1 669	1 719	2 161
3 960	1 520	1 665	1 715	2 158
3 970	1 515	1 661	1 711	2 155
3 980	1 510	1 658	1 708	2 152
3 990	1 505	1 654	1 704	2 149
4 000	1 500	1 650	1 700	2 146
4 010	1 495	1 643	1 693	2 143
4 020	1 490	1 637	1 687	2 140
4 030	1 485	1 630	1 680	2 137

续表

自轨面起算的高度（mm）	限界距线路中心线所在垂直平面的距离（mm）			
	机车车辆限界	一级超限限界	二级超限限界	建筑限界*
4 040	1 480	1 623	1 673	2 134
4 050	1 475	1 617	1 667	2 132
4 060	1 470	1 610	1 660	2 129
4 070	1 465	1 603	1 653	2 126
4 080	1 460	1 597	1 647	2 123
4 090	1 455	1 590	1 640	2 120
4 100	1 450	1 583	1 633	2 117
4 110	1 445	1 577	1 627	2 114
4 120	1 440	1 570	1 620	2 111
4 130	1 435	1 563	1 613	2 108
4 140	1 430	1 557	1 607	2 105
4 150	1 425	1 550	1 600	2 102
4 160	1 420	1 543	1 593	2 099
4 170	1 415	1 537	1 587	2 096
4 180	1 410	1 530	1 580	2 093
4 190	1 405	1 523	1 573	2 090
4 200	1 400	1 517	1 568	2 088
4 210	1 395	1 510	1 560	2 085
4 220	1 390	1 503	1 553	2 082
4 230	1 385	1 497	1 547	2 079
4 240	1 380	1 490	1 540	2 076
4 250	1 375	1 483	1 533	2 073
4 260	1 370	1 477	1 527	2 070
4 270	1 365	1 470	1 520	2 067
4 280	1 360	1 463	1 513	2 064
4 290	1 355	1 457	1 507	2 061
4 300	1 350	1 450	1 500	2 058
4 310	1 332	1 438	1 490	2 055
4 320	1 314	1 427	1 480	2 052
4 330	1 296	1 415	1 470	2 049
4 340	1 278	1 403	1 460	2 046
4 350	1 260	1 392	1 450	2 044
4 360	1 242	1 380	1 440	2 041
4 370	1 224	1 368	1 430	2 038
4 380	1 206	1 357	1 420	2 035
4 390	1 188	1 345	1 410	2 032
4 400	1 170	1 333	1 400	2 029
4 410	1 152	1 322	1 390	2 026
4 420	1 134	1 310	1 380	2 023
4 430	1 116	1 298	1 370	2 020
4 440	1 098	1 287	1 360	2 017
4 450	1 080	1 275	1 350	2 014
4 460	1 062	1 263	1 340	2 011
4 470	1 044	1 252	1 330	2 008
4 480	1 026	1 240	1 320	2 005
4 490	1 008	1 228	1 310	2 002
4 500	990	1 217	1 300	2 000

续表

自轨面起算的高度（mm）	限界距线路中心线所在垂直平面的距离（mm）			
	机车车辆限界	一级超限限界	二级超限限界	建筑限界*
4 510	972	1 205	1 290	1 994
4 520	954	1 193	1 280	1 988
4 530	936	1 182	1 270	1 982
4 540	918	1 170	1 260	1 976
4 550	900	1 158	1 250	1 970
4 560	882	1 147	1 240	1 964
4 570	864	1 135	1 230	1 958
4 580	846	1 123	1 220	1 952
4 590	828	1 112	1 210	1 946
4 600	810	1 100	1 200	1 940
4 610	792	1 085	1 188	1 934
4 620	774	1 070	1 175	1 928
4 630	756	1 055	1 162	1 922
4 640	738	1 040	1 150	1 916
4 650	720	1 025	1 138	1 910
4 660	702	1 010	1 125	1 904
4 670	684	995	1 112	1 898
4 680	666	980	1 100	1 892
4 690	648	965	1 088	1 886
4 700	630	950	1 075	1 880
4 710	612	935	1 062	1 874
4 720	594	920	1 050	1 868
4 730	576	905	1 038	1 862
4 740	558	890	1 025	1 856
4 750	540	875	1 012	1 850
4 760	522	860	1 000	1 844
4 770	504	845	988	1 838
4 780	486	830	975	1 832
4 790	468	815	962	1 826
4 800	450	800	950	1 820
4 810		777	925	1 814
4 820		753	900	1 808
4 830		730	875	1 802
4 840		707	850	1 796
4 850		683	825	1 790
4 860		660	800	1 784
4 870		637	775	1 778
4 880		614	750	1 772
4 890		590	725	1 766
4 900		567	700	1 760
4 910		543	675	1 754
4 920		520	650	1 748
4 930		497	625	1 742
4 940		473	600	1 736
4 950		450	575	1 730
4 960			550	1 724
4 970			525	1 718

续表

自轨面起算的高度（mm）	限界距线路中心线所在垂直平面的距离（mm）			
	机车车辆限界	一级超限限界	二级超限限界	建筑限界*
4 980			500	1 712
4 990			475	1 706
5 000			450	1 700
5 010				1 694
5 020				1 688
5 030				1 682
5 040				1 676
5 050				1 670
5 060				1 664
5 070				1 658
5 080				1 652
5 090				1 646
5 100				1 640
5 110				1 634
5 120				1 628
5 130				1 622
5 140				1 616
5 150				1 610
5 160				1 604
5 170				1 598
5 180				1 592
5 190				1 586
5 200				1 580
5 210				1 574
5 220				1 568
5 230				1 562
5 240				1 556
5 250				1 550
5 260				1 544
5 270				1 538
5 280				1 532
5 290				1 526
5 300				1 520
5 310				1 514
5 320				1 508
5 330				1 502
5 340				1 496
5 350				1 490
5 360				1 484
5 370				1 478
5 380				1 472
5 390				1 466
5 400				1 460
5 410				1 454
5 420				1 448
5 430				1 442
5 440				1 436
5 450				1 430
5 460				1 424
5 470				1 418
5 480				1 412
5 490				1 406
5 500				1 400

参考文献

[1] 戴实. 铁路货运组织. 北京：中国铁道出版社，2010.
[2] 苏顺虎. 中国铁路危险货物运输技术及安全管理. 北京：中国铁道出版社，2010.
[3] 陈喜春. 铁路危险货物运输应急管理. 成都：西南交通大学出版社，2011.
[4] 熊天文，帅斌. 铁路危险货物运输. 成都：西南交通大学出版社，2009.
[5] 西安铁路局. 铁路危险货物运输培训读本. 北京：中国铁道出版社，2010.
[6] 朱昌峰.铁路鲜活货物运输. 北京：中国铁道出版社，2009.
[7] 中华人民共和国铁道部. 铁路危险货物运输管理规则. 北京：中国铁道出版社，2008.
[8] 中华人民共和国铁道部. 铁路鲜活货物运输规则. 北京：中国铁道出版社，2009.
[9] 中华人民共和国铁道部. 铁路货物装载加固规则. 北京：中国铁道出版社，2006.
[10] 中华人民共和国铁道部. 铁路超限超重货物运输规则. 北京：中国铁道出版社，2007.
[11] 中国铁道企业管理协会运输委员会. 铁路危险货物运输事故案例. 北京：中国铁道出版社，2009.